METAMORFOSES DO DIREITO GLOBAL

sobre a interação entre Direito, tempo e tecnologia

CONTRACORRENTE

Ricardo Campos

METAMORFOSES DO DIREITO GLOBAL

sobre a interação entre Direito, tempo e tecnologia

1ª reimpressão

SÃO PAULO
2023

CONTRACORRENTE

Copyright © EDITORA CONTRACORRENTE
Alameda Itu, 852 | 1º andar |
CEP 01421 002
www.loja-editoracontracorrente.com.br
contato@editoracontracorrente.com.br

EDITORES
Camila Almeida Janela Valim
Gustavo Marinho de Carvalho
Rafael Valim
Walfrido Warde
Silvio Almeida

EQUIPE EDITORIAL
COORDENAÇÃO DE PROJETO: Juliana Daglio
REVISÃO: Graziela Reis
REVISÃO TÉCNICA: Douglas Magalhães, Amanda Dorth e Ayla Cardoso
DIAGRAMAÇÃO: Gisely Fernandes
CAPA: Maikon Nery

EQUIPE DE APOIO
Fabiana Celli
Carla Vasconcelos
Valéria Pucci
Regina Gomes
Nathalia Oliveira

Dados Internacionais de Catalogação na Publicação (CIP)
(Câmara Brasileira do Livro, SP, Brasil)

Campos, Ricardo
  Metamorfoses do direito global : sobre a interação entre direito, tempo e tecnologia / Ricardo Campos. -- São Paulo, SP : Editora Contracorrente, 2023.

  ISBN 978-65-5396-065-7

  1. Direito - Filosofia 2. Direito - Teoria I. Título.

22-128244   CDU-340.12

Índices para catálogo sistemático:

1. Direito : Filosofia   340.12
Eliete Marques da Silva - Bibliotecária - CRB-8/9380

@editoracontracorrente
Editora Contracorrente
@ContraEditora

SUMÁRIO

NOTA DO AUTOR 9

PREFÁCIO 11

APRESENTAÇÃO 17

INTRODUÇÃO 35

    1 A ausência de referência do Direito moderno 35

    2 Abordagem e esclarecimentos 40

CAPÍTULO I – A ANOMALIA COMO DESENVOLVIMENTO JURÍDICO 47

    1.1 A sociedade (mundial) de Niklas Luhmann: o desconforto da Teoria dos Sistemas 47

        1.1.1 Introdução: da falta de especificação à anomalia 47

        1.1.2 A autoevidência de uma teoria: a sociedade mundial como fato 52

        1.1.3 O mundo (e a sociedade) da Teoria dos Sistemas 61

    1.2 Operação de salvação da Teoria dos Sistemas por Teubner? A teoria da diferenciação para além do Estado 74

        1.2.1 Introdução 74

1.2.2 A reinvenção da Teoria dos Sistemas (do Direito) para a sociedade mundial 76

1.2.3 Direito sem autoridade? Validade sem terceiros? 82

1.2.4 O paradoxo da validade e a validade do paradoxo: o Direito da sociedade global 88

1.2.5 Pensando em correlatos? 101

CAPÍTULO II – O DIREITO COMO FORMA DE VINCULAÇÃO TEMPORAL 107

2.1 Introdução 107

2.2 A mudança na semântica do tempo: a crise das obrigações políticas 110

2.3 A invenção do futuro contingente 115

2.4 Tempo e Direito: a mudança na semântica do Direito 120

2.5 Perspectivas: uma nova tentativa sobre metamorfose do Direito (na sociedade global) 130

CAPÍTULO III – A DESINTEGRAÇÃO DA ANTIGA ORDEM 133

3.1 Introdução 133

3.2 O domínio do político 142

3.2.1 Lendo Carl Schmitt: o primeiro pós-colonialista? 142

3.2.2 Tomar nomes, conferir nomes, tomar terras 148

3.2.2.1 A dimensão linguística do Direito da sociedade global 148

3.2.3 A fragmentação do *ius publicum europaeum*: sociedade global para além da Vestfália 157

3.3 A nova produtividade do indivíduo e a desintegração da antiga ordem 167

CAPÍTULO IV – O NASCIMENTO DO NOVO MUNDO A PARTIR DA CULTURA DA DISPERSÃO 181

4.1 O domínio do relacional ... 181
   4.1.1 Introdução ... 182
   4.1.2 A dispersão da sociedade global ... 184
   4.1.3 O nascimento de uma disciplina: o Direito Internacional ... 187
   4.1.4 A pessoa jurídica soberana e a nova forma relacional da sociedade global ... 191
   4.1.5 A desintegração da velha ordem e a transformação da confiança na sociedade mundial ... 196
   4.1.6 Coevolução do nacional e transnacional ... 200
4.2 Mundo sem unidade ... 208

CAPÍTULO V – O DIREITO DAS ORGANIZAÇÕES ... 211

5.1 Introdução ... 211
5.2 O anacronismo do político e as estruturas inerentes à sociedade industrial ... 214
5.3 O surgimento de organizações além da gestão da guerra ... 228
5.4 A juridificação dos bens culturais ... 230
   5.4.1 Novos meios, novas leis? ... 235
   5.4.2 A gestão da normatividade jurídica pelas organizações ... 239
   5.4.3 Transnacionalização dos direitos dos autores ... 247

CAPÍTULO VI – O DIREITO DAS PLATAFORMAS ... 255

6.1 Introdução: o que significa o digital? ... 255
6.2 No limiar após o limiar: conhecimento, redes, dados e plataformas ... 264
   6.2.1 No limiar: redes ... 264
   6.2.2 Após o limiar: plataformas ... 277

6.2.3 Uma nova economia política das
plataformas? 282

6.3 Esfera pública em transição: da organização à
plataforma 290

6.3.1 O mito fundador de uma nova economia: a
seção 230 do CDA 299

6.3.2 As consequências da nova responsabilidade
imunitária para a dimensão coletiva de
comunicação 306

6.4 Uma nova regulamentação para a dimensão coletiva
(transnacional) da comunicação? 312

6.5 O tempo das plataformas 316

PERSPECTIVAS 327
REFERÊNCIAS BIBLIOGRÁFICAS 333

NOTA DO AUTOR

O presente livro é fruto do trabalho de doutoramento apresentado na Goethe Universität Frankfurt am Main, Alemanha, na virada do ano de 2020/2021. Teve como orientador o Prof. Dr. Dr. hc. mult Gunther Teubner, como coorientador o Prof. Dr Dr. hc. Thomas Vesting e, como presidente da mesa de defesa, o diretor do Instituto Max Planck de História e Teoria do Direito, Prof. Dr. Thomas Duve. O trabalho original obteve nota máxima *summa cum laude*, tendo sido escrito e apresentado em alemão, motivo pelo qual o texto em português pode apresentar cadência e estrutura linguística características da língua alemã. O original em alemão está, no momento, em vias de publicação pela tradicional editora alemã Mohr Siebeck, e a versão em inglês, em processo de publicação pela Hart Publishing. A versão em alemão foi vencedora do prêmio Werner Pünder no ano de 2021 como melhor trabalho de humanas ligado ao tema da liberdade na atualidade na Goethe Universität Frankfurt am Main. A versão em inglês foi ganhadora do prêmio da European Academy of Legal Theory/Académie Européenne de Théorie du Droit (EALT) do ano de 2022.

O trabalho reflete o ambiente intelectual do "Frankfurter rechtstheoretisches Kolloquium", tradicional seminário semanal de Teoria do Direito da faculdade de Direito da Goethe Universität Frankfurt am Main, com profundas raízes desde o pós-guerra nas mãos de Franz Böhm – criador do ordoliberalismo junto com o economista Walter Eucken – passando, no início da década de sessenta, para seu sucessor de cátedra Rudolf Wiethölter e, no final da década de noventa, para Gunther Teubner. A partir do ano de 2013, com a aposentadoria de Gunther Teubner, passamos Thomas Vesting, Rudolf Wiethölter e eu – e esporadicamente Gunther Teubner – a cuidar desta tradição, que sempre contou com a participação dos principais nomes do Direito e das ciências correlatas como Jürgen Habermas, Jan Assmann, o então presidente da Corte Constitucional Alemã Andreas Voßkuhle, Marietta Auer, Axel Honneth, Michael Stolleis e diversos outros. Poder lecionar ao lado de grandes nomes do Direito e, acima de tudo, poder humanizar em forma de contato e interação pessoal diversos marcos teóricos, possibilitou também um olhar distinto para teorias, pensamentos e autores, especialmente um olhar atento sobre suas mais intimas fragilidades teóricas. A marca interdisciplinar do Frankfurter rechtstheoretisches Kolloquium, a compreensão do Direito como um fenômeno social em constante transformação e o reconhecimento da incompletude inerente a qualquer grande teoria marcaram profundamente a presente obra.

Nesse sentido, visto hoje, o trabalho é muito mais uma "observação de segunda ordem" de processos sociais em transformação, e de como autores e tradições do pensamento observaram essas transformações visando especialmente buscar e trabalhar pontos cegos de leituras desses autores e tradições sobre os referidos processos. Além do produto da observação de pontos cegos, o livro também reflete os olhares atentos de três pessoas que o apoiaram, acompanharam e fomentaram com muito amor e paciência: Bruna, Lola e Vincent. A primeira, minha esposa, sempre acreditou nesse trabalho, até mesmo quando eu próprio duvidava. A segunda, Lola, nascida no início desta jornada, despertou-me para um mundo de afetividade até então desconhecido. O terceiro, Vincent, nascido já quase no final do trabalho, trouxe a completude do meu núcleo familiar e a energia essencial para a sua conclusão. Este livro é dedicado a Bruna, Lola e Vincent.

RICARDO CAMPOS

Frankfurt am Main, 21 de setembro de 2022.

PREFÁCIO

Ricardo Campos coloca a questão extremamente ambiciosa de uma determinação adequada das estruturas jurídicas fundamentais na sociedade mundial digitalizada, empreendendo uma abordagem inovadora e consistentemente com uma forte orientação interdisciplinar. O autor procura de forma sistemática e histórica reconstruir as relações entre o Direito, o tempo e a tecnologia, para extrair diretrizes para o desenvolvimento socialmente adequado do Direito da digitalização a partir de suas transformações testando essa abordagem na prática no exemplo da regulamentação das plataformas digitais. Ao mesmo tempo, ele recorre ao debate geral da transnacionalização para plausibilizar suas profundas considerações teóricas sobre a relação entre Direito, tempo e tecnologia.

O objetivo principal do trabalho é tornar tangível a dependência do contexto geral do Direito, traduzindo-o em uma equação com três incógnitas: Sociedade de diferenciação pós-funcional – Desenvolvimento de tecnologias digitais – Novas formas de vinculação do direito ao tempo. Nesses três complexos, novos contextos históricos e sociais são abordados, os quais determinam concretamente as chances e os limites de um futuro Direito das plataformas digitais. O programa de trabalho é esboçado aproximadamente da seguinte forma: uma reorientação dos próprios processos de produção do Direito que perpassa a produção do Direito dentro dos contornos institucionais do Estado-Nação, no contexto transnacional da forma organizacional até a atual fase de produção do Direito a partir da autorregulação de plataformas digitais orientadas por algoritmos e que trazem uma nova forma de observação do Direito.

Cada uma destas três etapas tem seu próprio valor. O desafio central, naturalmente, está no terceiro passo: preparar um novo modelo jurídico e seu conceito de tempo para a sociedade digital globalizada a partir do confronto com a discussão interdisciplinar. A contribuição original de Campos consiste então em trabalhar em uma área intermediária peculiar – no triângulo das ciências sociais, Teoria Geral do Direito e dogmática jurídica – sobre o novo desenvolvimento de um Direito de digitalidade global.

A principal tese do Ricardo Campos é que a sociedade futura não seria mais caracterizada pela diferenciação funcional, mas por uma peculiar "dispersão" e que o Direito estaria sujeito a uma correspondente mudança de sua forma. A "hibridação" do Direito seria a consequência, ou seja, sua intersecção situacional com práticas sociais heterogêneas: com tecnologias, com novas formas de geração de conhecimento, com a transformação da subjetividade, com a constituição de novos centros de decisão e com o surgimento de novos meios de comunicação.

Tendo em vista as dificuldades autoimpostas do trabalho, a abordagem exploratória e experimental aqui oferecida deve ser considerada um sucesso porque Campos consegue desenvolver novas perspectivas a partir do confronto de posições teóricas, à primeira vista, mutuamente incongruentes e tendências históricas de desenvolvimento, por um lado, e as premissas dogmáticas e político-jurídicas de um complexo material jurídico, por outro lado, e assim tornar plausível a tese principal apresentada com base no material normativo e na discussão em curso sobre a necessidade de reforma da digitalidade global.

O exame abrangente no primeiro capítulo da diferenciação funcional da sociedade e sua possível formação sucessora, uma sociedade de dispersão, especialmente com sua ligação com as institucionalizações jurídicas, deve ser julgada como extremamente inovadora e bem-sucedida. Igualmente positivas são as interpretações originais dos desenvolvimentos pós-coloniais e seus efeitos sobre a globalização da sociedade e do Direito, no segundo capítulo. Há um grande significado científico penetrar nessas massas de material amplamente ramificadas e dificilmente gerenciáveis, selecionar elementos legalmente relevantes, reinterpretá-los de forma teoricamente sofisticada, fornecer-lhes avaliações sensíveis e, ao mesmo tempo, realistas e ainda desenvolvê-los mais na direção de estruturas jurídicas concretas. Considero estes dois inovadores capítulos teóricos e historicamente informados como particularmente impressionantes, também em vista das extensas referências bibliográficas com alto grau de precisão. E elas são escritas de coração e alma, ou seja, com grande paixão. Uma grande quantidade de pensamentos autônomos, originais e independentes fica nítido na leitura do trabalho. Recorrentemente, Campos procura repensar o material teórico e social sobre o problema de um Direito da dispersão e formula uma série de pensamentos e interpretações originais.

Os outros capítulos, que procuram definir uma nova forma do Direito para a dispersão social na era digital, naturalmente têm de enfrentar a dificuldade de que ainda é, não só para os pesquisadores mas também para os reguladores, totalmente imprevisível para onde está indo o desenvolvimento do Direito. As avaliações de Campos são, portanto, excelentes experimentos sem pretensão do absoluto, o que obviamente não é culpa dele, mas sim da contingência de futuros desenvolvimentos jurídicos e sociais. Tanto o capítulo da organização quanto o capítulo da digitalidade contêm análises meritórias da nova situação e ao mesmo tempo têm um caráter bastante exploratório e experimental sobre a questão da reestruturação do Direito e sua semântica do tempo. A inovação mais importante para um modelo jurídico de digitalidade encontram-se certamente nas ideias e propostas de Campos sobre regulamentação híbrida, ou seja, a mistura de regulamentação externa político-constitucional e uma autorregulação através do código digital. Nesta ideia de cooperação reside um núcleo importante e, ao mesmo tempo, um argumento retumbante contra noções excessivamente simplistas de governança da plataforma. Contra as críticas habituais ao domínio fático dos interesses econômicos, aqui apresenta-se um contrapeso com a ajuda de uma priorização normativa tão resoluta da racionalidade da digitalização em relação ao seu ambiente. Como resultado, Campos se coloca na vanguarda do atual estado do debate global. Além de comentários informativos sobre os detalhes da responsabilidade por imunidade do Direito comparado, é de seu crédito que, especialmente acentuado em sua visão, ele nomeia precisamente as questões em aberto que a pesquisa futura terá que tratar.

Ao final, Campos trabalha através de um catálogo de questões importantes que a economia de plataformas coloca para o Direito. Ele dá início à busca de uma nova semântica de tempo para o Direito, que teria que se envolver com os modelos de previsão e modelagem futura do comportamento humano dos modelos comerciais da plataforma. O novo momento está em uma modelagem diferente da normatividade temporalizada pelo Direito. O comportamento individual não seria mais nesse contexto modelado principalmente pelas possibilidades de sanção do Estado de forma exterior, mas por uma infraestrutura de protocolos de rede, mecanismos digitais de autoexecução, onde o processamento de dados pessoais e o direcionamento da decisão ocorreria basicamente no próprio meio. O fato de que mesmo as próprias formas temporais de Direito estariam agora sendo sujeitas à digitalização – com isso, Campos provavelmente destacou um aspecto interessante das mudanças no conceito jurídico de tempo.

Em resumo, Campos adentra profundos debates e muitas vezes distantes entre si, religando-os e colocando-os no estado da arte no assunto e muitas vezes avança de forma clara e positivamente os limites postos pelo estado da arte. Ele formula numa profunda e consistente linguagem, contextos e desenvolvimentos sociais extremamente complexos. No tema de seu trabalho, ele empreende várias ousadas incursões em terrenos intelectualmente intransitáveis, formulando seus posicionamentos e reconstruções em detalhes, o que oferece ao leitor um especial prazer intelectual de apreciação. Nessas aventuras exploradoras, ele consegue elaborar posicionamentos com uma argumentação extremamente original, estruturada e complexa de um Direito da sociedade global adequada à atual digitalização.

GUNTHER TEUBNER

Professor emérito de Direito Privado, Sociologia e Filosofia do Direito, Johann Wolfgang-Goethe Universität/Frankfurt am Main. Membro das principais academias de ciências do mundo, dentre elas, British Academy (Londres), Accademia Nazionale dei Lincei (Roma), Academia Europaea (Londres).

APRESENTAÇÃO

I

O objetivo do livro de Ricardo Campos é descrever a evolução do Direito Global com base em uma compreensão experimental da Teoria do Direito, uma teoria jurídica que "não se limita apenas à sistematização de categorias dogmáticas, à reprodução de teorias pré-fabricadas e a uma clara estrutura disciplinar". A história dessa evolução começa com o Direito Internacional mediado através do Estado. Em um primeiro passo evolutivo, o Direito Internacional clássico é substituído por um novo tipo de "domínio do relacional", na medida em que novos desenvolvimentos tecno-sociais exigem da sociedade uma nova forma de coordenação setorial do conhecimento social. As organizações desempenham então um papel importante na criação e evolução da normatividade da sociedade global. Esta etapa também é denominada como a metamorfose "do Direito da sociedade global centrado no Estado para o Direito da sociedade global mediado pelas organizações". O segundo passo evolutivo, ao qual estamos assistindo atualmente, é novamente caracterizado por uma mudança na forma como o conhecimento social é gerado: atualmente, a produção de conhecimento social não está mais orientada essencialmente para a forma organizacional, mas está cada vez mais concentrada em plataformas digitais, nas quais os processos de formação do Direito se entrelaçam com uma dinâmica transnacional de processos orientados por dados e algoritmos.

Campos considera necessária uma abordagem de busca e experimentação da teoria jurídica porque o Direito da sociedade global é um Direito "movido por um mal-estar existencial". Este mal-estar deve-se ao fato de que a sociedade global está em um estado de constante mudança, e os pontos seguros a partir dos quais a sociedade moderna poderia se observar estão se tornando "cada vez mais raros e precários". O Direito, como a arte moderna, está se tornando um fenômeno que escapa a uma definição clara, assume um caráter híbrido e se conecta com a própria sociedade. O Direito de *uma* sociedade ou mesmo um Direito *da* sociedade pode não existir mais, porque o Direito é, em certo sentido, a própria sociedade.

O caráter experimental deste livro é crucial para sua compreensão. Campos não se preocupa com a reprodução, variação e desenvolvimento posterior de uma teoria já existente, como a teoria dos sistemas. É verdade que Campos usa certas peças da teoria dos sistemas para sua própria orientação; por exemplo, sua Teoria do Direito pode ser descrita como uma teoria orientada para processos cotidianos sociais e culturais. Campos, portanto, também assume elementos sociológicos e *insights* fundamentais, mas em uma estrutura teórica aberta e móvel, projetada para a autoaprendizagem e o enriquecimento adicional do conhecimento. Esta estrutura é baseada em uma limitação fundamental do conhecimento teórico-conceitual.[1] Isso encontra sua correspondência no objeto sob investigação: "a normatividade jurídica que se desenvolve na sociedade global

---

[1] Niklas Luhmann também acentuou frequentemente o limite do conhecimento explícito, por exemplo, em *Die Gesellschaft der Gesellschaft*. vol. 1, 1997, p. 38: o uso do significado nos sistemas sociais sempre traz consigo referências ao desconhecido, aos excluídos, aos indetermináveis, aos déficits de informação e ao próprio não-conhecimento. Mas o projeto teórico de Luhmann está obviamente preocupado com a "*conceitualidade de* uma teoria social", com as "decisões conceituais", nas quais o inconcepcional e as prefigurações que se encontram antes da linguagem/semântica têm dificuldade de encontrar um lugar, principalmente como "acoplamentos estruturais" que permanecem bastante marginais. Entretanto, é precisamente esta dimensão do devir do novo que preocupa Campos, com o não-conceito de poiesis no sentido da Vico, sobretudo com o não-conceito de tecnologias (digitais).

APRESENTAÇÃO

é caracterizada por complexos processos de hibridização, ou seja, interseções com diferentes práticas sociais, tecnologias, processos institucionais e novas formas de geração de conhecimento". A normatividade jurídica é mais complexa do que qualquer redução da complexidade através da descrição. Portanto, a teoria jurídica deveria "funcionar como uma 'sandbox experimental' ou 'laboratório de conhecimento'", "proporcionando um espaço flexível de teste, revisão e reflexão para novas visões, teorias e abordagens jurídico-sociais a partir dos novos contextos de uma sociedade em constante mudança". Sem um cultivo deste experimentalismo em seu coração – Campos também se refere a esta forma com Rudolf Wiethölter como um "não-sistema poético"– a disciplina da teoria jurídica é reduzida a uma caixa de ressonância de seu próprio passado, "com sérios riscos de extinção".

II

Um nó central teórico-jurídico da rede experimental do "não-sistema poético" (*poetischen Un-Systems*) é que, desde o início do período moderno, a sociedade começou a mudar suas "bases de orientação da experiência para a expectativa". Esta mudança – da orientação para o passado para a orientação para o futuro – produz simultaneamente "uma certa alienação do homem em relação à sua história", uma vez que o passado não pode mais funcionar como a autoridade inquebrável da sociedade e do Direito. "A novidade da era moderna é, acima de tudo, seu tempo". A sociedade se abre para um futuro aberto, que ela própria e suas realizações técnicas geram, ampliando assim o espaço de possibilidades da sociedade moderna. De agora em diante, a incerteza resultante sobre o futuro deve ser gerenciada através de artefatos autoproduzidos, através da "geração constante de ficções e pré-condições artificiais, tais como novas convenções sociais". Para este fim, uma "linguagem de auto-organização" vem se desenvolvendo desde o século XVII, que gradualmente também se torna conceitualmente explícita. Isso é entendido como uma forma descentralizada de produção de conhecimento social, tal como a conversão da obrigação política da graça de Deus em um contrato (social). O Direito moderno está envolvido no processo de produção de "artefatos artificiais, estéticos... e estratégias visuais", que também tem uma dimensão implícita e com a ajuda da qual a "própria sociedade constrói mecanismos e estruturas de referência temporal". Ela deve, partindo do "do problema temporal da instabilidade de orientação" como um produto que é em si artificial, "estabelecer uma ordem um pouco estável além da tradição".

Isto levanta a questão de como poderia ser uma descrição funcional do Direito orientada para processos abrangentes de estruturação e ordenação. Campos primeiro procura uma resposta a essa pergunta em um exame de peças teóricas da teoria dos sistemas de Niklas Luhmann. Para ele, Luhmann é o autor que, ao contrário de muitos outros como Habermas, Dworkin ou Kelsen, vê o Direito de uma perspectiva adequada aos problemas (temporais) da modernidade e, sobretudo, ancora a função do Direito na referência ao tempo. A função do Direito de Luhmann gira em torno de uma "vinculação temporal generalizada através da estabilização das expectativas", pela qual o próprio sistema jurídico é visto como uma "ordem dinâmica de mudança permanente". Consequentemente, as expectativas que o Direito de Luhmann protege não são ideias jurídicas ou princípios de justiça eternamente estáveis, mas uma normatividade jurídica que tem como ponto de partida o fato de que permite "visualizar como outros devem se comportar em situações futuras semelhantes". Trata-se de expectativas que se caracterizam pelo fato de não poderem ser aprendidas, pois qualquer forma de aprendizagem relativizaria a certeza da estabilidade dos requisitos de comportamento futuro. É verdade que Luhmann se voltou cedo contra a "relação quase simbiótica entre Direito e política" e assumiu sua separação funcional. Mas mesmo para Luhmann, as condições institucionais do Estado-nação, como o denso Direito estatutário positivo (escrito), os tribunais estaduais e os aparatos estatais de aplicação do Direito, permaneceram evidentes, pelo menos como um pré-requisito para a eficácia e eficiência de garantir expectativas jurídico-normativas, enquanto a validade do Direito emerge do próprio sistema temporalizado.

De acordo com a tese original de Campos, esta vinculação do Direito (e da função jurídica) à salvaguarda das expectativas normativas em toda a sociedade dá origem a um mal-estar na teoria de Luhmann: Como a sociedade moderna é construída por Luhmann desde o início como uma sociedade mundial funcionalmente diferenciada, a teoria dos sistemas deve ser capaz de compreender e teoricamente representar adequadamente uma sociedade que não só deixa para trás as fronteiras territoriais do Estado-nação como um princípio de ordem social e suas institucionalizações, tais como uma densa rede de tribunais e agências de aplicação do Direito, mas estabeleceu estruturas adaptativas em rápida mudança em vários sistemas globais (funcionais), tais como a ciência e a economia. Estes sistemas não operavam simplesmente em um espaço sem Direito, mas também não operavam em um espaço jurídico comparável ao do Estado-nação com suas institucionalizações, ou seja, sem "elementos básicos de uma ordem centralizada com mecanismos de coerção". Campos escreve:

> (...) o Direito como uma forma de vinculação temporal e sua função inerente de estabilizar expectativas normativas só poderia ser desenvolvido dentro das condições institucionais que cresceram no Estado-nação, tais como a positividade do Direito, legislação estatal, tribunais estatais e assim por diante. O Direito como forma de vinculação temporal apresenta-se assim como um produto das condições institucionais existentes no Estado-nação. A inadequação das estruturas de expectativa para a sociedade global sobre as quais o Direito constrói sua função social revela um profundo mal-estar da teoria luhmanniana consigo mesma. No cerne da concepção do Direito e da política para a teoria dos sistemas existe então uma ferida, que é nada menos que o anacronismo de uma reprodução das características de um Estado-nação que não consegue acompanhar as aspirações progressistas de uma sociedade global. Neste ponto, Luhmann admite a si mesmo

que os processos da sociedade mundial são mais rápidos do que a realidade dos subsistemas do Direito e da política (Estado), que tentam alcançá-los, mas ainda falham miseravelmente, mesmo com um intervalo de trinta anos. Por vezes isso é dito ironicamente, por vezes diretamente e com ênfase, mas sem nunca deixar particularmente claro que essa dúvida permanente sobre si mesmo permanece imanente à teoria. Além disso, Luhmann não conseguiu formular contornos claros do que seria a contribuição do Direito para sociedade mundial para a formação das liberdades sociais, como foi o caso da experiência dos Estados-nação.

Campos vê o trabalho de Gunther Teubner como uma forma de formular a contribuição do Direito para a formação das liberdades sociais na sociedade mundial, mais precisamente do que o próprio Luhmann. Para Campos, a teoria pluralista do Direito de Teubner tem muitas vantagens sobre a teoria do Direito de Luhmann. Enquanto Luhmann limita a função jurídica a assegurar expectativas normativas e não lidou mais de perto com processos de formação de ordem e Direito na sociedade mundial, Campos encontra em Teubner um empreendimento aberto a processos de formação espontânea de direito social e permite que estes surjam "a partir de dinâmicas fragmentadas altamente especializadas". Ao contrário de Luhmann, Teubner é capaz de mostrar que o papel do Direito no processo de globalização não está diminuindo, mas sim aumentando, especialmente através de *regimes privados* que emergem de contextos heterárquicos. Para Teubner, o Estado ou a constituição estadual não é mais o ponto de fuga final da validade e legitimidade do Direito, a estreita ligação entre Direito e política, mas um Direito Global sem Estado de fato, desde a virada constitucional, a questão tem estado até mesmo no centro do pensamento de Teubner, a ideia de um Direito Constitucional global. O constitucionalismo social mundial, entretanto, é guiado pelo interesse em institucionalizar a forte dinâmica cognitiva, por exemplo, dos sistemas globais de ciência e economia, por um lado, mas ao mesmo tempo em conter sua dinâmica de expansão, prescrevendo procedimentos de autolimitação.

APRESENTAÇÃO

Teubner chega a estas possibilidades porque não interpreta o aumento dos elementos cognitivos no Direito Global como a dissolução de toda normatividade jurídica, mas vê o crescimento global do próprio Direito espontâneo e seu "forte cognitivismo" como um novo tipo de normatividade jurídica além da simples garantia das expectativas e, sobretudo, não abandona o "papel estruturante do Direito para os outros sistemas funcionais". Campos atende a estas (e outras considerações de Teubner) com muita simpatia, mas ele formula repetidamente reservas sobre a ligação entre os serviços de estruturação e ordenação do sistema jurídico com a ideia de diferenciação funcional; isto é, mais frequentemente envelopado com a fórmula de "o cultivo de uma 'higiene de fronteira' dos processos sociais". É certo que esta objeção não deixa totalmente claro como a determinação da função jurídica e a estrutura da salvaguarda normativa das expectativas estão relacionadas (nem se Luhmann e Teubner têm conceitos de Direito comparáveis ou diferentes). De qualquer maneira, Campos sustenta a opinião que Teubner, em última análise, permanece apegado demais à noção adotada por Luhmann de um "primado(s) da diferenciação funcional em nível mundial" e uma noção relacionada da fragmentação do Direito mundial e sua autoconstitucionalização nestes fragmentos. O pluralismo constitucional transnacional de Teubner sofre, portanto, de um "fraco correlacionismo" (no sentido de Quentin Meillassoux).

> Para que a tese de fragmentação do Direito transnacional e todos os exemplos práticos sejam teoricamente plausíveis, o primado da diferenciação funcional em si deve ser absoluto sem exceção: sem diferenciação funcional a nível mundial, não há tese de fragmentação e não há tese de autoconstitucionalização.

III

Sem abandonar completamente as orientações e *insights* obtidos na passagem com Luhmann e Teubner, Campos dá a seu pensamento sua própria estrutura teórica experimental no curso do livro. Desta forma, o autor quer sair do impasse da teoria dos sistemas, "o cultivo de uma 'higiene de fronteira' dos processos sociais", evitar o mal-estar diagnosticado por Luhmann e "dirigir os esforços conceituais para o processo de transformação do Direito Global".

Estes esforços conceituais se assemelham a isto em sua essência: As metamorfoses do Direito Global são descritas como um processo em interação com as metamorfoses da própria sociedade. Isto está ligado à insinuação de que o Direito da sociedade global se desenvolve em complexos processos de hibridização nos vários níveis das metamorfoses da própria sociedade de uma forma quase opaca. Campos assume uma silenciosa "dimensão de *'poiesis'* inerente à sociedade complexa". Com C.A. Bayly, ele fala de uma "natureza multicêntrica da mudança social na sociedade mundial", de uma "cultura de contato" dispersa, que é sobretudo o resultado de uma nova "cultura de bens" no sentido de Frank Trentmann e de novas tecnologias de comunicação e transporte. Em outras palavras, Campos pressupõe um papel de apoio das condições materiais e infra-estruturais para a fenomenalidade da normatividade jurídica e sua mudança, como a mudança nas possibilidades de gestão do espaço na forma de meios de comunicação e tecnologias de telecomunicações ou através da logística moderna. Em resumo, as inovações tecnológicas no ambiente de transporte, tecnologias da informação e comunicação são constitutivas para seu Direito mundial. Neste contexto, Campos enfatiza particularmente o papel da "materialidade da comunicação", por exemplo na forma de "aparelhos" como a prensa rotativa como técnica de impressão, o fonógrafo e seu desenvolvimento para o gramofone ou, no sexto capítulo, a materialidade das estruturas de dados, algoritmos ou aprendizagem de máquina.

O projeto experimental continua assim a tomar forma: Campos está preocupado com uma história da evolução do Direito Global

APRESENTAÇÃO

através do caminho de uma dinâmica que emana da tecnologia e das coisas, pois mudou as formas de vida nas cidades particularmente cedo – e de fato no mundo inteiro. Esta dinâmica é crucial para Campos, e seu fim provisório se encontra em um novo tipo de economia de plataforma digital. A última parte do trabalho é, portanto, dedicada a uma tentativa de classificar esta etapa de desenvolvimento em termos de teoria jurídica, que é levada em conta pelo fluxo de materialidade de uma tecnologia inteligente. Catherine Malabou falou vividamente neste ponto do quarto golpe ao nosso narcisismo: depois de Copérnico, depois de Darwin e depois da psicanálise. Isto também é aceito por Campos, e uma importante intuição que o guia em seu empreendimento é a questão de saber se a

> função do Direito – possibilitar uma estruturação abrangente dos horizontes sociais – somente pode ser uma propriedade do desenvolvimento jurídico doméstico, que desaparecerá com os crescentes processos de dissolução das fronteiras na sociedade mundial – sobretudo através da Internet e da crescente digitalização.

IV

Neste contexto, Campos reconstrói o surgimento do Direito Internacional moderno a partir do sistema internacional de estados territoriais soberanos. Ao mesmo tempo, Campos vê o Direito Internacional como a origem do Direito Global moderno, no qual o Estado e a política são centrais. Para Campos, entretanto, é crucial neste contexto que o Estado moderno e sua estabilização no modelo de democracia liberal possa ser atribuído igualmente às condições domésticas e (mundiais) sociais – e não pode ser explicado apenas de forma puramente endógena, puramente doméstica, como no caso de Kelsen ou Jellinek, por exemplo.

> O Estado e a transformação do Estado são fenômenos que convergem e não podem ser colocados em uma ordem

cronológico-histórica. São produtos da autotransformação da sociedade global – na medida em que há um processo constante de coevolução entre os níveis estatal, regional e transnacional – desde seus primórdios.

Esta dependência original do Estado liberal moderno e seu Direito Internacional de uma sociedade mundial é aprofundada em uma interpretação interessante e emocionante de Carl Schmitt. Schmitt aparece em Campos como o primeiro pós-colonialista. Campos está particularmente interessado nos medos de Schmitt "que o levaram a projetar seus escritos contra certos desenvolvimentos sociais relacionados a uma tendência liberal na sociedade moderna". A contribuição decisiva de Schmitt é vista no fato de que ele adotou uma perspectiva mundial no Direito Internacional numa fase inicial, levando a uma "emergência do Direito Internacional a partir de uma lógica global", cujo mito fundador remonta a 1492 e não a 1648 (Paz de Vestfália). Seu pensamento mostra que as práticas do Direito Internacional das nações civilizadas são baseadas em um conceito de cultura que não pode ser separado da expansão europeia em territórios ultramarinos e do colonialismo. Para Schmitt, a unidade do *ius publicum europaeum* é, em última análise, baseada em um conceito eurocêntrico de cultura, "que dá substância à homogeneidade necessária da ordem concreta do Direito Internacional europeu", enquanto que aqueles que não são civilizados no sentido europeu são excluídos deste Direito Internacional. A perspectiva de Schmitt corresponderia assim, em grande parte, a uma visão pós-colonialista do poder performativo da cultura e da língua europeia, hoje amplamente difundida, mas que não reconhece que a extinção da ordem concreta resultou precisamente da "formação de processos impessoais que não podem ser rastreados até um centro de poder"; foi o resultado de uma "dinâmica impessoal da sociedade (mundial)", que para Campos leva de volta à natureza multicêntrica da mudança social, uma cultura heterárquica de contato, a cultura dos bens e das tecnologias de comunicação e transporte, imigração, consumo, livre desenvolvimento da personalidade nas grandes cidades, etc. "Não um mundo de poder, não um mundo de razão, (...) mas um mundo de coisas – a nova dinâmica social das grandes cidades moldou as novas rupturas de conceitos jurídico-políticos".

Esta ordem descentralizada também é denominada como um "domínio das relações". Isso substitui o domínio político e leva a uma dispersão da soberania na sociedade global. A transição da corte para a cidade, o aumento da importância das rotinas da vida urbana cotidiana, o individualismo liberal e muito mais são de grande importância para isso,[2] o que leva ao fato de que "no decorrer do século XIX, as culturas urbanas (emergem) no mundo inteiro que exibem um padrão de vida cada vez mais uniforme e distinto"; e não apenas na Europa. Neste contexto, Campos interpreta a emergência do Direito Internacional e o papel proeminente dos tratados legislativos, a construção da pessoa jurídica soberana como parte desta forma de relação contratual, que agora poderia ser transferida para outros estados além da cooperativa doméstica europeia e, portanto, criou toda uma nova dimensão de possibilidades de ação jurídica internacional além das dinastias e das redes matrimoniais e familiares. Enquanto a técnica jurídica das ficções jurídicas oferece assim um novo nível de complexidade para as relações globais e permite a construção de uma ordem jurídica além da tradição, em mais um passo torna-se possível o desenvolvimento de uma nova lex mercatoria ou ordem privada dentro do Direito Internacional, que pode se estabelecer como base para um sistema de propriedade privada e intercâmbio comercial além do alcance do Estado. Quanto mais o consumo ganha importância nas grandes cidades, mais acordos de livre comércio, redes de consulados comerciais e outros acordos econômicos internacionais emergem. Esta "dinâmica descentralizada dos contatos" também é entendida como a nova dinâmica interior incontrolável da sociedade mundial.

---

[2] Como mostra Gilberto Freyre, que desenvolveu uma teoria cultural de densa descrição antes de Clifford Geertz, este processo no Brasil tem sua contrapartida no surgimento de uma burguesia urbana que só lentamente consegue se distanciar do modelo do país e de sua cultura de "mansões", que está ligada à cultura aristocrática portuguesa.

V

A desintegração da velha ordem, o primeiro passo evolutivo no desenvolvimento do Direito Global após o *ius publicum europaeum* é o movimento "do Direito da sociedade global centrado no Estado para o Direito da sociedade global mediado pelas organizações". Campos desenvolve agora a visão de que a dinâmica descentralizada dos contatos está ligada ao avanço da sociedade das organizações na segunda metade do século XIX e ao surgimento de um novo tipo de geração de conhecimento baseado na organização. Suas estruturas sociais e jurídicas não podiam mais ser representadas em teorias políticas e exigiam uma abertura para as estruturas inerentes à sociedade industrial. Isto é discutido pela primeira vez analisando uma troca de cartas entre Carl Schmitt e Ernst Forsthoff: Enquanto o *partisan* de Schmitt aparece nele como *katechon*, como opositor da despolitização da sociedade mundial e agente de criação de "grandes espaços cheios de substância cultural" (fn. 435), fica claro para Forsthoff que o *partisan* continuará sendo um "fenômeno marginal" no Estado da sociedade industrial. Para Forsthoff, isto não está menos ligado à mudança do próprio Estado, que está se transformando em um Estado técnico organizacional da prestação de serviços públicos e está retirando o cultivo do poder do político a fim de operacionalizá-lo

> cada vez mais através de estruturas descentralizadas baseadas nas organizações. Esta observação tem uma contrapartida subjetiva teórica na teoria de Foucault sobre a governabilidade e também está subjacente às suas análises de disciplina e normalização, que se afirmam em uma "bio-política (baseada em organizações)".

Enquanto Schmitt, Forsthoff e Foucault tratam a ocorrência de todos estes fenômenos em um paradigma teórico-político-poder, no entanto, Campos se preocupa precisamente com os processos descentralizados (dispersos) de auto-organização da sociedade mundial, agora na forma de "geração de conhecimento através de

APRESENTAÇÃO

organizações". Enquanto a sociedade das organizações está geralmente associada a questões de constituição econômica, relações de trabalho, relações industriais de grandes grupos organizados em torno do capital e do trabalho, ou o surgimento de organizações especiais no Direito Internacional, Campos primeiro direciona sua atenção de forma mais geral para o aumento exponencial de bens produzidos em massa e dispositivos técnicos comercializados e trocados em todo o mundo, para a funcionalidade de várias tecnologias como telegrafia, fornecimento de energia e transporte ferroviário, para a necessidade de padronização de parafusos e roscas devido à proliferação mundial de diferentes tipos de máquinas, e assim por diante, para a importância das organizações além da guerra. A tese central teórico-jurídica que se desdobra aqui talvez possa ser resumida como a seguir: No Direito da sociedade mundial mediada pela organização, a normatividade do Direito Global é determinada por organizações privadas e seus regimes de conhecimento setorial, que se refletem, entre outras coisas, em "tratados multilaterais e de adesão aberta, adaptados a áreas temáticas". Estes geram novos conhecimentos e novas tecnologias cujos bens moldam o mundo da vida das pessoas (urbanas) e levam a um entrelaçamento global de estruturas técnicas, econômicas e jurídicas, em particular um "um processo cognitivo altamente dinâmico e disperso de geração de conhecimento mundial através de procedimentos de padronização técnica dentro das organizações". O Direito Global contribui assim para desencadear um processo de criação de condições para a construção de uma cultura mundial. Neste capítulo, isto leva, ao mesmo tempo, a uma concentração da juridificação dos bens culturais e, portanto, a um assunto que não parece ser de particular relevância para os processos de formação do Direito Global. Mas possivelmente apenas à primeira vista!

No processo de globalização, as redes inteligentes de informação e comunicação desempenham um papel central. Em particular, as tecnologias de conhecimento padronizadas globalmente ganharam enormemente em importância. Portanto, não parece incoerente referir-se a exemplos da esfera cultural ao descrever uma nova capacidade da organização de produzir uma gestão do conhecimento jurídico-técnico que determinou e mudou o Direito Global desde o final do século XIX. Nesse século, já se podia observar o início da mais recente constelação do Direito Global, uma transição para uma "nova ordem de conhecimento em um contexto digital". Somente através desses *flashbacks* históricos a plausibilidade das suposições atuais pode ser testada; caso contrário, correm o risco de permanecerem como mera especulação. Além disso, os direitos autorais, de que Campos trata, são uma condição importante para um comércio global de música, livros, etc., baseado em plataformas online. Além disso, há outro ponto importante: a dinâmica da sociedade mundial resulta não apenas de processos de significado e meios generalizados de comunicação como o dinheiro, mas sobretudo da dinâmica de um conhecimento tecnológico realizado pela primeira vez na Inglaterra, entendido como uma cifra para coisas materiais e artefatos que podem ser usados na prática diária, que impulsionam e aumentam a dinâmica impessoal da poiesis e permanecem sempre, até certo ponto, opacos e incompreensíveis para os sujeitos, de fato cada vez mais "afastados do aparato humano de percepção" com o aumento da complexidade social. Por esta razão, Campos dirige sua atenção particularmente à mudança no Direito de direitos autorais e ao desenvolvimento da proteção do "*gestaltlose Stimme*" (voz sem gestos) induzida por um "pivô" de mídia (Friedrich Kittler).

> As condições da mídia são, neste contexto, fatores de diferenciação cultural com sérias implicações para as condições de juridificação. Os novos meios de comunicação tornam-se técnicas culturais, especialmente quando elas produzem constitutivamente novas cadeias de ação e interconexão.

VI

Atualmente, os meios digitais e a mudança associada a eles determinam as condições globais de juridificação. Por meio da inteligência artificial, do *big data* e da algoritmização, o digital traz uma nova ordem de conhecimento com efeitos de longo alcance sobre o mundo da vida das pessoas, o que não pode (ainda) ser tornado totalmente perceptível semanticamente e, portanto, deve ser apreendido experimentalmente, com certas "experiências limiares" (ou exercícios de teste). Este movimento também desvaloriza a estreita ligação de Luhmann do conceito de Direito com a categoria de expectativa. Um novo horizonte temporal emerge, não mais congruente com a cultura da tipografia, que é descrita como uma nova era da "influência de eventos simultâneos", "na qual nem a experiência nem a expectativa fornecem mais um critério para a formação e estabilização das instituições e orientação para ação dos indvíduos". Os mecanismos cognitivos de Luhmann encontraram uma nova corporificação nas tecnologias digitais da economia da plataforma, que deram contornos claros e atuais à profecia do direito como uma anomalia europeia.

O conceito de rede representa uma experiência limiar. Com o conceito de rede, "uma lógica relacional de formação de estrutura social move-se para o centro das atenções", o que também afeta a describabilidade do Direito e articula uma crise de demarcação de fronteiras que mina a epistemologia jurídica do sistema; em seu lugar vem a ideia de uma impureza do Direito ou de fenômenos de miscigenação. Em particular, isto resultou em uma abertura do sistema jurídico à produção de conhecimento social, de modo que prevalece agora a ideia de que a normatividade jurídica é produzida em uma estrutura de fatores que são legais e extralegais no sentido estrito. Campos vê estas manobras, que levam à abnormalidade de um conceito jurídico híbrido com uma "abertura fantasmagórica e esquemática" (Ino Augsberg), como produtivas, mas ele acredita que a transformação da Internet em uma economia de plataforma digital, que vem emergindo há alguns anos, mostra uma mistura de momentos heterárquicos e hierárquicos que não são mais capturados pela semântica do conceito de rede; a plataforma não é apenas uma rede.

> O sucesso das plataformas como modelo de negócios deriva precisamente desta dualidade, desta ambivalência inerente ao conceito de integração das reivindicações de totalidade e liberdade, heterarquia e hierarquia em um modelo.

A estrutura institucional das plataformas, "estruturas de dados, algoritmos ou aprendizagem de máquinas", é um fenômeno de longo alcance que não apenas muda a geração de conhecimento, mas possivelmente também nossa compreensão da economia política e dos mercados comerciais. Os desafios decorrentes disso, estruturalmente, sobrecarregariam um trabalho sobre as metamorfoses do Direito Global. Por esta razão, Campos se limita a um pequeno trecho das mudanças e suas consequências jurídicas, ou seja, a um relato das mudanças na esfera pública, na qual as redes sociais se tornam produtoras de conhecimento cotidiano. Aqui, o autor esboça de forma densa, mas altamente estimulante como a esfera pública se transforma inicialmente de uma cultura impessoal descentralizada baseada na troca de opiniões e informações entre indivíduos em uma forma baseada na organização.

> Independentemente da idealização de Jürgen Habermas da esfera pública de uma sociedade de indivíduos, a esfera pública começou a se estruturar em torno da relação simbiótica entre novas tecnologias – rádio, imprensa, televisão e outras – e formas organizacionais durante o século XX. A "perda de publicidade" dentro das grandes organizações é compensada, por um lado, pelo alcance muito mais amplo das novas tecnologias de disseminação de informações que democratizam o acesso à informação e, por outro lado, pela competição entre as organizações e a mídia.

Embora a esfera pública das organizações ainda possa ser constituída pelo Estado-nação, Campos vê nos novos regimes da economia digital, uma infraestrutura tecnológica global à qual a normatividade jurídica também está ligada. Isto não cria um vácuo de normatividade jurídica em si, mas a combinação de elementos verticalizantes com elementos hierárquicos produz novos tipos de oportunidades de liberdade, mas também claros perigos de violação de direitos. Um exemplo disso é a história regulatória inicial da economia de plataforma nos EUA, a criação da Seção 230 do CDA. Isto, segundo Campos, tem sido intensamente acompanhado por uma resposta judicial ligada ao paradigma organizacional, que acabou por deslocar a proteção jurídica para a autorregulação por plataformas (e a garantia de sua imunidade em caso de infração de terceiros), à qual somente uma espécie de proceduralização dos direitos fundamentais de comunicação e mídia pode responder.

VII

Que trabalho! Por um lado, uma ligação constante de novos aspectos, materiais e *insights* que às vezes deixam o leitor tonto e nem sempre lhe facilitam encontrar o fio vermelho em um mar de referências inteligentes e orientadoras, também porque alguns pensamentos oscilam em formulações diferentes e não podem ser apreendidos aqui e ali. Por outro lado, há uma riqueza de ideias e associações, uma rede constantemente reconfigurando o significado excedente que é suficiente para mais dez livros. Tudo isso aliado a uma visão analítica clara, um senso de nuances e diferenças sutis que mostram a excelência deste autor em cada página e o nível impressionante em que sua obra argumenta.

O maior mérito deste trabalho, em minha opinião, é que ele mostra que o conceito de globalização é um dos conceitos mais problemáticos já formados. Em qualquer caso, não existe "a" globalização, mas, na melhor das hipóteses, sempre novos impulsos da globalização e processos globais de formação do Direito desde a descoberta do Novo Mundo, que Campos estratifica uns dos outros de forma convincente – Estado, organizações em larga escala, redes e plataformas. Estes três passos evolutivos ou metamorfoses no processo de formação do Direito Global, como este livro também mostra, não podem, entretanto, por sua vez, ser separados do Estado-nação ou, se pensarmos no Vale do Silício, desenvolvimentos regionais e práticas sociais emergentes dos mesmos, aos quais o Direito deve se conectar se quiser fazer parte de um modo de vida e não apenas de um projeto político. Ao insistir – como fez o Iluminismo escocês – em uma coevolução do nacional e do transnacional como condição de Estado e, precisamente, como condição de transnacionalidade, e ao enfatizar a grande importância do conhecimento e dos paradigmas tecnológicos para a formação do Direito Global, Campos contribui muito para um balanço sóbrio da "globalização" e de seu Direito. Em vez de polarizar ainda mais o discurso intelectual com cenários de "mudanças de poder" em favor de "grandes corporações" e o fim do direito no "capitalismo de vigilância", Campos concentra sua energia intelectual na descrição de como o Direito Global mudou nos últimos cem anos e em que direção, por exemplo, questões de regulamentação das plataformas podem ser discutidas e soluções equilibradas podem ser encontradas no futuro.

Finalmente, uma observação crítica. Talvez não seja tanto a orientação futura como tal que está mudando no mundo digital, mas sim "a modelagem de formas de vinculação temporal na sociedade", a modelagem da expectativa, mas não tanto a relação entre segurança e incerteza, como Campos às vezes sugere. Seria então importante descrever mais precisamente esta história de transformação e, neste ponto, poderia ser útil não separar muito fortemente a dimensão temporal da dimensão factual. As próprias metamorfoses do Direito Global se referem repetidamente – e de maneira agradável e original – à abnormalidade de um "conceito híbrido de Direito", que pensa o Direito mais como um conjunto ou uma estrutura sem fronteiras permanentemente estáveis com fortes componentes não conceituais.

THOMAS VESTING

Professor Catedrático de Direito Público, Teoria do Direito e
Teoria dos Meios de Comunicação,
Johann Wolfgang-Goethe Universität/Frankfurt am Main.

INTRODUÇÃO

1 A ausência de referência do Direito moderno

A lógica do pensamento jurídico moderno encontra-se no atual momento em crise. A tradição de pensamento do formalismo – que se alimenta de seus próprios contextos conceituais internos fundados em um discurso egocêntrico, no qual a simples descrição de institutos, conceitos e decisões judiciais seriam suficientes para sua própria autodescrição visando distinguir o Direito de outras práticas sociais – não se apresenta mais suficiente para a compreensão do papel central do Direito na formação da sociedade moderna. O Direito não só influencia processos e práticas sociais, mas a própria sociedade age sobre o Direito como uma força motriz em sua transformação. Neste sentido, o Direito nunca é um produto de sua autorreferencialidade egológica. O Direito também não é meramente um produto da legislação nacional, como o sociólogo Eugen Ehrlich sugeriu em seus escritos sobre a retalhada região de Bukovina, no início do século XX. O Direito também não é apenas uma sala de eco de relações econômicas – uma visão muito presente na doutrina jurídica marxista ou nos contornos modernos conferidos pela análise econômica do Direito. Entretanto, o afastamento de um determinismo econômico do Direito não significa que o Direito esteja desconectado da sociedade.[3][4]

---

3 EHRLICH, Eugen. *Grundlegung der Soziologie des Rechts*. 4ª ed. Berlim, 1989, p. 390.
4 POSNER, Richard. *Economic Analysis of Law*. 8ª ed. Aspen, 2011.

Assim como o Direito não é redutível ao determinismo econômico, também não o é ao determinismo democrático. Por mais contraintuitivo que possa parecer, o direito interage constitutivamente com várias dimensões sociais que não estão exclusivamente ligadas a uma dimensão de produção de vínculos sociais por meio de decisões coletivas. Vários direitos (fundamentais) visam precisamente promover a produção de conhecimento social e a diversidade comunicativa,[5] e justamente aqui que reside uma indispensável função do Direito moderno, na qual se cultiva um distanciamento da vontade da maioria soberana ou da vontade de um soberano. A este respeito, a promoção de uma dimensão coletiva através de efeitos emergentes do exercício de direitos, na qual o Direito também está envolvido, não se pode reduzir assim à construção de uma *volonté générale*.[6] Poder-se-ia até lembrar aqui de institutos modernos como o da jurisdição constitucional, que se apresentam precisamente como uma forma de demarcação frente a um "autoritarismo da vontade ou da própria democracia" na salvaguarda e preservação de uma dimensão individual que não está precisamente à disposição dos processos institucionais de formação da vontade. Em outras palavras, o Direito também não é um produto puro do determinismo de uma vontade, seja ela tirânica ou democrática.

A impossibilidade que surge de uma determinação inequívoca do fenômeno jurídico, independentemente de ele derivar de si mesmo ou de uma origem externa, revela um caráter completamente híbrido do fenômeno jurídico moderno.[7] E é precisamente este caráter híbrido do Direito, distanciado do determinismo causal normativo, que o

---

[5] LADEUR, Karl-Heinz. *Negative Freiheitsrechte und gesellschaftliche Selbstorganisation*. Tübingen, 2000, pp. 165 e ss.
[6] ROUSSEAU, Jean-Jacques. "Vom Gesellschaftsvertrag". *In: Politische Schriften I*. Paderborn, 1977.
[7] MÖLLERS, Christoph. *Die Möglichkeit der Normen*. Über eine Praxis jenseits von Moralität und Kausalität. Berlim, 2015, pp. 440 e ss.

torna moderno. O Direito se alimenta de bases frágeis e contingentes, as quais ele mesmo contribui para criar e é por elas influenciado.

O presente trabalho se ocupa precisamente deste fenômeno jurídico moderno, que se distancia de qualquer determinismo, seja Deus, natureza, razão, Estado ou de si mesmo. O Direito moderno também não encontra sua natureza apenas em uma luta constante contra os processos de colonização intrassocial decorrentes de tendências deterministas ou colonizadoras.[8] Subjacente à função do Direito moderno está igualmente a de lidar e de se relacionar com duas camadas normativas (legais), tais como uma superfície óbvia de normas, comandos, decisões e institutos e uma infraestrutura mais latente e opaca, menos visível, de difícil acesso, composta de processos sociais transubjetivos e inerentes às novas tecnologias.[9] Neste sentido, também não haveria como situar um Direito de *uma* ou mesmo *da* sociedade, mas o Direito é, em certo sentido, a própria sociedade.

A escolha do título da presente obra, *Metamorfoses do Direito Global*, pretende sugerir que as metamorfoses do Direito são, ao mesmo tempo, metamorfoses da sociedade em que o Direito se desenvolveu, sem ter nenhuma direção teleológica de sentido tanto em sua dimensão temporal e social. Como Rudolf Wiethölter tem repetidamente ressaltado: pode ser, mas não necessariamente há de ser. O Direito se envolve em inúmeras práticas sociais sem necessariamente se identificar completamente com elas e sem oferecer qualquer garantia da duração temporal deste emaranhado ou entrelaçamento. A falta de determinação do Direito não deve ser aqui compreendida no sentido semântico dado por Herbert Hart na discussão da teoria

---

[8] TEUBNER, Gunther. *Verfassungsfragmente*. Frankfurt am Main, 2012, pp. 214 e ss.
[9] DESCOMBES, Vincent. *Die Rätsel der Identität*. Berlim, 2013, pp. 226 e ss.; VESTING, Thomas. *Gentleman, Manager, Homo Digitalis*. Der Wandel der Rechtssubjektivität in der Moderne. Weilerswist, 2021.

analítica.¹⁰ A carência de determinação do Direito aqui tratada decorre muito mais de um determinismo normativo-social do Direito como uma instituição social em que está enredado em complexos processos híbridos e sociais, e nesse contexto não se deixa assenhorar-se por apropriações potencialmente totalitárias (ou visões totalitárias).

A metamorfose ou transformação também está associada a um curso de tendencial desprendimento do próprio ser. Em seus Cursos sobre Estética, Hegel, ao descrever transformação do ponto de vista conceitual, contrasta o significado do espiritual com o natural, e a metamorfose ou transformação manifesta-se como um processo de degradação do espiritual.¹¹ Em certo sentido, o longo processo de secularização do Direito e sua falta de uma base unificada e sólida, alimentada por uma origem determinista, apresenta-se como um processo de degradação de seus estáticos e perenes fundamentos normativos. Esta semântica de degradação também é usada pelo sociólogo Niklas Luhmann para explicar a evolução do Direito na sociedade global. Na opinião de Luhmann, o Direito como o conhecemos não seria mais do que uma anomalia europeia ou uma aberração de uma progressão espaço-tempo que dificilmente se repetiria no futuro com o desenvolvimento da sociedade global.¹² Degradação, anomalia ou má especificação do desenvolvimento humano são descrições de um Direito que se encontra em constante transformação e, ao mesmo tempo, não dispõe de nenhuma garantia externa de sua própria natureza, validade ou própria normatividade.

---

10 HART, Herbert L. A. *The Concept of Law* (1966). Oxford/New York, 1994, p. 128.

11 HEGEL, G. W. F. *Lecture on Aesthetics I, Werke 13*. Frankfurt am Main, 1986, pp. 270 e ss.; SEEL, *Martin*. "Das Naturschöne und das Kunstschöne". *In*: SANDKAULEN, Birgit (Coord.). *G. W. F. Hegel: Vorlesungen über die Aesthetik*. Berlim, 2018, pp. 37 e ss.

12 LUHMANN, Niklas. *Das Recht der Gesellschaft*. Frankfurt am Main, 1993, pp. 585/586.

INTRODUÇÃO

O Direito da sociedade global ou o Direito das novas tecnologias é um Direito movido por um inerente mal-estar existencial. Neste sentido, o Direito exibe os mesmos contornos de crise que a arte contemporânea. O que faz de um objeto uma obra de arte na atualidade? Arthur Danto, ao avaliar um determinado objeto como uma obra de arte com base na observação que fez das Brillo Boxes de Andy Warhol, distancia-se da figura autoritária de um influente indivíduo ou elite que daria a um objeto o *status* oficial de uma obra de arte.[13] Ao contrário, segundo Danto, o que seria crucial para o campo da arte, que também passou por um longo processo de "degradação" no sentido acima mencionado, marcado por uma renúncia a qualquer determinismo externo de sua essência, seria que ele pertencesse a um discurso institucionalizado que define se um objeto é ou não uma obra de arte.[14]

O Direito da sociedade global também enfrenta semelhantes desafios. A agitação existencial que resulta do processo de "degradação" ou metamorfose priva o Direito de uma garantia determinista de uma essência. Nenhuma entidade estranha pode garantir o Direito, seja ela razão, o Estado, ou Deus. E isto também se aplica à autorreferência do próprio Direito e a qualquer noção de sua singularidade e insubstituibilidade. Justamente neste aspecto reside o caráter moderno do Direito: lidar com uma complexidade indeterminada e também ser, ao mesmo tempo, um motor para a construção de novas complexidades e relações. A inquietação existencial que surge de uma crise de origem coloca novos desafios ao Direito à medida que ele se torna cada vez mais híbrido e inserido em práticas sociais (extralegais). A transnacionalidade do Direito é uma consequência deste desenvolvimento, pois ela emerge do emaranhado entre Direito,

---

[13] DICKIE, George. *Introduction to Aesthetics*: An Analytic Approach. New York, 1997; DICKIE, Georgie. *Art and Value*. Malden (Mass.) 2001.
[14] DANTO, Arthur C. *What Art Is*. New Haven (Conn.), 2013, pp. 135 e ss.; DANTO, Arthur C. "*Wiedersehen mit der Kunstwelt. Komödien der Ähnlichkei*". In: DANTO, Arthur C. *Kunst nach dem Ende der Kunst*. München, 1996, pp. 53, 57 e 62.

sociedade, novas tecnologias e novos modelos econômicos, em vez de manifestar-se simplesmente como um Direito que emerge de ou a partir de Estados nacionais.

Quem se autorizaria a chamar uma determinada prática social de direito neste contexto? Especialmente com o advento de novas tecnologias computacionais, estruturas normativas que moldam, influenciam, ou mesmo tornam possível o exercício de direitos (fundamentais), não têm mais sua proveniência jurídica da razão ou do Estado. Pelo contrário, essas novas estruturas normativas tendem a estruturar o campo de ação do indivíduo – e do Estado – com base na modelagem dos próprios meios tecnológicos e no desenho do próprio modelo empresarial de plataformas ou serviços digitais em geral. Os efeitos transfronteiriços fazem parte das operações cotidianas da mídia ou da tecnologia. Um Direito que é epistemologicamente constituído a partir de modelos semânticos estatais, encontra sua maior crise existencial no desenvolvimento dessas novas tecnologias e na transnacionalidade inerente a elas. O "antigo" Direito seria apenas uma anomalia histórica? Ou, exatamente o contrário, existiria uma redescoberta da importância das estruturas jurídicas do Estado-nação? Poderiam os desenvolvimentos atuais ser reduzidos à polarização *transnacional versus nacional*? Estas são algumas das questões que serão abordadas no decorrer do presente livro.

2 Abordagem e esclarecimentos

Este trabalho visa traçar o novo desenvolvimento do Direito, que durante sua evolução tendeu a perder suas próprias raízes e suas referências fixas, fossem elas vinculadas às estruturas institucionais do Estado-nação ou a uma figura de fora do Direito que garantiam sua legitimidade e validade. Neste sentido, o trabalho tem um claro ponto de referência inicial: parte de uma dúvida teórica do sociólogo Niklas Luhmann sobre o desenvolvimento futuro do Direito na sociedade global. Suas ansiedades e incertezas são projetadas para a realização de uma sociedade cada vez mais focada em novas tecnologias e seus efeitos transfronteiriços, para a qual os mecanismos tradicionais do Direito e da política, centrados no Estado-nação, teriam cada vez mais dificuldade de desempenhar o mesmo papel que até agora desempenharam. O aqui descrito "mal-estar luhmanniano" serve como um ponto de apoio para o presente trabalho porque parte de uma teoria que consegue descrever com grande precisão as condições modernas do Direito.

Além do mal-estar luhmanniano aqui mencionado, o presente trabalho preocupa-se com o desenvolvimento do Direito na sociedade global e suas pré-condições. Embora a tese parta de uma questão da teoria dos sistemas, ela também se projeta sobre elementos não observáveis pela própria teoria dos sistemas, i.e., os processos de hibridização e de estabelecimento de ordens ou regimes que emergem na sociedade global. A comunicação por si só não define o que constitui uma sociedade global; ao contrário, são os processos e práticas sociais que constituem a sociedade e moldam seus contornos para a ação individual e institucional. Embora, em princípio, tenham certas características concretas, essas estruturas sociais são frequentemente latentes e por vezes impossibilitam uma abrangente e detalhada descrição. Neste ponto, o caráter experimental do presente trabalho se torna claro, uma vez que se pretende distanciar de paradigmas e modelos prontos que apenas carecem de uma aplicação. Em vez disso, cultiva-se uma lógica de contatos experimentais entre diferentes disciplinas que num segundo momento é testada em campos práticos. Os limites e fronteiras destas disciplinas, que se institucionalizaram contingentemente no decorrer da história, também não provam ser uma garantia firme e substancial de uma eterna estabilidade, de forma muito semelhante ao fenômeno do Direito. Nas condições atuais, nenhuma disciplina pode alegar ter acesso privilegiado à realidade.[15] Tampouco pode qualquer disciplina alegar ser capaz de estabelecer seus marcos disciplinares atuais eternamente.

---

15 VESTING, Thomas. *Staatstheorie*: Ein Studienbuch. München, 2018, pp. 19 e ss.

Desde o ponto de partida escolhido, o dilema da sociedade global não é primeiramente um problema normativo. Não se trata de delinear um projeto normativo e institucional para que a sociedade global possa desenvolver uma integração jurídico-política "saudável". Também não se trata de replicar uma forma de diferenciação social desenvolvida dentro da estrutura de alguns poucos Estados-nação na sociedade global. Ao contrário, a normatividade jurídica que se desenvolve na sociedade global é caracterizada por complexos processos de hibridização, ou seja, interseções com diferentes práticas sociais, tecnologias, processos institucionais e novas formas de geração de conhecimento. E nesse contexto é preciso sempre ter em mente, que qualquer descrição da normatividade jurídica reduz sua complexidade e por isso passa a ser um recorte ou fragmento de um todo. Por vezes ela permeia questões de constituição e transformação da subjetividade, por vezes a constituição de centros de tomada de decisão – e sua decadência. Por vezes, permeia estruturas de geração de conhecimento. Por vezes, o surgimento de novos meios de comunicação, ou permeia um processo de migração da normatividade jurídica para a própria tecnologia.

Este trabalho procura adotar um – entre vários possíveis – ponto de observação e descrição das condições e processos que são capazes de estruturar o Direito da sociedade global. Assim, não pretende ser uma obra *em um paradigma*, mas sim uma obra sondando o paradigma (como apontado pelo jurista alemão Rudolf Wiethölter), na qual os efeitos resultantes das correlações de autores e disciplinas produzem uma dimensão de sentido maior do que os autores e as próprias disciplinas em si. Aqui também se torna aparente o papel central da Teoria do Direito para o pensamento jurídico.[16] Após o longo processo de degradação da essência do Direito – no sentido

---

16 "*Sie will also nicht eine Arbeit im Paradigma sein, sondern eine Arbeit am Paradigma sondieren (R. Wiethölter), bei der die Effekte, die sich aus den Korrelationen von Autoren und Dis-ziplinen ergeben, höhergestellt werden als die damit korrelierenden Autoren und Disziplinen selbst*".

descrito acima – a Teoria do Direito não pode mais desempenhar a função de restauradora de uma integridade perdida e nostálgica do Direito.[17] Ao contrário, a teoria jurídica deve funcionar como uma "*sandbox* experimental" ou "laboratório de conhecimento",[18] fornecendo um espaço flexível de teste, revisão e reflexão para novas visões, teorias e abordagens jurídico-sociais a partir dos novos contextos de uma sociedade em constante transformação. Certamente, a abordagem da dogmática jurídica é um dos importantes materiais de reflexão para a Teoria do Direito, mas não é, contudo, redutível a uma sistematização dos institutos dogmáticos. Tanto o Direito quanto a dogmática jurídica fazem parte de abrangentes processos e inerentes faticidades sociais que eles mesmos não podem garantir, muito menos determinar. Uma Teoria do Direito informada por contatos laterais deve procurar precisamente estimular contatos experimentais entre descrições de processos sociais, autores, disciplinas e dogmáticas jurídicas, a fim de poder conectar e localizar o fenômeno jurídico dentro de uma perspectiva mais ampla e de seus fatores condicionantes internos, os quais chamamos de sociedade. O presente trabalho, entretanto, procura ser uma possível reconstrução da relação entre Direito e sociedade, ou Direito e tecnologia, usando o exemplo da sociedade global.

No primeiro capítulo é abordado o tema do mal-estar luhmanniano expresso na frase final de seu projeto sobre o Direito da sociedade. Luhmann, diante do desenvolvimento de uma sociedade que já nos anos 90 – época da publicação do livro em questão – divergia claramente do desenvolvimento do Direito no contexto institucional do Estado-nação, questiona de forma enigmática seu próprio projeto jurídico. A questão de saber se o Direito também poderia desempenhar o papel de "*katechon* da desdiferenciação"

---

[17] DWORKIN, Ronald. *Law's Empire*. Cambridge (Mass.)/London, 1986, pp. 178-184.
[18] RHEINBERGER, Hans-Jörg. *Historische Epistemologie zur Einführung*. Hamburgo, 2007, p. 52.

na sociedade mundial, como costumava fazer dentro das estruturas e contornos institucionais do Estado-nação, é exemplificada pelos novos desenvolvimentos na teoria dos sistemas sobre o tema da fragmentação do Direito na sociedade mundial.

Entretanto, antes de embarcar em uma possível replicação da função social do papel estruturante do Direito na sociedade global, é necessário delinear o significado da função do Direito na sociedade moderna como uma forma de vinculação temporal na qual ele estrutura a invenção de um futuro contingente da sociedade, criando mecanismos para lidar com um futuro cada vez mais incerto – o que é feito no segundo capítulo. Contra o pano de fundo da importância do Direito para a construção da dimensão temporal da sociedade, torna-se claro que o Direito moderno perde cada vez mais referências sociais fixas e se torna um Direito fluído que traz problemas para a questão de sua validade como prática social. Neste contexto, é mais importante traçar processos de construção de estruturas sociais dentro desta sociedade global do que afirmar a existência de uma sociedade global resultante da comunicabilidade dos novos meios tecnológicos.

O terceiro capítulo trata dos processos de estabelecimento da sociedade global. Do ponto de vista metodológico, o seu objetivo está centrado na busca dos fatores culturais condicionantes e das estruturas imanentes da sociedade global, distanciando-se assim da derivação típica e recorrente da existência de uma sociedade global como produto da comunicabilidade resultante das novas tecnologias. Para tanto, é crucial examinar quais elementos sociais e estruturais levaram à desintegração da antiga ordem até então centrada no chamado *ius publicum europaeum*. O processo referido no trabalho como o "nascimento do novo mundo a partir da cultura da dispersão" procura chamar a atenção para um complexo processo de coevolução entre os níveis nacionais e transnacionais do Direito, um processo que não pode ser reduzido ao controle por uma vontade ou poder soberano. Ler esta mudança como uma mudança de um período de domínio do político, no sentido schmittiano, para um período de hegemonia tendencial das relações é precisamente chamar a atenção

INTRODUÇÃO

para um processo de dispersão da normatividade jurídica que antes era centralizada no que Carl Schmitt chamava de "ordem concreta". Neste ponto, uma leitura diferenciada de Carl Schmitt oferece uma grande vantagem. Embora estigmatizado por seu envolvimento nos desenvolvimentos políticos do Terceiro Reich, o autor tinha um bom senso dos processos sociais impessoais, então ainda em *status nascendi*, contra os quais ele direcionou diversas de suas contribuições teórico-conceituais.[19] Neste sentido, a desintegração do *ius publicum europaeum* não se apresenta como um processo que ocorre exclusivamente fora dos Estados-nação. Ao contrário, ela é condicionada por muitos fatores internos, isto é, do Estado-nação, como a produtividade de uma nova forma de subjetividade dentro das áreas metropolitanas, e consequentemente é um produto do aumento do contato entre os novos Estados reconhecidos na sociedade global. A sociedade global e suas interconexões gradualmente tornaram-se demasiado complexas para serem administradas a partir de uma perspectiva baseada na normatividade de um *ius publicum europaeum*.

Dado o aumento da complexidade social após a desintegração da velha ordem, até mesmo lidar com a complexidade da sociedade global após a desintegração da ordem concreta do *ius publicum europaeum* não foi suficiente para abarcar a heterogeneidade da nova situação da sociedade global. Os capítulos quatro e cinco tratam, portanto, da transformação das estruturas jurídicas como um correlato da crescente complexidade social da sociedade global, que se consolidou na geração e gestão do conhecimento técnico e, ao mesmo tempo, jurídico por parte das organizações. Os problemas sociais não poderiam mais ser administrados exclusivamente no "Direito

---

[19] Weigel afirma, com razão, que Carl Schmitt forneceu a caricatura de uma modernidade sem genealogia. Sobre o tema, ver WEIGEL, Sigrid. *Walter Benjamin. Die Kreatur, das Heilige, die Bilder*. Frankfurt am Main, 2008, pp. 71 e ss. Mais precisamente ainda, pode-se ir além disso e dizer que Schmitt não só apresenta uma "caricatura da modernidade sem genealogia", mas pretende uma caricatura de uma contragenealogia da modernidade.

dos Estados", e passaram assim a serem manejados sob a forma de organizações, tanto em nível nacional quanto transnacional. Isso dá origem a novos contornos do Direito Global na transição de uma sociedade mediada pelo Estado para uma sociedade global, na qual o papel das organizações no processo de juridificação se torna cada vez mais central e determinante. Esse processo ocorre através da interligação de questões jurídicas, técnicas e econômicas em uma sociedade cada vez mais global.

Finalmente, o último capítulo aborda o estado atual de desenvolvimento do Direito da sociedade global, na qual a forma organizacional e sua inerente forma de geração de conhecimento e normatividade jurídica perdem gradualmente espaço uma vez que a sociedade tende a se concentrar cada vez mais nas plataformas digitais e na sua forma de geração de conhecimento. Nesta transição de uma estrutura social para outra, não é apenas o Direito que se depara com labirínticos circunstâncias. Há também um momento de incongruência na relação entre a semântica e as estruturas sociais, pois a sociedade da plataforma combina dois momentos em seu eixo estruturante que até agora foram descritos separadamente no nível semântico: a heterarquia e a hierarquia. A combinação do fator verticalização com o fator horizontalizante dá origem à nova sociedade digital, e essa mesma combinação também dá origem ao atual desafio do Direito de garantir a geração do novo (inovação), por um lado, e de criar mecanismos para impedir violações maciças de direitos, por outro. O capítulo final conclui analisando a atual transformação da esfera pública através de plataformas digitais, incluindo possíveis diretrizes para uma arquitetura semântico-jurídica que poderia ser mais adequado para as estruturas sociais da nova sociedade influenciadas por plataformas digitais.

CAPÍTULO I
A ANOMALIA COMO DESENVOLVIMENTO JURÍDICO

1.1 A sociedade (mundial) de Niklas Luhmann: o desconforto da Teoria dos Sistemas

1.1.1 Introdução: da falta de especificação à anomalia

> É bem possível que a atual proeminência do sistema jurídico e a dependência da própria sociedade e da maioria de seus sistemas funcionais de um funcionamento do código jurídico não seja mais do que uma anomalia europeia que enfraquecerá com a evolução de uma sociedade mundial.[20]

Esta frase conclui enigmaticamente a obra de Niklas Luhmann sobre Direito, publicada em 1992, e revela – segundo este livro – um profundo mal-estar na teoria dos sistemas, na medida em que levanta a questão de se a diferenciação funcional como primazia da sociedade moderna pode ser replicada no contexto global da forma como se desenvolveu no Estado-nação – ou seja, em alguns

---

20 LUHMANN, Niklas. *Das Recht der Gesellschaft*. Frankfurt am Main, 1993, pp. 585/586.

poucos Estados-nação. Em particular, no que diz respeito ao papel do Direito, a chamada tese da anomalia levanta a questão de se a centralidade – ou nas palavras de Luhmann "proeminência do sistema jurídico" – que o Direito tinha dentro do Estado-nação, por um lado como garantidor ou mantenedor estrutural de esferas sociais independentes, tais como ciência, arte, economia, educação, etc., e, por outro lado como facilitador de um mínimo de orientação temporal e social congruentes, seria replicada na sociedade global nos moldes dos parâmetros postos no Estado-nação. Para Niklas Luhmann, essa dependência social do Direito, como demonstrado no desenvolvimento jurídico do Estado-nação, se apresentou claramente como uma anomalia europeia. Se o subjuntivo usado por Luhmann nesta última frase do livro "O Direito da Sociedade" (*Das Recht der Gesellschaft*) deveria ser alterado para o indicativo com a distância histórica de quase 30 anos, esta é a pergunta central que será abordada neste capítulo.

Com o conceito da anomalia europeia, Luhmann quer chamar a atenção para um aspecto central da diferenciação funcional e antecipar de forma especulativa que, com a evolução da sociedade mundial – devido às particularidades de suas estruturas de expectativas – no futuro próximo, a forma jurídica como a conhecemos não será mais a forma com a qual o Direito se desenvolverá. Essa discrepância entre as formas do Direito que se desenvolveram dentro da estrutura institucional do Estado nacional e aquelas que se desenvolveram sem as condições prévias da estrutura institucional do Estado-nação tem implicações significativas, não somente para a possibilidade de conter violações de direitos, mas também para a estrutura da sociedade e, portanto, para sua forma de diferenciação.

Já no início dos anos 70 – em seu ensaio sobre a sociedade mundial – esses contornos claros e discrepâncias no desenvolvimento do Direito nacional, do Direito Global e da forma social de diferenciação se tornaram evidentes.[21] Mesmo assim, Luhmann via com

---

[21] LUHMANN, Niklas. "Die Weltgesellschaft". *In:* LUHMANN, Niklas. *Soziologische Aufklärung 2*: Aufsätze zur Theorie der Gesellschaft.

CAPÍTULO I – A ANOMALIA COMO DESENVOLVIMENTO JURÍDICO

certas reservas a relação quase simbiótica entre Direito e política que havia surgido com o advento e consolidação de Estados-nação como o tipo ideal de qualquer Estado constitucional democrático. Na opinião de Luhmann, essa peculiar combinação de Direito e política, que tendeu a se desenvolver de forma padronizada em todo o mundo nos Estados-nação como uma formação ideal, nada mais seria do que um "equívoco do desenvolvimento humano" (*Fehlspezifikation der Menschheitsentwicklung*).[22] Um ano depois, em seu célebre *Sociologia do Direito* (1972), Luhmann reforçou essas observações, as quais diziam respeito à relação entre política e Direito na sociedade global.[23] A positividade e a função do Direito, como haviam caracterizado fortemente o sistema jurídico do Estado nacional, seriam reformuladas por uma incorporação de mecanismos cognitivos devido ao dinamismo peculiar da sociedade global:[24] as expectativas humanas totais, dadas pela fidelidade normativa do Direito Positivo, seriam substituídas pela capacidade de solução de problemas por estruturas de aprendizado, e a aplicação coercitiva segundo o padrão do Estado-nação seria tendencialmente substituída

---

5ª ed. Wiesbaden, 2005. Thomas Vesting vê o crescente entusiasmo pela sociedade mundial no período pós-guerra, primeiro na literatura (Auerbach) e filosofia (Ritter) e depois na sociologia (Luhmann), como uma forma de "revolta" tácita diante do papel que o nacionalismo havia assumido na Segunda Guerra Mundial. Ver VESTING, Thomas. *Staatstheorie*: Ein Studienbuch. München, 2018, pp. 19 e ss., pp. 8/9.

22 Assim, na "peculiar combinação de Direito e política, precisamente em sua especial eficiência, reside uma falsa especificação do desenvolvimento humano (...) que, pelo menos por enquanto, não pode ser transferida para o sistema da sociedade mundial" (LUHMANN, Niklas. "Die Weltgesellschaft". *In*: LUHMANN, Niklas. *Soziologische Aufklärung 2*: Aufsätze zur Theorie der Gesellschaft. 5ª ed. Wiesbaden, 2005, p. 71).

23 LUHMANN, Niklas. *Rechtssoziologie*. 3ª ed. Opladen, 1987, pp. 340/341.

24 "A sociedade mundial é constituída principalmente por atitudes cognitivas de expectativa. No exagero especulativo do que já é visível atualmente, pode-se falar de uma mudança na primazia evolutiva de mecanismos normativos para mecanismos cognitivos" (LUHMANN, Niklas. *Rechtssoziologie*. 3ª ed. Opladen, 1987, p. 340, tradução nossa).

por uma adaptação flexível.²⁵ Vinte anos depois, após a publicação de seu ensaio sobre a sociedade mundial e do livro "Sociologia do Direito", esse "equívoco do desenvolvimento humano" é descrita por ele como uma "anomalia europeia", e é com esta frase que ele termina seu projeto sobre o Direito moderno e seu desenvolvimento na sociedade.²⁶

Segundo Luhmann, a tendência de cognitivizar as estruturas sociais mudou inevitavelmente o papel convencional do Direito com o surgimento da sociedade global – mesmo antes do surgimento da Internet. Mas o Direito também desempenha um papel central na teoria dos sistemas: tanto na criação de um mínimo de orientação comum para a ação social em uma sociedade que não se baseia mais em fundamentos universais de tradição,²⁷ quanto, no caso da releitura de Gunther Teubner em particular, no aprofundamento da teoria em estruturar uma diferenciação social moderna – mesmo que não haja centralidade de um sistema, no sentido de que a sociedade pudesse ser determinada unicamente por um sistema. Nessa perspectiva, os direitos fundamentais em particular ocupariam de fato uma função única, na medida em que asseguram a salvaguarda da diferenciação

---

25 Neste contexto, o próprio Luhmann levanta a questão de saber se o Direito não se desenvolverá de forma diferente: "Deve-se considerar, entretanto, se a próprio Direito não muda na medida em que a sociedade mundial consolida e atribui sua primazia ao estilo cognitivo do contato humano" (LUHMANN, Niklas. *Rechtssoziologie*. 3ª ed. Opladen, 1987, pp. 340/341, tradução nossa).

26 Para Rudolf Stichweh – especialmente no ponto referente à sociedade mundial – a tese do primado cognitivo parece ser uma tese falsa, que por esta razão não é repetida em outros textos de Luhmann. Com base nesta afirmação, segundo Stichweh, "este texto permaneceu realmente solitário": cf. STICHWEH. Rudolf. "Politik und Weltgesellschaft". *In:* HELMANN, K-U.; SCHMALZ-BRUNS, R. (Coord.). *Theorie der Politik*: Niklas Luhmanns politische Soziologie. Frankfurt am Main 2002, pp. 287 e ss. O que Stichweh não consegue explicar, entretanto, é a razão pela qual a tese de 1975 aparece novamente de forma congruente no livro *"Recht der Gesellschaft"*, de 1992 citado no início.

27 Este tópico será abordado no segundo capítulo deste livro.

CAPÍTULO I – A ANOMALIA COMO DESENVOLVIMENTO JURÍDICO

funcional da sociedade[28] ou, nas palavras de Luhmann, "servem para manter um potencial de diferenciação social e na medida em que estabilizam uma estrutura social diferenciada".[29] A tese da anomalia não é, portanto, um questionamento direto do esquema de diferenciação funcional e sua disseminação na sociedade mundial em si. Ao contrário, ela se preocupa em abordar a mudança de significado da predominância de mecanismos normativos para mecanismos cognitivos, que altera os pesos da diferenciação dentro da sociedade mundial, e, ao mesmo tempo, e não menos importante, o papel do Direito dentro desta mudança. Em outras palavras, a tese da anomalia se preocupa principalmente em questionar o papel do Direito dentro do padrão teórico de uma sociedade que é funcionalmente diferenciada globalmente, uma vez que as condições prévias institucionais do Direito, tais como a positividade do Direito, uma jurisdição constitucional, o parlamento e todas as conexões e interdependências entre essas instituições, não estão mais presentes na sociedade mundial. É justamente neste ponto que Niklas Luhmann duvida que a "dependência da própria sociedade do funcionamento do código jurídico" – como nas condições de um Estado-nação – assumiria um papel central na sociedade mundial.

O primado do cognitivo sobre o normativo na sociedade mundial, como descrito por Luhmann, desloca os pesos dos sistemas funcionais neste sentido e levanta duas questões essenciais: por um lado, se o Direito – e os direitos fundamentais – assumiriam o mesmo papel de "guardião" de uma diferenciação equilibrada na

---

[28] Cf. LADEUR, Karl-Heinz; AUGSBERG, Ino. *Die Funktion der Menschenwürde im Verfassungsstaat.* Tübingen, 2008, p. 105.

[29] LUHMANN, Niklas. *Grundrechte als Institution*: Ein Beitrag zur politischen Soziologie. 3ª ed. Berlim, 1999, pp. 51/52. Este papel atribuído aos direitos fundamentais como fornecedor estrutural de esferas independentes entre si dentro do esquema de diferenciação funcional ou como operação de reparo desta forma de diferenciação está particularmente presente no desenvolvimento posterior da teoria dos sistemas nos escritos de Gunther Teubner.

sociedade mundial e, por outro lado, se o Direito poderia continuar a assumir a função de um "guardião do tempo". Para retomar uma metáfora bíblica usada por Carl Schmitt, poderia o Direito moderno continuar a desempenhar o papel de um *katechon*, ou seja, de um "adversário" ou "impedidor" da desdiferenciação da sociedade, por um lado, e como estabilizador temporal de um futuro aberto, por outro, no desenvolvimento da sociedade mundial?[30] Ou seria o uso da figura de um *katechon* para a própria sociedade mundial uma anomalia propriamente dita?

1.1.2 A autoevidência de uma teoria: a sociedade mundial como fato

"Ninguém, creio eu, questionaria o fato da existência de um sistema global".[31] "Com esta declaração, Luhmann toma repetidamente a autoevidência de uma sociedade mundial como ponto de partida para suas reflexões.[32] O que ainda era considerado contraintuitivo dentro das ciências sociais no período pós-guerra é hoje bastante

---

[30] Sobre o papel da figura do *katechon* em Schmitt, ver em particular MEUTER, Günter. *Der Katechon*: Zu Carl Schmitts fundamentalistischer Kritik der Zeit. Berlim, 1994; e Motschenbacher, Alfons. *Katechon oder Großinquisitor?* A Study on the Content and Structure of Carl Schmitt's Political Theology. Marburg, 2000.

[31] LUHMANN, Niklas. "Globalization or World Society: How to Conceive of Modern Society?" *International Review of Sociology*, vol. 7, n° 1, 1997, pp. 67 e ss.

[32] Este tipo de formulação sobre a sociedade mundial pode ser encontrado em várias obras de Niklas Luhmann. Ver, por exemplo, LUHMANN, Niklas. *Die Politik der Gesellschaft*. Frankfurt am Main 2002, p. 220: "O fato de que há um sistema de comunicação mundial não pode ser contestado" (tradução nossa); LUHMANN, Niklas. *Die Wissenschaft der Gesellschaft*. 7ª ed. p. 716: "Tudo o que acontece acontece no mundo"; LUHMANN, Niklas. *Soziale Systeme*. Frankfurt am Main. 1984, p. 585: "A sociedade hoje é, sem ambiguidade, uma sociedade mundial, – sem ambiguidade, de qualquer forma, se tomarmos como base o conceito de sistema social aqui proposto".

evidente: existe uma sociedade mundial em que é gerida por uma infraestrutura de comunicação global e em rede, à qual o acesso é viabilizado por computadores, *smartphones*, outros aparelhos eletrônicos e serviços digitais. Para as novas gerações, a percepção de um mundo acelerado sem precedentes é algo que faz parte da vida cotidiana e, portanto, não requer construções teóricas complexas e abstratas.[33]

Entretanto, esta percepção nem sempre prevaleceu nas ciências sociais.[34] Embora a afirmação apodítica de uma sociedade mundial soe quase banal para a vida cotidiana atual, a afirmação da simultaneidade global tem profundas consequências para a teoria de Luhmann como um todo – e para diversas outras. Uma das principais consequências de tomar esta forma de sociedade global como certa é que o espaço do Estado-nação não se apresenta mais como o principal esquema diferenciador da realidade. Este primeiro ponto levanta a seguinte questão: como ocorreria a transição de uma sociedade que se caracterizava por sua organização dentro de uma estrutura estatal para uma sociedade com um horizonte de sociedade mundial? Em outras palavras: se, até certo ponto, a formação de processos de estruturas sociais dependia de instituições ligadas ao Estado-nação para a reprodução do seu horizonte de sentido da

---

[33] Mesmo antes da popularização da Internet, Luhmann sentiu que isto afetaria tangencialmente a comunicação em todo o mundo. LUHMANN, Niklas. *Systemtheorie der Gesellschaft*. Frankfurt am Main, 2017, p. 213: "Agora que toda a experiência e ação humana se tornou comunicativamente acessível uns aos outros, só pode haver um sistema social unificador do mundo". É interessante notar que a principal transformação resulta da tecnologia, ou seja, da criação de um novo meio. Não é por acaso que Thomas Vesting se refere parsonicamente a essas transformações midiáticas como "avanços pré-adaptativos". Ver VESTING, Thomas. *Rechtstheorie*: Ein Studienbuch. 2ª ed. München, 2015, pp. 167/168.

[34] BECK, Ulrich; GRANDE, Edgar. "Jenseits des methodologischen Nationalismus. Non-European and European Variations of the Second Modernity". *Soziale Welt*, vol. 61, 2010, pp. 187 e ss.

vida cotidiana – por exemplo, tribunais estaduais, bancos centrais, universidades, parlamentos etc. – como se pode entender no aparato teórico-conceptual a noção de uma sociedade cada vez mais constituída e mediada por um horizonte global de comunicação? O segredo está nas noções de meio e comunicação, que se revelam conceitos centrais da arquitetura teórica.

Quando é tematizada relação entre o nível nacional e o da sociedade mundial, a primeira figura que aparece na discussão é o papel constitutivo das fronteiras espaciais. É parte do *senso comum* teórico do Direito – e também em outras disciplinas – que o mundo está territorialmente dividido em países e as relações *entre* esses países são consideradas como sujeitos ou objetos de imputação como artefatos semânticos que constituem o conceito de uma sociedade internacional. É assim também que se constitui a territorialidade dos países: ora estamos no Brasil, ora nos EUA, ora na Alemanha, ora no Afeganistão. O Direito Internacional tradicional, por exemplo, baseia-se no propósito de estruturar conexões entre territórios claramente demarcados, visto que esse é o seu objeto. As fronteiras – especialmente as territoriais – são geralmente demarcações artificiais, não necessariamente físicas, que separam o interior do exterior.[35] A teoria dos sistemas também se baseia nesta artificialidade da exclusão como pertencente ou não pertencente, todavia em um nível mais abstrato.[36] Esta artificialidade dos mecanismos de exclusão remonta ao aumento na formação da estrutura diante

---

[35] A palavra alemã "*Grenze*" substituiu a antiga "*Mark*" durante o início do período moderno. A marca era a demarcação caracterizada por uma estaca separando a propriedade da aldeia e, portanto, a marcação da fronteira territorial. Cf. "Mark". *In:* GRIMM, Jacob; GRIMM, Wilhelm (Coord.). *Deutsches Wörterbuch*, vol. 12, Quellenverzeichnis Leipzig 1971, sp. 1628-1636, aqui sp. 1633 e ss.

[36] LUHMANN, Niklas. *Soziale Systeme*. Frankfurt am Main. 1984, p. 266: "E para o resto, a territorialidade, hoje em dia, de qualquer forma, é um princípio de fronteira bastante atípico para os sistemas sociais, bastante exótico, bastante perturbador da mobilidade social normal".

do aumento da complexidade social e não, por exemplo, apenas à demarcação de territórios. Se partirmos desta complexidade e não da demarcação ou da marcação do terreno, uma visão da sociedade moderna complexa que partiria apenas da demarcação de territórios seria inadequada precisamente porque as sociedades modernas não são mais caracterizadas apenas pela produção de conhecimento social através da interação entre indivíduos dentro de um determinado espaço.[37] Os espaços acessíveis de experiência na sociedade se expandiram da comunicação entre os presentes para a comunicação entre os ausentes; isso é precisamente o que constitui uma teoria moderna da sociedade. Acima de tudo, através do uso de "estratégias de gerenciamento de espaço", tais como tecnologias de telecomunicações e logística modernas, novos tipos de "espaços próprios" (não físico) estão surgindo abaixo, dentro e fora das fronteiras estatais.[38]

O que significa a formação de "espaços próprios" na sociedade mundial está diretamente relacionado com a forma de constituição dos próprios limites por sistemas funcionais, que não podem mais ser limitados à lógica territorial dos Estados. Os sistemas sociais "não são de forma alguma limitados no espaço, mas têm uma forma completamente diferente, ou seja, puramente interna, de criar fronteiras".[39] O Direito se distingue da economia, da política, da arte, etc., por sua codificação binária e forma de comunicação específica.

---

[37] LUHMANN, Niklas. *Die Politik der Gesellschaft*. Frankfurt am Main 2002, p. 220: "O lugar onde se está situado perde seu papel como uma condição da possibilidade de ver e ouvir. Assim, é banalizada em termos de tecnologia da informação. Deste modo todos os centralismos relacionados ao espaço são transcendidos – o que não exclui que, a partir daí, uma consciência regional oposta se consolide".

[38] STICHWEH, Rudolf. "Kontrolle und Organisation des Raumes durch die Funktionssysteme der Weltgesell-schaft". *In:* DÖRING, Jörg. THIELMANN, Cristan (Coord.). *Spatial Turn. Das Raumparadigma in den Kultur - und Sozialwissenschaften*. Bielefeld, 2008, pp. 149 e ss.

[39] LUHMANN, Niklas. *Die Gesellschaft der Gesellschaft*. Frankfurt am Main, 1997, p. 76.

Trata-se, portanto, principalmente de demarcação de contextos de significado dentro da sociedade, não de demarcações espaciais.[40]

De acordo com a teoria dos sistemas, os limites em uma sociedade funcionalmente diferenciada são procedimentos que estão ligados a estruturas de expectativa e processos de comunicação e estes são mediados internamente por meio do significado. Pelo menos desde a publicação de *Sistemas Sociais* [*Soziale Systeme*.1984], Luhmann tem dado importância à afirmação de que a fronteira não forma um terceiro valor entre sistema e ambiente, mas seria modelada a partir do próprio sistema.[41] Às vezes se participa da comunicação jurídica, às vezes da econômica, às vezes da política.[42] E é justamente neste

---

[40] Por sua vez, não seria correto supor que a teoria dos sistemas ignora o conceito de espaço. Pelo contrário: este apenas não é visto como um ponto de partida. Marc Redepenning e Jan Lorenz Wilhelm sintetizaram a relação entre espaço e teoria dos sistemas em poucas palavras: "Os espaços, portanto, nunca são significativos na teoria dos sistemas por si só; ao contrário, seu significado e relevância social surgem apenas das lógicas específicas inerentes aos sistemas envolvidos". Por exemplo, no sistema econômico, os investimentos de uma empresa utilizam esquemas de observação espacial, muitas vezes ligados a condicionais nacionais como estabilidade de um governo ou ambiente regulatório nacional. Cf.: REDEPENNING, Marc; WILHELM, Jan Lorenz. "Raumforschung mit luhmannscher Systemtheorie". *In*: OSSENBRÜGGE, Jürgen; VOGELPOHL, Anne (Coord.). *Theorien in der Raum- und Stadtforschung*. Münster, 2014, p. 310.

[41] LUHMANN, Niklas. *Die Politik der Gesellschaft*. Frankfurt am Main 2002, p. 53. Sobre a metáfora do limite na obra de Luhmann, cf. KOSCHORKE, Albrech. "Die Grenzen des Systems und die Rhetorik der Systemtheorie". *In*: KOSCHORKE, Albrech; VISMANN, Cornelia Vismann (Coord.). *Widerstände der Systemtheorie. Kulturtheoretische Analysen zum Werk von Niklas Luhmann*. Berlin, 1999, pp. 49 e ss.

[42] Esta "política de exclusão" não é apenas constitutiva da teoria dos sistemas. Kant, por exemplo, também entende fronteira e desenho de fronteiras como um dos pontos de partida da filosofia, quase como sua pré-condição epistemológica. "Filosofia", diz Kant, consiste em "conhecer seus limites". KANT, Immanuel. *Werke in zwölf Bänden*, vol. 4. Frankfurt am Main, 1977, p. 755. Veja-se também a expressão dos limites ou fronteiras na construção da precisão conceitual: "Definir,

CAPÍTULO I – A ANOMALIA COMO DESENVOLVIMENTO JURÍDICO

contexto que a relação entre a constituição das fronteiras e a sociedade global se depara com a questão de se, com o fortalecimento da sociedade global, a forma de segmentação em territórios e, portanto, também o fenômeno das fronteiras territoriais, desapareceria. Neste contexto, Rudolf Stichweh ressalta que a teoria da sociedade global

> não tem nenhum preconceito embutido a favor do desaparecimento das fronteiras clássicas do Estado-nação, por exemplo. Sua tese é apenas de que estaria surgindo uma macrofronteira, para a qual seria verdade que, entre muitas outras coisas, a função das fronteiras nacionais estaria sendo redefinida a partir do nível de construção do sistema da sociedade mundial.[43]

Esta discrepância conceitual entre o que é aceito como uma fronteira na linguagem cotidiana e em algumas ciências e o conceito teórico da teoria dos sistemas tornou-se um fundamento central da teoria dos sistemas em sua abordagem sobre a sociedade mundial, especialmente no que diz respeito à relação entre sociedade mundial, diferenciação funcional e os sistemas funcionais. Assim, Luhmann enfatiza que é precisamente a singularidade das fronteiras espaciais que deixa claro "que elas não são respeitadas nem por verdades nem por doenças, nem pela educação, nem pela televisão, nem pelo

---

como a própria expressão revela, deve realmente significar apenas o que originalmente representa o conceito detalhado de uma coisa dentro de seus próprios limites". KANT, Immanuel. *Werke in zwölf Bänden*. vol. 4. Frankfurt am Main, 1977, p. 75.

[43] STICHWEH, Rudolf. *Die Weltgesellschaft*. Frankfurt am Main, 2000, p. 27. A sociedade mundial tem um efeito sobre o Direito nacional na medida em que seu "dinamismo (...) estabelece ocasiões de aprendizagem" ou mesmo "exerce pressão de aprendizagem" e assim limita a arbitrariedade das soluções de problemas. Em vez de "fidelidade às normas", as capacidades de "análise e decisões" poderiam então ser incorporadas ao sistema jurídico (...) como "reestruturação de aprendizagem e adaptação de programas" (LUHMANN, Niklas. *Rechtssoziologie*. 3ª ed. Opladen, 1987, p. 341).

dinheiro (se incluirmos as necessidades de crédito) nem pelo amor".[44] Estes meios – verdade, amor, dinheiro, escrita, impressão, mídia de comunicação eletrônica etc.[45] – não se orientam e não podem ser limitados por condicionantes territoriais. Eles tornam possível uma formação de significado de vários contextos de comunicação que, por sua vez, podem ser generalizados e tornados expectáveis – mesmo além do Estado nacional.

Em seu manuscrito dos anos 70, publicado em 2017 sob o título *Teoria dos Sistemas de Sociedade* [*Systemtheorie der Gesellschaft*], o tema da sociedade mundial é tratado de forma instigante com referência ao crescimento, evolução e autolimitação (da mídia). Na visão de Luhmann, o crescimento não está relacionado ao crescimento populacional, mas ao aumento do potencial de comunicação dos sistemas através de seus meios de comunicação, por um lado para dentro (aumento de sua própria complexidade) e, por outro lado para fora através da "inclusão das comunicações fora dos limites territoriais tradicionais do sistema social".[46]

Este tema central toca no ponto da desproporcional natureza do crescimento de e entre sistemas – especialmente em sua transição para a sociedade global – e seus efeitos sobre outros sistemas e seu ambiente. O primado do limite funcional sempre distorceu os limites territoriais concebidos "na vida cotidiana", logo, transgredindo-os. No entanto, querer mantê-los, ao contrário da diferenciação funcional apodítica da política e do Direito, é então, visto desta forma,

---

[44] LUHMANN, Niklas. *Die Gesellschaft der Gesellschaft*. Frankfurt am Main, 1997, p. 166: "Um argentino pode casar-se com uma abissínia se a ama; um zelota pode pedir empréstimo na Nova Zelândia se isso for economicamente racional, um berlinense pode se bronzear nas Bahamas se isso lhe der uma sensação de satisfação".

[45] Sobre a distinção entre mídia de comunicação generelizada e mídia de difusão, cf. LUHMANN, Niklas. *Die Gesellschaft der Gesellschaft*. Frankfurt am Main, 1997, pp. 202 e ss.

[46] LUHMANN, Niklas. *Systemtheorie der Gesellschaft*. Frankfurt am Main, 2017, p. 866.

CAPÍTULO I – A ANOMALIA COMO DESENVOLVIMENTO JURÍDICO

sempre uma reconexão artificial e regressiva, cuja eficácia depende do regime de fronteiras dos Estados nacionais ou das condições institucionais dos Estados. Isso deixa claro que existiria uma diacronia no crescimento dos sistemas entre si, e que a diferenciação funcional, portanto, não ocorreria de forma linear.[47] O ponto crucial, entretanto, encontra-se na questão que surge após o crescimento induzido pela mídia, ou seja, "se existiriam limites estruturais para possíveis relações de complexidade na própria sociedade que atuariam como oportunidades de crescimento".[48] A resposta de Luhmann a este problema de expansão ou crescimento por sistemas na sociedade mundial, entretanto, ocorreria por uma autolimitação através do seu próprio meio, como a economia através doe seu meio de dinheiro,[49] sem, porém, introduzir o Direito na sociedade mundial como um *"katechon de desdiferenciação"*.[50]

E aqui é o ponto em que a tese da anomalia torna-se novamente relevante para toda a arquitetura teórica. Como mencionado anteriormente, existiria uma certa incontestabilidade da sociedade mundial e sua correlata diferenciação funcional como uma forma de diferenciação social. Assim, a equivalência da sociedade global

---

[47] LUHMANN, Niklas. *Systemtheorie der Gesellschaft*. Frankfurt am Main, 2017, p. 867: "alguns subsistemas tendem a crescer mais do que outros".

[48] LUHMANN, Niklas. *Systemtheorie der Gesellschaft*. Frankfurt am Main, 2017, p. 868.

[49] "Nossa tese de que as condições de desempenho dos meios de comunicação simbolicamente generalizados e as formações do sistema adaptadas a eles impõem barreiras ao crescimento do tamanho...". Luhmann testa sua tese em vários meios, tais como poder, verdade, amor e dinheiro. Cf. LUHMANN, Niklas. *Systemtheorie der Gesellschaft*. Frankfurt am Main, 2017, p. 867.

[50] LUHMANN, Niklas. *Die Gesellschaft der Gesellschaft*. Frankfurt am Main, 1997, p. 757: "quanta expansão interna a sociedade assim gera, quanta monetarização, juridificação, cientificação, politização pode gerar e enfrentar, e quanto disso ao mesmo tempo (em vez de, por exemplo, apenas monetarização)"; diferentemente, cf. TEUBNER, Gunther. *Verfassungsfragmente*. Frankfurt am Main, 2012, p. 132.

e o conceito de sociedade conduzia inevitavelmente à primazia da diferenciação funcional na sociedade global. A tese de anomalia parece afirmar que as tendências de crescimento dos meios dos sistemas funcionais dentro do Estado-nação seriam de alguma forma moduladas ou pelo menos atenuadas pelo bom funcionamento do código jurídico – daí a referência à "atual proeminência (!) do sistema jurídico".[51] Nesse sentido, a tese da anomalia também deixa claro que existiria de fato uma "dependência da própria sociedade e da maioria de seus sistemas funcionais do funcionamento do código jurídico" para a estruturação das liberdades sociais dentro do Estado, e que essa dependência da sociedade em relação ao Direito não assumiria a mesma forma no desenvolvimento futuro da sociedade mundial ou, como diz Luhmann (não sem um certo ceticismo ou até mesmo cinismo), tenderia simplesmente a desaparecer ou, ao menos, enfraquecer. A fim de compreender melhor o significado destas consequências da transformação da forma do Direito moderno na sociedade global, faz-se necessário, portanto, primeiro esclarecer o que significa o conceito de sociedade mundial dentro da teoria dos sistemas, além de meramente indicar sua factualidade.

---

[51] O Direito e a política ainda permanecem regionalmente diferenciados sob a forma de Estados. Continuam a operar, se não dependentes de limites espaciais, ao menos dependentes de condições institucionais, cujos processos de constitucionalização são geralmente realizados apenas dentro dos limites territoriais espaciais. "A sociedade mundial está se tornando cada vez mais um sistema unificado – e, ao mesmo tempo, um sistema que gera e tem que suportar enormes discrepâncias. Isto impede a unificação política *sem oferecer uma alternativa, um equivalente funcional, para ela*". LUHMANN, Niklas. *Die Wirtschaft der Gesellschaft*. Frankfurt am Main 1994, p. 170 [ênfase adicionada]. "Diferenciável regionalmente na forma de Estados é apenas o sistema político e com ele o sistema jurídico da sociedade moderna" (LUHMANN, Niklas. *Die Gesellschaft der Gesellschaft*. Frankfurt am Main, 1997, p. 166).

CAPÍTULO I – A ANOMALIA COMO DESENVOLVIMENTO JURÍDICO

1.1.3 O mundo (e a sociedade) da Teoria dos Sistemas

A conexão do conceito de sociedade com o conceito de sociedade mundial é um processo repetitivo no século XX, que não ocorre apenas nos trabalhos de Luhmann. Advogados, cientistas políticos e outros sociólogos têm repetidamente apontado que os processos de socialização para além das fronteiras entre os Estados-nação têm aumentado gradualmente no decorrer do século XX. Georg Schwarzenberger, por exemplo, falou de uma "sociedade mundial", na qual só existiam relações de poder como unidades constitutivas desta forma de sociedade.[52] Philip C. Jessup, em suas *Storrs Lectures* em Yale, em 1956, colocou a ênfase no *Direito transnacional* e nas novas "*situações transnacionais*" decorrentes dos modernos meios de comunicação e novas formas contratuais.[53] Seguindo a teoria geral dos sistemas, Morton Kaplan fez a distinção entre sistemas nacionais e supranacionais.[54] Talcott Parsons também desenvolveu uma perspectiva sociológica do conflito sobre o problema da formação da ordem internacional nos poucos textos que escreveu sobre o assunto.[55] Entretanto, a mudança do nível nacional para o global

---

[52] Cf. Schwarzenberger, Georg. *Power Politics*: A Study of International Society. 2ª ed. London, 1951, p. 251: "A sociedade internacional moderna é uma realidade porque nela coexistem grupos que são interdependentes e independentes um do outro. (...) O vínculo que mantém a sociedade mundial unida não é nenhuma comunidade vaga de interesses espirituais. É o poder".

[53] JESSUP, Philip C. *Transnational Law*. New Haven, 1959, p. 108: "Estamos aqui lidando, é claro, apenas com situações transnacionais. Muito do Direito existente se desenvolveu ou foi promulgado com um olhar direcionado meramente para o problema local ou interno. As comunicações e contratos modernos tornaram as situações transnacionais muito mais frequentes e familiares; e na verdade uma grande parte do Direito foi criada com o objetivo específico de regular tais situações (...)".

[54] KAPLAN, Morton. *System and Process in International Politics*. New York, 1957, p. 12.

[55] PARSONS, Talcott. "Order and Community in the International Social System". *In:* PARSONS, Talcott. *Politics and Social Structure*, New

foi tratada de forma mais consistente no trabalho de Immanuel Wallerstein: para ele, a característica da formação da estrutura da sociedade mundial não está na diferenciação dos Estados, mas na economia mundial que veio se formando desde o século XVI e sua inerente lógica capitalista, que se caracterizaria por um intercâmbio desigual. Apesar do estreitamento da descrição para um contexto puramente econômico, Immanuel Wallerstein retrata o contexto global mais claramente como um objeto de investigação independente.[56]

Embora o ponto de partida metodológico comum de todos estes autores seja a sociedade mundial, Luhmann pode ser visto

---

York, 1969, pp. 292 e ss., 305 e ss. Parsons, entretanto, reserva o termo sociedade para o Estado nacional. Isto está relacionado ao seu conceito de sociedade, que remonta à formação coletiva aristotélica. Para que uma sociedade se qualifique como sociedade, devem existir formas eficazes de imposição de estruturas normativas, como um poder central dentro de um território, para essa sociedade. O Direito transnacional "privado", a ONU e o Direito Internacional não apresentariam estas características. Ver PARSONS, Talcott. *Societies. Evolutionary and Comparative Perspectives*. Prentice-Hall, 1966, p. 9; PARSONS, Talcott. *The Systems of Modern Societies*. Prentice Hall, 1971, p. 8 e ss.; PARSONS, Talcott. "Polarization of the World and International Order". *In:* PARSONS, Talcott. *Sociological Theory and Modern Society*. New York, 1967, pp. 478 e ss.

[56] Com base em uma tese de Karl Marx sobre o desenvolvimento capitalista e uma provável dinâmica que se reproduz além das fronteiras dos Estados-nação europeus, Immanuel Wallerstein desenvolveu uma teoria abrangente da sociedade mundial. "Foi assim o sistema mundial e não as 'sociedades' individuais que 'se desenvolveram'". Ou seja, uma vez criada, a economia mundial capitalista foi primeiramente consolidada e depois gradualmente a influência de suas estruturas básicas sobre os processos sociais dentro de suas fronteiras se aprofundou e se ampliou. Todas as noções do processo de crescimento, da semente ao carvalho, do germe ao seu desdobramento, dão significado, se é que isso é aplicado à única economia capitalista mundial como um sistema histórico". WALLERSTEIN, Immanuel. "Social Development or Development of the World System?" *In:* LUTZ, Burkart (Coord.). *Sociology and Social Development*. Frankfurt am Main/New York, 1985, pp. 76 e ss. Sobre a tese inicial, ver MARX, Karl. *Grundrisse der Kritik der politischen Ökonomie* (1857-58). Berlim, 1953, p. 175.

CAPÍTULO I – A ANOMALIA COMO DESENVOLVIMENTO JURÍDICO

como um antípoda aos conceitos desenvolvidos por Talcott Parsons, Immanuel Wallerstein e Georg Schwarzenberger. Luhmann se diferencia do funcionalismo normativo da Parsons ao decidir, já nos anos 70, confiar em um modelo que difere conceitualmente da noção de integração da Parsons. Por trás desta decisão conceitual, o ponto de partida concreto é a afirmação da hipótese da existência de uma sociedade global independente de qualquer fundamento normativo. Além disso, ao contrário de Wallerstein, Luhmann não quer equiparar o conceito de sociedade com o conceito de uma economia mundial capitalista, assim como, ao contrário de Schwarzenberger, quer evitar que o conceito de sociedade seja sobreposto por um conceito de poder. Luhmann compreende o conceito de sociedade a partir de uma perspectiva teórica de diferenciação como um sistema social que abrange a sociedade mundial, no qual existiriam diversos contextos de comunicação policontextural de subsistemas diferenciados.[57]

Num estilo pré-autopoiético, Luhmann retoma a ideia da sociedade mundial em 1971, não mais concebendo a sociedade mundial como hipotética, mas como um devir do horizonte mundial. Ao fazer isso, Luhmann acentua as dimensões da sociedade mundial baseadas no conhecimento e na comunicação, que ele apresenta como "ciência da acessibilidade do conhecimento como uma armadilha de demanda" ("*Wissen der Zugänglichkeit des Wissens als Bedarfsfalle*") e como uma "rede mundial de comunicação". A partir desta abordagem baseada no conhecimento,[58] descrita por ele mesmo como uma hipótese de cunho meramente especulativo, ele conclui que uma

---

[57] Para seu conceito de sociedade mundial, é decisivo que ela seja "despolitizada", "assim como é também deseconomizada, des-sacralizada, desjuridificada e desidentificada" (KIESERLING, André. "Makropolitik, Mikropolitik. Politik der Protestbewegungen". *In:* NASSEHI, Armi. Schroer, Markus (Coord.). *Der Begriff des Politischen*. Baden-Baden, 2003, pp. 419 e ss.).

[58] LUHMANN, Niklas. "Die Weltgesellschaft". *In:* LUHMANN, Niklas. *Soziologische Aufklärung 2*: Aufsätze zur Theorie der Gesellschaft. 5ª ed. Wiesbaden, 2005, pp. 78/79.

"mudança de liderança" levaria a um forte aumento do componente cognitivo das estruturas da sociedade mundial, em oposição ao componente normativo. Em outras palavras, Luhmann aponta que a sociedade mundial não se desenvolveria predominantemente na forma de uma estabilização de determinadas expectativas, mas sim através da adaptação do aprendizado às condições estruturais e às mudanças desta forma de sociedade.[59]

Em seus estudos posteriores, Luhmann apoiou-se ainda mais no conceito de comunicação e descreveu o conceito de sociedade mundial como "a apropriação do mundo pela comunicação".[60] O que significa que a sociedade mundial está implícita em toda comunicação, independentemente das distâncias espaciais e da presença dos participantes.[61] Seguindo o conceito de comunicação, a teoria dos sistemas pode traçar macroestruturas a partir de micropropriedades e fazer a transição do conceito de sociedade do nível nacional para o nível global.

Nesse sentido, Luhmann defende uma dupla versão do conceito de sociedade mundial: por um lado, com base numa teoria dos sistemas sociais, a sociedade mundial denota a unidade da totalidade do social e, por outro lado, no nível da teoria social, o conceito se torna um tipo específico de sistema, entre outros. Em outras palavras: a sociedade mundial é um sistema social que se inclui a si mesma.[62]

---

[59] LUHMANN, Niklas. "Die Weltgesellschaft". *In:* LUHMANN, Niklas. *Soziologische Aufklärung 2*: Aufsätze zur Theorie der Gesellschaft. 5ª ed. Wiesbaden, 2005, p. 79.

[60] LUHMANN, Niklas. *Die Gesellschaft der Gesellschaft*. Frankfurt am Main, 1997, p. 150.

[61] LUHMANN, Niklas. *Die Gesellschaft der Gesellschaft*. Frankfurt am Main, 1997. Aqui ele se distancia do conceito de integração que ele aplicou no ensaio de 1971.

[62] LUHMANN, Niklas. *Die Gesellschaft der Gesellschaft*. Frankfurt am Main, 1997, p. 80; STICHWEH, Rudolf. *Die Weltgesellschaft*. Frankfurt am Main, 2000, p. 249: "A sociedade mundial é de fato a única sociedade que ainda existe na Terra".

CAPÍTULO I – A ANOMALIA COMO DESENVOLVIMENTO JURÍDICO

De acordo com uma perspectiva da teoria dos sistemas, a condição para o surgimento de estruturas sociais mundiais está no princípio da acessibilidade comunicativa global,[63] que traz a interconexão do global e do local em atos comunicativos. Nesse sentido, a sociedade mundial é a unidade de todas as comunicações que são acessíveis umas às outras.[64]

De fato, em seu último grande trabalho, *A Sociedade da Sociedade* [*Die Gesellschaft der Gesellschaft*], de 1997, Niklas Luhmann diagnostica "bloqueios epistemológicos" na teoria social onde prevaleceu uma tradição persistente de identificação da sociedade com o Estado-nação.[65] Esta tradição, ele argumenta, levou a que o conceito de sociedade fosse caracterizado por dois pressupostos fundamentais: integração normativa e unidades territorialmente delimitadas de acordo com os contornos dos Estados-nação.[66] É precisamente contra esta tradição que Luhmann interpreta a sociedade a partir de um conceito de comunicação que não está relacionado nem com territórios nem com grupos concretos de pessoas. Os limites dos Estados-nação não são obstáculo à comunicação, mas, como todas as outras estruturas sociais, tornam-se apenas suas diferenciações

---

[63] LUHMANN, Niklas. *Die Gesellschaft der Gesellschaft*. Frankfurt am Main, 1997, pp. 145 e ss.; STICHWEH, Rudolf. *Die Weltgesellschaft*. Frankfurt am Main, 2000.

[64] LUHMANN, Niklas. *Die Gesellschaft der Gesellschaft*. Frankfurt am Main, 1997, p. 171; LUHMANN, Niklas. "Die Weltgesellschaft". *In:* LUHMANN, Niklas. *Soziologische Aufklärung 2*: Aufsätze zur Theorie der Gesellschaft. 5ª ed. Wiesbaden, p. 11.

[65] LUHMANN, Niklas. *Die Gesellschaft der Gesellschaft*. Frankfurt am Main, 1997, pp. 24 e ss. Ver também GREVE, Jens; HEINTZ, Bettina. *Die "Entdeckung" der Weltgesellschaft. Entstehung und Grenzen der Weltgesellschaftstheorie, Zeitschrift für Soziologie*, edição especial "Weltgesellschaft". Stutgart, 2005, pp. 89 e ss.

[66] BECK, Ulrich; GRANDE, Edgar. "Jenseits des methodologischen Nationalismus. Non-European and European Variations of the Second Modernity". *Soziale Welt*, vol. 61, 2010, pp. 187 e ss.

internas.⁶⁷ A sociedade, segundo esta visão, seria um único sistema de comunicação global, entendido, em última instância, como um sistema social omni-abrangente.⁶⁸

Se alguém questiona o que é "social" dentro do conceito de sociedade nesta teoria da diferenciação, inevitavelmente se deparará com a especificidade da diferenciação funcional, que o próprio Luhmann também enfatizou na célebre controvérsia com Jürgen Habermas.⁶⁹ Isso também toca a questão desenvolvimento da sociedade mundial: a primazia socioestrutural da forma particular de diferenciação funcional se concilia com a sociedade mundial de tal forma que a gênese da sociedade mundial⁷⁰ e a aplicação da

---

67 Os sistemas funcionais são projetados para um universalismo cuja tendência expansiva, sua própria lógica e diâmica não se deixam deter nas fronteiras do Estado-nação: LUHMANN, Niklas. "Die Weltgesellschaft". *In*: LUHMANN, Niklas. *Soziologische Aufklärung 2: Aufsätze zur Theorie der Gesellschaft*. 5ª ed. Wiesbaden, 2005, p. 63; LUHMANN, Niklas. *Die Gesellschaft der Gesellschaft*. Frankfurt am Main, 1997, pp. 149 e 809.

68 STICHWEH, Rudolf. *Die Weltgesellschaft*. Frankfurt am Main, 2000, p. 13: "Luhmann insistiu que a eficiência da teoria da sociedade mundial terá que ser medida precisamente por seu sucesso em demonstrar que as diferenças no sistema da sociedade mundial são diferenciações internas deste sistema".

69 LUHMANN, Niklas. "Moderne Systemtheorien als Form gesamtgesellschaftlicher Analyse". *In*: HABERMAS, Jürgen; LUHMANN, Niklas (Coord.). *Theorie der Gesellschaft oder Sozialtechnologie: Was leistet die Sys-temforschung?*. Frankfurt am Main, 1971, pp. 7 e ss.: "Sociedade é aquele nível de formação do sistema a partir do qual há diferenciação funcional".

70 No entanto, a posição das regiões ou os diferentes estágios de desenvolvimento do globo não se desvanecem pela diferenciação funcional no plano global. Pelo contrário: as diferenças dadas são então medidas ou, dependendo da região, fortalecidas ou enfraquecidas e ligadas às especificações dos contornos e ditames globais. A participação em processos sociais no nível global, entretanto, é possibilitada no nível conceitual da diferenciação funcional no plano global através do modo operacional da comunicação e não através da especificidade de um conceito regional de sociedade. Trata-se acima de tudo de uma decisão metodológica de

CAPÍTULO I – A ANOMALIA COMO DESENVOLVIMENTO JURÍDICO

diferenciação funcional neste contexto são "um e o mesmo processo",⁷¹ impulsionado especialmente pela comunicação com a ajuda dos meios de difusão no espaço global.⁷²

---

partir do conceito de sociedade mundial (LUHMANN, Niklas. *Die Gesellschaft der Gesellschaft*. Frankfurt am Main, 1997, pp. 161 e seg.). Especificamente sobre a relação entre diferenciação funcional regional e mundial, ver LUHMANN, Niklas. *Die Gesellschaft der Gesellschaft*. Frankfurt am Main, 1997, p. 166: "Uma diferenciação primária regional contradiria a primazia moderna da diferenciação funcional".

71 LUHMANN, Niklas. *Die Gesellschaft der Gesellschaft*. Frankfurt am Main, 1997, pp. 145 e ss. e 609 e ss. De maneira mais abragente, ver LUHMANN, Niklas. "World Society as a Social System". *In:* GEYER, Felix R. (Coord.). *Dependence and Inequality. A Systems Approach to the Problems of Mexico and Other Developing Countries*. Oxford, 1982, pp. 295 e ss.: "A inclusão de todo comportamento comunicativo em um sistema da sociedade é a *consequência* inevitável *da diferenciação funcional*". No mesmo sentido, STICHWEH, Rudolf. "Kulturelle Produktion in der Weltgesellschaft". *In:* KRUŠKOVA, Krassimira; LIPP, Nele (Coord.). *Tanz anderswo: intra- und unterkulturell, Jahrbuch Tanzforschung*, vol. 14. Münster, 2004, pp. 189/190. Rudolf Stichweh tratou deste desenvolvimento em um outro lugar: "A sociedade mundial se baseia no fato de que o mundo social é dissecado várias vezes pelas respectivas perspectivas autônomas dos sistemas funcionais individuais e que cada uma destas perspectivas funcionais hoje abrange um contexto de comunicação mundial à sua própria maneira": STICHWEH, Rudolf. "Der Zusammenhalt der Weltgesellschaft: nicht--normative Integrationstheorien in der Soziologie". *In:* BECKERT, J. (Coord.). *Transnationale Solidarität: Chancen und Grenzen*. Frankfurt/ Main: Campus, 2004, p. 6.

72 "Se a sociedade não é nada mais que o sistema abrangente de todas as comunicações conectáveis, então pode-se esperar que mudanças nos meios de comunicação atinjam e transformem a sociedade como um golpe" (LUHMANN, Niklas. *Die Politik der Gesellschaft*. Frankfurt am Main 2002, p. 597). Sobre a revolução da comunicação trazida pela telegrafia: "Ao mesmo tempo, a telegrafia provou ser de grande importância para o estabelecimento de sistemas funcionais globais, uma vez que as fronteiras espaciais se tornaram assim cada vez mais irrelevantes para a comunicação, que foi em grande parte liberada de seu substrato físico". STÄHELI, Urs. "Der Takt der Börse. Inklusionseffekte von Verbreitungsmedien am Beispiel des Börsen-Tickers". *Zeitschrift für Soziologie*, vol. 33, jun. 2004, pp. 245 e ss.; neste contexto, ver

Nesse ponto, deve ser particularmente enfatizado que os fatos acima listados a favor da autoevidência de uma sociedade mundial situam-se para além de um mundo normativamente integrado. Embora esse fenômeno já comece a se formar lentamente com a intensificação das relações de comunicação a partir do século XVI, as mudanças essenciais, no entanto, só ocorrem com o maior desenvolvimento da tecnologia ou com o surgimento de novos meios de comunicação e, em particular, com o desenvolvimento de tecnologias modernas de comunicação.[73] Neste ponto, Luhmann cita repetidamente exemplos concretos como: imprensa, a televisão[74] e os computadores,[75] que causaram o avanço neste sentido. Com o desenvolvimento dessas tecnologias, as fronteiras que antes eram dadas pelas próprias "coisas" foram superadas pelos novos meios de comunicação. Nenhuma barreira física poderia mais impedir a comunicação mundial. Com esses meios, "todos os centralismos espaciais foram transcendidos" e assim foi criada a plausibilidade da acessibilidade de todas as comunicações relativas ao conceito de sociedade mundial.

O que parece óbvio à primeira vista, ou seja, que vivemos em uma sociedade mundial, leva conceitualmente a uma visível perda

---

também TEUBNER, Gunther. *Verfassungsfragmente*. Frankfurt am Main, 2012, pp. 214 e ss., p. 73: "Como é bem sabido, a globalização significa acima de tudo que a dinâmica da diferenciação funcional, que foi historicamente realizada pela primeira vez nos Estados nacionais da Europa e da América do Norte, está agora tomando conta de todo o globo".

[73] LUHMANN, Niklas. *Die Politik der Gesellschaft*. Frankfurt am Main, 2002, p. 220.

[74] LUHMANN, Niklas. *Die Politik der Gesellschaft*. Frankfurt am Main, 2002, p. 220.

[75] LUHMANN, Niklas. *Die Politik der Gesellschaft*. Frankfurt am Main, 2002, p. 221: "Nem na forma de 'dominação' nem na forma de 'cultura' ou 'valores' conseguem imprimir a centralização no conceito de sociedade mundial. Ao contrário, o que é típico dentro deste contexto é uma forma de conecção heterárquica, do tipo rede de comunicação em nível de organizacional e profissional - um tipo que será incrementado no futuro com o uso de computadores".

de precisão na absoluta e apressada equiparação dos conceitos sociedade mundial e sociedade, mediada pelo conceito de comunicação.[76] Como corretamente apontado por Thomas Schwinn, uma diferença conceitual e categórica deve ser afirmada entre a possibilidade de comunicação global e a consequente formação de estruturas sociais. Uma coisa é o fenômeno de comunicação é a possibilidade de comunicação global além das fronteiras entre os Estados-nação. A formação de processos de construção de ordem, por outro lado, é uma questão totalmente diferente:

> A comunicação é uma forma muito simples de sociabilidade que não vincula os atores mutuamente, enquanto a formação de estruturas sociais é um nível superior de sociabilidade. Subsumir estas diferentes qualidades do social sob o conceito de sociedade mundial não ajuda muito e traz consigo uma perda de precisão analítica.[77]

Além disso, outras questões importantes, que já foram abordadas por ocasião da tese de anomalia, ganham novamente relevância: como se desenvolveria a forma e o formato da diferenciação funcional de uma sociedade global se o Direito no "Estado-nação cumprisse a função de um *"katechon* da desdiferenciação", mas possivelmente não pudesse mais desempenhar o mesmo papel no desenvolvimento futuro da sociedade mundial? No capítulo final de seu livro sobre Direito, Luhmann também dá pistas sobre possíveis desenvolvimentos do Direito fora dos contornos do Estado-nação. Embora ele afirme veementemente que "dificilmente se poderia falar de um sistema jurídico mundial unificado como um sistema funcional da sociedade

---

[76] LUHMANN, Niklas. *Die Gesellschaft der Gesellschaft*. Frankfurt am Main, 1997, pp. 145 e ss.: "Com esta disposição conceitual só pode haver uma sociedade, a sociedade mundial".

[77] SCHWINN, Thomas. "Weltgesellschaft, multiple Moderne und die Herausforderungen für die sociologische Theorie". *In*: HEINTZ, B.; MÜNCH, R.; TYRELL, H (Coord.). *Weltgesellschaft*: Theoretische Zugänge und empirische Problemlagen. Berlim, 2005, p. 205.

mundial",⁷⁸ Luhmann, ao mesmo tempo, afirma que "dificilmente poderia-se negar" que "a sociedade mundial teria uma ordem jurídica mesmo sem um órgão legislador e jurisdição central".⁷⁹

Neste ponto, Luhmann deixa indicações concretas de um Direito que se desenvolve além do Estado-nação, mas sem se diferenciar funcionalmente no âmbito global: o Direito na sociedade global poderia, nesse contexto, evoluir através do Direito Internacional privado tradicional e dos direitos humanos. Seguindo essa abordagem intuitiva de Luhmann, alguns autores confiam em uma força motriz das violações dos direitos humanos que induziram escândalos para o desenvolvimento de uma nova forma de positividade do Direito.⁸⁰ Entretanto, estas visões parecem conter a mesma

---

78 LUHMANN, Niklas. *Das Recht der Gesellschaft*. Frankfurt am Main, p. 571. O Direito só pode se diferenciar no sentido luhmanniano sob condições institucionais – incluindo legislação estatal, jurisdição estatal e política institucional –, razão pela qual o Direito e a política permanecem regionalmente diferenciadas sob a forma de Estados. "A sociedade mundial está se tornando cada vez mais um sistema unificado – e, ao mesmo tempo, um sistema que gera e tem que suportar enormes discrepâncias. Isto impede a unificação política *sem oferecer uma alternativa, um equivalente funcional, para ela*" (LUHMANN, Niklas. *Die Wirtschaft der Gesellschaft*. Frankfurt am Main, 1994, p. 170 [ênfase adicionada]). "Diferenciável regionalmente na forma de Estados é apenas o sistema político e com ele o sistema jurídico da sociedade moderna" (LUHMANN, Niklas. *Die Gesellschaft der Gesellschaft*. Frankfurt am Main, 1997, p. 166).

79 LUHMANN, Niklas. *Das Recht der Gesellschaft*. Frankfurt am Main, p. 574.

80 FISCHER-LESCANO, Andreas. "Globalverfassung. Die Geltungsbegründung der Menschenrechte". *Archiv für Rechts- und Sozialphilosophie*, vol. 93, n° 3, 2007, pp. 449-452. Fischer-Lescano mostra como os escândalos se tornaram direito válido através da incorporação de procedimentos jurídicos nacionais e internacionais, um direito que, em última instância, vai além das disposições de imunidade com as quais os perpetradores poderiam se proteger de processos judiciais. Ver também TEUBNER, Gunther. "Dreiers Luhmann". *In*: ALEXY, Robert (Coord.). *Integratives Verstehen*: Zur Rechtsphilosophie Ralf Dreiers. Tübingen, 2005, pp. 199 e ss.: "A positividade dos direitos

CAPÍTULO I – A ANOMALIA COMO DESENVOLVIMENTO JURÍDICO

incoerência conceitual e imprecisão teórica que Thomas Schwinn apontou no caso da teoria social de uma sociedade global baseada unicamente na comunicação, na qual os processos de formação de estruturas sociais são confundidas com a mera comunicação. Enquanto a positividade do Direito está ligada a uma infraestrutura de pré-condições institucionais (como tribunais, parlamento, esfera pública) e requisitos culturais como conquista de níveis de liberdade, o escândalo da "evidência de violação de direitos" (Luhmann) estaria mais distante da formação de estruturas sociais e mais próximo da velocidade e das possibilidades de disseminação dos mecanismos de comunicação.[81] Seriam tais transformações um equivalente funcional dos desenvolvimentos estáveis baseados em instituições dentro dos Estados-nação? Ou seriam meramente provisórias e desprovidas de poder de construção institucional para a constituição de estruturas sociais estáveis a longo prazo? Poder-se-ia formular especulativamente algo nesse sentido: o direito dos escândalos pode certamente apresentar-se (momentaneamente) como Direito, mas sem qualquer perspectiva de formação de estrutura social sólida a longo prazo.[82]

---

humanos era plausível na pressão do problema dos perigos do Estado-nação e na consistência com a legislação firmemente institucionalizada e a jurisdição garantida pelo Estado. A escandalização se torna plausível na pressão do problema de ameaças internacionais e de uma mídia e cultura de protesto institucionalizada globalmente".

[81] Ladeur e Viellechner chamam a atenção para o fato de que, embora o escândalo e o *público colère, em* certo sentido, denotassem uma expectativa normativa do ponto de vista social, sem uma ancoragem institucional do ponto de vista jurídico na forma de uma "expectativa que garanta a institucionalização", eles não desenvolveriam nenhuma eficácia jurídica. Ver LADUER, Karl-Heinz; VIELLECHNER, Lars. "Die transnationale Expansion staatlicher Grundrechte. Zur Konstitutionalisierung globaler Privatrechtsregimes". *Archiv des Völkerrechts*, vol. 46, 2008, pp. 42 e ss.

[82] Isso não significa concluir que o Direito transnacional emerge do Direito Internacional Privado, dos direitos humanos e dos escândalos. O Direito transnacional é uma forma de reflexão precisamente sobre certos desenvolvimentos estruturais e a formação de ordens normativas além do Estado nacional e do Direito Internacional. O que é questionado aqui é o posicionamento quase romântico dos escândalos como uma nova forma

Fica cada vez mais claro que, nas inter-relações entre estrutura social e semântica, existe de fato uma crise das estruturas sociais em decorrência da transformação da sociedade mundial, o que, em última instância, levaria a uma "decadência" da semântica do Direito moderno. Niklas Luhmann descreveu bem essa transformação, mas só podia especular sobre seu futuro. Especialmente no que diz respeito ao papel do Direito na sociedade mundial, ele não previu nenhum desenvolvimento concreto. Contudo, suas indicações de uma ruptura semântica do Direito e as contradições inerentes a seu conceito de sociedade global oferecem a possibilidade de utilizar esta observação para buscar novas formas de enquadramento do fenômeno jurídico que se afastam das formas dadas pela experiência dos Estados-nação.[83]

O tema do desenvolvimento da sociedade global, e em particular a especulação de Luhmann sobre a medida em que o Direito não pode mais garantir um mínimo de orientação temporal comum, avança mais tarde para se tornar o princípio orientador da construção teórica da sociedade mundial em autores como Gunther Teubner, por exemplo, para quem a função do Direito em estruturar liberdades e conter excessos é projetada em nível mundial. Embora Gunther Teubner seja creditado principalmente pela incorporação

---

de criar o Direito ou de positividade do Direito na sociedade global. Sobre Direito transnacional, ver CALLIES, Gralf-Peter; ZUMBANSEN, Peer. *Rough Consensus e Running Code. A Theory of Transnational Private Law*. Oxford, 2010, pp. 27 e ss.

[83] Embora em estudos posteriores Luhmann tenha apontado formas secundárias de formação de estruturas na sociedade mundial, tais como diferenciação regional e inclusão/exclusão, a diferenciação funcional permanece como a principal característica do conceito de sociedade mundial. Sobre inclusão/exclusão, no entanto, veja *Boris Holzer*. Wie "modern" ist die Weltgesellschaft? Funktionale Differenzierung und ihre Alternativen. *Soziale Systeme*, vol. 13, 2007), pp. 357 e ss.; LUHMANN, Niklas. "Inklusion und Exklusion". *In:* BERDING, Helmut (Coord.). *Nationales Bewusstsein und kollektive Identitätt*. Frankfurt am Main, 1994, pp. 15 e ss.

CAPÍTULO I – A ANOMALIA COMO DESENVOLVIMENTO JURÍDICO

de outras linhas teóricas e práticas na concepção básica da teoria dos sistemas, ele parte de algumas premissas centrais já encontradas em Niklas Luhmann. No entanto, e aqui precisa ser ressaltado, Teubner evita derivar a autoevidência da teoria da diferenciação funcional apenas da acessibilidade da comunicação. Assim, ele é capaz de rejeitar antecipadamente as críticas de Thomas Schwinn de equiparar a comunicação com a formação de estruturas sociais. A visão de Teubner está mais voltada para os processos de formação de estruturas sociais e estruturas jurídicas dentro da sociedade mundial e suas institucionalizações e contenções pelo Direito.[84]

As próximas seções discutem como esta construção teórica encontrou apoio no debate sobre o desenvolvimento dos direitos na sociedade global. Em certo sentido, Teubner é capaz de explorar fenômenos sociais além do arquipélago conceitual da teoria dos sistemas e pontos que não foram observados anteriormente por Niklas Luhmann. Isto não só acrescenta complexidade ao desenvolvimento teórico, mas também cria a possibilidade de observar um novo fenômeno: um Direito sem "autoridade" que se articula para além do Estado. Embora a teoria de Teubner avance dentro dos limites inerentes ao conceito de Direito, que depende dos vínculos institucionais do Estado-nação, ela também não está isenta de algumas ambivalências. Elas serão abordadas e analisadas na próxima seção.

---

[84] LUHMANN, Niklas. *Die Gesellschaft der Gesellschaft*. Frankfurt am Main, 1997, pp. 148 e ss.; STICHWEH, Rudolf. *Die Weltgesellschaft*. Frankfurt am Main, 2000, pp. 252 e ss.

1.2 Operação de salvação da Teoria dos Sistemas por Teubner? A teoria da diferenciação para além do Estado

1.2.1 Introdução

O fato de que a globalização, segundo Luhmann, levaria a um enfraquecimento do Direito se deve principalmente ao fato de que ele se orientou fortemente para a distinção entre expectativas cognitivas e normativas para descrever o Direito como uma forma de vinculação temporal.[85] Este estreitamento da teoria (dos sistemas) torna o Direito em funcionamento na modernidade, uma vez que ele começa a se articular além do Estado, um caso excepcional na história da humanidade. Por esta razão, a forma luhmanniana do Direito só pode ser pensada para o Estado-nação com sua estrutura e pré-requisitos institucionais. O quadro de referência para a descrição teórica do fenômeno jurídico pela teoria dos sistemas continua sendo, nesse sentido, o Estado-nação e suas condições e pré-requisitos institucionais, embora o conceito central da teoria dos sistemas, a comunicação, não esteja de fato orientado por fronteiras territoriais. Neste sentido, o conceito de Direito na teoria de Luhmann aponta para elementos inevitavelmente centrados no Estado. A tese da anomalia é um ponto de partida central neste contexto, pois, nesse aspecto, o próprio Niklas Luhmann questiona a plausibilidade de seu aparato conceitual, desenvolvido ao longo de três décadas, para poder interpretar o processo de desenvolvimento jurídico de tal maneira que a forma assumida pelo Direito, que surgiu dentro dos laços institucionais e sociais do Estado nacional, não poderia ser repetida com os mesmos contornos no plano mundial.

A tese da anomalia, no entanto, não aborda apenas a possível inadequação do Direito moderno em sua dimensão temporal para

---

[85] Este tópico é abordado no segundo capítulo da tese.

CAPÍTULO I – A ANOMALIA COMO DESENVOLVIMENTO JURÍDICO

formar ou estabilizar um horizonte estável dentro da sociedade global para a projeção da ação individual e institucional em uma sociedade que não encontra mais um futuro certo e determinado pela tradição. Nas palavras de Luhmann, ela também chama a atenção para um possível declínio na "dependência da própria sociedade e da maioria de seus sistemas funcionais em relação ao funcionamento do código jurídico". Até então, o funcionamento do código jurídico representava, especialmente sob as condições institucionais do Estado-nação, uma característica determinante para a garantia de espaços de liberdade individuais e institucionais e, portanto, refletia em grande medida o grau de diferenciação social de uma determinada sociedade. Luhmann havia introduzido esta interpretação do papel central do direito e, em particular, dos direitos fundamentais como garantes da diferenciação social ou como uma "barreira à desdiferenciação" no livro "Direitos Fundamentais como Instituição" ("Grundrechte als Institution", 1965), mas não a retomara claramente nas décadas seguintes. Para o campo do Direito da sociedade global e no contexto da conceituação da teoria dos sistemas, este papel de orquestração da diferenciação social pelos direitos fundamentais é assumido de maneira central por Gunther Teubner.[86] Neste contexto surge a seguinte pergunta: o Direito poderia continuar a desempenhar o papel de "*katechon* de desdiferenciação" sob as condições institucionais da sociedade mundial?

---

[86] Sobre o papel doméstico dos direitos fundamentais como organizador da diferenciação social, ver TEUBNER, Gunther. *Verfassungsfragmente*. Frankfurt am Main, 2012, p. 47: "Na Lei Fundamental há – especialmente na parte dos direitos fundamentais e na regulamentação das competências legislativas – pelo menos elementos de uma constituição econômica, uma constituição cultural, uma constituição da mídia, uma constituição militar, uma constituição ambiental, que padronizou as dadas estruturas básicas dessas sub-áreas sociais pelo Estado. Como preceitos jurídicos objetivos, os *direitos fundamentais 'organizam' subsistemas funcionais*". [ênfase adicionada].

1.2.2 A reinvenção da Teoria dos Sistemas (do Direito) para a sociedade mundial

Nos anos 90, Gunther Teubner retomou a inquietação da teoria dos sistemas hipostasiada na tese da anomalia e desenvolveu ainda mais este paradoxo. Sua fórmula para o desenvolvimento do Direito na sociedade mundial, em clara alusão a Grotius, é: *"ubi societas, ibi ius"*.[87] Teubner sugere assim que a avaliação luhmanniana sobre a "degradação" ou menor importância do Direito em relação ao desenvolvimento futuro de uma sociedade mundial seria uma avaliação incorreta da complexidade do fenômeno jurídico para além do Estado. Independentemente das críticas de Teubner à teoria dos sistemas nos moldes luhmannianos, insiste-se ao mesmo tempo que o aparato conceitual básico da teoria dos sistemas, com diversos refinamentos e variações adicionais, ainda poderia ser usado para uma interpretação do desenvolvimento do Direito na sociedade mundial. Isso soa paradoxal e, de fato, o é.

Inspirado por Eugen Ehrlich, Teubner se distancia do conceito de Direito de Luhmann no que diz respeito à sua centralidade no Estado no sentido teórico conferido pela teoria dos sistemas, ao se distanciar da dependência da reprodução do Direito da legislação e jurisdição estatal, buscando assim uma nova teoria pluralista do

---

[87] TEUBNER, Gunther. "Die zwei Gesichter des Janus. Rechtspluralismus in der Spätmoderne". *In:* SCHMIDT, Eicke (Coord.). *Liber Amicorum Josef Esser*. Heidelberg, 1995, pp. 91 e ss., p. 208. Em publicações posteriores, os tons mudam para uma constitucionalização dos sistemas de significado, de modo que a fórmula "ubi societas, ibi ius" é transformada em "ubi societas, ibi constitutio". TEUBNER, Gunther. *Verfassungsfragmente*. Frankfurt am Main, 2012, p. 63; TEUBNER, Gunther. "Transnationaler Verfassungspluralismus: Neun Variationen über ein Thema von David Sciulli". ZaöRV, vol. 76, 2016, pp. 661 e ss. Para explicações latinas sobre os contextos de origem, ver LIEBS, Detlef. *Lateinische Rechtsregeln und Rechtssprichwörter*. 7ª ed. München, 2007, p. 237.

CAPÍTULO I – A ANOMALIA COMO DESENVOLVIMENTO JURÍDICO

Direito centrada em "processos espontâneos de criação do Direito".[88] Ao contrário de Eugen Ehrlich, no entanto, Gunther Teubner postula que o caráter criador do Direito dos novos processos globalizados não decorreria de costumes, tradições e práticas rurais como na Bukovina de Ehrlich, mas sim que a "nova Bukovina" emergiria de dinâmicas altamente especializadas, técnicas e fragmentadas, que ele tenta expor no âmbito de uma nova teoria do pluralismo jurídico.[89] Nesse sentido, o papel do Direito no processo de globalização estaria crescendo, e não diminuindo.

O novo pluralismo jurídico de Teubner, inspirado na teoria dos sistemas, ganhou até mesmo plausibilidade prática: com o pano de fundo de uma ampla fragmentação do Direito Internacional, a Comissão de Direito Internacional (ILC) da Organização das Nações Unidas (ONU) abordou a questão em 2000.[90] O relatório

---

[88] TEUBNER, Gunther. "Global Bukovina. Zur Emergenz eines transnationalen Rechtspluralismus". *Rechtshistorisches Journal*, vol. 15, 1996, pp. 255 e ss., 260: "Para a sociedade global de hoje, a visão de Eugen Ehrlich é confirmada no sentido de que o direito político gerado centralmente torna-se bastante marginal em contraste com o 'Direito dos juristas', as decisões cotidianas de conflitos jurídicos, e especialmente em contraste com o 'Direito vivo' da Bukovina". Sobre a *Bukovina* de Eugen Ehrlich, ver REHBINDER, Manfred. Die Begründung der Rechtssoziologie durch Eugen Ehrlich. 2ª ed. Berlim 1986, pp. 64 e ss.; KLAUS, F. Röhl; MACHURA, Stefan. "100 Jahre Rechtssoziologie: Eugen Ehrlichs Rechtspluralismus heute". *JZ*, vol. 23, 2013, pp. 1117 e ss.

[89] "Nas sociedades modernas, no entanto, isto é entendido como o surgimento de fenômenos jurídicos no contexto de discursos altamente especializados, que são as novas fontes de autorreprodução social, que por sua vez são mal compreendidos pelo Direito como fontes de produção de normas. Este processo muda o caráter do pluralismo jurídico em seu conteúdo e dinâmica". TEUBNER, Gunther. "Die zwei Gesichter des Janus. Rechtspluralismus in der Spätmoderne". *In:* SCHMIDT, Eicke (Coord.). *Liber Amicorum Josef Esser*. Heidelberg, 1995, p. 209.

[90] HAFNER, Gerhard. "Risks Ensuing from Fragmentation of International Law". *Int'l Law Comm'n*, vol. 143, 2000; HAFNER, Gehard. "Pros and Cons Ensuing from Fragmentation of International Law". *Michigan Journal of International Law*, vol. 25, nº 4, 1 jan. 2004, pp. 849, 860 e

final é baseado em uma minuta proposta por Martti Koskenniemi em 2006.[91] Do desenvolvimento observado, a linha de argumento básica do relatório conclui que a prática do Direito Internacional teria se afastado de um "Direito Internacional geral", ou seja, teria se distanciado de uma semântica de universalidade e generalidade do Direito Internacional, e se aproximado mais de uma lógica especializada e setorial no sentido posto por Teubner. Koskenniemi mostra no relatório da ONU que o problema da fragmentação do Direito Internacional não é uma questão puramente acadêmico-teórica, mas um desenvolvimento baseado em uma profunda transformação na estrutura da sociedade mundial e decorrente adaptação das categorias jurídicas a este. Este fenômeno representaria um sério desafio para a prática do Direito Internacional.[92] A introdução da tese de

---

seg. Anne Peters aponta argumentos contra o inerente "gerencialismo" da fragmentação do Direito Internacional e, ao mesmo tempo, defende uma politização mais forte do Direito Internacional (PETERS, Anne. "The Refinement of International Law: From Fragmentation to Regime Interaction and Politicization". *I-CON*, vol. 15, nº 3, 2017, pp. 671 e 700 e ss.).

[91] KO eKENNIEMI, Martti (Coord.). "Fragmentation of international law: difficulties arising from the diversification and expansion of international law". *Report of the Study Group of the International Law Commission*. Helsinki, 2007.

[92] "A fragmentação do mundo social internacional alcançou significado jurídico especialmente por ter sido acompanhada pelo surgimento de regras especializadas e (relativamente) autônomas ou complexos de regras, instituições jurídicas e esferas de práticas jurídicas. O que antes parecia ser regido pelo 'Direito Internacional geral' tornou-se o campo de atuação de sistemas especializados como 'Direito Comercial', 'Direito dos direitos humanos', 'Direito Ambiental', 'Direito do mar', 'Direito Europeu' e até mesmo de conhecimentos exóticos e altamente especializados como 'Direito de Investimento' ou 'Direito Internacional dos refugiados', etc. – cada um possuindo seus próprios princípios e instituições": KOSKENNIEMI, Martti (Coord.). "Fragmentation of international law: difficulties arising from the diversification and expansion of international law". *Report of the Study Group of the International Law Commission*. Helsinki, 2007, p. 11; KOSKENNIEMI, M. Global

CAPÍTULO I – A ANOMALIA COMO DESENVOLVIMENTO JURÍDICO

fragmentação[93] na discussão do Direito Internacional pela Comissão de Direito Internacional das Nações Unidas levou, por um lado, a um mal-estar dentro da própria disciplina[94] e, por outro, permitiu novas zonas de contato entre a jurisprudência (Direito Internacional) e disciplinas vizinhas (como a sociologia). Como resultado, a semântica da fragmentação e a teoria da diferenciação funcional

---

Legal Pluralism: Multiple Regimes and Multiple Modes of Thought. 2005, p. 15.

[93] DUNOFF, Jeffrey L.; TRACHTMAN, Joel P. "A Functional Approach to International Constitutionalization". *In:* DUNOFF, Jeffrey L.; TRACHTMAN, Joel P. (Coord.). *Ruling the World?* Cambridge (N.Y.), 2009, pp. 3-9; HAFNER, Gehard. "Pros and Cons Ensuing from Fragmentation of International Law". *Michigan Journal of International Law*, vol. 25, nº 4, 1 jan. 2004, p. 849; MARTINEAU, Anne-Charlotte. "The Rhetoric of Fragmentation: Fear and Faith in International Law". *LJL*, vol. 22, 2009, pp. 1 e ss.

[94] Há uma atmosfera latente na disciplina do Direito Internacional na qual o internacionalista bem-intencionado procura formas de constitucionalizar o Direito Internacional, que de uma forma ou de outra acaba na ONU como a instituição centralizadora da reprodução do Direito (uma clara alusão ao modelo centralista desenvolvido dentro da experiência institucional do Estado-nação). Qualquer coisa concebida fora desta estrutura é vista com suspeita, para dizer o mínimo, dentro da própria disciplina. Um movimento semelhante pode ser visto no Direito europeu, no Direito migratório, etc., quando as críticas aos participantes do discurso são tomadas como uma oportunidade de serem moralizados em seu detrimento. Gradualmente, esta forma de discurso se torna um discurso identitário às custas da análise científica. A ideia de uma unidade do Direito Internacional no sentido de Alfred Verdross (*Die Einheit des rechtlichen Weltbildes auf Grundlage der Völkerrechtsverfassung*. Tübingen, 1923) é, no entanto, cada vez mais vista como irrealista. Cf.: PAULUS, Andreas. "Fragmentierung und Segmentierung der internationalen Ordnung als Herausforderung prozeduraler Gemeinwohlorientierung". *In:* HEINIG, Hans M.; TERHECHTE, Jörg P. (Coord.). *Postnationale Demokratie, Postdemokratie, Neoetatismus. Wandel klassischer Demokratievorstellungen in der Rechtswissenschaft*. Tübingen, 2013, pp. 139-141; sobre a impossibilidade de atualmente pensar o Direito Internacional a partir de uma perspectiva unificada, cf. PETERS, Anne. "Rechtsordnung und Konstitutionalisierung: Zur Neubestimmung der Verhältnisse". *ZöR*, vol. 65, 2010, pp. 3 e ss., 27.

ligada a ela fizeram carreira dentro do debate da globalização e do Direito Internacional.[95]

A teoria da revitalização da teoria dos sistemas de Teubner na esfera global está, entretanto, orientada para os fenômenos jurídicos da sociedade global que Luhmann não considerou. Com seu interesse nos processos jurídicos globais, Teubner direciona sua concepção para os pontos cegos da decisão conceitual de Luhmann a respeito do desenvolvimento do Direito na sociedade global. Em contraste com a tese da anomalia, porém, Teubner não só começa no nível da socialização global através de redes de comunicação, mas estabelece outro nível de ordens transnacionais na forma de processos de socialização cujo desenvolvimento é baseado em *regimes privados*.[96] E ele vai ainda um passo além com a tese de que esses processos jurídicos transnacionais acabariam não aumentando e se limitando apenas à necessidade de normas – devido à falta de centralização da legislação global – mas que seriam desenvolvimentos que, ao

---

[95] KOSKENNIEMI, Martti (Coord.). "Fragmentation of international law: difficulties arising from the diversification and expansion of international law". *Report of the Study Group of the International Law Commission*. Helsinki, 2007, p. 71; KOSKENNIEMI, M.; LEINO, Päivi. "Fragmentation of International Law. Postmodern Anxieties?" *Leiden Journal of International Law*, vol. 15, 2002, pp. 553 e ss.: "*One of the features of late international modernity has been what sociologists have called 'functional differentiation', the increasing specialization of parts of society and the related autonomization of those parts*".

[96] Este é um dos pontos centrais da análise do surgimento do Direito Global, que não mais acontece no centro tradicional da produção legislativa, o parlamento, mas na periferia do Direito, ou seja, nas fronteiras com outros setores da sociedade global. "O foco da formação do Direito está mudando para regimes privados, para contratos entre *atores globais*, regulação do mercado privado por empresas multinacionais, elaboração de regras internas em organizações internacionais, sistemas de negociação inter-organizacionais, processos de padronização global". TEUBNER, Gunther. "Privatregimes. Neo-Spontanes Recht und duale Sozialverfassungen in der Weltgesell-schaft?" *In*: SIMON, Dieter; WEISS, Manfred (Coord.). *Zur Autonomie des Individuums*. Baden-Baden, 2000, pp. 43 e 440.

CAPÍTULO I – A ANOMALIA COMO DESENVOLVIMENTO JURÍDICO

mesmo tempo, estariam em um caminho constitucional. Os *regimes privados* não seriam simplesmente juridificações,[97] mas processos reais de constitucionalização que em muitos aspectos se assemelham aos processos e elementos de constitucionalização do Estado-nação.

O "pensamento de regime" é parte de uma nova e mais ampla forma de olhar o Direito que surgiu nos últimos vinte anos,[98] que, sob o termo *jurisprudência pluralista*,[99] rompeu com um forte "bloqueio epistemológico" que até então dominava várias áreas do Direito. De acordo com a abordagem até então prevalecente, o Direito devia necessariamente derivar de uma instância legitimada, com autoridade, neste contexto, comumente emanando de algo hierarquicamente superior, o Estado. Teubner rompe quase que contraintuitivamente com essa tradição ao situar o Direito na sociedade global como um produto indireto de processos globalizados de diferenciação social. Em seu caso, o Direito não é derivado, mas inferido a partir de contextos heterárquicos. Esta escolha conceitual e teórica tem profundas consequências para o conceito de validade do Direito, um dos pilares centrais das teorias tradicionais do Direito moderno.

---

[97] GRIMM, Dieter. *Die Zukunft der Verfassung II*: Auswirkungen von Europäisierung und Globalisierung. Frankfurt am Main 2012, p. 303.

[98] A descrição da nova constelação institucional como um regime apareceu primeiro na ciência política e só depois migrou para o Direito. Cf. KEOHANE, Robert O. *After Hegemony: Cooperation and Discord in the World Political Economy*. Princeton, 1984; ZÜRN, Michael. *Gerechte Internationale Regime*: Bedingungen und Restriktionen der Entstehung nicht-hegemonialer internationaler Regime, untersucht am Beispiel der Weltkommunikationsordnung, Frankfurt am Main, 1987.

[99] Cf., entre outros, TWINING, William L. *General Jurisprudence*: Understanding law from a global perspective. Cambridge, 2009; KRISCH, Nico. *Beyond Constitutionalism*: The Pluralist Structure of Postnational Law. Oxford, 2010; *REPETIR NOTA 79*).

1.2.3 Direito sem autoridade? Validade sem terceiros?

A questão da validade do Direito é um dos temas centrais da Teoria do Direito. O ponto de partida é justificar por que o Direito se difere de outros regimes sociais de regras e convenções para que se possa tentar resolver o enigma da origem da validade do Direito.[100] A resposta, comumente usada nesta disciplina, combina dois aspectos importantes da discussão. Com o surgimento e fortalecimento do Estado-nação a partir do século XIX, a doutrina da fonte do Direito, que anteriormente havia sido dissociada do Estado,[101] adquiriu um componente hierárquico ligado ao Estado. De acordo com esta influente tradição, que continua relevante até a atualidade, o Direito adquire validade a partir do momento em que uma norma estabelecida pelo Estado pode se referir a outra norma, de nível superior. O problema da validade se torna um problema do rastreamento de normas que inevitavelmente termina em algum momento em normas estabelecidas por um órgão do Estado.[102] Idealmente, no contexto de uma (re)

---

[100] LARENZ, Karl. *Das Problem der Rechtsgeltung*. Berlim, 1929, p. 5; MEYER, Stephan. *Juristische Geltung als Verbindlichkeit*. Tübingen, 2011, p. 1; e, mais recentemente, ENGELMANN, Andreas. *Rechtsgeltung als institutionelles Projekt*. Zur kulturellen Verortung eines rechtswissenschaftlichen Begriffs. Weilerswist, 2020.

[101] Para Savigny, as fontes do Direito são consideradas como as origens do direito aplicável sem uma conexão direta com o Estado. Cf. SAVIGNY, Friedrich Carl. *System des heutigen Römischen Rechts*, vol. 1. Berlim, 1840, p. 11. Alf Ross, muito mais tarde, mas ainda seguindo a tradição da teoria das fontes do direito, não designa mais a fonte do direito como um terreno de origem, mas como um "terreno de conhecimento". Cf. ROSS, Alf. *Theorie der Rechtsquellen*. Ein Beitrag zur Theorie des positiven Rechts auf Grundlage dogmenhistorischer Untersuchungen. Leipzig/Wien, 1929, pp. 291 e ss. A transição de uma conceitualização da fonte do direito de um terreno de origem para um terreno de conhecimento indica uma nova tradição jurídica caracterizada por uma identificação mais forte entre Direito e Estado. No entanto, isso se enfraquece com o tempo à medida que a sociedade se torna mais complexa.

[102] RÜTHERS, Bernd. *Rechtstheorie*. München, 2005; RÖHL, Klaus. Allgemeine Rechtslehre, München/Cologne, 1995, pp. 537 e ss.

CAPÍTULO I – A ANOMALIA COMO DESENVOLVIMENTO JURÍDICO

leitura democrática deste modelo centralista da cadeia de legitimação, a legitimação e, ao mesmo tempo, a validade do Direito e da decisão estatal, está presente quando ela tenha sido derivada de sucessivos níveis hierárquicos até sua cúpula no legislador democrático.[103]

Dentro desta tradição centrada no Estado, o problema da validade do Direito sempre levou a um recurso ao fundamento ulterior e final do Direito. Especialmente na teoria jurídica e na filosofia do Direito, muitos pensadores tiveram que ou esconder, ou justificar esta questão teórica. H. L. A. Hart pensou que poderia eliminar o problema introduzindo uma segunda camada do Direito – as chamadas *"regras secundárias"*.[104] Jürgen Habermas, por sua vez, tentou canalizar o problema, incorporando uma justificativa discursiva do Direito.[105] Hans Kelsen recorrentemente procurou eliminar o paradoxo da justificação final do Direito com uma proibição do recurso sob a forma de uma norma de veto (norma fundamental), que na

---

[103] BÖCKENFÖRDE, Ernst-Wolfgang. "Demokratie als Verfassungsprinzip (§ 24)". *In:* ISENSEE, Josef; KIRCHHOF, Paul (Coord.). *Handbuch des Staatsrechts der Bundesrepublik Deutschland*. vol. II. 3ª ed. Heidelberg, 2004, especialmente parágrafos 11-25.

[104] Hart transfere parcialmente o problema para a rotina do Direito e, portanto, concebe a validade jurídica por vezes como uma "propriedade misteriosa", às vezes como uma "previsão de comportamento futuro". "A regra de reconhecimento existe apenas como uma prática complexa, mas normalmente concordante, dos tribunais, funcionários e pessoas privadas na identificação do Direito por referência a certos critérios. Sua existência é uma questão de fato". HART, REPETIR NOTA 8, p. 104, 110; PECZENIK, Aleksander. The Concept "Valid Law". Stockholm, 1972, p. 222.

[105] HABERMAS, Jürgen. "Über den internen Zusammenhang von Rechtsstaat und Demokratie". *In:* HABERMAS, Jürgen. *Philosophische Texte*, vol. 4: Politische Theorie. Frankfurt am Main, 2009, pp. 140 e seq.; HABERMAS, Jürgen. "Der demokratische Rechtsstaat – eine paradoxe Verbindung widersprüchlicher Prinzipien?" *In:* HABERMAS, Jürgen. *Philosophische Texte*, vol. 4: Politische Theorie. Frankfurt am Main, 2009, pp. 154 e ss.

verdade é uma figura que se situa necessariamente fora do Direito.[106] O paradoxo da justificação ou validade do Direito tornou-se cada vez mais evidente e claro ao longo do tempo e, isocronamente, cada vez mais necessário de ser trabalhado.[107] Mesmo quando o moderno *vis ac potestas* é revestido em termos democráticos, o problema da validade nunca pode ser remediado de forma precisa. Como Marie Theres Fögen apontou acertadamente, o problema da validade do Direito sempre necessitaria de novos acompanhantes ou substitutos – às vezes espírito, às vezes finalidade, às vezes significado, às vezes história, às vezes sistema, às vezes natureza, às vezes razão, às vezes interesse, às vezes os valores – e, ao fim e ao acabo, tenta-se esconder o paradoxo do Direito por detrás de argumentos racionais.[108] O Direito, e a sua autonomia, nunca justificou o poder sancionador do Estado sem ter um parceiro ou um terceiro que o legitimasse.[109]

---

[106] KELSEN, Hans. *Reine Rechtslehre*: Das Problem der Gerechtigkeit (1934). Vienna, 1960, pp. 65, 196 e ss.; MEINERS, Johannes. Rechtsnormen und Rationalität. Zum Problem der Rechtsgeltung bei Hans Kelsen, Jürgen Habermas und Niklas Luhmann. Berlin, 2015.

[107] Na tradição ocidental, fundação e validade são conceitos co-relatos. O Direito estatutário é válido quando é fundado em uma autoridade que cria uma unidade entre estabelecimento e pressuposto do Direito (no original em alemão usa-se o jogo de palavras "Setzung e Voraussetzung"). A fundação confere ao Direito uma espécie de estabelecimento ("Setzung") originário ou um começo que cria uma forma de legitimidade abrangente. O estabelecimento do início cria primeiro a normatividade de uma maior normalidade. Para uma separação entre fundação e validade, ver LADEUR, Karl-Heinz. *Der Anfang des westlichen Rechts*. Die Christianisierung der römischen Rechtskultur und die Entstehung desuniversalen Rechts. Tübingen, 2018.

[108] FORST, Rainer. *Normativität und Macht*. Zur Analyse sozialer Rechtfertigungsordnungen. Berlim, 2015, pp. 121-127.

[109] FÖGEN, Marie There. *Das Lied vom Gesetz*. München, 2007, pp. 84/85. Niklas Luhmann não precisa de substitutos para sua teoria, apenas de novos "camelos". Sobre essa discussão, ver LUHMANN, Niklas. "Die Rückgabe des zwölften Kamels. Zum Sinn einer soziologischen Analyse des Rechts". *Zeitschrift für Rechtssoziologie*, vol. 21, nº 1, 2000, pp. 3 e ss. Thomas Vesting, por outro lado, não precisa nem de camelos, nem de substitutos, nem da violência fundadora. Para ele,

CAPÍTULO I – A ANOMALIA COMO DESENVOLVIMENTO JURÍDICO

Michael Stolleis demonstra, a partir uma perspectiva histórico-jurídica, como a justificação da legitimidade do Direito migrou de conceito para conceito ao longo dos séculos, a depender das respectivas circunstâncias materiais de cada época.[110] Nesta conjuntura de constante migração, o conceito de legitimidade torna-se um verdadeiro refugiado em termos da história jurídica. À medida que o conceito se afasta de ser *senhor em sua própria casa*, ele necessariamente precisa se refugiar noutro abrigo. Para Michael Stolleis, a constituição moderna se faz a última estação de fuga e abrigo. Todavia, antes desta última estação, havia outras estações de abrigo para o conceito de legitimidade do Direito, como Deus, tradição, vontade, natureza e razão. Para a descoberta e justificação de futuras estações, por sua vez, a história (do Direito) enquanto disciplina não se encontra habilitada para exercer tal função. Essa tarefa reflexiva é então relegada à Teoria do Direito.

Dentro desta semântica da fuga e migração, Niklas Luhmann argumenta que o Direito na modernidade não deve mais ser entendido a partir de si próprio, mas como algo que vagueia dentro de si mesmo.[111] A forma como o sistema jurídico reproduz constantemente sua própria unidade é o que Luhmann chama de "símbolo circulatório".[112] Desta forma, Luhmann não se refere a uma norma final, tal como uma norma de veto, como é o caso de Hans Kelsen.

---

a cultura torna-se a companheira constante do Direito, cf. VESTING, Thomas. "Die innere Seite des Gesetzes. Symbolische Ordnung, Rechtssubjektivität und Umgang mit Ungewissheit". *In*: AUGSBERG, Ino (Coord.). *Ungewissheit als Chance*. Tübingen, 2009, pp. 50 e ss.

[110] STOLLEIS, Michael. "Die Legitimation von Recht und Gesetz durch Gott, Tradition, Wille, Natur, Vernunft und Verfassung". *In*: AVENARIUS, Martin *et al.* (Coord.). *Ars Iuris*: Festschrift für Okko Behrends zum 70. Geburtstag. Göttingen, 2009, pp. 533 e ss.

[111] No original, "*Innerhalb dieser Fluchtsemantik plädiert Niklas Luhmann dafür, das Recht in der Moderne nicht mehr aus sich selbst heraus zu begreifen, sondern als etwas, das in sich selbst wandert*".

[112] LUHMANN, Niklas. *Das Recht der Gesellschaft*. Frankfurt am Main, 1993, p. 98.

Ele compreende a validade do Direito referindo-se a um complexo processo de recursividade das operações do próprio Direito. A temporalização do Direito, portanto, torna-se o próprio critério para validade do Direito.[113] Mesmo que Niklas Luhmann transfira desta forma o problema da validade para as estruturas temporais do Direito, as condições estruturais da reprodução da unidade e da validade do Direito nos termos da teoria dos sistemas, permanecem muito orientadas para a estreita ligação aos aparelhos legislativo e judiciário do Estado.[114] Dentro destas condições estruturais presentes no Estado-nação para o conceito de validade jurídica, a coerência normativa do Direito sempre foi, portanto, um fator determinante para o conceito de Direito como uma forma de vinculação temporal. Sob as circunstâncias institucionais do Estado-nação, o Direito procura ordinariamente produzir redundância em suas decisões.[115] Nesse aspecto, o Direito produz a si mesmo através de si próprio, mesmo que somente dentro das condições estruturais do Estado-nação. Como o problema da validade de tempos a tempos não é capaz de permanecer meramente latente, oculto ou invisível, o Direito procura então externalizar seu próprio paradoxo fundacional em outros sistemas – seja com a ajuda de um 12° camelo[116] ou através de ligações estruturais como no caso da constituição na relação entre Direito e da política.[117]

---

[113] Sobre a temporalização da validade da norma, ver LUHMANN, Niklas. *Das Recht der Gesellschaft*. Frankfurt am Main, 1993, pp. 557 e ss.

[114] LUHMANN, Niklas. *Systemtheorie der Gesellschaft*. Frankfurt am Main, 2017, p. 110.

[115] LUHMANN, Niklas. *Das Recht der Gesellschaft*. Frankfurt am Main, 1993, p. 353 f. Como Martin Shapiro observa, a redundância seria a "*mão invisível*" do sistema jurídico. Cf. SHAPIRO, Martin, Towards a Theory of 'Stare Decisis'. *Journal of Legal Studies*, vol. 1, 1972, pp. 125 e ss., 131.

[116] Para uma discussão sobre o papel do camelo no fim do Direito, cf. TEUBNER, Gunther (Coord.). *Die Rückgabe des zwölften Kamels*: Niklas Luhmann in der Diskussion über Gerechtigkeit. Stuttgart, 2000.

[117] Sobre o tema da externalização necessária dos paradoxos (fundadores), ver mais recentemente TEUBNER, Gunther. "Exogene Selbstbindung:

CAPÍTULO I – A ANOMALIA COMO DESENVOLVIMENTO JURÍDICO

Contra todas as tentativas de resolver o infortúnio da validade do Direito através desta migração da legitimidade do Direito, Gunther Teubner postula um meio-termo idiossincrático para a solução deste problema. Como será argumentado com mais detalhes no próximo capítulo, Teubner afirma, por um lado, que a posição de Stolleis de adotar a constituição do Estado como o último abrigo na migração do conceito de legitimidade e, ao mesmo tempo, validade, seria incompatível com as estruturas sociais desenvolvidas na globalização. Por outro lado, ele procura ressuscitar o espírito do constitucionalismo moderno, afirmando que o conceito de Constituição é, sob certas circunstâncias, bastante relevante para a compreensão do fenômeno do Direito após a globalização.

De fato, é afirmado repetidamente que a Constituição moderna não encontraria equivalente na sociedade mundial, já que a produção e reprodução do Direito na sociedade mundial se dá "distante da política", pois não existiria um vínculo tão forte entre Direito e política na sociedade mundial como ainda era ideal na tradição da positividade do Direito dentro dos Estados-nação.[118] Se a produção do Direito não deriva necessariamente de uma autoridade estatal (democrática ou não), se o paradoxo fundamental do Direito não pode mais ser externalizado na política democrática, se o modelo ancorado na tradição estatal nacional da positividade do Direito não pode mais explicar a produção e reprodução do Direito na sociedade global, não seria este novo Direito a verdadeira anomalia? Ou, dito de outra forma, como Gunther Teubner lida com a validade e legitimidade de um Direito que já não mais emerge por meio de

---

Wie gesellschaftliche Teilsysteme ihre Gründungsparadoxien externalisieren". *Zeitschrift für Rechtssoziologie,* vol. 35, 2015, pp. 69 e ss.

[118] "Uma constituição política, que surgiu na história dos Estados-nação como um acoplamento de política/Direito e ao mesmo tempo alegou normalizar as relações do Direito com outros subsistemas, falha em nível global" (TEUBNER, Gunther. "Privatregimes. Neo-Spontanes Recht und duale Sozialverfassungen in der Weltgesell-schaft?" *In:* SIMON, Dieter; WEISS, Manfred (Coord.). *Zur Autonomie des Individuums.* Baden-Baden, 2000, p. 440).

sua estreita conexão com um sistema político democraticamente legitimado? Como e onde será externalizado ou velado o paradoxo fundamental do Direito?

1.2.4 O paradoxo da validade e a validade do paradoxo: o Direito da sociedade global

Segundo Teubner, a "ruína" resultante do Direito tradicional e o estilhaçamento da hierarquia convencional do Direito não seriam de responsabilidade das "grandes teorias": os principais culpados nesse sentido não seriam Jacques Derrida nem Jürgen Habermas ou mesmo Niklas Luhmann.[119] Do contrário, ele argumenta que seria em grande parte a própria globalização como fenômeno social que estaria moldando a desconstrução da tradição unitária e hierárquica do Estado-nação.[120] A este respeito, há uma forte semelhança no diagnóstico de Teubner e Luhmann sobre a sociedade mundial. Ambos veem a globalização como um fenômeno inevitável que deturparia os fundamentos de uma sociedade centrada no Estado--nação.[121] No entanto, este diagnóstico compartilhado entre ambos

---

[119] Os regimes privados de regulamentação normativa estão claramente fora da hierarquia das normas do Direito e são, portanto, sem dúvida – nas palavras de *Savigny* – não Direito (SAVIGNY, Friedrich Carl. *System des heutigen Römischen Rechts*. vol. 1. Berlim, 1840). "Estes fenômenos podem ser todo tipo de coisas, normas profissionais, termos e condições gerais, regras sociais, acordos contratuais, costumes, regimes intra ou inter-organizacionais, mas não normas legais". (TEUBNER, G. The King's Many Bodies: The Self-Deconstruction of Law's Hierarchy. *Law & Society Review*, vol. 31, nº 4, p. 763, 1997, pp. 229-233).

[120] "O Grande Desconstrutor (da hierarquia dos direitos) não se chama 'Jacques Derrida' ou 'Niklas Luhmann', chama-se 'globalização'" (TEUBNER, G. "The King's Many Bodies: The Self-Deconstruction of Law's Hierarchy". *Law & Society Review*, vol. 31, nº 4, p. 763, 1997, p. 235).

[121] "Em regimes privados globais, ocorre uma auto-deconstrução efetiva do Direito, que simplesmente invalida princípios básicos essenciais do Direito do Estado-nação: a derivação da validade das normas jurídicas em uma hierarquia de fontes legais, a legitimação do Direito por uma

CAPÍTULO I – A ANOMALIA COMO DESENVOLVIMENTO JURÍDICO

acaba ganhando caminhos distintos quando a atenção se concentra especialmente no papel do Direito e na forma como ele evolui dentro da sociedade global. Niklas Luhmann vê com desconfiança e até cepticismo o desenvolvimento do Direito na sociedade global quando comparado com o seu desenvolvimento dentro dos Estados nacionais. Para ele, nesse contexto, ele se vale de uma provocativa descrição do desenvolvimento do Direito dos Estados nacionais como um caso excepcional pormenorizado como uma "anomalia europeia", que certamente não voltaria a se repetir dentro do quadro evolutivo da sociedade global.

É justamente neste ponto que Gunther Teubner se distancia de Niklas Luhmann. Para este, não haveria discrepância qualitativa[122] entre o desenvolvimento do Direito dentro e fora do Estado-nação,[123] especialmente no que diz respeito ao papel estruturante do

---

constituição politicamente estabelecida, o estabelecimento do Direito por órgãos parlamentares, a salvaguarda por instituições, procedimentos e princípios do Estado de Direito e a garantia das liberdades individuais por meio de luta política pelos direitos fundamentais" (TEUBNER, Gunther. "Privatregimes. Neo-Spontanes Recht und duale Sozialverfassungen in der Weltgesell-schaft?" *In:* SIMON, Dieter; WEISS, Manfred (Coord.). *Zur Autonomie des Individuums*. Baden-Baden, 2000, p. 441).

[122] "Ao contrário do que pressupõe o debate atual, então, *não é de* modo algum o caso que o surgimento da sociedade mundial dê origem a um problema constitucional inteiramente novo" (TEUBNER, Gunther. *Verfassungsfragmente*. Frankfurt am Main, 2012, p. 20 [ênfase adicionada]). Qualitativamente, isto significa que os mesmos direitos fundamentais e humanos que compõem a tradição do Estado nacional e do Direito Constitucional devem ser generalizados e reespecificados para o Direito da sociedade global. A diferença essencial do conceito constitucional de Teubner em relação ao de Luhmann reside, portanto, precisamente no fato de que ele não é ontologizado em termos de sua referência estatal.

[123] Neste ponto, na transição do nacional para o global, Luhmann questiona repetidamente a função do Direito como um estabilizador contrafactual das expectativas normativas na sociedade global. Neste contexto, ele fala claramente de uma "mudança de liderança" na qual o Direito

Direito para outros sistemas funcionais. Na opinião de Teubner, porém, o mesmo papel estruturante do Direito – ou, no vocabulário da teoria dos sistemas, o "suporte da reflexividade mediática dos sistemas sociais através do Direito" – continua a existir na sociedade mundial.[124] Luhmann, por outro lado, questiona precisamente este papel estruturante do Direito em várias passagens, especialmente e de forma veemente na sentença conclusiva de seu livro "O Direito da Sociedade" [*Das Recht der Gesellschaft*]. É necessário, para a presente reflexão, retornar nesse ponto de forma e transcrevendo a sentença em sua totalidade:

> a atual proeminência do sistema jurídico e a dependência da própria sociedade e da maioria de seus sistemas funcionais de um funcionamento do código jurídico não seja mais do que

---

seria transformado de sua forma tradicional, relacionada ao tipo de expectativa normativa convencional, para um tipo de expectativa tecnológica e econômica, de modo que sua forma se aproximasse de uma maior maleabilidade e adaptabilidade diante do aumento da dimensão cognitiva da sociedade, em detrimento da normativa (LUHMANN, Niklas. "Die Weltgesellschaft". *In*: LUHMANN, Niklas. *Soziologische Aufklärung 2*: Aufsätze zur Theorie der Gesellschaft. 5ª ed. Wiesbaden, 2005, p. 1). Esta visão é presumivelmente seguida também por Gunther Teubner e Andreas Fischer-Lescano. Cf. FISCHER-LESCANO, Andrea; TEUBNER, Gunther. *Regime-Kollisionen*: Zur Fragmentierung des globalen Rechts. Frankfurt am Main 2006, pp. 7 e ss.

[124] TEUBNER, Gunther. "Transnationaler Verfassungspluralismus: Neun Variationen über ein Thema von David Sciulli". *ZaöRV*, vol. 76, 2016, p. 686: "As prestações constitutivas e limitativas das constituições não são concretizadas primordialmente por normas jurídicas, mas pela reflexividade dos meios de comunicação social. Aqui, o Direito torna-se efetiva apenas de forma subsidiária, apoiando esta reflexividade e, no melhor dos casos, fazendo-a cumprir. Sua contribuição é institucionalizar o que realmente é reflexividade midiática crucial dentro de diferentes esferas sociais, fomentando procedimentos de autolimitação e reconstruindo normas sociais como normas jurídicas constitucionais".

CAPÍTULO I – A ANOMALIA COMO DESENVOLVIMENTO JURÍDICO

uma anomalia europeia que enfraquecerá com a evolução de uma sociedade mundial.[125]

A leitura de Luhmann aqui proposta difere da interpretação de Teubner na medida em que todos os ensaios e passagens que tratam da sociedade mundial, sobretudo quando é abordado o Direito e o seu papel, há uma referência direta a um mal-estar já descrito e também pela insistência em uma inadequação do modelo jurídico do Estado-nação no desenvolvimento futuro da sociedade mundial. O ponto de vista de Teubner, por outro lado, aponta para uma leitura de Luhmann segundo a qual o modelo teórico de Direito da teoria dos sistemas teria encontrado seus limites.[126] As condições sociais e tecnológicas da sociedade global, que constituem o problema da adaptação do aprendizado dos subsistemas à primazia estrutural da nova sociedade, atribuem ao Direito (da sociedade global) um papel que difere daquele exercido dentro das condições estruturais e institucionais do Estado-nação. Enquanto dentro do Estado-nação,

---

[125] LUHMANN, Niklas. *Das Recht der Gesellschaft*. Frankfurt am Main, 1993, p. 586.

[126] Com reflexividade medial ou dupla reflexividade, pretende-se uma politização interna da autodinâmica dos subsistemas, o que equivale particularmente a limitar os horizontes de ação dos sistemas através do papel do Direito. A atribuição desta função ao Direito da sociedade mundial vai além dos limites impostos ao Direito pela teoria dos sistemas, como posto por Niklas Luhmann. Cf. TEUBNER, Gunther. "Transnationaler Verfassungspluralismus: Neun Variationen über ein Thema von David Sciulli". *ZaöRV*, vol. 76, 2016, p. 686: "A caminho de uma sociedade mundial, o Direito – como *Luhmann* clarividente a coloca – assume a função constitucional de apoiar a reflexividade medial dos sistemas sociais (...)" [ênfase adicionada]. Sobre a dupla reflexividade, ver TEUBNER, Gunther. "Codes of Conduct multinationaler Unternehmen: Unternehmensverfassung jenseits von Corporate Governance und gesetzlicher Mitbestimmung". *In:* HÖLAND, Armin *et al.* (Coord.). Arbeitnehmermitwirkung in einer sich globalisierenden Arbeitswelt: liber amicorum Manfred Weiss Berlim, 2005, pp. 109-112; TEUBNER, Gunther. *Verfassungsfragmente*. Frankfurt am Main, 2012, pp. 158 e ss.

o Direito se ocuparia em desempenhar sua função – especialmente diante de uma incerteza gerada por um futuro cada vez mais incerto – estabilizando parâmetros mínimos generalizáveis de ação, especialmente na forma de programas condicionais, o Direito da sociedade global, em vez disso, procederia a apoiar condições estruturais da capacidade de aprendizagem de todos os subsistemas através da padronização.[127]

Nesse contexto, a padronização das condições, que só pode ocorrer de forma descentralizada na sociedade mundial, aponta para um Direito que funciona mais como um gerador de novas possibilidades ou novas variações do que para um Direito que cede ou limita os horizontes sociais de ação através da institucionalização da reflexividade mediática.[128] Uma função do Direito da sociedade global como promotora da reflexividade mediática de todos os sistemas sociais conota precisamente, nas palavras de Luhmann, uma "dependência da própria sociedade e da maioria de seus sistemas funcionais de um funcionamento do código jurídico", e cristalizaria assim essa forma de Direito em uma anomalia por excelência no sentido prescrito por Niklas Luhmann. Ao contrário, a padronização das condições estruturais no sentido de um Direito da sociedade global estaria mais estreitamente ligada aos contornos de uma forma específica de normatividade jurídica híbrida que produz e impulsiona a produção de processos de padronização setorial da sociedade

---

[127] LUHMANN, Niklas. "Die Weltgesellschaft". *In:* LUHMANN, Niklas. *Soziologische Aufklärung 2*: Aufsätze zur Theorie der Gesellschaft. 5ª ed. Wiesbaden, 2005, p. 63.

[128] TEUBNER, Gunther. *Verfassungsfragmente*. Frankfurt am Main, 2012, p. 256. "Se é verdade que as constituições políticas e sociais parciais estabelecem dupla reflexividade, ou seja, a reflexividade medial da respectiva esfera social e a do Direito, então torna-se a verdadeira tarefa de suas constituições criar as pré-condições normativas para sua politização interior. E politização interior significa discutir e decidir tanto sobre o papel da esfera social na sociedade como um todo quanto sobre seus possíveis perigos em relação ao ambiente natural, social e humano e sobre suas conquistas positivas para esses ambientes".

CAPÍTULO I – A ANOMALIA COMO DESENVOLVIMENTO JURÍDICO

mundial – muitas vezes de natureza técnico-jurídica, ou seja, com uma forte presença da técnica na (co-)construção da normatividade jurídica. Neste contexto, o Direito aparece principalmente como um fenômeno concomitante de várias práticas sociais e, assim, emerge como um facilitador de um horizonte comum, técnico e flexível para a ação de terceiros dentro de certos setores especializados da sociedade mundial.[129] Em vez de programas condicionais e a estabilização das expectativas normativas, este Direito cognitivo, centrado na aprendizagem, estaria mais ligado a formas procedurais e à criação de fóruns que permitam a interação de diferentes racionalidades, o que serviria para possibilitar a geração de conhecimento híbrido e setorial dentro da sociedade global.[130]

Somente quando se reconhece que não há discrepância qualitativa entre a forma de Direito no Estado-nação e sua forma na sociedade global[131] é que se pode compreender por que se insiste no

---

[129] De acordo com Luhmann, a abordagem de um Direito cognitivo focalizado em métodos procedurais, especialmente dentro do Estado-nação, significaria a abolição do fechamento operacional e da autonomia do sistema jurídico. Neste ponto, as limitações do Direito do Estado-nação em relação às condições da sociedade global tornam-se particularmente claras, e estão bem expressas na tese de anomalia. Cf. LUHMANN, Niklas. *Das Recht der Gesellschaft*. Frankfurt am Main, 1993, pp. 88 e ss. e p. 345.

[130] A relação entre a forma organizacional e a normatividade jurídica para a produção de parâmetros de ação em práticas sociais híbridas é o tema do Capítulo V deste livro. Sobre a proceduralização como forma de geração de conhecimento, cf. CAMPOS Ricardo. "Prozeduralisierung als Wissens-Fertigung im Recht". *In:* WIELSCH, Dan (Coord.). *Rechtsbrüche*. Spiegelungen der Rechtskritik Rudolf Wiethölters. Baden-Baden, 2019, pp. 400 e ss.

[131] A este respeito também o diagnóstico de Dieter Grimm: "Seu conceito de constituição não é, portanto, o [conceito] fraco e diluído do constitucionalismo supranacional, mas um conceito absolutamente ambicioso que explicitamente se nutre da aquisição evolutiva da constituição do Estado. As constituições civis devem realizar em relação ao poder privado exercido globalmente o que a Constituição do Estado realizou em relação ao poder político vinculado territorialmente". (GRIMM, Dieter.

uso do conceito de constituição para o Direito da sociedade global.[132] É precisamente com base nesta linearidade semântico-conceptual entre a tradição jurídica transnacional e nacional[133] que o paradoxo fundamental do Direito na sociedade global é ainda mais desenvolvido, trabalhado e invisibilizado. Entretanto, o apoio da reflexividade mediática (dos sistemas sociais) pelo Direito só é possível se o Direito for qualitativamente diferente da simples juridificação[134] e estiver em vias de constitucionalização.[135] "Trata-se de constituição e não apenas

---

Die Zukunft der Verfassung II: Auswirkungen von Europäisierung und Globalisierung. Frankfurt am Main, 2012, p. 308).

[132] Este é precisamente o ponto de crítica ao "constitucionalismo social" da maioria dos especialistas de Direito Constitucional. A este respeito, também é incompreensível porque os especialistas convencionais de Direito Constitucional criticaram tanto o modelo constitucional de Gunther Teubner, porque Teubner poderia ser entendido como um "mensageiro", "mediador" ou mesmo "catequista" que procura salvar a tradição do Estado de Direito, a tradição do constitucionalismo tradicional que fez carreira no Estado-nação, para o desenvolvimento do direito da sociedade mundial.

[133] "O que é necessário, como já foi dito, é generalizar o conceito de sujeito constitucional, que é adaptado ao Estado-nação, e respeitá-lo, por um lado, aos equivalentes transnacionais e, por outro, aos equivalentes da sociedade civil". (TEUBNER, Gunther. *Verfassungsfragmente*. Frankfurt am Main, 2012, pp. 214 e ss., p. 99).

[134] WAHL, Rainer. "Verfassungsdenken jenseits des Staates". *In*: APPEL, Ivo; HERMES, Georg. (Coord.). *Mensch - Staat – Umwelt*. Berlin, 2008, pp. 135 e ss.

[135] TEUBNER, Gunther. "Globale Zivilverfassungen. Alternativen zur staatszentrierten Verfassungstheorie". *ZaöRV*, vol. 63, 2003, pp. 1, 6: "A tese é: o surgimento de uma multiplicidade de constituições civis. A constituição da sociedade mundial não se realiza exclusivamente nas instituições de representação da política internacional, mas também não pode ocorrer em uma constituição global que abranja todas as esferas sociais, *mas emerge incrementalmente na constitucionalização de uma multiplicidade de subsistemas autônomos mundiais-societários*". [Ênfase adicionada].

CAPÍTULO I – A ANOMALIA COMO DESENVOLVIMENTO JURÍDICO

de regulação",[136] como Teubner repetidamente enfatiza. Colocado em uma fórmula: sem a tese de constitucionalização, não há nenhum desdobramento do paradoxo jurídico na sociedade mundial. Mas não se trata de uma constitucionalização totalitária no sentido de uma constituição para toda a sociedade global, como um produto de construções normativas ou mesmo de meras boas intenções,[137] mas de uma certa forma de constitucionalização de diferentes meios de outros sistemas funcionais dentro da sociedade mundial.

A linearidade semântico-conceitual da tradição jurídica na transição para uma sociedade global se torna particularmente clara através da aplicação do método sociológico de generalização e de re-especificação aos contextos constitucionais transnacionais.[138] O objetivo é identificar nas sub-áreas transnacionais os testes específicos de qualidade desenvolvidos na tradição do constitucionalismo

---

[136] TEUBNER, Gunther. "Das Projekt der Verfassungssoziologie. Irritationen des nationalstaatlichen Konstitutionalismus". *Zeitschrift für Rechtssoziologie*, vol. 32, 2011, p. 189.

[137] Para um sistema político global cosmopolita multinível, cf. HABERMAS, Jürgen. "The Constitutionalization of International Law and the Legitimation Problems of a Constitution of the World Society". *Constellations*, vol. 14, nº 4, 2008, pp. 444 e ss. Para uma leitura posterior, mais liberal, de uma constituição mundial, ver HABERMAS, Jürgen. "Der gespaltene Westen". *Kleine politische Schriften* X, 2004, p. 137. Sobre uma possível complementaridade entre a universalidade do código de legalidade no contexto da fragmentação do Direito mundial, cf. GÜNTHER, Klaus. "Legal Pluralism ou Uniform Concept of Law? Globalisation as a Problem of Legal Theory". *NoFo - Journal of Extreme Legal Positivism*, vol. 5, 2008, pp. 5 e ss., 15 e ss.

[138] Inspirado por Talcott Parsons, o método de generalização e de re-especificação difere da simples analogia e tornou-se a ponte metodológica mais importante na transição de elementos da tradição do constitucionalismo de Estado para um constitucionalismo focalizado nas especificidades da sociedade global. Ver PARSONS, Talcott; ACKERMAN, Charles. "The Concept of 'Social System' as a Theoretical Device". *In:* DIRENZO, Gordon J. (Coord.). *Concepts, Theory and Explanation in the Behavioral Sciences*. New York, 1966, pp. 24 e ss.

do Estado-nação, com a importante diferença[139] de que o conceito de constituição, embora essencialmente reflita o conceito de constituição do Estado-nação, não teriam mais uma referência estatal estruturando a relação entre Direito e política. Teubner replica a aplicação do conceito de constituição aos casos em que o paralelismo setorial do Direito e os diferentes sistemas sociais ocorrem na sociedade global. Aqui seu slogan seria: constituição como dupla reflexividade dos processos sociais e jurídicos.[140] Há semelhanças entre o conceito de constituição de Luhmann e Teubner no sentido de que ambos os autores estão preocupados com fenômenos duplos e especialmente em sua conexão.

Nesse ponto, tanto as semelhanças quanto as discrepâncias entre a versão de Gunther Teubner da teoria dos sistemas e o ponto de partida de Niklas Luhmann tornam-se evidentes. As semelhanças centrais tocam em particular dois pontos: a) o papel estruturante da constituição para as outras esferas sociais, na medida em que os direitos fundamentais protegem outras esferas sociais de uma completa politização ou totalização da sociedade;[141] b) a questão central da validade e legitimidade do Direito em termos de como este e outros sistemas sociais resolvem o "paradoxo de sua própria

---

[139] TEUBNER, Gunther. *Verfassungsfragmente*. Frankfurt am Main, 2012, pp. 214 e ss. pp. 120 e ss.

[140] TEUBNER, Gunther. *Verfassungsfragmente*. Frankfurt am Main, 2012, pp. 214 e ss. pp. 161 e ss.: "As constituições surgem somente quando fenômenos de dupla reflexividade emergem – reflexividade do sistema social que se autoconstitui e reflexividade do Direito que apoia a autoconstituição".

[141] LUHMANN, Niklas. "Verfassung als evolutionäre Errungenschaft". *Rechtshistorisches Journal*, vol. 9, 1990, pp. 176 e seg.; LUHMANN, Niklas. "Politische Verfassungen im Kontext des Gesellschaftssystems". Der Staat, 1973, pp. 1 e ss. Cf. também THORNHILL, Chris. "State Building, Constitutional Rights and Social Construction of Norms". *In*: MADSEN, Mikael R.; VERSCHRAEGEN, Gert (Coord.). *Making Human Rights Intelligible*. Oxford/Portland, 2013, pp. 25 e ss.

CAPÍTULO I – A ANOMALIA COMO DESENVOLVIMENTO JURÍDICO

autorreferência".[142] Neste contexto, em relação à constituição do Estado-nação, Luhmann deixa claro repetidamente que um dos papéis centrais da constituição moderna seria o de solucionar o problema da legitimidade do sistema jurídico e, ao mesmo tempo, do sistema político, permitindo que ambos possam externalizar seus paradoxos fundacionais de forma reciproca um para o outro.[143] A constituição seria uma espécie de "zona estruturante da indiferença" entre Direito e política, canalizando a comunicação entre as duas esferas sem permitir que elas se fundem uma na outra às custas de padrões de liberdade individuais. Entretanto, esta estruturação e ao mesmo tempo legitimação do papel da constituição em ambos os sistemas só poderia ocorrer dentro das condições institucionais do Estado-nação, pois exigia, e exige ainda, várias pré-condições institucionais, tais como positivação do Direito, estrutura organizacional legislativa, regulamentação administrativa e jurisprudência, incluindo os tribunais constitucionais. No entanto, Niklas Luhmann descarta a transferência destas conquistas evolutivas (do Estado-nação) para a sociedade mundial.[144]

É justamente neste ponto que surge a questão se a compreensão de Teubner poderia de alguma forma representar uma salvação da teoria dos sistemas no que diz respeito ao papel do Direito na

---

[142] "Não apenas a política, mas também outros sistemas sociais se fundam através de processos autorreferenciais nos quais eles constituem sua autonomia de forma paradoxal. O método específico do constitucionalismo para lidar praticamente com os paradoxos auto-referenciais que aqui surgem é externalizá-los para o meio ambiente. A autonomia dos sistemas sociais nunca é pura; ela sempre contém um momento de heteronomia". (TEUBNER, Gunther. *Verfassungsfragmente*. Frankfurt am Main, 2012, pp. 214 e ss. p. 108).

[143] "Sob esta condição, que com referência ao sistema social deve ser entendida como diferenciação funcional, os sistemas dissolvem a estrutura circular de sua auto-referência por externalização" (LUHMANN, Niklas. *Das Recht der Gesellschaft*. Frankfurt am Main, 1993, p. 480).

[144] LUHMANN, Niklas. *Das Recht der Gesellschaft*. Frankfurt am Main, 1993, pp. 468 e ss.

sociedade global ou se, inversamente, a visão de Teubner levaria a uma excessiva sobrecarga do Direito na sociedade global, uma vez que as crescentes estruturas sociais cognitivas associadas à sociedade global não poderiam mais proporcionar as condições institucionais do Estado-nação nem a sua replicação para sociedade global.[145]

O pluralismo constitucional transnacional compreende-se como uma generalização e re-especificação da função típico-ideal estruturante da constituição como ocorreu dentro dos contornos do Estado-nação entre Direito e política, entretanto indo além do contexto institucional do Estado-nação.[146] O conceito de constitucionalização no constitucionalismo social se baseia no pressuposto de que a globalização levaria incondicionalmente a uma autonomização dos meios de comunicação como o dinheiro, o conhecimento, Direito e poder, estabelecendo assim sua autonomia perante as fronteiras institucionais e territoriais do Estado-nação como o produto de uma particular forma de diferenciação social. Neste contexto, o Direito da sociedade global não seria posto seguindo o padrão do modelo da positivização do Estado-nação, mas seria compreendido como correlato de uma forma particular de diferenciação social. Em outras palavras: o Direito, no desenvolvimento da sociedade mundial, emergeria relação entre regimes funcionais e processos coevolutivos. E assim, os regimes e subsistemas jurídicos surgiram paralelamente

---

[145] "Da mesma forma, o sistema jurídico está sujeito a iniciativas políticas, as quais devem ser continuamente trabalhadas em procedimentos de legislação, regulamentação administrativa e julgamento (incluindo a jurisprudência dos tribunais constitucionais)" (LUHMANN, Niklas. *Das Recht der Gesellschaft*. Frankfurt am Main, 1993, p. 479).

[146] "O constitucionalismo mundial existente hoje visa, portanto, duas questões: romper com os rígidos acoplamentos estruturais dos sistemas funcionais vinculados ao Estado-nação como política e Direito, e construir estruturas de Estado de Direito na medida em que seja necessário para uma rede mundial de comunicações especializadas". (TEUBNER, Gunther. *Verfassungsfragmente*. Frankfurt am Main, 2012, pp. 214 e ss. p. 122).

CAPÍTULO I – A ANOMALIA COMO DESENVOLVIMENTO JURÍDICO

a fenômenos de fragmentação de outras esferas sociais.[147] Estes gerariam um "*Direito Global sem o Estado*", que conferiria a base da multidimensionalidade do pluralismo jurídico global.[148]

Neste cenário de fragmentação social e de uma associada fragmentação do Direito, o problema da validade do direito passa de uma situação de conflito de normas e/ou princípios para uma situação de colisão ortogonal. Sem recorrer a uma terceira instância como possível solução, a forma jurídica desempenharia seu papel de uma maneira totalmente diferente: em vez do papel convencional de mantenedor da consistência e unidade do Direito, ele assumiria o papel de preservador da estrutura heterárquica da permeabilidade mútua e da sensibilidade reflexiva dos regimes transnacionais.[149]

Mesmo que, em muitos aspectos, Teubner se distancie da teoria dos sistemas de Luhmann – como, por exemplo, no tocante ao conceito de Constituição – ele é obrigado aceitar pressupostos

---

[147] TEUBNER, Gunther. *Verfassungsfragmente*. Frankfurt am Main, 2012, pp. 214 e ss. pp. 139 e ss.

[148] TEUBNER, Gunther; FISCHER-LESCANO, Andreas. "Fragmentierung des Weltrechts: Vernetzung globaler Regimes statt statischer Rechtseinheit. Vernetzung globaler Regimes statt statischer Rechtseinheit". *In*: ALBERT, M.; STICHWEH, R. (Coord.). *Weltstaat und Weltstaatlichkeit*: Beobachtungen globaler politischer Strukturbildung. Wiesbaden, 2007, pp. 37 e ss., 50.

[149] TEUBNER, Gunther. *Verfassungsfragmente*. Frankfurt am Main, 2012, pp. 214 e ss., pp. 225 e ss.; JOERGES, Christian. "A New Type of Conflict of Laws as the Legal Paradigm of the Postnational Constellations". *In*: JOERGES, Christian; FALKE, Josef (Coord.). *Karl Polanyi. Globalization and the Potential of Law in Transnational Markets*. Oxford/Portland, 2011, pp. 465 e ss.; BERMAN, Paul. "Conflict of Laws, Globalization, and Cosmopolitan Pluralism". *Wayne Law Review*, vol. 51, 2005, pp. 1105 e ss. Anteriormente em WIETHÖLTER, Rudolf. "Begriffsoder Interessenjurisprudenz - falsche Fronten im IPR und Wirtschaftsverfassungsrecht". *In*: ZUMBANSEN, Peer; AMSTUTZ, Marc (Coord.). *Recht in Recht-Fertigungen. Ausgewählte Schriften von Rudolf Wiethölter*. Berlim, 2014, pp. 373 e ss.

teóricos implícitos da própria teoria dos sistemas de Luhmann: um dos pressupostos centrais é a primazia da diferenciação funcional a nível mundial. Teubner concorda com Luhmann em relação à visão de que a principal forma de diferenciação na sociedade mundial é a funcional.[150] Ao contrário de Luhmann, porém, Teubner acredita que o sistema jurídico não possa ser visto como apenas territorialmente diferenciado, como é o caso também do sistema político. Em certo sentido, ele consegue – com relação ao Direito – conduzir a teoria dos sistemas para fora do impasse de um nacionalismo metodológico. Nem o Direito da sociedade global estaria reduzido exclusivamente ao desenvolvimento dos direitos humanos e ao Direito Internacional privado. O "pensamento em regimes" também procura evitar a equiparação luhmanniana da comunicação com a formação de estruturas, não derivando o conceito de sociedade de meras interconexões comunicativas globais,[151] mas sim apontando

---

[150] TEUBNER, Gunther. "Fragmented Foundations". *In:* Petra Dobner/Martin Loughlin (Coord.). *The Twilight of Constitutionalism?* Oxford, 2010, pp. 327 e ss., p. 330: "O principal motor deste desenvolvimento é a diferenciação funcional da sociedade. Cada um de vários subsistemas funcionais autônomos da sociedade escapa de seus limites territoriais e se constitui globalmente. Este processo não se limita apenas aos mercados econômicos; ele também engloba ciência, cultura, tecnologia, saúde, militares, transporte e esporte, bem como, embora de forma um tanto retardada, política, Direito e bem-estar". Hoje, cada um desses sistemas opera de forma autônoma em nível global". Recentemente também, TEUBNER, Gunther. *Verfassungsfragmente.* Frankfurt am Main, 2012, pp. 214, p. 73: *"Como se sabe, a globalização significa sobretudo que a dinâmica da diferenciação funcional, que historicamente se realizou pela primeira vez nos Estados-nação da Europa e da América do Norte, agora se apodera de todo o globo".*

[151] A visão de Thomas Schwinn sobre a "sociedade mundial" de Luhmann chama a atenção para um importante ponto. No trabalho de Luhmann, a existência da sociedade mundial é sempre definida em termos de "acessibilidade comunicativa" mundial. "A comunicação e a formação de ordens (...) não estão no mesmo nível. Subsumir as diferentes qualidades do social sob o conceito de sociedade não é muito útil e traz consigo uma perda de precisão analítica" (SCHWINN, Thomas. "Weltgesellschaft, multiple Moderne und die Herausforderungen für

principalmente para processos de formação de estruturas sociais como *lex financiaria, lex constructionis, Direito Penal transnacional* ou *Direito transnacional da Internet*. O próprio direito fragmenta-se dentro da sociedade global paralelamente aos regimes cujo desiderato funcional é exercido pela primazia da diferenciação funcional.

1.2.5 Pensando em correlatos?

O Direito e suas metamorfoses muitas vezes impedem a replicação de modelos que se desenvolveram dentro de um determinado curso temporal e baseado em experiências sociais diversas. Isso também contribui para o fato de que qualquer reconstrução de uma complexidade social particular é limitada pela impossibilidade de uma descrição completa da própria sociedade. Como Hegel astuciosamente aponta, não se pode esperar conhecer o que é de fato o objeto *em si*.[152] Embora não haja um acesso especial ao "objeto", as ciências sociais desenvolvem suas próprias formas de construção da acessibilidade ao objeto social através de testes internos de plausibilidade das construções conceituais. Nesse contexto, o filósofo francês Quentin Meillassoux salientou que este teste de plausibilidade nas humanidades muitas vezes, para poder confirmar algo como plausível, vive de uma postura (conceitual) baseada em correlações. De acordo com Meillassoux, muitas tradições filosóficas do Ocidente são baseadas em certas formas de conceituação que poderiam impedir a percepção do aumento da contingência social. Meillassoux chamou estas formas de "pensamento em correlações".

Um dos muitos exemplos é a filosofia de Kant e sua base normativa. Ela se baseia em correlações que constroem um círculo

---

die sociologische Theorie". *In*: HEINTZ, B.; MÜNCH, R.; TYRELL, H (Coord.). *Weltgesellschaft: Theoretische Zugänge und empirische Problemlagen*. Berlim, 2005, p. 210).

[152] HEGEL, Georg Wilhelm F. *Phänomenologie des Geistes*. Theorie-Werkausgabe. vol. 3. Frankfurt am Main, 1970, p. 78.

primário de correlação que é mutuamente estimulado.[153] Trata-se de correlações, que podem ser caracterizadas da seguinte forma: *"in disqualifying the claim that it is possible to consider the realm of subjectivity and objectivity independently of one an-other"*.[154] Haveria num primeiro momento uma suposição básica e, portanto, uma correlação necessária e depois, num segundo momento, uma abertura esclarecedora para o mundo tornada possível pela correlação. Segundo Meillassoux, o correlacionismo "de fato nos inclui irrevogavelmente em nossa relação com o mundo, sem nos dar nenhum meio de podermos dizer que esta relação em si mesma contém a base de um verdadeiro absoluto".[155]

Neste sentido, autores pós-Kantianos como Niklas Luhmann e Jürgen Habermas também seriam exemplos de uma forma de pensamento em correlações. Por exemplo, Jürgen Habermas, a fim de operacionalizar o conceito básico de ação comunicativa para outros fins, teve de pressupor uma pragmática universal: sem pragmatismo universal, não há ação comunicativa, nem consenso.[156] A arquitetura conceitual de Niklas Luhmann também é afetada pelo

---

[153] MEILLASSOUX, Quentin. *After Finitude*: An Essay on the Necessity of Contingency. London, 2008, p. 34; BRYANT, Levi R. Art. "Correlationism". *In:* Ennis, P.; GRATTON,P. (Coord.). *The Meillassoux Dictionary*. Edinburg, 2015, pp. 46 e ss.

[154] MEILLASSOUX, Quentin. *After Finitude*: An Essay on the Necessity of Contingency. London, 2008, p. 5.

[155] AVANESSIAN, Armen (Coord.). *Realismus Jetzt*. Berlim, 2013, p. 28.

[156] Jürgen Habermas propõe ampliar o conceito limitado de competência linguística em termos de teoria da ação e assim tenta mostrar que a compreensão correta da competência linguística contribui decisivamente para a superação do problema de justificar normas. Cf. HABERMAS, Jürgen. "Was heißt Universalpragmatik". *In:* HABERMAS, Jürgen. *Vorstudien und Ergänzungen zur Theorie des kommunikativen Handelns*. Frankfurt am Main, 1995, pp. 353 e ss., 387; HABERMAS, Jürgen. *Theorie des kommunikativen Handelns*. vol. 2. Frankfurt am Main, 1988, p. 182; SCHNEIDER, *Hans J*. Gibt es eine 'Transzendental'- bzw. 'Universalpragmatik'? *Zeitschrift für philosophische Forschung*, vol. 36, n° 2, 1982, pp. 208 e ss.

CAPÍTULO I – A ANOMALIA COMO DESENVOLVIMENTO JURÍDICO

pensamento em termos de correlações. O próprio Luhmann postula: "existem sistemas". Sistema e ambiente representam a mesma função epistêmica que o antigo par europeu sujeito/objeto. Somente depois que a correlação é colocada em cena, a teoria dos sistemas passa a ser operacionalizada. Não pode haver sistema independente de seu ambiente, e não pode haver teoria dos sistemas independente desta correlação.[157]

Em certo sentido, o pluralismo constitucional transnacional de Teubner sofre de um "fraco correlacionismo" ao ter que pressupor inevitavelmente que, em nível mundial, uma globalização policêntrica e a diferenciação funcional que ela implica prevaleceram como forma de diferenciação da sociedade.[158] A suspeita de um "fraco correlacionismo" baseia-se sobretudo no fato de que a primazia da diferenciação funcional é hipostasiada como o novo absoluto dentro do edifício teórico. Para que a tese de fragmentação do Direito transnacional e todos os exemplos práticos sejam teoricamente plausíveis, o primado da diferenciação funcional em si deve ser absoluto sem exceção: sem diferenciação funcional em nível mundial, não há tese de fragmentação e não há tese de autoconstitucionalização.[159]

Para o presente trabalho, dado seu caráter intrinsecamente experimental, é necessário distanciar-se de um correlacionismo posto, já que a sociedade tecnológica atual tem como característica

---

[157] LUHMANN, Niklas. *Soziale Systeme*. Frankfurt am Main, 1984, p. 13; BAECKER, Dirk. "Es gibt keine sozialen Systeme. 8 Thesen". *In:* BAECKER, Dirk. *Wozu Theorie?* Berlim, 2016, pp. 194 e ss.

[158] A sociedade mundial, "no que diz respeito à diferenciação sistêmica, caracteriza-se por uma primazia da diferenciação funcional" (LUHMANN, Niklas. Das Recht der Gesellschaft. Frankfurt am Main, 1993, p. 572.).

[159] TEUBNER, Gunther. *Verfassungsfragmente*. Frankfurt am Main, 2012, p. 20: "O constitucionalismo social, que existe há muito tempo em termos reais nos Estados-nação, enfrenta hoje a questão de se e como ele deve se transformar sob condições de globalidade. A continuidade do problema está relacionada à diferenciação funcional da sociedade, que foi estendida a todo o mundo na transnacionalização".

intrínseca a rápida mudança e um processo inevitável de constante desgaste conceitual. Neste sentido, um experimentalismo apresenta-se como uma tarefa indispensável para a disciplina da Teoria do Direito. Ela deve experimentar, testar, ensaiar e estabelecer vínculos com desenvolvimentos atuais. O distanciamento da diferenciação funcional e sua forma de operacionalização conceitual da realidade significa simultaneamente uma abertura para a observação de uma série de outras possibilidades e – ao mesmo tempo – restrições sociais inerentes, cuja observação fora impossibilitada por um correlacionismo conceitual previamente estabelecido. É preciso tornar o inobservável da teoria novamente observável através de tais aberturas.

Por esse motivo, o materialismo especulativo de Quentin Meillassoux abre uma perspectiva muito interessante. Ilustrado pelo exemplo da filosofia, ele mostrou acima de tudo como o pensamento em termos de correlações não só reduziu as zonas de contato das várias disciplinas, mas também carrega consigo inevitavelmente um gama de pontos cegos. De acordo com Meillassoux, a filosofia tornou-se enredada em bloqueios epistemológicos, impossibilitando a construção de pontes entre as diversas ciências.[160] As epistemologias encarnaram as correlações diagnosticadas por Meillassoux, fomentando assim uma espécie de "religiosização da razão". A questão que se coloca para o presente trabalho poderia ser formulada da seguinte forma: como sair deste círculo vicioso de correlações para melhor interpretar o futuro desenvolvimento do Direito na sociedade mundial?

No entanto, esta postura de distanciamento do correlacionismo conceitual pressupõe, para o presente capítulo, um aprofundamento do papel do Direito dentro da correlação conceitual da teoria dos sistemas. Inevitavelmente, isso envolve esclarecer o papel que a

---

[160] AVANESSIAN, Armen; MALIK, Suhail (Coord.). *Genealogies of Speculation. Materialism and Subjectivity since Structuralism.* London/New York, 2016; KÜPPER, Martin. "Quentin Meillassoux's Denklandschaft des spekulativen Materialismus". *Vorschein*, vol. 34, 2017, pp. 205 e ss.

CAPÍTULO I – A ANOMALIA COMO DESENVOLVIMENTO JURÍDICO

dimensão temporal desempenha em relação ao Direito moderno, pois, de acordo com esta teoria, o Direito estaria precisamente resolvendo um problema que surgiu a partir da transformação desta dimensão social. A abertura da sociedade a um futuro que não pode mais ser projetado a partir de padrões claros e certos da experiência passada torna-se um problema que a própria sociedade deve resolver criando estruturas para lidar com uma dimensão temporal deste futuro cada vez mais incerto. Neste ponto, o Direito desempenharia uma função primordial no estabelecimento de uma certa garantia de um horizonte de ação comum e esperável. Essa função será o tema do próximo capítulo e, como tal, para os propósitos deste capítulo, deve-se ter sempre em mente que a tese da anomalia visa exatamente levantar esse ponto: questionar se essa função, exercida através do Direito dentro dos quadros e condições institucionais existentes no Estado-nação, poderia ainda persistir dentro das condições institucionais e tecnológicas que gradualmente surgiram no início dos anos 90 com o advento da sociedade global descrita por Niklas Luhmann.[161]

---

[161] Há também uma forma de ambivalência inerente a esta abordagem, segundo a qual o Direito moderno surgiu como resposta à transformação do regime do tempo e, ao mesmo tempo, a emergência de uma sociedade global com o enfraquecimento da forma do Direito moderno se deveu à transformação do regime de tempo. Em outras palavras, por um lado, Niklas Luhmann apresenta o Direito como uma forma de vinculação temporal que aparece como uma resposta à orientação da ação social após a transformação do regime de tempo da modernidade. Por outro lado, esta transformação também é vista como um fator fundamental na emergência da sociedade mundial e, neste contexto, é até considerada a "evidência inegável da sociedade mundial". Cf. LUHMANN, Niklas. *Die Gesellschaft der Gesellschaft*. Frankfurt am Main, p. 149.

CAPÍTULO II
O DIREITO COMO FORMA DE VINCULAÇÃO TEMPORAL

2.1 Introdução

O tempo é um regime que não está somente ligado à dimensão cultural de qualquer sociedade, mas é uma condição prévia essencial da sociedade propriamente dita. Nesse contexto, o regime do tempo não deve ser reduzido a um evento físico de medição temporal universal.[162] Ao contrário, o tempo significa uma relação correlativa na qual passado, presente e futuro se entrelaçam, enquanto categorias, um com o outro. Estas relações sedimentam-se em formas particulares de vida e práticas sociais e tornam-se desta forma observáveis. "Muitas culturas partem do pressuposto de que o futuro que já passou perante nossos olhos, pode ser inferido a partir do 'passado = presente'. (...)".[163] A principal diferença entre os regimes

---

[162] LUHMANN, Niklas. *Soziologie des Risikos*. Berlim, 2003, p. 41: "As ideias sobre o tempo não têm nenhum objeto independente da observação. Como observações e descrições das relações temporais, elas são observações e descrições temporais".

[163] ASSMANN, Jan. "Zeit". *In:* GRÜNDER, Karlfried; RITTER Joachim (Coord.). *Historisches Wörterbuch der Philosophie*. Basiléia 2004, p. 1186. No original: "*Viele Kulturen gehen davon aus, daß*

de tempo modernos e antigos é que estes últimos dão mais peso ao passado como base normativa para a ação presente e futura.[164] O regime de tempo da modernidade, por sua vez, rompe com esta forma tradicional de ordem do tempo na medida em que ocorre uma mudança radical de orientação do passado para o futuro.[165] Essa reorientação temporal não só afeta a ação humana cotidiana, mas também força a sociedade, em seu plano institucional, a criar mecanismos que possam lidar com um futuro mais aberto e menos pré-estruturado pelo passado.[166]

Neste contexto, Luhmann e Koselleck, apesar das inúmeras diferenças nos detalhes, localizam a última grande transformação da sociedade moderna em um idêntico período. A teoria do "tempo de sela" (*Sattelzeit*) de Koselleck ocorre dentro da estrutura do que Luhmann descreveu em seu modelo de transição de sociedades

---

sich die im Rücken liegende Zukunft aus der vor Augen liegenden ‚Vergangenheit=Gegenwart' er-schließen läßt (...)".

[164] ASSMANN, Aleida. *Ist die Zeit aus den Fugen?* Aufstieg und Fall des Zeitregimes der Moderne. München, 2013, p. 21.

[165] LATOUR, Bruno. *Wir sind nie modern gewesen.* Versuch einer symmetrischen Anthropologie. Frankfurt am Main, 2008, p. 18. Latour assinala que o adjetivo "moderno" tem como objetivo principal indicar uma ruptura e o surgimento de um novo regime temporal de modernidade.

[166] Embora sempre se remonte a Koselleck, hoje existe uma espécie de inflação do conceito de aceleração que acentua precisamente esta dimensão temporal da sociedade (HARVEY, David. *The Condition of Postmodernity.* An Enquiry into the Origins of Cultural Change. Malden (Mass.), 2004). Hartmut Rosa resume a posição assim: "que a aceleração social inerente à modernidade excede um ponto crítico na 'modernidade tardia' além do qual a reivindicação de sincronização social e integração social não pode mais ser sustentada" (ROSA, Hartmut. Beschleunigung. Die Veränderung der Zeitstruktur der Moderne. Frankfurt am Main, 2005, pp. 49/50); ERIKSEN, Thomas Hylland. *Tyranny of the Moment.* Fast and Slow. Time in the Information Age. Londres, 2001; BORSCHEID, Peter. *Tempo-Virus.* Eine Kulturgeschichte der Beschleunigung. Frankfurt am Main, 2004; BIDLO, Oliver D. *Rastlose Zeiten.* Die Beschleunigung des Alltags. Essen, 2009.

CAPÍTULO II – O DIREITO COMO FORMA DE VINCULAÇÃO TEMPORAL

estratificadas para sociedades funcionais (ou modernas).[167] Ambos admitem explicitamente que uma profunda transformação da dimensão temporal teria ocorrido entre cerca de 1750 e 1850. Luhmann, em particular, atribui a este período uma relevância para a reorganização da sociedade moderna como um todo e que, claramente, teve um grande impacto para sua teoria. A conversão da semântica do tempo para o esquema passado/futuro, "da mudança de orientação primária do passado (identidade) para o futuro (contingência)",[168] é central tanto para a construção do Direito moderno quanto para a teoria da sociedade mundial.[169] Com relação ao Direito e seu desenvolvimento na sociedade global, a tese da anomalia manifestamente expressa este aspecto sensível de forma mais precisa e explícita, tematizado justamente essa dimensão temporal da sociedade. Poderia o Direito, como uma forma de vinculação temporal, desempenhar o mesmo papel e função na sociedade global que desempenha ou desempenhou no Estado-nação? Antes de responder a essa pergunta, faz-se necessário explicar como a semântica do tempo transformou-se e, também, como a semântica do tempo apresenta-se, ao mesmo tempo, como parte integrante e constitutiva da semântica político-social.

---

[167] "Desde a segunda metade do século 18 é possível imaginar que as tradições semânticas, e sejam elas do tipo mais sagrado, variam com o desenvolvimento social". (LUHMANN, Niklas. "Gesellschaftliche Struktur und semantische Tradition". *In:* _____. *Gesellschaftsstruktur und Semantik*. Studien zur Wissenssoziologie der modernen Ge-sellschaft. Frankfurt am Main, 1980, pp. 9 e ss.).

[168] LUHMANN, Niklas. *Die Gesellschaft der Gesellschaft*. Frankfurt am Main, 1997, p. 149.

[169] LUHMANN, Niklas. *Die Gesellschaft der Gesellschaft*. Frankfurt am Main, 1997, p. 1014: "Estas mudanças na semântica do tempo se tornam irreversíveis num futuro previsível pelo fato de que os meios de comunicação de massa, como um sistema funcional de sua própria espécie, assumiram a descrição do mundo e da sociedade".

2.2 A mudança na semântica do tempo: a crise das obrigações políticas

A semântica moderna do tempo possui diversos antecedentes na história. De forma genérica, pode-se dizer que o tempo se torna gradualmente um problema social à medida que a experiência cotidiana e a tradição deixam de fornecer uma estrutura estável para orientar a ação humana. Somente quando o impacto da mudança na semântica do tempo é colocado de forma mais abrangente no contexto da questão da orientação da ação cotidiana e das instituições sociais torna-se possível compreender os dilemas da reorganização de uma sociedade em nível individual, coletivo e institucional. Uma análise da mudança no regime do tempo que se baseia unicamente nos avanços técnicos que tornaram possível a universalização do tempo[170] impede a observação da dimensão cultural e, ao mesmo tempo, sociológica dos fenômenos que decorrem da transformação da estrutura temporal da sociedade.[171]

Já no século XVII, as teorias contratuais modernas também tiveram que resolver o problema do tempo moderno. Em um plano não-materialista, o dilema hobbesiano já mostrava como, após a ruptura com a tradição cristã-aristotélica, nem a certeza antiga, nem a própria natureza eram "oportunas" o suficiente para moldarem ou criarem uma ordem social estável. A orientação em algo mais abstrato, fictício – nas teorias contratuais modernas expressa no instituto do contrato – ao invés de uma orientação por padrões estabelecidos pela tradição, gerou novos desafios à ordem social.[172]

---

[170] OGLE, Vanessa. *The Global Transformation of Time: 1870-1950*. Cambridge (Mass.), 2015.

[171] KASCHUBA, Wolfgang. *Die Überwindung der Distanz*. Zeit und Raum in der europäischen Moderne. Frankfurt am Main, 2004, pp. 33 e ss.

[172] "Mas em contraste com as antigas concepções aristotélicas, estóicas e canônicas do Direito Natural como lei moral ou lei objetiva da razão, elas elaboram uma concepção minimalista do Direito Natural centrada na sociabilidade, no interesse próprio e no Direito subjetivo de

CAPÍTULO II – O DIREITO COMO FORMA DE VINCULAÇÃO TEMPORAL

Posteriormente, nesse contexto, Hegel também deixou-se guiar pela distinção entre natureza e liberdade, e ao final acabou reconhecendo que tanto a clássica ideia de natureza quanto a moderna ideia de liberdade eram ambos conceitos que se afastaram gradualmente do conceito de tradição – como um fundamento estável do significado social – desde aproximadamente o século XVIII.[173]

O surgimento da figura do contrato denota uma profunda, silenciosa e constante mutação na produção da normatividade social, tanto em suas dimensões implícitas como explícitas da sociedade. Neste sentido, a crise das *obrigações políticas* que ocorrem em meados do século XVII, através da emergência da figura e da linguagem do contrato, aponta para uma "virada linguística" que se tornou cada vez mais importante no contexto da vida cultural, política e – acima de tudo – social da era moderna.[174] Desta maneira, a governança (moderna) passou a ser cada vez mais[175] dependente de um "poder poético", ou seja, de uma produção incessante de artefatos

---

autopreservação" (KAHN, Victoria. *Wayward Contracts*. The Crisis of Political Obligation in England: 1640-1674. Princeton 2004, p. 33).

[173] RITTER, Joachim. *Hegel und die Französische Revolution*. Köln/ Opladen, 1957.

[174] O ponto em que Victoria Kahn se concentra é o colapso da confiança social como resultado das guerras e turbulências que varreram a Europa no século XVII. Novas figuras retóricas se articularam em um processo de descoberta de um novo conhecimento social que foi em grande parte dissociado das "grandes narrativas" como religião ou tradição. O que Kahn chama de "contratos linguísticos" é uma mistura de lógica contratual cotidiana e o poder da linguagem metafórica e das visões de mundo transformadas para permitir novas formas de elaboração de regras para além dos limites postos pela tradição cristã aristotélica. O modo de criar vínculos passa de uma base mais ou menos estável de formação da sociedade para uma ordem cada vez mais incerta e artificial de uma sociedade provisória. Cf. KAHN, Victoria. *Wayward Contracts*. The Crisis of Political Obligation in England: 1640-1674. Princeton 2004, pp. 35 e ss.

[175] BREDEKAMP, Horst. *Thomas Hobbes' visuelle Strategien*. Der Leviathan: Urbild des modernen Staates. Berlim, 1999.

artificiais, estéticos ou, como Horst Bredekamp bem salienta, de "estratégias visuais" que primeiro tinham que ser colocadas em cena.[176] Assim, a então dimensão explícita da sociedade – isto é, baseada na violência, na postura de uma autoridade, aparatos de coerção etc. – gradualmente começou a se distanciar da dimensão implícita da sociedade – isto é, moldada por convenções, normas sociais, etc. – na medida em que a coesão e a estabilidade da sociedade passaram a depender profundamente da relação eletiva entre autoridade e de suas condições prévias (artificiais).[177]

As experiências pessoais e individuais também são afetadas por esta mudança, pois em larga medida trata-se da construção social de uma nova consciência, na qual o sujeito concorda em estar vinculado a um determinado padrão. Neste ponto, como mostram Terry Eagleton e Victoria Kahn, tal forma de vinculação não seria tanto um produto do liberalismo em *statu nascendi,* conhecido por suas características universalizadoras de autonomia e igualdade. Ao contrário, foi a emergência gradual de uma consciência lateral, articulada em repúdio ao Estado e ao soberano, e formada em relações de vizinhança, heterárquicas.[178] Assim, observa Kahn,

---

[176] MANOW, Philip. "Die Menschwerdung des Menschen unter dem Leviathan". *In:* MANOW, Philip. *Politische Ursprungsphantasien.* Der Leviathan und sein Erbe. Konstan, 2011, pp. 137 e ss.

[177] Collins e Tuck ainda mostram no contexto da pesquisa de Hobbes que não se tratava de demonstrar a autonomização do poder secular em imagens, mas de construir um Estado através da elaboração de tratados de tal forma que os poderes da igreja foram colocados em uma relação heterônoma com as esferas seculares. Cf. TUCK, Richard. "The Civil Religion of Thomas Hobbes". *In:* PHILLIPSON, Nicholas; SPINNER, Quentin (Coord.). *Political Discourse in Early Modern Britain.* Cambridge, 1993, pp. 120 e ss.; COLLINS, Jeffrey. *The Allegiance of Thomas Hobbes.* Oxford, 2005.

[178] Para Terry Eagleton, o discurso da estética surgiu pela primeira vez no século XVIII, enquanto ele lutava com a tensão de capturar o mundo da percepção do sujeito sem comprometer a soberania absoluta. Isso deu origem a um tema estético. Victoria Kahn também mostra um lado negligenciado da teoria dos contratos ao apontar as características

CAPÍTULO II – O DIREITO COMO FORMA DE VINCULAÇÃO TEMPORAL

"the seventeenth-century subject of contract was not this modern subject of formal equality but rather, at one and the same time, richly imagined, a esthetic subject of passion and interest, and an artifact of the creative powers of language".[179] A violência pura foi complementada por uma "violência poética" e o papel social da sociabilidade natural e da virtude foi assim sendo enfraquecida,[180] de modo que o fundamento da *obrigação política* moderna tornou-se mais frágil e dependente da geração constante de ficções e pré-condições artificiais, tais como novas convenções sociais.

Com relação à dimensão temporal, pode-se dizer que a linguagem do contrato e o próprio contrato em si criavam um espaço de obrigações mais abertas e contingentes localizando o horizonte de obrigações políticas para além da sociabilidade e virtude conferidas pela natureza. Victoria Kahn deixa isto bem claro: "Leviathan opened up ways of looking at human contracts, history, and nature as contingent constructs, that is, as merely probable fictions or narratives rather than universal facts". Entretanto, não apenas a *obrigação política em si que deve ser*[181] enfatizada, mas também a forma em que as mudanças ocorreram: novas convenções linguísticas

---

hierárquicas do surgimento do sujeito moderno: "Mimese e estética – poética e paixões – estes são os termos negligenciados no discurso judicial seco da história posterior do liberalismo" (KAHN, Victoria. *Wayward Contracts*. The Crisis of Political Obligation in England: 1640-1674. Princeton 2004, p. 284). Sobre o contexto inglês, cf. BREWER, John. *The Pleasures of the Imagination*. English Culture in the Eighteenth Century. Londres, 2013; sobre o contexto alemão, cf. EAGLETON, Terry. *The Ideology of the Aesthetic*. Oxford, 1990, pp. 19 e ss.

[179] KAHN, Victoria. *Wayward Contracts*. The Crisis of Political Obligation in England: 1640-1674. Princeton 2004, p. 283.

[180] GORDLEY, James. *The Philosophical Origins of Modern Contract Doctrine*. Oxford, 199s.

[181] KAHN, Victoria. *Wayward Contracts*. The Crisis of Political Obligation in England: 1640-1674. Princeton 2004, p. 6.

– articuladas em livros, personagens e textos – tomam o lugar de obrigações inatas, noções de virtude e justificações ético-morais.

Neste sentido, a crise das *obrigações políticas* no século XVII afetou tanto a relação entre soberano e sujeito quanto as relações entre os próprios sujeitos entre si. Neste cenário, a linguagem da auto-organização também se difundiu – no século XVIII na Inglaterra e no século XIX na Europa continental – em várias esferas do social – por exemplo, na economia, política, Direito, biologia e cognição – onde os padrões de explicação mecânica e tradição atingiram seus limites de sentido. Previsões de probabilidades tornaram-se frequentes e as explicações causais diminuíram. Sheehan e Wahrman interpretam a linguagem da auto-organização como uma forma de lidar com um "ponto cego" no legado do Iluminismo, que havia operado com duras distinções como racional/irracional, ordem/caos, razão/violência, etc., na autodescrição da sociedade. Sob esta perspectiva, a linguagem da auto-organização oferece uma outra forma de imaginar a sociedade, de modo que um mundo ordenado apenas por frágeis temporários fundamentos torna-se cada vez possível.[182]

Este desenvolvimento sugere que o problema da temporalidade, ou mesmo o próprio conceito de tempo, está fortemente ligado a uma mudança de orientação e, portanto, não pode ser reduzido apenas a aspectos técnicos do tempo. Na medida em que a sociedade não se reproduz mais em termos da iteração de costumes e tradições, surge a questão, tanto no nível da ação individual quanto institucional, de como parâmetros gerais de comportamento passam a ser coordenados ou gerados socialmente de forma generalizada. Contrato e auto-organização foram duas formas descentralizadas, "dadas por Deus", de coordenação de ação que permitiram à sociedade lidar com um futuro cada vez mais aberto e, portanto, cada vez mais incerto.

---

[182] SHEEHA, Jonathan; WAHRMAN, Dror. *Invisible Hands*. Self-Organization and the Eighteenth Century. Chicago, 2015, p. xvii.

CAPÍTULO II – O DIREITO COMO FORMA DE VINCULAÇÃO TEMPORAL

No nível da sociedade global, tema central deste livro, há uma clara conexão entre a transformação da dimensão temporal e o nível de ação individual e institucional. A estruturação da forma de coordenação das ações e a consequente formação de expectativas através de um forte apego à tradição está particularmente presente na semântica do *ius publicum europaeum,* conforme discutido no Capítulo III. No cenário da *crise das obrigações políticas* ocorre uma clara mudança de orientação do passado para o futuro, com consequências cruciais tanto para o nível semântico quanto estrutural da sociedade. Também no plano da sociedade mundial esta mudança temporal de orientação ocorre através da inserção da figura do contrato, que passa a desempenhar um papel crucial como uma força motriz que dissolve o poder centralizado da ordem concreta do *ius publicum europaeum* e abre mais espaço para uma dinâmica descentralizada de auto-organização da sociedade. A impossibilidade de orientação da ação por um passado cada vez menos capaz de oferecer fundamentos claros para uma ação concreta no presente é a consequência de uma sociedade cada vez mais construída sobre bases provisórias e artificiais como uma condição da própria modernidade.

2.3 A invenção do futuro contingente

Se enfocarmos na compreensão do mundo como um mundo que está perdendo gradualmente seus fundamentos seguros de autodescrição, a questão do tempo e a temporalização da semântica tornam-se uns dos pontos mais importantes na compreensão da transformação que está ocorrendo precisamente na era moderna. A novidade da era moderna é, acima de tudo, seu tempo. Isso refere-se à "processualidade da era moderna" como uma aceleração gradual do substrato empírico, ou seja, de uma mudança na experiência no sentido de que, a partir de aproximadamente o século XVIII, novos eventos mudaram a estrutura temporal da experiência em si. Segundo Koselleck, "a temporalização da semântica aumenta a diferença entre experiência e expectativa, porque as expectativas se distanciaram cada vez mais de todas as experiências concretas".[183] As expectativas só se tornaram possíveis como uma categoria justaposta a experiências quando passou a ser possível ao presente, como categoria, a fazer um corte que, como passado *e* futuro, frustra qualquer noção de um contínuo linear. Neste sentido, a temporalização do século XVIII deve ser entendida no contexto oposto da "imobilização" ("destemporalização") da natureza que a precedeu no século XVI.[184]

Em contraste com o processo histórico da história pré-moderna, que foi fortemente moldado pelo antigo *continuum* europeu da experiência, a era moderna é co-determinada por uma nova categoria temporal: a da expectativa.[185] A dissolução de fronteiras da expectativa e da experiência, ou, dito de outra forma, a mudança na base da orientação da experiência para a expectativa, i.e., do

---

[183] KOSELLECK, Reinhart. *Vergangene Zukunft*. Zur Semantik geschichtlicher Zeiten. Frankfurt am Main, 1989, pp. 359 e ss. Já em 1965, Joachim Ritter abordou o problema com a fórmula "divisão da origem e do futuro" *(Entzweiung von Herkunft und Zukunft)*. De acordo com Ritter, a causa da divisão, seguindo Hegel, seria a novidade que a sociedade burguesa moderna traz para a história e coloca no mundo. Aqui o conceito de legitimidade é gradualmente substituído ou reformulado pelo conceito de novidade. No entanto, só haveria uma "divisão de origem e futuro" *(Entzweiung von Herkunft und Zukunft)* quando a sociedade se projeta com vistas a um futuro, levando assim a uma ruptura com a história anterior "no estabelecimento de ordens que, segundo seu princípio, são sem pressupostos, como um novo começo radical, que não deve ser precedido por nada, exclui de si tudo o que é dado, histórico e transmitido" (RITTER, Joachim. *Hegel und die Französische Revolution*. Köln/Opladen, 1957, pp. 45 e ss., p. 90).

[184] SEIFERT, Arno. "'Verzeitlichung'. Zur Kritik einer neueren Frühneuzeitkategori". *Zeitschrift für historische Forschung,* vol. 10, 1983, pp. 447/448; JUNG, Theo. "Das Neue der Neuzeit ist ihre Zeit. Reinhart Kosellecks Theorie der Verzeitlichung und ihre Kritiker, Moderne". *Kulturwissenschaftliches Jahrbuch*, vol. 6, 2010/2011, pp. 172 e ss.

[185] KOSELLECK, Reinhart. "Wie neu ist die Neuzeit?" *In:* KOSELLECK, Reinhart. *Zeitgeschichten*. Studien zur Historik. Frankfurt am Main 2000, pp. 225 e ss.

CAPÍTULO II – O DIREITO COMO FORMA DE VINCULAÇÃO TEMPORAL

passado para o futuro, também mostra, como ressaltou J. G. A. Pocock, uma certa alienação do homem em relação à sua própria história,[186] pois a experiência e a tradição em si não são mais capazes de determinar ações orientadas para o futuro. O futuro não é mais visto como salvação, e se torna assim algo incerto. Em contraste com um pescador tradicional, um empreendedor ou inventor tem uma relação diferente entre o horizonte de expectativa e o horizonte de experiência, já que para o empreendedor ou inventor o futuro se dá frequentemente no modo da contingência, que ele tenta refletir e processar. A variabilidade é uma constante para ambos.

Com referência aos tempos modernos, pode-se assim afirmar não apenas que o homem tem uma referência mutável quanto ao tempo, mas também, e sobretudo, que a própria sociedade constrói mecanismos e estruturas mutáveis de referência temporal. Michael Foucault, por exemplo, retomou o motivo da temporalização em seu trabalho inicial "A Ordem das Coisas" [*Les Mots et les Choses*] onde ele tentou mostrar a episteme por trás da conexão entre palavras e coisas na história ocidental do conhecimento dos séculos XVI ao XX. Sua crítica ao horizonte antropológico da modernidade é introduzida conjuntamente com a substituição de uma ordem de conhecimento espacialmente por uma nova ordem que passa a ser orientada por uma ordem temporal.[187] Neste contexto, Foucault fala da representação espacial, que "muda completamente a partir do século XIX. A teoria da representação desaparece como base geral

---

[186] POCOCK, John G. A. *The Machiavellian Moment*. Florentine Political Thought and the Atlantic Republican Tradition. Princeton, 1975, pp. 423 e ss.

[187] "Uma profunda historicidade penetra no coração das coisas, isola-as e as define em sua própria coerência, impõe a elas formas de ordem implícitas pela continuidade do tempo" (FOUCAULT, Michel. Ordnung der Dinge. Eine Archäologie der Humanwissenschaften, Frankfurt am Main 1974, p. 26). Cf. também LEPENIES, Wolf. Das Ende der Naturgeschichte. Wandel kultureller Selbstverständlichkeiten in den Wissenschaften des 18. und 19. Jahrhunderts. München, 1976, p. 18.

de todas as ordens possíveis...". Foucault também data – assim como Koselleck e Luhmann – o esclarecimento dos contextos disciplinares e o surgimento de estoques complexos de informação para o período entre 1775 e 1825.[188] De fato, o tempo se torna um significante da modernidade,[189] mesmo que muitos pensadores queiram deixá-lo fora dos holofotes da observação.[190] O tempo físico natural e suas formas de contagem, no entanto, diferem dos tempos históricos[191] na medida em que a constituição do tempo tem condicionantes históricas e sociais, e não apenas naturais-técnicas.[192]

As culturas tradicionais ou arcaicas, que tinham uma ordem temporal tradicional, colocavam muita ênfase no passado como base normativa para o tempo presente e sua orientação futura, que decorre do fato de que essas sociedades viviam em interação excessivamente concreta e simultânea.[193] Por este motivo, ou seja, em razão da interação como forma constitutiva de sociabilidade, a formação de horizontes temporais curtos e pouco móveis era marcante em

---

[188] FOUCAULT, Michel. *Ordnung der Dinge*. Eine Archäologie der Humanwissenschaften. Frankfurt am Main, 1974, p. 81.

[189] GUMBRECHT, Hans-Ulrich. "Modern, Modernität, Moderne". *In:* KOSELLECK, Reinhart; CONZE, Werner; BRUNNER, Otto (Coord.). *Geschichtliche Grundbegriffe*. Historisches Wörterbuch zur politisch--sozialen Sprache. vol. 4. Stuttgart, 1978, pp. 93 e ss.

[190] Cf. a reprovação de Luhmann a Habermas: "... que Habermas se concentra neste ponto na dimensão social *e imobiliza o tempo*". [Ênfase no original] (LUHMANN, Niklas. "Quod omnes tangit...". Anmerkungen zur Rechtstheorie von Jürgen Habermas. *Rechtshistorisches Journal*, vol. 12, 1993, pp. 36 e ss., 42.

[191] KOSELLECK, Reinhart. "Wie neu ist die Neuzeit?" *In:* KOSELLECK, Reinhart. *Zeitgeschichten*. Studien zur Historik. Frankfurt am Main 2000, p. 10.

[192] SABROW, Martin. *Die Zeit der Zeitgeschichte*. Göttingen, 2012, pp. 15 e ss.

[193] Cf. ASSMANN, Jan. "Zeit und Geschichte in frühen Kulturen". *In:* STADLER, Friedrich; STÖLTZNER, Michael (Coord.). Time and History. Proceedings of the 28. International Ludwig Wittgenstein Symposium Kirchberg am Wechsel. Áustria 2005, pp. 489 e ss.

sociedades tradicionais. O regime de tempo da modernidade, por outro lado, rompe com esta forma de orientação para o passado, mudando a orientação do passado para o futuro.[194] Entretanto, isso não acontece incondicionalmente, muito pelo contrário: a modernidade do tempo moderno consiste no fato de que ele "culturaliza" a ordem física do tempo,[195] ou no sentido aqui trabalhado, avança a temporalização e faz com que a pluralização da semântica do tempo se torne parte da modificada estrutura do desenvolvimento cultural ocidental – e global. O presente não decorre mais da noção de um *continuum* linear, mas de uma diferença entre passado e futuro. Isto se torna a nova semântica do tempo na modernidade.[196] Naturalmente, o Direito participa deste processo de autotransformação da sociedade e se torna uma das mais importantes fontes de mediação entre um futuro cada vez mais incerto e um passado que não pode mais ser assegurado por si próprio. Em outras palavras, o desafio do Direito na modernidade, a partir do problema temporal da instabilidade de orientação, é como o Direito pode construir ou ao menos fomentar indiretamente uma ordem minimamente estável para além da tradição.

A tese da anomalia retoma precisamente este ponto. Enquanto a ciência, a tecnologia e a economia de hoje possibilitam cada vez mais um horizonte flexível de experiência e exigem mais capacidade de aprendizagem e adaptações, o Direito moderno no sentido europeu-tradicional – sobretudo no Estado-nação – estava mais orientado para estruturar as necessidades das diferentes esferas sociais e seus

---

[194] LATOUR, Bruno. *Wir sind nie modern gewesen*. Versuch einer symmetrischen Anthropologie. Frankfurt am Main, 2008, p. 18. Sobre este assunto, cf. também LUHMANN, Niklas. "Die Weltgesellschaft". *In*: LUHMANN, Niklas. *Soziologische Aufklärung 2*: Aufsätze zur Theorie der Gesellschaft. 5ª ed. Wiesbaden, 2005, pp. 128 e ss., 134 e ss.

[195] LATOUR, Bruno. *Wir sind nie modern gewesen*. Versuch einer symmetrischen Anthropologie. Frankfurt am Main, 2008, p. 25.

[196] LUHMANN, Niklas. *Die Gesellschaft der Gesellschaft*. Frankfurt am Main, 1997, pp. 997 e ss.

horizontes de possibilidade de tal forma que uma certa restrição desse espaço de possibilidade, ou seja, do futuro, acontecia através de uma ancoragem institucional da orientação da ação. A questão é se esta função do Direito – possibilitar uma estruturação abrangente dos horizontes sociais – somente pode ser uma propriedade do desenvolvimento jurídico doméstico, ligado às precondições dos estados nacionais, que desaparecerá com os crescentes processos de dissolução das fronteiras na sociedade mundial – sobretudo através da Internet e da crescente digitalização. A fim de responder a esta pergunta, é necessário primeiro analisar mais de perto o que o papel do Direito como forma social de vinculação do tempo, entre outros, realmente significa para a sociedade.

2.4 Tempo e Direito: a mudança na semântica do Direito

Em 1955, Gerhart Husserl escreveu um tratado sobre o tema do Direito e do tempo. Seus escritos, no entanto, ainda foram marcados por uma consideração existencial-filosófica da "historicidade" do *Dasein*. As referências temporais do Direito de acordo com Husserl surgem nesse contexto, portanto, sem maiores surpresas. As três dimensões conhecidas do tempo aparecem detalhadamente da seguinte forma: a jurisprudência se orienta para o passado, legislação se orienta para o futuro, e a administração se orienta para o presente. Nesta construção teórica, o conceito de Direito é dotado de núcleos de significado *a priori* e, portanto, supratemporal, no qual a referência temporal das estruturas jurídicas é relegada a um segundo plano e não colocada em primeiro plano.[197]

Niklas Luhmann, por sua vez, olha o Direito sob, e a partir da perspectiva do tempo.[198] Segundo o autor, o que distinguiria a

---

[197] HUSSERL, Gerhart. *Recht und Zeit*. Frankfurt am Main, 1955.
[198] Na sociologia, não é raro encontrar autores dedicados à constelação do tempo e sua forma de influência na sociedade moderna, como é o caso

sociedade moderna de outras formas de sociedade seria precisamente que a sociedade moderna pode projetar seu próprio futuro, ou melhor, colocá-lo à disposição. Para isso, porém, a sociedade necessita construir formas e estratégias para lidar com essa abertura para o futuro. Neste contexto, o Direito aparece como uma forma consolidada desta negociação, na qual estrutura o horizonte de ação através de normas jurídicas minimizando a abundância de possibilidades deste horizonte. Somente quando se tem esta dimensão temporal da sociedade moderna em mente é que se pode abordar adequadamente a questão da tese de anomalia que aqui a precede, perguntando se as referências temporais do Direito seriam de alguma forma adequadas para a forma da sociedade mundial.

Vincular o tempo significa que lidar com a possibilidade de realização do futuro é limitada. Neste sentido não se trata de determinar o futuro – porque o tempo em si não pode ser constrito –, mas de realizar o futuro no presente. O futuro, existente apenas como um horizonte no presente, é limitado ou expandido por irreversibilidades no próprio presente, sem que possíveis partes afetadas possam participar dele. Os custos sociais – incluindo a desigualdade, desvantagem ou preferência, que surgem da indiferença não reversível a terceiros – exigem mecanismos evolutivos da sociedade para a "gestão" da disposição aberta do futuro.

Estes complexos horizontes de tempo abertos e disponíveis dependem de certas técnicas sociais (culturais) e realizações evolutivas que ofereçam mais possibilidades para o social. Formulado sob

---

de Hartmut Rosa e Armin Nassehi. Na ciência jurídica, no entanto, isto é bastante raro. Até mesmo Luhmann, no início de sua carreira, viu a primazia da economia como a razão para a mudança para a orientação futura, em vez de equacioná-la com a diferenciação funcional como tal. "A economia [é] mais dependente de um futuro articulável como resultado de sua necessidade de cálculo" (LUHMANN, Niklas. "Selbst-Thematisierungen des Gesellschaftssystems. Über die Kategorie der Reflexion aus Sicht der Systemtheorie". *Zeitschrift für Soziologie* vol. 2, nº 1, 1973, pp. 21 e ss., 37.

a terminologia da teoria dos sistemas, isto significa que se a complexidade social coloca um sistema sob pressão de seleção, então o conceito de significado desempenha o papel de guardião dessa seleção, ou seja, serve como uma espécie de garantidor da conectividade de operações adicionais que estão sujeitas a uma restrição de seleção.[199] A dimensão do tempo aparece como o nível mais importante dos sistemas de significado, que são principalmente sistemas de tempo,[200] ou seja, máquinas para lidar com a complexidade ou, dito de forma simples, máquinas de complexidade. O *Dasein*, a existência de um sistema de sentidos, subsiste apenas dentro de sua existência temporal. Não há nenhuma instância que se preocupe, ou possa de fato garantir que a próxima operação ocorra.[201] Pode haver, mas não necessariamente precisa haver. Segue-se que os sistemas de sentido nunca se encontram em um estado ontológico.[202]

O fato de que o futuro esteja à disposição na sociedade moderna nada diz sobre sua forma de lidar com ele. O tempo em si não pode ser fixado, mas a sociedade por sua vez cria estruturas ou formas de estruturas (de expectativa) para lidar com um futuro aberto. Na economia, o tratamento regulatório da escassez é também uma forma social de vinculação do tempo. Podemos pensar na orientação diária de nossas vidas em relação a preços (de bens

---

[199] LUHMANN, Niklas. "Gesellschaftliche Struktur und semantische Tradition". *In:* LUHMANN, Niklas. *Gesellschaftsstruktur und Semantik*. Studien zur Wissenssoziologie der modernen Ge-sellschaft. Frankfurt am Main, 1980, pp. 17 e ss.

[200] FUCHS, Peter. "Die Unbeeindruckbarkeit der Gesellschaft – Ein Essay zur Kritikabilität sozialer Systeme". *In:* FISCHER-LESCANO, Andreas; AMSTUTZ, Marc (Coord.). *Kritische Systemtheorie*: Zur Evolution einer normativen Theorie. Bielefeld, 2013, pp. 100 e ss.

[201] LUHMANN, Niklas. *Die Gesellschaft der Gesellschaft*. Frankfurt am Main, 1997, pp. 116 e ss.; LUHMANN, Niklas. *Das Recht der Gesellschaft*. Frankfurt am Main, 1993, pp. 49, 58 e 107.

[202] LUHMANN, Niklas. *Das Recht der Gesellschaft*. Frankfurt am Main, 1993, p. 110.

CAPÍTULO II – O DIREITO COMO FORMA DE VINCULAÇÃO TEMPORAL

e propriedades) que não estão fixados a lugar nenhum.[203] Embora os preços do futuro não possam ser gravados em pedra, tomamos decisões diárias que são projetadas para o futuro como um horizonte possível de precificação. A escassez controlada pelo mecanismo monetário aumenta a abstração da relação entre futuro e passado de uma maneira especial no plano das ações cotidianas dos indivíduos e de instituições públicas e privadas.[204]

Existem estruturas similares para a análise do Direito. Ver o Direito da perspectiva do tempo, no entanto, é pelo menos incomum dentro da teoria jurídica. Jürgen Habermas, por exemplo, concentra-se predominantemente na dimensão social em detrimento da dimensão temporal – e, portanto, concentra-se quase exclusivamente no consenso.[205] Ronald Dworkin, por outro lado, atribui importância à integridade (moral) sem considerar que o factual e o temporal são eles mesmos constitutivos para a normatividade do Direito.[206]

---

[203] Monetarização é a codificação secundária de "ter/não ter" que coloca a instituição da propriedade em forma líquida. Cf. LUHMANN, Niklas. *Soziologie des Risikos*. Berlim, 2003, p. 73.

[204] LUHMANN, Niklas. *Die Wirtschaft der Gesellschaft*. Frankfurt am Main, 1994, p. 22 "(...) todos esses sistemas desenvolvem, portanto, formas de observar-se em horizontes temporais, ou seja, de distinguir seu atual funcionamento contemporâneo mundial como "presente" do passado e do futuro". Há também o papel da confiança como ponto de referência para o fundamento normativo das expectativas comportamentais. A questão não é focalizar a confiança nas sociedades modernas como uma confiança pessoal entre indivíduos, mas sim que uma nova dimensão de confiança emerge através da condução de relações de troca usando o meio do dinheiro, assim forçando a confiança na operação do uso do dinheiro como um sistema.

[205] LUHMANN, Niklas. "Quod omnes tangit...". Anmerkungen zur Rechtstheorie von Jürgen Habermas. *Rechtshistorisches Journal*, vol. 12, 1993, p. 42.

[206] DWORKIN, Ronald. *Freedom's Law*: The Moral Reading of the American Constitution. Cambridge, 1997. Cf também DWORKIN, Ronald. *Law's Empire*. Cambridge (Mass.)/London, 1986, pp. 256 e 279.

Hans Kelsen, por outro lado, atribui importância à conectividade das normas (dimensão material) como base da validade do Direito[207] e, portanto, negligencia, por exemplo, a construção dos direitos subjetivos, que exercem uma forte influência na constituição da sociedade moderna, tanto através da dimensão temporal como da social.[208] Essa lista poderia ser ampliada.[209]

O aumento do espaço de possibilidades (*Möglichkeitsraum*) na sociedade moderna gera um novo problema de como lidar com certezas ou certas incertezas. Não se pode mais esperar que a experiência acumulada socialmente forneça pistas seguras para as decisões e especialmente sobre suas consequências projetadas para o futuro. Essa incerteza exige cada vez mais estruturas sociais para lidar com ela, mas sem ter que, entretanto, aboli-la ou evitá-la completamente. Especialmente para o Direito moderno, a formação de estruturas de expectativa é de importância central neste contexto. Neste sentido, as categorias de tempo, estrutura e expectativa exibem profundas

---

[207] Na primeira edição de *Reine Rechtslehre*, Hans Kelsen demonstra de forma explicita como a recursividade da referência de normas a normas se torna seu conceito central para explicar a normalidade jurídica. A prisão de uma pessoa refere-se a um julgamento ("uma norma individual"), o julgamento ao código penal, este, por sua vez, o código penal a uma constituição estatal", etc. Cf.: KELSEN, Hans. *Reine Rechtslehre*: Das Problem der Gerechtigkeit (1934). Vienna, 1960, pp. 65, 196 e ss.; MEINERS, Johannes. Rechtsnormen und Rationalität. Zum Problem der Rechtsgeltung bei Hans Kelsen, Jürgen Habermas und Niklas Luhmann. Berlim, 2015, p. 65.

[208] Para uma leitura na qual os direitos subjetivos desempenham um papel importante e central na produção do capital social, cf. LADEUR, Karl-Heinz. *Negative Freiheitsrechte und gesellschaftliche Selbstorganisation*. Tübingen, 2000.

[209] Por exemplo, no debate anglo-americano de teoria jurídica, a estrutura temporal da sociedade moderna é obscurecida por algumas distinções. Uma delas é a distinção entre "ponto de vista interno" e "ponto de vista externo" que caracteriza o debate sobre a teoria jurídica anglo-americana. Cf. SHAPIRO, Scott J. "What Is the Internal Point of View?" *Fordham Law Review*, vol. 75, 2006, pp. 1157 e ss.

CAPÍTULO II – O DIREITO COMO FORMA DE VINCULAÇÃO TEMPORAL

interdependências históricas e técnicas, por um lado, e mostram uma extrema abertura para o futuro, por outro.

A chave para a compreensão do Direito em Luhmann está, portanto, na referência que a função do Direito faz ao futuro,[210] ou seja, na própria dimensão temporal.[211] Em termos gerais, a função do Direito consistiria, portanto, em vincular o tempo através da estabilização de expectativas – de modo que o Direito só pode estabilizar as expectativas de forma dependente do tempo, ou seja, "de modo que o Direito deixe sua própria mutabilidade disponível para tarefas regulatórias".[212] O Direito garante assim uma certa estabilidade do tempo através da padronização e, ao mesmo tempo, produz sociabilidade ao permitir comportamentos. No entanto, o Direito não pode garantir a completa e absoluta estabilidade social através de sua função. Isso se deve à natureza da forma moderna do Direito, em oposição à forma jurídica de uma sociedade simples, não complexa, cujo direito é assumido como dado pelo meio ambiente, como, por exemplo, no conceito imutável do Direito Natural.

A função do Direito moderno localiza-se precisamente em proporcionar uma estrutura estável para uma sociedade que está

---

[210] "Ela [a referência temporal do Direito] está na função das normas, ou seja, no fato de se tentar se ajustar, pelo menos no nível de expectativa, a um futuro ainda desconhecido, genuíno. Com isso, junto com as normas, perde-se também a medida em que a própria sociedade gera um futuro incerto". (LUHMANN, Niklas. *Das Recht der Gesellschaft*. Frankfurt am Main, 1993, p. 130).

[211] O conceito de vinculação temporal (Zeitbindung) não pretende negligenciar a dimensão social. Pelo contrário, as formas de vinculação temporal assumem um significado factual e social e influenciam a distribuição social e as formas de mudança. Toda vinculação temporal tem custos sociais. Mesmo os fundamentos da validade do direito estão intimamente ligada ao tempo. "A única base indispensável de validade, portanto, está no *tempo*" (LUHMANN, Niklas. *Das Recht der Gesellschaft*. Frankfurt am Main, 1993, p. 110).

[212] LUHMANN, Niklas. *Das Recht der Gesellschaft*. Frankfurt am Main, 1993, p. 39.

se tornando mais complexa, ao mesmo tempo, em que garante sua flexibilidade de mudança através da positividade do Direito. "O Direito entra assim legitimamente em fluxo, ele se ajusta a um tempo de fluxo mais rápido".[213] A ruptura na dimensão do tempo social da era moderna exige que o Direito forme uma "ordem dinâmica de permanente mudança",[214] na qual a sua autonomia se torna extremamente ligada à sua função.[215] A especificação funcional do direito está, portanto, relacionada a uma função específica, que só pode ser realizada através de sua própria codificação (código).[216] Neste ponto, a conhecida distinção entre expectativa cognitiva e normativa torna-se central. A norma é a forma de vinculação temporal do Direito, através da qual as expectativas são projetadas para o futuro. A persistência das expectativas se dá por referência às normas. O comportamento conforme ou desviante é contrafactualmente condensado através de uma operacionalização recursiva de diferenças dogmáticas, ou, em resumo, operações dentro do sistema jurídico com referência ao próprio código jurídico. A questão do conceito de

---

[213] LUHMANN, Niklas. "Positivität des Rechts als Voraussetzung einer modernen Gesellschaft". *In*: LUHMANN, Niklas. *Ausdifferenzierung des Rechts*. Frankfurt am Main, 1999, pp. 113 e ss., 129: "O acesso regulatório do direito não está mais vinculado à prova de que sempre foi assim, e assim muitos novos comportamentos ou mesmo novos aspectos de comportamentos antigos tornam-se maduros para o Direito: condução embriagada ou premium para destruir maçãs, extensão da educação obrigatória ou estabelecimento de representação sindical no serviço público".

[214] TEUBNER, Gunther. "Der Wahnsinn der Rechtsenzyklopädien". *ARSP*, vol. 91, 2005, pp. 587 e ss., 592.

[215] LUHMANN, Niklas. *Rechtssoziologie*. 3ª ed. Opladen, 1987, pp. 217 e ss.

[216] LUHMANN, Niklas. *Das Recht der Gesellschaft*. Frankfurt am Main, 1993, pp. 71 e ss., 163 e ss. "Somente as duas realizações, função e codificação, consideradas em conjunto, têm o efeito de que as operações específicas do Direito podem ser claramente distinguidas de outras comunicações e, assim, com apenas uma indefinição marginal, se reproduzem a partir de si mesmas" (LUHMANN, Niklas. *Das Recht der Gesellschaft*. Frankfurt am Main, 1993, pp. 40/41).

CAPÍTULO II – O DIREITO COMO FORMA DE VINCULAÇÃO TEMPORAL

norma como uma forma de vinculação temporal é precisamente o fato de, num momento anterior à ação, permitir-se visualizar como os outros devem se comportar em situações futuras semelhantes.[217] Desta forma, o Direito, numa manobra contrafactual, cria a limitação e estruturação dos horizontes de possibilidade de outras esferas sociais – não apenas de pessoas – e desempenha assim uma função fundamental para a sociedade. O Direito torna possível "ter certeza sobre o futuro diante de sua inerente incerteza".[218] Nesse sentido, o Direito moderno assume um papel social como guardião do tempo da sociedade,[219] na medida em que a normatividade jurídica se baseia em grande parte na "indiferença a eventos futuros imprevisíveis".[220]

Este importante papel que o Direito desempenha nas sociedades modernas como garantia de um mínimo de orientação coletiva quando a tradição já não fornece uma projeção clara e suficiente para a ação social é questionado pelo próprio Luhmann em vários momentos a partir dos anos 1970, especialmente quando ele volta ao problema da configuração da sociedade global. A tese da anomalia apresenta-se sobretudo como a expressão de uma teoria que duvida de si própria, um verdadeiro mal-estar luhmanniano, pois opõe claramente dois distintos desenvolvimentos jurídicos: por um lado, o desenvolvimento que ocorre dentro dos limites institucionais e possibilidades da experiência do Estado-nação, e por outro lado,

---

[217] Isto, porém, em contraste com o risco: "Não se pode violar o risco" (LUHMANN, Niklas. *Das Recht der Gesellschaft*. Frankfurt am Main, 1993, p. 67). Luhmann distingue três formas diferentes de disposição do futuro: normas jurídicas (Direito), apropriação de bens escassos (economia) e risco (não atribuído a nenhum sistema). A vinculação do tempo na forma de risco é a forma estrutural de coordenação mais difícil de se encontrar para lidar com a disposição do futuro.

[218] LUHMANN, Niklas. *Das Recht der Gesellschaft*. Frankfurt am Main, 1993, p. 129.

[219] GÜNTHER, Klaus. "Vom Zeitkern des Rechts". *Rechtshistorisches Journal*, vol. 14, 1995, pp. 13 e ss., 23.

[220] LUHMANN, Niklas. *Rechtssoziologie*. 3ª ed. Opladen, 1987, p. 343.

o desenvolvimento que ocorre fora das restrições institucionais do Estado-nação e apresenta uma dificuldade de adaptação à antiga forma jurídica.

E aqui já começa novamente a se desenhar uma tese central dos primeiros capítulos deste livro: o Direito como uma forma de vinculação temporal e sua função inerente de estabilizar expectativas normativas só pode – e poderá – ser desenvolvido dentro das condições institucionais presentes no Estado-nação, tais como a positividade do Direito, legislação estatal, tribunais estatais e assim por diante. O Direito como forma de vinculação temporal apresenta-se assim como um produto das condições institucionais existentes no Estado-nação. A inadequação das estruturas de expectativa para a sociedade global sobre as quais o Direito constrói sua função social revela um profundo mal-estar da teoria luhmanniana consigo mesma. No cerne da concepção do Direito e da política para a teoria dos sistemas existe então uma ferida, que é nada menos que o anacronismo de uma reprodução das características de um Estado-nação que não consegue acompanhar as aspirações progressistas de uma sociedade global. Neste ponto, Luhmann admite a si mesmo que os processos da sociedade mundial são mais rápidos do que a realidade dos subsistemas do Direito e da política (Estado), que tentam alcançá-los mas ainda falham miseravelmente, mesmo com um intervalo de trinta anos de sua primeira publicação sobre o tema. Por vezes isso é dito ironicamente, por vezes diretamente e com ênfase, mas sem nunca deixar particularmente claro que essa dúvida permanente sobre si mesmo perpetua-se de forma imanente à teoria. Além disso, Luhmann não conseguiu formular contornos claros do que seria a contribuição do Direito para sociedade mundial para a formação das liberdades sociais, como foi o caso da experiência dos Estados-nação.

Em certo sentido, a tese da anomalia sugere que, por um lado, o grau de estruturação de diferentes esferas sociais com efeitos claros sobre o exercício das liberdades individuais seria um papel confiado ao Direito, que dependeria, por sua vez, de certas condições que ele próprio não consegue garantir. Estas condições prévias sociais, agora mais do que nunca estreitamente ligadas às novas tecnologias com efeitos transfronteiriços, criam condições e condicionamentos para a relação entre Direito e conhecimento social (sociedade) dentro da sociedade global. Por outro lado, a tese da anomalia indica que a fixação da função do Direito no desempenho prévio de programas condicionais[221] – o nível de programação na construção luhmanniana que é usado, em suas palavras, "para reintegrar o Direito na sociedade"[222] – atinge seus limites dentro da sociedade global. A decisão da teoria em fixar, no plano da programação, uma preferência por programas condicionais, em oposição a programas finalísticos, revela uma certa tendência por uma forma jurídica que sempre e necessariamente opera retrospectivamente[223] e neste contexto também transparece a inseparabilidade das estruturas de estabelecimento e criação de normas e tomada de decisões típicas do Estado-nação, tais como as instituições do parlamento e os tribunais estatais.[224]

Este é um ponto relevante para reforçar e esclarecer a tese cunhada neste capítulo: não se trata de negar as diferenciações sociais que transcendem as fronteiras territoriais do Estado-nação. Isto parece quase evidente quando se observa o recente desenvolvimento da ciência, da economia e a atual digitalização da sociedade. Em certo

---

[221] LUHMANN, Niklas. *Das Recht der Gesellschaft*. Frankfurt am Main, 1993, p. 199: "O compromisso com a forma do programa condicional está relacionado à função do direito, ou seja, à estabilização das expectativas contrafactuais".

[222] LUHMANN, Niklas. *Das Recht der Gesellschaft*. Frankfurt am Main, 1993, p. 191: "O risco da codificação do legal/ilegal é aceito, mas o nível de programação é usado para reintegrar o Direito na sociedade. O nível de programação atua então como um nível de compensação para quaisquer discrepâncias entre o Direito e a sociedade".

[223] LUHMANN, Niklas. *Das Recht der Gesellschaft*. Frankfurt am Main, 1993, p. 197: "Neste aspecto, o sistema jurídico sempre funciona como um pensamento posterior, como um sistema downstream".

[224] LUHMANN, Niklas. *Das Recht der Gesellschaft*. Frankfurt am Main, 1993, p. 283: "Somente mediado pelo legislador entra no Direito a protetividade dos bens jurídicos".

sentido, este livro está preocupado precisamente com uma possível forma de diferenciação social da sociedade global, mas que não estaria em conformidade com a primazia da diferenciação funcional. O que é questionado no contexto deste capítulo, após a tese da anomalia, é se, com o advento da sociedade tecnológica e global, o Direito teria o mesmo papel que desempenhou no quadro institucional do Estado-nação. E, em seguida, quais seriam as consequências de responder a essa pergunta para os limites e oportunidades do Direito na sociedade contemporânea. A este respeito, a facticidade inerente da sociedade tecnológica e global, que exigiria uma nova vinculação temporal através da cognitividade, depara-se justamente em tensão com o conceito luhmanniano de Direito, fixado no programa condicional clássico e que também permanece em grande parte dependente das condições institucionais do Estado-nação. Isso não só limita o acesso do Direito aos estoques de conhecimento social, limitando assim a referência do Direito a uma infraestrutura de convenções sociais e tecnologias modernas. Mas, ao mesmo tempo, também dita a adaptabilidade ou a incapacidade de adaptação através de limites de aprendizagem do Direito dentro de uma sociedade cada vez mais operacionalizada por novos meios de comunicação e modelos de negócios centrados em novas tecnologias.

2.5 Perspectivas: uma nova tentativa sobre metamorfose do Direito (na sociedade global)

Uma produtiva saída do "círculo vicioso da correlação" seria procurar por novas zonas de contato entre disciplinas vizinhas, autores e o Direito, e "testar" os efeitos decorrentes desses contatos e reflexões para uma observação de dimensões práticas que até então tinham estado em um ponto cego de reprodução conceitual ou na dura demarcação disciplinar de certas descrições ou observações sobre o processo de transformação do Direito e da sociedade moderna. Neste ponto, o caráter experimental da Teoria do Direito, que não se limita apenas à sistematização de categorias dogmáticas, à reprodução de teorias pré-fabricadas e a uma clara estrutura disciplinar, tem uma enorme vantagem em lidar com uma sociedade que se encontra em constante transformação. Em uma sociedade cada vez mais codeterminada pelas novas tecnologias digitais, os pontos seguros a partir dos quais se faziam possíveis observar a sociedade moderna estão se tornando cada vez mais raros e precários. Neste cenário, abrir a teoria jurídica a novos desafios e experiências além do cânone da disciplina tornou-se uma condição de sobrevivência da própria disciplina. Como todos os outros campos da sociedade atual, ela não possui uma garantia externa que assegure permanentemente sua legitimidade. Pelo contrário, o caráter dinâmico e inovador de proporcionar um espaço para um processo de descoberta interna gerando conhecimento sobre as idiossincrasias da sociedade moderna torna-se uma das principais funções da Teoria do Direito. Sem isso, a disciplina é reduzida a uma caixa de ressonância de seu próprio passado – com sérios riscos de extinção.

No contexto do presente trabalho, as metamorfoses do Direito Global são compreendidas como um processo que interage, em várias dimensões, com as metamorfoses da própria sociedade. Estas metamorfoses da sociedade ocorrem por vezes no desenvolvimento de uma nova tecnologia, por vezes no nível da transformação da subjetividade, por vezes na criação de novas formas de geração conhecimento social. Neste contexto, o Direito da sociedade global é um Direito que evolui em complexos processos de hibridização nos diferentes níveis de metamorfoses da própria sociedade de uma forma quase opaca e latente. Neste cenário, o cultivo de uma "higienização de fronteiras" (A. Koschorke) de processos sociais é contrastado com uma dinâmica que se expressa bastante em um "não-sistema poético" (R. Wiethölter). O procedimento de um não-sistema poético parte de uma dimensão de *poiesis* (criação) inerente à sociedade complexa[225]

---

[225] KAHN, Victoria. *The Future of Illusion*. Political Theology and Early Modern Texts. Chicago, 2014, pp. 3 e ss. De uma perspectiva de estudos culturais, Koschorke *et al.* apontam "que o fato e a ficção no espaço da política dificilmente podem ser divorciados da maneira usual" (KOSCHORKE, Albrecht *et al.* Der fiktive Staat. Konstruktionen des

e, ao mesmo tempo, se distancia da lógica de diferenciação funcional de marcas claras de limites ou do controle da sociedade a partir de uma ideia reguladora.

O objetivo do presente trabalho encontra-se justamente em traçar esta dinâmica de um "não-sistema poético" e focalizando em ambos os momentos, ou seja, em um primeiro momento de criação da normatividade social e jurídica e, em um segundo momento, de descrever como é criada uma dinâmica que não pode mais ser compreendida com antigos termos europeus como sistema, razão, moralidade, espírito, valores, e assim por diante. Portanto, este trabalho enfoca o papel de apoio das condições materiais e infraestruturais da normatividade jurídica e como a mudança dessas condições desafia e molda o novo Direito. A desintegração da antiga ordem, que será analisada no próximo capítulo, tem condicionantes culturais que se refletem em uma correlação entre o plano nacional e o plano transnacional. Uma nova lógica de relações entre Estados com personalidade jurídica começa a surgir à medida que novos problemas tecnossociais exigem da sociedade novas formas de coordenação setorial do conhecimento social. As organizações então desempenham um papel importante na criação da normatividade da sociedade global. O cenário atual seria por sua vez mais caracterizado por uma mudança na forma como o conhecimento social é gerado. Esse não está mais orientado principalmente para a forma organizacional, mas está cada vez mais focado nas plataformas digitais. Isto não só transforma as condições de possibilidade do Direito propriamente dito, como também modifica sua própria função propriamente dita.

---

politischen Körpers in der Geschichte Europas, Frankfurt am Main 2007, p. 56).

CAPÍTULO III

A DESINTEGRAÇÃO DA ANTIGA ORDEM

> *"Vizinho, sim! Vou deixar isso acontecer:*
> *Eles podem dividir a cabeça*
> *Eles podem dividir a cabeça em duas*
> *Mas só em casa permanece o mesmo!"*
>
> Goethe[226]

3.1 Introdução

Nos próximos capítulos serão abordados, trabalhados e tematizados a preocupante questão de Niklas Luhmann sobre quais os contornos que o Direito assumiria com a evolução da sociedade global. Como demonstrado, a tese de anomalia fundamenta um mal-estar teórico peculiar à teoria dos sistemas em sua análise da evolução

---

[226] *"Herr Nachbar, ja! so laß ich's auch gescheh'n:*
Sie mögen sich die Köpfe spalten,
Mag alles durcheinandergeh'n;
Doch nur zu Hause bleibt's beim Alten!"

da sociedade global e de seu Direito.[227] A decisão de colocar um forte cognitivismo no centro da explicação do desenvolvimento do Direito na sociedade global[228] mina a comparação hipostasiada de Spaemann com Hegel,[229] na medida em que demonstra claramente como o enfraquecimento operacional da economia de fronteiras da teoria dos sistemas, em termos de uma higiene de fronteiras,[230] implica uma clara inconsistência na teoria para compreender este fenômeno do Direito para além do Estado-nação. Com base no resultado do capítulo anterior, os próximos três capítulos procuram superar este impasse da teoria dos sistemas, evitando o mal-estar diagnosticado e concentrando os esforços conceituais no processo de transformação do Direito Global.

---

[227] LUHMANN, Niklas. *Das Recht der Gesellschaft*. Frankfurt am Main, 1993, p. 586.

[228] LUHMANN, Niklas. "Die Weltgesellschaft". *In:* LUHMANN, Niklas. *Soziologische Aufklärung* 2: Aufsätze zur Theorie der Gesellschaft. 5ª ed. Wiesbaden, 2005); LUHMANN, Niklas. "World Society as a Social System". *In:* GEYER, Felix R. (Coord.). *Dependence and Inequality. A Systems Approach to the Problems of Mexico and Other Developing Countries*. Oxford, 1982. Para a discussão teórico-jurídica, cf. TEUBNER, Gunther; FISCHER-LESCANO, Andreas. "Fragmentierung des Weltrechts: Vernetzung globaler Regimes statt statischer Rechtseinheit. Vernetzung globaler Regimes statt statischer Rechtseinheit". *In:* ALBERT, M.; STICHWEH, R. (Coord.). *Weltstaat und Weltstaatlichkeit*: Beobachtungen globaler politischer Strukturbildung.Wiesbaden, 2007.

[229] Para Spaemann, Hegel aparece na teoria de Luhmann não apenas como um objeto histórico, mas "como um concorrente contra cujo desempenho ele é medido". Cf. SPAEMANN, Robert. "Niklas Luhmann als Herausforderung der Philosophie". *In*: LUHMANN, Niklas. *Paradigm lost*. Über die ethische Reflexion der Moral. Frankfurt, 1990, pp. 51 e seguintes, 62.

[230] KOSCHORKE, Albrech. "Die Grenzen des Systems und die Rhetorik der Systemtheorie". *In:* KOSCHORKE, Albrech; VISMANN, Cornelia Vismann (Coord.). *Widerstände der Systemtheorie. Kulturtheoretische Analysen zum Werk von Niklas Luhmann*. Berlim, 1999, pp. 49 e ss.

CAPÍTULO III – A DESINTEGRAÇÃO DA ANTIGA ORDEM

Na literatura do Direito Global, Philip C. Jessup popularizou o conceito de Direito transnacional através de suas *Storrs Lectures* em Yale, em 1956.²³¹ Com este neologismo, Jessup apontou para um desenvolvimento social que não havia sido capturado pela tradicional semântica jurídica até então. Segundo Jessup *"[p]art of the difficulty in analyzing the problems of the world community and the law regulating them is the lack of an appropriate word or term for the rules we are discussing"*.²³² Desde então, surgiu nos últimos 60 anos uma vasta literatura quase incontrolável sobre o emergente campo do Direito transnacional.²³³ Entretanto, embora o conceito tenha sido abordado e desenvolvido em vários estudos, ele continua sendo atual e desafiador para o Direito Internacional, principalmente devido à significativa mensagem que ele trouxe à tona. As novas *"situações transnacionais"* (Jessup) são constelações que não podem mais ser necessariamente subsumidas sob a dicotomia do *Direito Internacional público* e *privado* ambos, de uma forma ou outra, centrado no Estado.²³⁴ As *situações transnacionais* são aquelas relações que transcendem simultaneamente as fronteiras nacionais e pressupõem a participação multilateral de competência das esferas nacionais e das instituições transnacionais.²³⁵

---

²³¹ JESSUP, Philip C. *Transnational Law*. New Haven, 1959.
²³² JESSUP, Philip C. *Transnational Law*. New Haven, 1959, p. 1.
²³³ Cf. BEKKER, Pieter H. F.; DOLZER, Rudolf; WAIBEL, Michael (Coord.). *Making Transnational Law Work in the Global Economy*. Essays in Honor of Detlev Vagts, Cambridge, 2010; VON DANIELS, Detlef. *The Concept of Law from a Transnational Perspective*. Ashgate, 2010; CALLIES, Gralf-Peter; ZUMBANSEN, Peer. *Rough Consensus and Running Code. A Theory of Transnational Private Law*. Oxford, 2010.
²³⁴ CALLIES, Gralf-Peter; ZUMBANSEN, Peer. *Rough Consensus and Running Code*. A Theory of Transnational Private Law. Oxford, 2010, p. 2.
²³⁵ O ensaio de Jessup sobre Direito transnacional ganhou fama. Autores posteriores referem-se a Jessup, mas fazem algumas pequenas variações. Nesse sentido, Anne-Marie Slaugher:*"Transnational Law has many definitions. I mean to include here simply national law that is designed to reach actors beyond national borders: the assertion of extraterritorial*

Após esta abertura semântica para uma nova possibilidade de observação, que fundou um novo tema e campo experimental (*"Direito Global"*),[236] surgiram vários novos campos de pesquisa a partir de pesquisas empíricas, incluindo *lex mercatoria*[237] proteção

---

jurisdiction. Extraterritorial jurisdiction provisions are often the first effort a national government is inclined to make to regulate activity outside its borders with substantial effects within its border" (SLAUGHER, Anne-Marie. "A Liberal Theory of International Law". *In*: AMERICAN SOCIETY OF INTERNATIONAL LAW (Coord.). Proceedings of the Annu-al Meeting 94 (2000), pp. 240 e ss., 245).

Hathaway enfatiza outro aspecto: *"Transnational Law has many definitions. I mean to include here simply national law that is designed to reach actors beyond national borders: the assertion of extraterritorial jurisdiction. Extraterritorial jurisdiction provisions are often the first effort a national government is inclined to make to regulate activity outside its borders with substantial effects within its borders"* (HATHWAY, Oona A. "Between Power and Principle. An Integrated Theory of International Law". *University Chicago Law Review*, vol. 72, 2005, p. 469. Harold Koh concentra-se nos efeitos da transnacionalidade, cf. HAROLD, Hongju Koh. "International Law as Part of Our Law". *American Journal of International Law*, vol. 98, 2004, pp. 43 e ss., 53. Anne-Marie Slaughter também se refere diretamente ao conceito de transnacionalidade de Jessup:*"Transnational Law has many definitions. I mean to include here simply national law that is designed to reach actors beyond national borders: the assertion of extraterritorial jurisdiction. Extraterritorial jurisdiction provisions are often the first effort a national government is inclined to make to regulate activity outside its borders with substantial effects within its borders"* (SLAUGHTER, Anne-Marie. "International Law and International Relations Theory. A Dual Agenda". *American Journal of International Law*, vol. 87, 1993, pp. 205 e ss.).

[236] LE GOFF, Pierrick. "Direito Global: A Legal Phenomenon Emerging from the Process of Globalization". *Indiana Journal of Global Legal Studies*, vol. 14, 2007, pp. 119 e ss.

[237] TEUBNER, Gunther. "Global Bukovina. Zur Emergenz eines transnationalen Rechtspluralismus". *Rechtshistorisches Journal*, vol. 15, 1996; SCHMITTHOFF, Clive. "International Business Law. A New Law Merchant". *Current Law and Social Problems*, vol. 2, 1961, pp. 129 e ss.

CAPÍTULO III – A DESINTEGRAÇÃO DA ANTIGA ORDEM

transnacional do consumidor,[238] *governança corporativa*,[239] *responsabilidade corporativa*[240] e *litigância transnacional*.[241] Mesmo dentro da Teoria do Direito, um novo campo de pesquisa emergiu através da descoberta do transnacional. A chamada abordagem pluralismo jurídico pode então se emancipar de sua fixação em uma perspectiva antropológica e adentrar um novo terreno de trabalho.[242] Desde então, a discussão sobre a transnacionalidade já tem sido parcialmente associada de forma intuitiva a uma abordagem do pluralismo jurídico.[243]

---

[238] CALLIESS, Gralf-Peter. *Grenzüberschreitende Verbraucherverträge*. Rechtssicherheit und Gerechtigkeit auf dem elektronischen Weltmarkplatz. Tübingen, 2006, pp. 182 e ss.

[239] HOPT, Klaus J.; TEUBNER, Gunther (Coord.). *Corporate Governance and Director's Liabilities*. Legal, Economic and So-ciological Analyses on Corporate Social Responsibility. Berlim, 1985.

[240] BECKERS, Anna. Enforcing Corporate Social Responsibility Codes. On Global Self-Regulation and National Private Law. Londres, 2015.

[241] BUXBAUM, Hanna L. "Transnational Regulatory Litigation". *Virginia Journal of International Law*, vol. 46, 2006, pp. 251 e ss.

[242] Para Seinecke, o pluralismo jurídico seria algo inerente ao Direito mesmo antes do surgimento do Estado moderno. Durante muito tempo, o conceito teria sido evitado pela necessidade da unidade jurídica como imperativo. No cenário atual, o conceito de pluralismo está voltando a ser utilizado principalmente através do aumento da intensidade normativa do nível transnacional. Seinecke escreve: "O Direito sempre foi plural na sua constituição". Porém, até então, o mundo jurídico não necessitava do conceito pluralismo jurídico para sua forma de autodescrição, pois: "...antes da modernidade, o pluralismo jurídico era evidente e enraizado nas praticas sociais". Ver SEINECKE, Ralf. *Das Recht des Rechtspluralismus*. Tübingen, 2015, pp. 1, 54, 70 e ss. Ver também, da perspectiva da história jurídica, STOLLEIS, Michael. "Vormodernes und postmodernes Recht". *Merkur*, vol. 5, 2008, pp. 425 e ss.

[243] VON BENDA-BECKMANN, Keebet; TURNER, Bertram. "Legal Pluralism, Social Theory, and the State". *The Journal of Legal Pluralism and Unofficial Law*, vol. 50, nº 3, 2018, pp. 255 e ss.; BERMAN, Paul. "A Pluralist Approach to International Law". *Yale J. Int'l L,* vol. 32, 2007; TEUBNER, Gunther. *Verfassungsfragmente*. Frankfurt am Main,

Não apenas novos campos de pesquisa e prática estão sendo impactados e transformados pelas novas *"situações transnacionais"* (Jessup). Até mesmo a tradição da teoria do Estado está passando por uma mudança de mentalidade decorrente da "descoberta do transnacional". Um proeminente caso recente é a abordagem e centro de pesquisa "transformação do Estado".[244] Algumas abordagens de pesquisa que surgiram após a descoberta do transnacional, incluindo esta em particular, traçam em algum sentido uma gênese histórica que segue uma sequência aparentemente clara e consistente: em um primeiro momento, teria ocorrido o surgimento e consolidação do Estado que, por sua vez, num segundo momento, sofreria uma perda de significado como consequência natural da descoberta do transnacional. O Estado, entendido como um fenômeno histórico, é estilizado pela construção semântica de uma "Era Dourada" (Leibfried/Zürn), de modo que, em um terceiro momento, sugere-se algo próximo de um "destronamento ou erosão da estatalidade", como diagnosticado por Carl Schmitt.[245] De acordo com esta abordagem, no entanto, as condições relevantes para um destronamento ou erosão do Estado seriam condições que surgiriam das novas constelações transnacionais e não, das condições domésticas, inppteriores ao

---

2012; SEINECKE, Ralf. *Das Recht des Rechtspluralismus*. Tübingen, 2015, pp. 296 e ss.

[244] LEIBFRIED, Stephan; ZÜRN, Michael (Coord.). *Transformation of the State?* Cambridge, 2005; ver também MAYNTZ, Renate. "Die Handlungsfähigkeit des Nationalstaats in Zeiten der Globalisierung". *In:* HEIDBRINK, Ludger; HIRSCH, Alfred (Coord.). *Staat ohne Verantwortung? Zum Wandel der Aufgaben von Staat und Politik*. Frankfurt am Main, 2007; e GENSCHEL, Philipp; ZANGL, Bernhard. *Die Zerfaserung von Staatlichkeit und die Zentralität des Staate*: TranState Working Papers. Bremen, 2007.

[245] *Anonymus* (C. Schmitt), Völkerrecht, N. 3. *In:* FREYMARK, Heinrich (Coord.). *Das juristische Repetitorium*. Öffentliches Recht, Serie B, Nr. 17. Salzgitter, 1949, pp. 49/50.

CAPÍTULO III – A DESINTEGRAÇÃO DA ANTIGA ORDEM

Estado-nação, como na opinião de Carl Schmitt.[246] Já nos primórdios da soberania estaria o seu enfraquecimento.

A abordagem "transformação do Estado" segue esta genealogia, e é razoável suspeitar que esta abordagem possa ser o produto de uma importante linha da tradição na teoria do Estado alemã. Essa tradição, cujos representantes mais destacados são Georg Jellinek e Hans Kelsen, tem uma forma peculiar de entender o fenômeno do Estado. A doutrina bilateral ou dual de Jellinek e Kelsen – apesar da separação da entidade social das instituições jurídicas e da inclusão parcial do lado social do Direito no debate jurídico – apresenta como consequência que apenas o lado jurídico desta distinção permaneceria relevante para a descrição do Direito como objeto.[247] Esta tradição de debate sobre o Direito do Estado, que tende a dar visibilidade à uma peculiar endogeneidade do Estado, obscureceu um componente profundamente importante das condições de emergência e

---

[246] Carl Schmitt descreve o processo de emergência do Estado moderno como um momento ambivalente de renúncia das características centrais da soberania. Isso emerge da tese central de seu livro sobre a separação dos mundos interno (privado) e externo (público) no Leviathan de Hobbes (1938), que discute a questão se o Estado deve punir o milagre. Neste ponto, Schmitt vê Hobbes cunhando a distinção fundamental entre crença interior e confissão exterior, na qual sustenta que "o Estado absoluto pode exigir qualquer coisa, mas somente externamente". (SCHMITT, Carl. *Der Leviathan in der Staatslehre des Thomas Hobbes*. Sinn und Fehlschlag eines politischen Symbols. Stuttgart, 1982, p. 92). Esta é também a diferença central entre Schmitt e a abordagem da "transformação do Estado". Enquanto para Schmitt a formação do Estado moderno envolve um momento constitutivo de abstenção da soberania, que oferece um primeiro momento constitutivo de abertura ao privado, na abordagem da "Transformação do Estado" existiria uma forma idealizada de soberania absoluta que pode nunca ter existido desta forma e que passaria a ser desconstruída pela descoberta do transnacional desde os anos 70 do século passado.

[247] "O primeiro tem como conteúdo o objetivo, histórico (...) o ser natural do Estado, o segundo, por outro lado, as normas jurídicas que devem ser expressas nesse ser real". (JELLINEK, Georg. *Allgemeine Staatslehre*. Berlim, 1914, p. 20).

transformação do Estado moderno, que – devido a fatores como novas tecnologias, novas ambições institucionais que favorecem a transformação da subjetividade moderna, novas formas de geração de conhecimento social e outros – encontram-se precisamente no processo de uma complexa coevolução entre as esferas nacional e transnacional. Mesmo com a doutrina dos três elementos (território estatal, povo estatal e poder estatal), apenas os elementos endógenos que levaram à formação do Estado são refletidos. Todos os impulsos externos e condicionamentos culturais não são incluídos nesta forma de reflexão interna.

Em Hans Kelsen, por outro lado, há uma separação mais clara entre o substrato social e o substrato normativo-conceitual, apesar da proximidade com a doutrina bilateral ou dual de seu mestre Jellinek. Concentrando-se em uma "teoria pura do Direito" que também se destina a "explicar o Estado", Kelsen leva a uma identificação quase absoluta entre Direito e Estado.[248] Isto não apenas confirma que a crítica de Hermann Heller de que a teoria do Estado de Kelsen nada mais seria do que uma "teoria do Estado sem o Estado"[249] é uma importante observação, mas sobretudo mostra também para o presente estudo que uma importante tradição da teoria do Estado, especialmente na Alemanha, negligenciou fatores culturais condicionantes da formação do Estado moderno e sua transformação. Se a abordagem de Jellinek obscurece as condições de formação e transformação do Estado, a equivalência entre Direito e Estado no sentido de Kelsen parece impossibilitar qualquer abordagem interdisciplinar entre o

---

[248] KELSEN, Hans. *Das Problem der Souveränität und die Theorie des Völkerrechts*. Beitrag zu einer Reinen Rechtslehre. 2ª ed. Aalen, 1960, pp. 105-208. "A soberania é uma propriedade do Direito *porque é uma* propriedade do Estado". (KELSEN, Hans. *Das Problem der Souveränität und die Theorie des Völkerrechts*. Beitrag zu einer Reinen Rechtslehre. 2ª ed. Aalen, 1960, pp. 102 e ss. [ênfase no original]).

[249] HELLER, Hermann. "Die Krise der Staatslehre (1926)". *In:* HELLER, Hermann. *Gesammelte Schriften 2*. Tübingen, 1971, pp. 3 e ss., 18.

CAPÍTULO III – A DESINTEGRAÇÃO DA ANTIGA ORDEM

Direito e suas pré-condições sociais, principalmente devido a sua peculiar escolha epistemológica.[250]

Acima de tudo, *insights* como "estamos em uma era de transformação (do Estado) que começou nos anos 70"[251] testemunham um anacronismo teórico ou mesmo a completa ausência de percepção interdisciplinar do Direito. O Estado e sua transformação não podem ser separados de seus condicionamentos culturais e sociais, especialmente não da emergência do Estado e de sua estabilização no modelo de democracia liberal. Somente quando as condições internas e externas são levadas em conta e a sério na reflexão, é que se pode compreender adequadamente o fenômeno do Estado e sua transformação. O Estado e a transformação do Estado são fenômenos que convergem e não podem ser colocados em uma ordem cronológico-histórica determinada por uma marca delimitadora de um antes e depois. Ambos, o Estado e sua mutação, são produtos da autotransformação da sociedade global – na medida em que estão sujeitos a um constante processo de coevolução entre os níveis estatais, regional e transnacional – e isso desde seus primórdios.

---

[250] No caso de Kelsen, isto se reflete em várias pedras fundamentais ou pilares centrais de sua teoria, incluindo mais notavelmente o dualismo central entre dever e ser. A incomunicabilidade entre os dois níveis, ou seja, um nível normativo da ordem jurídica e um nível cognitivo da ordem social que assegura e estrutura o funcionamento da teoria, é simplesmente atribuída como algo dado na consciência das pessoas. A arbitrariedade desta separação ou divisão - incluindo sua justificação no ancoramento arbitrário da consciência humana - mostra claramente uma improdutiva atitude de indiferença de grande parte da reflexão jurídica moderna em relação aos pressupostos implícitos do próprio Direito moderno, que vêm ainda mais à tona, veementemente, com o desenvolvimento da sociedade digital atual. KELSEN, Hans. *Reine Rechtslehre*: Das Problem der Gerechtigkeit (1934). Vienna, 1960, p. 5: "A diferença entre ser e dever não pode ser explicada com mais detalhes. É dada imediatamente à nossa consciência".

[251] LEIBFRIED, Stephan; ZÜRN, Michael. "Reconfigurando a constelação nacional". *In:* LEIBFRIED, Stephan; ZÜRN, Michael (Coord.). *Transformation of the State?* Cambridge, 2005, pp. 1 e ss., 17.

3.2 O domínio do político

3.2.1 Lendo Carl Schmitt: o primeiro pós-colonialista?

Carl Schmitt é considerado o jurista alemão mais discutido do século XX[252] e, como Hannah Arendt admoestou, Schmitt seria "sem dúvida o mais importante intelectual da Alemanha no campo do Direito Constitucional e Internacional".[253] Os escritos de Carl Schmitt também são repetidamente retomados em discussões dentro do debate sobre a Teoria do Direito e a história das ideias.[254] No Direito Internacional, a obra de Carl Schmitt encontrou cada vez mais eco através da interpretação de seu impacto contemporâneo.[255] Especialmente desde 11 de setembro de 2001, os conceitos centrais de Schmitt para a conjuntura global oferecem um conjunto de ferramentas analíticas críticas com uma *"espantosa contemporaneidade"*.[256] A compreensão de Schmitt sobre a natureza ilimitada de um conceito discriminatório de guerra, que restringe a guerra a nenhuma estrutura a ser observada, interpreta as novas "guerras humanitárias" como o retorno de uma "guerra justa" no sentido da teologia medieval. As guerras de inspiração moral colocariam a intensificação dos antagonismos entre "amigo" e "inimigo" no centro da arena política, encarando o inimigo não simplesmente como um

---

[252] GROSS, Raphael. *Carl Schmitt und die Juden*: Eine deutsche Rechts. Frankfurt am Main, 2005, p. 7.

[253] ARENDT, Hannah. *Elemente und Ursprünge totaler Herrschaft*. Berlim, 1986, p. 544.

[254] MÜLLER, Jan-Werner. *A Dangerous Mind*. Carl Schmitt in Post-war European Thought. New Haven/London, 2003, pp. 221 e ss.

[255] JAMESON, Fredric. "Notes on the Nomos". *South Atlantic Quarterly*, vol. 104, n° 2. Spring, 2005, p. 199; *Anthony Carty*, Carl Schmitt's Critic of Liberal International Order entre 1933 e 1945, Leiden Journal of International Law 14 (2001), p. 24.

[256] JAMESON, Fredric. "Notes on the Nomos". *South Atlantic Quarterly*, vol. 104, n° 2. Spring, 2005; AUGSBERG, Ino. *Schmitt-Lektüren*: Vier Versuche über Carl Schmitt. Berlim, 2020, p. 7.

CAPÍTULO III – A DESINTEGRAÇÃO DA ANTIGA ORDEM

adversário, mas como um inimigo absoluto a ser destruído. Neste contexto, os conceitos universalistas e de Direito Internacional são transformados em armas em favor de um intervencionismo sem contornos sob a forma de uma guerra moral.[257]

Além desta aplicação e atualização específica e conceitual de Carl Schmitt no debate do Direito Internacional e da redescoberta por autores da esquerda liberal do trabalho de Carl Schmitt,[258] existiria outra importante dimensão em seu trabalho. O que não está necessariamente ligado a uma possível aplicação prática da teoria e dos escritos de Schmitt. Também não está ligado ao caminho que levou Carl Schmitt a posições políticas no contexto histórico de sua existência dentro do regime nacional-socialista da década de trinta do último século. Esta interessante dimensão se localizaria em um nível distinto, conectando, por um lado, a capacidade de Carl Schmitt de descrever fenômenos e paradigmas sociais a partir de uma reconstrução conceitual e histórica e, por outro lado, com suas próprias ansiedades e medos que o levaram a projetar seus escritos contra certos desenvolvimentos sociais relacionados a uma tendência liberal da sociedade moderna. Para os fins deste trabalho, é essencial reconstruir estes dois níveis descritos usando o exemplo da transição de uma sociedade global articulada com base no domínio do político para uma sociedade cada vez mais mediatizada por relações

---

[257] SCHMITT, Carl. *Völkerrechtliche Großraumrdnung*: mit Interventionsverbot für raumfremde Mächte. Ein Beitrag zum Reichsbegriff im Völkerrecht (1941). Berlim, 1991, p. 41.

[258] Um autor proeminente que atualiza o pensamento de Carl Schmitt em prol da democracia radical é Chantal Mouffe. Cf. MOUFFE, Chantal. *The Democratic Paradox*. Londres/Nova York, 2000, pp. 90 e ss.; MOUFFE, Chantal. "Deliberative Democracy or Agonistic Pluralism?" *Social Research*, vol. 66, nº 3, 1999, pp. 745-752 e ss.; MOUFFE, Chantal. *Über das Politische. Wider die kos-mopolitische Illusion*. Frankfurt am Main, 2007, p. 11 e 22; MOUFFE, Chantal. "Carl Schmitt and the Paradox of Liberal Democracy". *In:* MOUFFE, Chantal (Coord.). *The Challenge of Carl Schmitt*. London/New York, 1999, pp. 38/39.

tendencialmente descentralizadas. Enquanto Carl Schmitt descreve este desenvolvimento como o desaparecimento de uma determinada forma jurídica, outros autores – como o renomado historiador Chris Bayly – o descrevem como o nascimento do mundo moderno, assim como faz este livro.

Neste contexto, o jurista Martin Koskenniemi oferece uma instigante leitura de Carl Schmitt. Ele parte da tese de que os escritos de Schmitt sobre Direito Internacional forneceriam uma frutífera base para a teoria pós-colonial, uma vez que Schmitt conseguiu imprimir ao "realismo jurídico" convencional uma abordagem mais moderna.[259] Koskenniemi não está sozinho nesta interpretação. Nos últimos anos, tornou-se um quase consenso teórico na literatura acadêmica especializada no tema compreender esta forma de leitura do Direito Internacional pós-colonial como sua verdadeira formação estrutural histórica, o que, em última instância, faria de Carl Schmitt o "primeiro pós-colonialista do Direito Internacional" e, ao mesmo tempo, tornaria possível tratá-lo como um profundo elucidador das raízes coloniais do Direito Internacional.[260] De fato, em relação ao *status* da terra no Direito Internacional, Schmitt

---

[259] KOSKENNIEMI, Martti. *From Apology to Utopia*. The Structure of International Legal Argument. Cambridge, 2006, pp. 226 e ss.; KOSKENNIEMI, Martti. "International Law as Political Theology: How to Read *Nomos der Erde*?" *Constellations*, vol. 11, n° 4, 2006, pp. 492 e ss.; KOSKENNIEMI, Martti. "Carl Schmitt and International Law". *In:* MEIERHENRICH, J.; SIMONS, O. (Coord.). *The Oxford Handbook of Carl Schmitt*, 2015, p. 4, pp. 12-15.

[260] ANGHIE, Antony. "Identifying regions in the history of international law". *In:* Fassbender, B.; PETERS, A. (Coord.). *The Oxford Handbook of the History of International Law*. Oxford, 2012, pp. 1058 e ss., 1074; BLANCO, John; VALLE *Ivonne*. "Reorienting Schmitt's Nomos. Political theology and colonial (and other) exceptions in the creation of modern and global worlds". *Politica Común*, vol. 5, 2014, pp. 1 e ss., 4; MBEMBE, Achille. Critique de la raison nègre. Paris, 2013, p. 87; MIGNOLO, Walter D. *The Darker Side of Western Modernity*. Global futures, decolonial options. Durham/London, 2011, p. 28; ANGHIE, Antony. The Evolution of International Law: Colonial and Postcolonial

CAPÍTULO III – A DESINTEGRAÇÃO DA ANTIGA ORDEM

atribui um significado especial às colônias estrangeiras na formação da história e estrutura do Direito Internacional moderno. Schmitt aproximou-se de um método de reconstrução quase materialista dos fundamentos do Direito Internacional, distanciando-se assim de uma visão deste como *ius natural et gentium,* bem como de um positivismo estrito.[261]

O moderno sistema internacional de Estados territoriais soberanos, ou seja, o surgimento do Direito Internacional moderno, estaria diretamente relacionado à "Era dos Descobrimentos" e ao encontro colonial entre a Europa e o mundo não-europeu. Com origem na segunda metade do século XVI, seu declínio começaria a partir do final do século XIX e seu declínio final, no século XX, com o processo de descolonização e a abolição formal no Direito Internacional da diferença colonial entre o solo europeu e os territórios ultramarinos, os Estados e as colônias, os povos "civilizados" e os "incivilizados".[262] A importante contribuição de Schmitt com esta narrativa reside no fato de que ele traça a história do sstemap

---

realities. *Third World Quarterly*, vol. 27, n° 5, 2006, pp. 739 e ss., pp. 742 e ss.

[261] KOSKENNIEMI, Martti. *From Apology to Utopia.* The Structure of International Legal Argument. Cambridge, 2006, p. 89 e nota 66.

[262] Schmitt distingue entre a ocupação efetiva e o título jurídico da *ocupação*. Neste sentido, ele conecta a apreensão ou tomada territorial e o *domínio* em sentido jurídico do solo ultramarino com uma rede de alguns poucos países europeus e dinastias, dos quais se formaria uma ordem concreta da comunidade de Direito Internacional (*Volksgemeinschaft*). Desta forma, ele consegue distinguir a ocupação pela força bruta da apreensão de posse com legitimidade jurídica. Somente neste sentido concreto se pode dizer que toda a estrutura espacial da terra no Direito Internacional europeu foi baseada no *status* territorial especial dos países ultramarinos coloniais. Cf. SCHMITT, Carl. Der Nomos der Erde. Völkerrecht des Jus Publicum Europaeum. Berlim, 1997, pp. 100 e ss. "A distinção entre civilizado e incivilizado deveria ser feita, então, não no âmbito da soberania, mas da sociedade" (ANGHIE, Antony. *Imperialism, Sovereignty and the Making of International Law*. Cambridge, 2004, p. 59).

estatal moderno para além de um único continente e ganhasssim uma perspectiva explícita dos lados estruturais, conceituais e fáticos de uma sociedade que já nasce global.²⁶³ Sua abordagem ataca assim a visão recorrente e intuitiva entre os especialistas e o debate público geral de que o Direito Internacional teria surgido unicamente das práticas endógenas dos Estados europeus, como no mito de Vestefália.²⁶⁴ Além disso, ele questiona claramente os métodos de trabalho dos estudiosos do Direito Internacional e, em particular, a metodologia que separa a estrutura conceitual da disciplina do substrato social que se correlaciona com estes conceitos.

Sobre este sistema internacional, que se iniciou com a fase da expansão europeia, funda-se o que se chama *ius publicum europaeum*. Neste contexto, o *status* territorial da colônia foi colocado no centro das condições da formação do Direito Internacional, ao contrário da semântica do mito fundador da Vestefália.²⁶⁵ O *ius publicum europaeum* se baseia numa distinção entre países soberanos

---

263 MITCHELL, Dean M. "Political Mythology of World Order. Carl Schmitt's Nomos. Carl Schmitt's Nomos". *Theory, Culture & Society*, vol. 23, 2006, pp. 1 e ss.

264 "A Paz de Vestfália em sua totalidade contém um conjunto de regulamentos que poderiam servir de modelo para as gerações posteriores e que, na prática, com sua pacificação do centro confessionalmente dividido da Europa, tornou-se de fato uma das leis fundamentais não apenas do Santo Império Romano, mas também do 'Droit public de l'Europe' (Ius publicum Europaeum), como o Direito Internacional que unia a comunidade cristã de Estados também foi carinhosamente chamado no século XVIII". (ZIEGLER, Karl-Heinz. "The Significance of the Peace of Westphalia of 1648 for European International Law". *International Law Archive*, vol. 37 , 1999, pp. 129 e ss., p. 150; KOSKENNIEMI, Martti; ORFORD, Anne. "We do not need to always look to Westphalia...": A Conversation with Martti Koskenniemi and Anne Orford. *Journal of the History of International Law*, vol. 7, 2015, pp. 1 e ss.).

265 "A ordem espacial não surgiu essencialmente das apropriações internas de terras européias e das mudanças territoriais, mas da apropriação de terras europeias de um Novo Mundo não europeu. (...)" (SCHMITT, Carl. *The Nomos of the Earth in the International Law of the Jus Publicum Europaeum*. Berlim, 1997, p. 155).

CAPÍTULO III – A DESINTEGRAÇÃO DA ANTIGA ORDEM

europeus – onde se aplicavam as normas e padrões do Direito liberal moderno – e colônias estrangeiras – onde esses padrões não se aplicavam. Entretanto, esta distinção funda-se em um paradoxo fundamental que pode ser descrito como uma espécie de "inclusão excludente". Assim, guerras poderiam ser travadas entre países europeus no palco de suas colônias – com relativa paz em território europeu.[266] Um paralelo a isto seria a dualidade do sistema do *common law* inglês, onde prevaleceu uma diferença entre o Direito britânico para o solo inglês e outras áreas onde o poder da Coroa vestia uma distinta roupagem. A posição única das colônias, que foram incluídas na política mundial moderna, excluindo as normas e padrões jurídicos aplicáveis aos países soberanos europeus, ocupa uma posição excepcional e, ao mesmo tempo, decisiva para a consolidação da estrutura da ordem eurocêntrica naquela época. Assim, foi criada uma zona de paz no centro europeu através da terceirização de conflitos para territórios além-mar.[267]

---

[266] "Ambas as partes se reconhecem como Estados. Com isso torna-se possível distinguir o inimigo do criminoso. O conceito de inimigo torna-se capaz de uma acomodação jurídica. O inimigo deixa de ser algo "que deva ser destruído". Aliud est hostis, aliud rebellis. Isto também torna possível um tratado de paz com os vencidos. Assim, o Direito Internacional europeu conseguiu elevar a guerra por meio do conceito de Estado". (SCHMITT, Carl. *Der Nomos der Erde. Völkerrecht des Jus Publicum Europaeum*. Berlim, 1997, p. 114).

[267] AGAMBEN, Giorgio. *Homo Sacer*: Sovereign Power and Bare Life. Stanford (Cal.), 1998, p. 36; RASCH, William. "Human Rights as Geopolitics: Carl Schmitt and the Legal Form of American Supremacy". *Cultural Critique*, vol. 54. 2003, pp. 120 e ss., p. 124 e ss.; SCHMITT, Carl. "Raum und Großraum im Völkerrecht". *In:* SCHMITT, Carl. *Staat, Großraum, Nomos*. Arbeiten aus den Jahren 1916-1969. Berlim, 1995, pp. 234 e ss., pp. 241/242; SCHMITT, Carl. *Der Nomos der Erde. Völkerrecht des Jus Publicum Europaeum*. Berlin, 1997, pp. 171-172; cf. também SCHMITT, Carl. "Cambio de estructura del derecho internacional". *Revista de Estudios Políticos*, vol. 5, 1943, pp. 3 e ss., p. 7. "Em vários aspectos, o escudo da Europa contra uma periferia em conflito, decidido no Congresso de Viena, foi uma ideia engenhosa de pacificação". (OSTERHAMMEL, Jürgen. *Die Verwandlung der Welt*. Eine Geschichte des 19. Jahrhunderts. München, 2009, p. 679).

3.2.2 Tomar nomes, conferir nomes, tomar terras[268]

3.2.2.1 A dimensão linguística do Direito da sociedade global

Neste contexto de inclusão através da exclusão, e especialmente no contexto de uma abordagem da emergência do Direito Internacional a partir de uma lógica inerentemente global, o papel central da conquista de terras também deve ser reconstruído, uma vez que este procedimento representa um dos pilares centrais do *ius publicum europaeum* no sentido schmittiano. Nesse aspecto, um ponto relevante, mas pouco enfatizado, na discussão decorre do processo de domínio (da terra) e de um efeito constitutivo que somente ganha completa seu objetivo se o tomador ou apropriador conseguir dar-lhe um nome.[269] A relação entre *nomos*, nome e domínio também pode ser vista como uma relação etimológica, que, escondida por uma certa técnica de invisibilização, é inerente à relação de poder e ao processo de conferir nome. Quando se fala, fala-se em nome de algo: em nome da Constituição, em nome de Deus, em nome da justiça, em nome do Direito, em nome do povo. Desta maneira, constrói-se a forma moderna de legitimação de qualquer forma de poder, seja ele poder político, poder jurídico, poder econômico, etc.[270] Nesta

---

[268] No original, *"Namen nehmen, Namen geben, Land nehmen"* traz um jogo de palavras e de pequenas distinções que não pode ser reproduzido em sua totalidade no português.

[269] SCHMITT, Carl. "Nomos Nahme Nome". *In:* SCHMITT, Carl. *Staat, Großraum, Nomos*. Arbeiten aus den Jahren 1916-1969. Berlim, 1995, p. 584.

[270] Para tais constelações que levam a uma questão final de validade, Niklas Luhmann descreveu uma ecologia de externalização do paradoxo, que é internalizada em todos os sistemas com base nas necessidades internas. Para a questão da externalização de razões de validade do Direito além do Estado, cf. TEUBNER, Gunther. "Exogene Selbstbindung: Wie gesellschaftliche Teilsysteme ihre Gründungsparadoxien externalisieren". *Zeitschrift für Rechtssoziologie,* vol. 35, 2015.

CAPÍTULO III – A DESINTEGRAÇÃO DA ANTIGA ORDEM

constelação, entretanto, não se trata de reivindicar a dádiva de conferir um nome e assim poder falar-se em nome do outro, mas de ser permitido falar em nome do próprio nome.[271] Em outras palavras – como será mostrado – nesta abordagem, a própria linguagem é percebida como uma importante dimensão do Direito da sociedade global, de modo que o domínio da terra e o nome se tornam um só processo no plano linguístico.

O renomado internacionalista Thomas J. Lawrence aborda precisamente este problema quando ele trata do surgimento do Direito Internacional. Em seu ensaio *"Is there a True International Law?"* ele aborda a questão de se o Direito Internacional moderno, pela carência de elementos básicos de uma ordem centralizada com mecanismos efetivos de coerção, deveria, no entanto, e apesar disso, ser ainda chamado de Direito. Como resultado, ele afirma que o Direito Internacional moderno não deve ser apresentado ou mesmo descrito como *"law as force"* e – uma vez que a descrição positivista do Direito é historicamente contingente – ela não pode, portanto, ser aplicada a todas as ordens de forma indiscriminada temporalmente. O Direito Internacional moderno deveria se preocupar mais com o tema da ordem ou, no vocabulário atual, governança. A forma de concretização desta ordem não deveria ser regulada pela força e violência ou pela formação de mecanismos de aplicação no Direito Internacional, mas por um fluxo regulado de comunicação entre nações europeias:[272] *"The rules which determine the conduct of the general body of civilized states in their mutual dealings"*.[273]

---

[271] SCHESTAG, Thomas. "Namen nehmen. Zur Theorie des Namens bei Carl Schmitt". *MLN*, vol. 122, n° 3, abr. 2007, pp. 544 e ss., pp. 561-562.

[272] RILES, Annelise. "Aspiração e Controle: International Legal Rhetoric and the Essentialization of Culture". *Harvard Law Review*, vol. 106, 1993, pp. 723 e ss.

[273] LAWRENCE, Thomas J. *Principles of International Law*. Boston, 1900, p. 1. Resta claro a partir da enumeração de fontes do Direito internacional em seu livro que mesmo os princípios mais elementares

O desafio do Direito Internacional, deste ponto de vista, não seria domar o mundo diretamente pela força, como todos os outros impérios da história já o fizeram, mas gerar um mecanismo que permita substituir os contextos europeus particulares, estabelecendo uma linguagem comum dos europeus: não uma força física exclusiva, mas uma força linguística. Lawrence exemplifica as "funções de ordenação do direito internacional" (*"ordering functions of international law"*) através de construções conceituais no contexto da *Conférence de la Haya de Droit International Privé* (HCCH 1893). Neste contexto, Lawrence aborda a argumentação de Carl Schmitt e especialmente sua teoria dos nomes. Schmitt também não está preocupado em alocar o paradoxo fundacional do Direito Internacional na autovinculação de um soberano – devido à falta de mecanismos centrais de aplicação do direito – mas sim em externalizá-lo em um lugar-comum pertencente a um espaço circunscrito de uma ordem concreta.[274]

No nível semântico, esta estrutura social de alguns Estados, casas principescas e dinastias como portadores de uma cooperativa doméstica europeia reflete a dimensão do pensamento da ordem concreta de Schmitt ao fazer uma distinção constitutiva entre povos civilizados, semicivilizados e não civilizados dentro dos termos dogmáticos do Direito Internacional da época. A unidade do *ius publicum europaeum* se basearia justamente nesta distinção, que

---

do Direito Internacional seriam bastante indeterminados e incertos, e que sua aplicação deveria depender do cumprimento voluntário das nações "civilizadas" do mundo.

[274] "Assim, o sistema europeu de Estados, como uma ordem espacial de formações de poder territorialmente delimitadas do solo europeu, havia encontrado sua estrutura consolidada. Não os precários vínculos de vontades soberanas "autovinculadas", mas a filiação a um sistema espacial de equilíbrio percebido como comum, e a cobertura da guerra europeia possibilitada por essa via, constituíram o verdadeiro domínio desta ordem jurídica internacional. O fundamento residia numa área autocontida atrelada a uma especifica ordem estatal". (SCHMITT, Carl. *Der Nomos der Erde. Völkerrecht des Jus Publicum Europaeum*. Berlim, 1997, p. 137).

CAPÍTULO III – A DESINTEGRAÇÃO DA ANTIGA ORDEM

por sua vez funda-se em uma diversidade do *status* jurídico da terra como categoria central do direito internacional na época.[275]

Nesse contexto, o conceito eurocêntrico de cultura torna-se central para Carl Schmitt porque confere substância à homogeneidade necessária da ordem concreta do Direito Internacional europeu. A homogeneidade interna era até então baseada em uma distinção socialmente plausível entre "civilizados", "bárbaros" semicivilizados e povos selvagens.[276] No entanto, a juridificação deste conceito particular de cultura tem consequências práticas: por ela, os "não civilizados" – como povos, tribos e piratas – não se encontrariam sob nenhum escopo de proteção derivado do quadro jurídico de conceitos e instituições de Direito Internacional, tais como a admissão de uma missão diplomática permanente ou proteção diplomática, por exemplo. Eles estão assim excluídos da infraestrutura das regras do Direito Internacional e, por consequente, da participação na sociedade global.[277]

Esta dimensão de poder, articulada principalmente no nível da linguagem e tendo efeitos performativos na constituição do Direito e na estruturação das expectativas sociais dentro da sociedade, tem sido particularmente enfatizada pelo movimento crítico

---

[275] "(...) para o Direito Internacional europeu, a diferença de *status* da terra colonial e ultramarina era evidente e toda a estrutura espacial da terra estava baseada nesta distinção" (SCHMITT, Carl. *Der Nomos der Erde. Völkerrecht des Jus Publicum Europaeum*. Berlim, 1997, p. 195).

[276] "A superioridade intelectual estava inteiramente do lado europeu, e tão forte que o Novo Mundo pode simplesmente ser 'apropriada', enquanto no velho mundo não cristão da Ásia e da África islâmica apenas se desenvolvia o regime de capitulações e extraterritorialidade dos europeus". (SCHMITT, Carl. *Der Nomos der Erde. Völkerrecht des Jus Publicum Europaeum*. Berlim, 1997, p. 103).

[277] RILES, Annelise. "Aspiração e Controle: International Legal Rhetoric and the Essentialization of Culture". *Harvard Law Review*, vol. 106, 1993, p. 736.

pós-colonialista, como mostra Annelise Riles: *"The project of international law rests on an essentialization of culture that privileges the role of international law as a mechanism of bridging the void between cultural boundaries"*.²⁷⁸ Na mesma linha, e dentro do movimento pós-colonialista do Direito Internacional, Antony Anghie focaliza seu argumento no papel constitutivo da diferença cultural na emergência, consolidação e perpetuação do Direito Internacional moderno. *"Given that the civilized-non-civilized distinction expelled the non-European world from the realm of law and society (...) cultural difference was translated into legal difference"*.²⁷⁹

Se o surgimento e manutenção do *ius publicum europaeum* se deu, por um lado, devido a uma culturalização do conceito de Direito, seu desaparecimento resultou precisamente da operacionalização de conceitos jurídicos, ficções jurídicas e uma dinâmica de contatos e interconexões para além da ordem concreta da comunidade europeia que gradualmente ganhou relevância na sociedade global.²⁸⁰ Os pensadores pós-coloniais, entretanto, tendem a não perceber a dimensão da formação de processos impessoais que não podem ser

---

[278] "[O] projeto de Direito Internacional repousa sobre uma essencialização da cultura que privilegia o papel do Direito Internacional como um mecanismo de ponte entre as fronteiras culturais". (RILES, Annelise. "Aspiração e Controle: International Legal Rhetoric and the Essentialization of Culture". *Harvard Law Review*, vol. 106, 1993, p. 723).

[279] ANGHIE, Antony. *Imperialism, Sovereignty and the Making of International Law*. Cambridge, 2004, pp. 56 e ss.

[280] Gradativamente, a evidência de um único centro de poder na Europa em torno do *ius publicum europaeum* perdeu credibilidade e plausibilidade social. Uma nova tensão descrita por Osterhammel passou a ganhar espaço. "No final do século XIX, tendências opostas se confrontaram: por um lado, uma crescente certeza de que todas as relações internacionais tinham que ser vistas como elementos de um único sistema global; por outro, uma persistente separação conceitual da 'periferia' global da esfera da atual política interna europeia" (OSTERHAMMEL, Jürgen. *Die Verwandlung der Welt*. Eine Geschichte des 19. Jahrhunderts. München, 2009, p. 680).

CAPÍTULO III – A DESINTEGRAÇÃO DA ANTIGA ORDEM

rastreados até um centro de poder – seja político, seja linguístico –, como será mostrado no próximo capítulo. Para essa tradição de pensamento, a diferença cultural na qual se fundava o Direito Internacional seria a mesma diferença cultural que continua sendo co-reproduzida no atual sistema de direitos da sociedade global.[281] Em certo sentido, ela constitui o elemento de um estado de exceção permanente que exclui a possibilidade de uma dinâmica impessoal da sociedade (mundial). Neste sentido, os pós-colonialistas se aproximam dos pós-estruturalistas, e não é sem razão que Carl Schmitt é considerado tanto um pós-colonialista como um dos primeiros pós-estruturalistas – ou ao menos o autor que plantou as primeiras sementes com seu estudo sobre o estado de exceção.[282]

Por um lado, o Direito Global como uma anomalia no sentido luhmanniano oferece poucos contornos conceituais para as estruturas de desenvolvimento do Direito Global. Por outro lado, a opção de Gunther Teubner de limitar o desempenho do Direito ao papel de um provedor estrutural contra uma espécie de "tirania dos meios (expansivos)" que se tornou funcionalmente – e também destrutivamente – institucionalizada dentro da sociedade global,[283]

---

[281] "O uso do Direito Internacional para promover as políticas imperiais é, tenho argumentado, uma característica persistente da disciplina. A missão civilizadora, a dinâmica da diferença, continua agora neste mundo globalizado e dominado pelo terror, pois o Direito Internacional busca transformar as características internas das sociedades, tarefa que é interminável, pois cada ato de ponte gera resistências, revela outras diferenças que, por sua vez, devem ser abordadas por novas doutrinas e instituições". (ANGHIE, Antony. *Imperialism, Sovereignty and the Making of International Law*. Cambridge, 2004, p. 751).

[282] GRATTON, Peter. The State of Sovereignty. Lessons from the Political Fictions of Modernity. Albany (NY), 2012, pp. 162 e ss.; AGAMBEN, Giorgio. *Die Macht des Denkens*. Frankfurt am Main, 2013, pp. 9 e ss. Para uma crítica a Agamben, cf. LOWRIE, Michèle. "Sovereignty before the Law: Agamben and the Roman Republic". *Law and Humanities*, vol. 1, 2007, pp. 40 e ss.

[283] O papel do direito como orquestrador de esferas sociais de liberdade na sociedade global torna-se claro a partir da tese de que os meios de

que Luhmann, na melhor das hipóteses, reservou para o cenário das condições institucionais prevalecentes no Estado-nação.[284] Destarte, cabe ao presente livro trabalhar justamente no ponto cego de ambas as leituras da sociedade global, que decorre principalmente da forma como a normatividade sociojurídica e cognitiva se entrelaçam, emergem e entram em decadência ou são complementadas por outras formas de geração de conhecimento social e normatividade jurídica através de processos de hibridização. O que a tese da anomalia de Niklas Luhmann coloca em questão – e ao fazê-lo, traz à tona um verdadeiro mal-estar dentro da perfeição da simetria conceitual da teoria dos sistemas, expressa tão bem quanto, em suas palavras, "o atual destaque do sistema jurídico e a dependência da própria

---

comunicação generalizados – dinheiro, poder, tecnologia, etc. não são apenas institucionalizados – funcionalmente na sociedade global, mas inevitavelmente carregam dentro de si uma tendência expansiva e destrutiva. O papel de um constitucionalismo social existiria precisamente através do funcionamento do código jurídico para limitar essas expansões indesejadas, o qual orquestraria e garantiria as zonas e esferas de liberdade na sociedade global. Sobre este ponto, cf. TEUBNER, Gunther. *Verfassungsfragmente*. Frankfurt am Main, 2012, p. 15: "Teria o constitucionalismo social o potencial, além de limitar as tendências expansionistas do sistema político, de conter as tendências expansionistas de numerosos subsistemas sociais, que não são menos problemáticos hoje em dia e que põem em perigo a integridade individual e institucional? Poderiam essas constituições combater eficazmente a dinâmica centrífuga dos subsistemas na sociedade global e assim contribuir para a integração social – bem diferente da compreensão clássica da integração através da constituição?" O papel do Direito como condutor contra o avanço indesejável de dinâmicas expansivas de uma lógica social sobre outra é desempenhado em particular através do papel central dos direitos fundamentais. Cf. TEUBNER, Gunther. *Verfassungsfragmente*. Frankfurt am Main, 2012, p. 215: "Os direitos fundamentais, ao contrário dos direitos subjetivos gerais, não se definem nem a partir da fundamentalidade do bem jurídico em questão, nem a partir de seus privilégios nos textos constitucionais, mas como contrainstituições sociais e jurídicas diante das tendências expansionistas dos sistemas sociais".

[284] Este foi um dos temas centrais abordados no primeiro capítulo deste livro.

CAPÍTULO III – A DESINTEGRAÇÃO DA ANTIGA ORDEM

sociedade e da maioria de seus sistemas funcionais do funcionamento do código jurídico"[285] – é precisamente o questionamento de um modelo de Direito que contrasta exclusivamente com as condições sociais intrínsecas da sociedade global.

No contexto deste capítulo, o objetivo não é apenas rastrear características não observáveis das condições e possibilidades do direito na sociedade global associadas às duas versões da teoria dos sistemas discutidas no primeiro capítulo deste livro. Também emerge dentro do debate sobre o Direito da sociedade global uma leitura alternativa da sociedade global que, através da lente do movimento pós-colonialista, não localiza a produção e reprodução do Direito da sociedade global na colisão de diferentes racionalidades que teriam se emancipado das fronteiras territoriais dos Estados-nação. Pelo contrário, ela se funda em um momento de impureza original do Direito – e da própria sociedade – que se perpetua posteriormente nesta sociedade global através de uma substancialização do conceito de cultura no tecido social de todas as operações jurídicas.

Tanto este capítulo quanto este livro como um todo também se distanciam deste culturalismo substancializado que é inerente ao debate pós-colonialista sobre a sociedade global. A sociedade global não deriva sua estrutura de uma implementação e consequente perpetuação de um começo da cultura. Ao contrário, é um produto da consolidação gradual de uma racionalidade lateral que se caracteriza pela descentralização e é marcada por um grau de imprevisibilidade porque é realizada principalmente através do surgimento de novos contatos possibilitados por novas técnicas e tecnologias. Neste sentido, a sociedade global apresenta-se como uma cultura do contato que foi sobretudo o resultado de uma nova "cultura de bens de consumo" (Frank Trentmann) e de novas tecnologias de comunicação e transporte que tornaram insustentável a centralidade do *ius publicum*

---

[285] LUHMANN, Niklas. *Das Recht der Gesellschaft*. Frankfurt am Main, 1993, p. 584.

europaeum. Não um mundo de poder, não um mundo de razão, não um mundo dos sistemas, mas um mundo das coisas – a nova dinâmica social das grandes cidades e suas conexões moldaram as novas rupturas dos conceitos jurídico-políticos.[286]

A dimensão linguística do Direito da sociedade global no sentido dado por esta concretização do conceito de cultura, tanto no primeiro pós-colonialista como em seus sucessores, contrasta com uma sociedade global que não pode ser reduzida a um conceito de poder e sua posterior reprodução cultural dentro das operações jurídicas e sociais. Para os propósitos deste capítulo – particularmente a próxima seção sobre dominância nas relações – nos absteremos de postular um início da cultura nos termos dos estudos pós-coloniais e nos concentraremos mais em considerações sobre a natureza multicêntrica da transformação social na sociedade global, conforme descrito pelo historiador asiático-britânico C. A. Bayly.[287]

---

[286] "Esta fixação nos seres humanos como sujeitos independentes é, dizem-nos, a fonte de nossa própria confusão atual": TRENTMANN, Frank. *The Empire of Things:* How We Became a World of Consumers, from the Fifteenth Century to the Twenty-first. London, 2016, pp. 95 e ss.; cf. também, LATOUR, Bruno. "'From Realpolitik to Dingpolitik' or How to Make Things public". *In:* LATOUR, Bruno; WEIBEL, Peter (Coord.). *Making Things Public*: Atmospheres of Democracy. Cambridge/Karlsruhe, 2005, pp. 14 e ss.; TRENTMANN, Frank. Materiality in the Future of History: Things, Practices, and Politics. *Journal of British Studies*, vol. 48, nº 2, 2009, pp. 283 e ss. Este é também um ponto cego da tradição crítica de Frankfurt: ela não parece conter nenhum potencial teórico de observação além da distinção entre razão instrumental e razão comunicativa.

[287] BAYLY, Christopher A. *The Birth of the Modern World, 1780-1914.* Global Connections and Comparisons. Oxford, 2004.

CAPÍTULO III – A DESINTEGRAÇÃO DA ANTIGA ORDEM

3.2.3 A fragmentação do *ius publicum europaeum*: sociedade global para além da Vestfália

Martti Koskenniemi e Anne Orford apontaram recentemente uma inerente improdutividade ou até mesmo um bloqueio epistemológico criado por uma fixação do olhar do Direito Internacional, tanto como disciplina jurídica quanto como disciplina histórica, em "Vestfália" como mito fundador do Direito Internacional. De forma pungente, ambos postulam: "Nem sempre devemos olhar para Vestfália...".[288] Neste sentido, eles procuram desviar o olhar do Direito Internacional de sua autorreferência para um olhar global que emerge da corrente recente da historiografia global.[289] Neste contexto, muito antes Carl Schmitt também desvinculou a emergência do Direito Internacional de sua descrição autorreferencial, afirmando categoricamente que o mito fundador do Direito Internacional data de 1492, e não de 1648.[290] Em outras palavras, a "era das descobertas" marcou o início

---

[288] KOSKENNIEMI, Martti; ORFORD, Anne. "We do not need to always look to Westphalia...": A Conversation with Martti Koskenniemi and Anne Orford. *Journal of the History of International Law*, vol. 7, 2015, p. 15.

[289] Poder-se-ia também assumir neste contexto que o "pensamento em rede" promovido pela tecnologia informática deu importantes impulsos à ciência da história, o que levou aqui à fundação da abordagem da história global. Sobre este assunto, cf. MCNEILL, John R.; MCNEILL, William H. *The Human Web*. A Birds-Eye View of World History. New Yor, 2003. Sobre a história global, ver também DUVE, Thomas. "Von der Europäischen Rechtsgeschichte zu einer Rechtsgeschichte Europas in globalhistorischer Perspektive". *Rechtsgeschichte – Legal History (Rg)*, vol. 20, 2012, pp. 18 e ss. OSTERHAMMEL, Jürgen. "Höherer Wahnsinn Universalhistorische Denkstile im 20 Jahrhundert". *In*: OSTERHAMMEL, Jürgen. *Geschichtswissenschaft jenseits des Nationalstaats*. Studien zu Beziehungsgeschichte und Zivilisationsvergleich, Göttingen, 2001, pp. 170 e ss.; PRAZNIAK, Roxann. "Is World History Possible? An Inquiry". *In*: BAHL, Vinay et al. (Coord.). *History After the three worlds*. Post-Eurocentric historiographies. Boulder, 2000, pp. 221 e ss.

[290] DUCHHARDT, Heinz. "Westphalian System. Zur Problematik einer Denkfigur". *Historische Zeitschrift*, vol. 269, 1999, pp. 305 e ss.

do mundo moderno e a ascensão global do Direito Internacional, definindo-o como um Direito entre Estados, ou seja, entre governantes europeus.[291] Este núcleo europeu determinou o *nomos* da terra.[292] A este respeito, tanto na tradição pós-colonialista como na de Carl Schmitt, o Direito Internacional moderno se apresenta como um efeito ou produto da expansão imperial, do colonialismo,[293] que foi então operacionalizado através de distinções culturais, moldando assim todo o sistema desde o princípio.

---

[291] "Com estes arranjos semelhantes feitos em Paris e Aachen, foi estabelecida a base legal para a competência decisória nas grandes questões 'europeias' posteriormente reivindicadas pelo 'Concerto Europeu', embora sob composição parcialmente alterada, e exercida em congressos e conferências, sob a direção direta dos governantes soberanos dos Estados participantes, através de seus ministros ou até mesmo apenas em nível de embaixador, até o início da Primeira Guerra Mundial em 1914". (HILLGRUBER, Christian. *Die Aufnahme neuer Staaten in die Völkerrechtsgemeinschaft*. Das völkerrechtliche Institut der Anerkennung von Neustaaten in der Praxis des 19. und 20. Jahrhunderts. Frankfurt am Main, 1998, p. 17).

[292] SCHMITT, Carl. "Staatliche Souveränität und freies Meer. Über den Gegensatz von Land und See im Völkerrecht der Neuzeit". *In:* _____. *Staat, Großraum, Nomos*. Arbeiten aus den Jahren 1916-1969. Berlim, 1995, pp. 401 e ss.; SCHMITT, Carl. Der Nomos der Erde. *Völkerrecht des Jus Publicum Europaeum*. Berlim, 1997, pp. 96 e ss.

[293] "Meu amplo argumento é que o colonialismo foi central para a constituição do Direito Internacional (…)" (ANGHIE, Antony. *Imperialism, Sovereignty and the Making of International Law*. Cambridge, 2004, pp. 3/4); LEVINSON, Brett. "The Coming Nomos; or, the Decline of Other Orders in Schmitt". *The South Atlantic Quarterly*, vol. 104, nº 2, 2005, pp. 205 e ss.; ARAVAMUDAN, Srinivas. "Carl Schmitt's The Nomos of the Earth: Four Corollaries". *The South Atlantic Quarterly*, vol. 104, nº 2, 2005, p. 231 f.; MITCHELL, Dean M. "Political Mythology of World Order. Carl Schmitt's Nomos. Carl Schmitt's Nomos". *Theory, Culture & Society*, vol. 23, 2006, p. 8; LEGG, Stephen. "Interwar Spatial Chaos? Imperialism, internationalism and the League of Nations". *In:* LEGG, Stephen (Coord.). *Spatiality, Sovereignty, and Carl Schmitt*. Geographies of the Nomos. London/New York, 2011, pp. 106 e ss., p. 109.

CAPÍTULO III – A DESINTEGRAÇÃO DA ANTIGA ORDEM

A existência do *ius publicum europaeum* dependia de um solo colonial livre fora da Europa. O moderno sistema interestatal de Direito Internacional surgiu deste modo com a inclusão das fronteiras geográficas externas da Europa durante a expansão colonial na América.[294] Em outras palavras, Schmitt rejeita o mito da Vestfália, segundo o qual o sistema estatal e o Direito Internacional moderno teriam surgido de um acordo quase racional entre os países europeus para evitar a guerra e a violência mútua.[295] Em vez disso, argumenta Carl Schmitt, a ideia de violência e guerra permanece central para a formação do Direito de uma sociedade global eurocêntrica, não que o problema da guerra deva ser completamente abolido, mas que esta preocupação é constitutiva para Direito Internacional na medida em que uma circunscrição da guerra (*Hegung des Krieges*) é possibilitada pela ordem espacial interestatal europeia.[296] Aqui fica claro que para Schmitt a apropriação de um novo mundo, sua colonização, é o evento global na história do Direito Internacional europeu que, com espaços livres aparentemente infinitos, tornou possível e viável

---

[294] FISCH, Jörg. *Die europäische Expansion und das Völkerrecht*. Die Auseinandersetzungen um den *Status* der überseeischen Gebiete vom 15. Jahrhundert bis zur Gegenwart. Wiesbaden/Stuttgart, 1984.

[295] Roberto Ago, por outro lado, defende a existência paralela de três comunidades internacionais distintas e separadas: a católica ocidental, a ortodoxa bizantina e a árabe-islâmica. Ver AGO, Roberto. "Die pluralistischen Anfänge der internationalen Gemeinschaft". *In:* FISCHER, P. *et al.* (Coord.). *International Law and Philosophy of Law*. International Festschrift für Stephan Verosta zum 70. Geburtstag. Berlim, 1980, pp. 54 e ss.

[296] "Não foram os vínculos precários das vontades soberanas 'autovinculadas', mas a adesão a um sistema espacial de equilíbrio percebido como comum, e a cobertura da guerra europeia tornada possível por isso, que constituíram o verdadeiro domínio desta ordem jurídica internacional. (...) É parte essencial da base espacial da cobertura da guerra que a guerra permaneça no âmbito da ordem terrestre européia e de seu sistema de equilíbrio" (SCHMITT, Carl. Der Nomos der Erde. Völkerrecht des Jus Publicum Europaeum. Berlim, 1997, pp. 137-139).

a construção de um direito interno com efeitos constitutivos para a consolidação de uma ordem interestatal europeia.[297]

O *ius publicum europaeum* não é apenas uma constatação ou construção histórica, mas também uma (re)construção teórica de uma dimensão específica e cultural das relações globais.[298] Neste contexto, Carl Schmitt se vale da relação entre dois conceitos centrais, a saber, *"nomos"* e "ordem concreta" (*konkrete Ordnung*), para esclarecer conceitualmente os eventos históricos do surgimento do Direito Internacional moderno. A "ordem concreta", neste contexto, conota não apenas uma das posições de Schmitt na discussão constitucional do período Weimar.[299] A ordem concreta pertence ao pensamento

---

[297] SCHMITT, Carl. Der Nomos der Erde. Völkerrecht des Jus Publicum Europaeum. Berlim, 1997, pp. 112 e ss., p. 155.

[298] Para o lado histórico, ver BERNER, Albert. Art. "Völkerrecht". *In:* BLUNTSCHLI, J.; BRATER, C. (Coord.). *Deutsches Staats-Wörterbuch*, vol. 11. Stuttgart Leipzig, 1870, pp. 76 e ss. (79): "Já há algum tempo, as cinco grandes potências têm de fato formado uma espécie de tribunal de nações e supervisionam a observação dos grandes tratados dos Estados e os costumes do Direito Internacional". Veja também VEC, Miloš. "Legalization of International Dispute Settlement in the 19th and 20th Centuries? Observations and Questions on the Structures of International Law Conflict Resolution". *In:* DAUCHY, Serge; VEC, Miloš (Coord.). *Les conflits entre peuples. De la résolution libre à la résolution imposée*. Baden-Baden, 2011, pp. 3 e ss.

[299] A disputa sobre métodos durante o período de Weimar teve um profundo impacto sobre a doutrina constitucional no período pós-guerra. Gerhard Anschütz e Richard Thoma, que defendiam o positivismo constitucional, eram os antípodas de Schmitt, assim como Rudolf Smend, que, por sua vez, rejeitou o positivismo formalista dominante. O pensamento orientado pela ordem concreta foi a posição conceitual de Carl Schmitt no debate. Cf.: STOLLEIS, Michael. Geschichte des Öffentlichen Rechts in Deutschland. vol. 3. München, 1999, p. 153 e seg.; FRIEDRICH, Manfred. "Der Methoden- und Richtungsstreit. Zur Grundlagendiskussion der Weimarer Staatsrechtslehre". *AöR*, vol. 102, 1977, pp. 161 e ss.; MÖLLERS, Christoph. "Der Methodenstreit als politischer Generationenkonflikt: Ein Angebot zur Deutung der Weimarer Staatsrechtslehre". *Der Staat*, vol. 43, 2004, pp. 399 e ss.; SMEND, Rudolf. "Die Vereinigung der Staatsrechtslehrer und der

CAPÍTULO III – A DESINTEGRAÇÃO DA ANTIGA ORDEM

jurídico institucional e é caracterizada por uma peculiar posição intermediária entre o normativismo abstrato e um decisionismo arbitrário.[300] Ela se concentra em um momento suprapessoal ou transubjetivo do Direito e da sociedade e denota que a força normativa do Direito depende desta dimensão suprapessoal do social – ou seja, um momento que não pode ser reduzido às relações jurídicas entre indivíduos isolados.[301]

"*Nomos*" é a "palavra original" do direito, e a tradução de Cícero como "*lex*" estaria, segundo Schmitt, "entre os encargos mais pesados de nossa cultura conceitual e linguística ocidental".[302] Na tentativa de purgar *nomos* do significado de *lex,* Schmitt se distancia

---

Richtungsstreit". *In:* EHMKE, Horst *et al.* (Coord.). *Festschrift für U. Scheuner.* Berlim, 1973, pp. 575 e ss.

[300] BÖCKENFÖRDE, Ernst-Wolfgang. Art. "Ordnungsdenken, konkretes". *In:* RITTER, Joachim; GRÜNDER, Karlfried. *Historisches Wörterbuch der Philosophie*, vol. 6. Basel/Stuttgart. 1984, pp. 1312-1315; KAISER, Joseph H. "Konkretes Ordnungsdenken". *In:* QUARITSCH, Helmut (Coord.). *Complexio Oppositorum.* Über Carl Schmitt. Berlim, 1988, pp. 319 e ss.

[301] "A norma ou regra não cria a ordem; ao contrário, ela somente ganha uma certa função reguladora com relativa autonomia na medida em que encontra-se ou faz referência a um território ou a uma ordem concreta, independentemente da situação do caso". SCHMITT, Carl. *Über die drei Arten des rechtswissenschaftlichen Denkens.* Berlim, 2006, p. 13: "A pior cruz de seu vocabulário, no entanto, é a palavra Direito" (SCHMITT, Carl. Der Nomos der Erde. Völkerrecht des Jus Publicum Europaeum. Berlim, 1997, p. 41).

[302] SCHMITT, Carl. "Nomos Nahme Nome". *In:* SCHMITT, Carl. *Staat, Großraum, Nomos.* Arbeiten aus den Jahren 1916-1969. Berlim, 1995, pp. 578 e ss. Ele se refere aqui a uma declaração de Álvaro d'Or. "Mas 'nomos' pode ser descrito como 'law', e não significa lei, regra ou norma, mas Direito, que é tanto norma, como também decisão, como acima de tudo ordem; e termos como rei, governante, supervisor ou *governor,* bem como juiz e tribunal, nos transportam imediatamente para ordens institucionais concretas que não são mais meras regras". (SCHMITT, Carl. *Über die drei Arten des rechtswissenschaftlichen Denkens.* Berlim, 2006, p. 13).

da estruturação de relações impessoais por conceitos abstratos da tradição jurídica romana e aproxima o Direito de uma divisão originária associada no Direito Internacional à apropriação de territórios, onde a origem espacial é enfatizada.[303] O Direito não serviria para fomentar relações impessoais, mas, em um "sentido espacial originário", para vinculá-las a um determinado lugar concreto e à tradição.[304] Neste sentido, o *Nahme* (como uma palavra derivada de *nomos*) torna-se o *nomos* para o entendimento Schmittiano do Direito como a figura central de um ato originário e, portanto, a base de todas as outras ordens concretas e todos os outros direitos.

Esta conexão conceitual de *nomos* e ordem concreta como forma de constituição conceitual do *ius publicum europaeum* visa chamar especial atenção para a dimensão da ordem simbólica da civilização e sua relação constitutiva para formação do Direito, que se apresenta, ao mesmo tempo, como uma teoria da fundação e preservação. Ela não pode ser compreendida como um programa normativo, mas sim como um particular processo social. Assim, ela denota uma regularidade ou normatividade que precede o próprio Direito. O *nomos* da sociedade global de Carl Schmitt foi expresso na formação real de uma ordem concreta que ganhou sua homogeneidade a partir do conceito de civilização.[305] Esta ordem concreta

---

[303] Nomos pode ser interpretado como uma acentuação ou revitalização da distinção, já feita por Carl Schmitt em sua obra *Verfassungslehre* (1928), entre texto constitucional (*Verfassungsgesetz*) e Constituição, no qual uma instância anterior ao Direito se torna determinante para as formas jurídicas. Cf. SCHMITT, Carl. *Verfassungslehre*. Berlim, 1983, pp. 21 e ss.

[304] "*Nomos* em seu sentido original, entretanto, é precisamente a imediatez total de uma força jurídica não mediada pelo Direito; é um evento histórico constituinte, um ato de *legitimidade* torna a juridicidade do próprio direito significativo em primeira instância"(SCHMITT, Carl. Der Nomos der Erde. Völkerrect des Jus Publicum Europaeum. Berlim, 1997, p. 42).

[305] A homogeneidade também desempenha um papel central na construção do conceito de democracia de Carl Schmitt, na linha da construção do

CAPÍTULO III – A DESINTEGRAÇÃO DA ANTIGA ORDEM

formou-se a partir de uma verdadeira cooperativa doméstica de povos, principados, Estados e nações europeias que estruturou o sistema de equilíbrio europeu, pelo qual ela não pode ser reduzida a uma simples ordem interestatal e só posteriormente adquirir seu significado e lógica dentro da estrutura desta ordem concreta. Este momento transubjetivo da tradição, até certo ponto e período, manteve unido o substrato social mundial da ordem global.[306]

Koskenniemi segue uma tendência atual de extrair uma dimensão positiva para os escritos pós-coloniais dos estudos de Direito Internacional de Carl Schmitt e transformá-los em material produtivo para além da "literatura polêmica de descrédito"[307] que se seguiu a Schmitt de forma justificada pela sua vinculação politica a partir de 1933. Para o presente trabalho, entretanto, é crucial esclarecer, além da posição acima elucidada, quando e sob quais condições o sistema de *ius publicum europaeum* entra em colapso.[308] Em contraste com Koskenniemi, que situa o colapso no

---

Direito Internacional através do conceito de *nomos*. Cf. SCHMITT, Carl. *Die geistesgeschichtliche Lage des heutigen Parlamentarismus*. Berlim, 1926, pp. 13 e ss.: "Toda democracia real se baseia no fato de que não só o que é igual é tratado igualmente, mas, com inevitável consequência, o que não é igual não é tratado igualmente. Portanto, a democracia envolve necessariamente, em primeiro lugar, a homogeneidade e, em segundo lugar – se necessário – a eliminação ou a aniquilação do heterogêneo".

[306] "A ordem interestatal não atingiu este grau de organização nem mesmo na mais longa paz europeia, enquanto o Direito Internacional interestatal nunca esteve nem perto de uma ordem concreta". SCHMITT, Carl. Die Auflösung der europäischen Ordnung im "International Law". *In:* SCHMITT, Carl. *Staat, Großraum, Nomos*. Arbeiten aus den Jahren 1916-1969. Berlim, 1995, pp. 372 e ss., p. 382.

[307] RÜTHERS, Bernd. *Carl Schmitt im Dritten Reich*. Wissenschaft als Zeitgeist-Verstärkung? München, 1989; GROSS, Raphael. *Carl Schmitt und die Juden*: Eine deutsche Rechts. Frankfurt am Main, 2005.

[308] SCHMOECKEL, Matthias. *Die Großraumtheorie*: ein Beitrag zur Geschichte der Völkerrechtswissenschaft im Dritten Reich, insbesondere der Kriegszeit. Berlim, 1994.

período entreguerras,[309] o presente trabalho vincula o declínio do *ius publicum europaeum* à emergência de dinâmicas sociais cada vez mais impessoais e descentralizadas, decorrentes de vários fatores como o aumento do contato entre regiões do mundo, a imigração, o consumo, o livre desenvolvimento da personalidade nas grandes cidades, o crescimento das cidades não-europeias e, sobretudo, uma dimensão cultural da transformação do nível subjetivo. O *ius publicum europaeum* não podia mais lidar internamente com essas novas e crescentes dinâmicas sociais impessoais.

De fato, há uma série de eventos que determinaram a ordem mundial no período entreguerras ou que fizeram com que a antiga ordem do *ius publicum europaeum* perecesse de forma decisiva. O tratado de paz de Versalhes, a Liga das Nações[310] e o tratamento especial da Renânia como uma anormalidade histórica, política e jurídica[311] são, sem dúvida, eventos que apontam para uma mudança na ordem da estrutura de poder na sociedade mundial. A submissão da Liga das Nações de Genebra à Doutrina Monroe, que implicou na renúncia de qualquer possibilidade de intervenção perante os

---

[309] KOSKENNIEMI, Martti. "Carl Schmitt and International Law". *In:* MEIERHENRICH, J.; SIMONS, O. (Coord.). *The Oxford Handbook of Carl Schmitt.* Oxford, 2015, pp. 3/4.

[310] SCHMITT, Carl. "Der Völkerbund und Europa". *In:* SCHMITT, Carl. *Positionen und Begriffe.* Im Kampf mit Weimar – Genf – Versailles 1923-1939. Berlin, 1988, pp. 88 e ss.

[311] Anormalidade porque a Renânia e a desmilitarização regulamentada não seriam normalizadas pela sujeição de grande parte do território alemão a uma regulamentação internacional especial ou organização especial (Liga das Nações). Os "tratados de intervenção" da Liga das Nações não utilizam mais a antiga semântica da anexação territorial, mas os da intervenção. Neste sentido, Schmitt: "O Estado interveniente decide então sobre as questões essenciais existentes do Estado 'controlador', em particular sobre a determinação concreta do que significa 'ordem e segurança pública". (SCHMITT, Carl. "Völkerrechtliche Probleme im Rheingebiet". *In:* SCHMITT, Carl. *Positionen und Begriffe.* Im Kampf mit Weimar – Genf – Versailles 1923-1939. Berlim, 1988, pp. 111 e ss., p. 120).

CAPÍTULO III – A DESINTEGRAÇÃO DA ANTIGA ORDEM

Estados americanos,[312] as possibilidades de intervenção da Liga das Nações de Genebra e do Pacto de Kellogg[313] foram os últimos acontecimentos a dissolverem finalmente a antiga ordem europeia.

Além desses importantes eventos, porém, o declínio do *ius publicum europaeum* ou, como Schmitt o chamou, "a dissolução da ordem europeia no 'Direito Internacional'", que finalmente terminou em 1939 com o início da Segunda Guerra Mundial, já ocorria por volta de 1890. A ordem concreta do *ius publicum europaeum*, na qual se alicerçou a ordem europeia de alguns poucos países, famílias e dinastias soberanas e permitiu a coordenação para "deliberação comum" (C. Schmitt)[314] e o sistema europeu de equilíbrio, começou a desmoronar, especialmente com a política de reconhecimento de Estados não-europeus. Um longo processo que começou com a Doutrina Monroe de 1823 gerou uma profunda fenda e que se disseminava gradualmente na ordem concreta do *"droit public de l'Europe"*[315] e

---

[312] "Os Estados Unidos não estão presentes em Genebra; mas onde a Doutrina Monroe é reconhecida e outros Estados americanos estão presentes, eles não podem de fato estar ausentes" (SCHMITT, Carl. "Der Völkerbund und Europa". *In:* SCHMITT, Carl. *Positionen und Begriffe.* Im Kampf mit Weimar – Genf – Versailles 1923-1939. Berlim, 1988, p. 104).

[313] BILFINGER,Carl. *Das wahre Gesicht des Kellogg-Paktes.* Angelsächsischer Imperialismus im Gewande des Rechts. Berlim, 1942, pp. 62 e ss.; SCHMITT, Carl. Das politische Problem der Friedenssicherung. Viena, 1993, pp. 43 e ss.

[314] Matthias Schulz fala neste contexto de "práticas culturais de gestão da paz". Cf. SCHULZ, Matthias. *Normen und Praxis: Das Europäische Konzert der Großmächte als Sicherheitsrat, 1815-1860.* München 2009, p. 2; SCHROEDER, Paul W. The Transformation of European Politics, 1763-1848. Oxford, 1994; BAUMGART, Winfried. *Europäisches Konzert und nationale Bewegung:* Internationale Beziehungen 1830-1878. Paderborn, 1999.

[315] "A proibição da futura colonização europeia na América postulada pelos Estados Unidos praticamente decidiu o destino das antigas colônias espanholas na América Central e do Sul, que elas próprias já haviam reconhecido como independentes, não deixando às potências europeias outra escolha senão reconhecer o novo *status quo* mais cedo ou mais

até mesmo na África alguns países começaram a adquirir *status* de Estado, embora em menor número do que na América Latina.³¹⁶ A ordem concreta não era complexa o bastante para o novo mundo centrado em relações que aos poucos emergia.

Esta prática de reconhecimento – ou de acordo com Carl Schmitt, o "alargamento do Direito Internacional europeu" devido à complexidade crescente dos contatos entre países e a consequente falta de controle do acesso à sociedade global pela ordem concreta europeia – contribuiu decisivamente para uma ruptura irreversível com a estrutura da sociedade global da época.³¹⁷ Gradualmente, uma constelação de mais de 50 países heterogêneos (como a Pérsia, China, Coreia, Brasil, Tailândia, Turquia, etc.) e suas relações contratuais se desenvolveram à margem do conceito eurocêntrico de civilização, de modo que a homogeneidade e a falta de complexidade do *ius publicum europaeum* levaram à sua implosão.³¹⁸ A lógica da ascensão

---

tarde também sob o Direito Internacional" (HILLGRUBER, Christian. *Die Aufnahme neuer Staaten in die Völkerrechtsgemeinschaft*. Das völkerrechtliche Institut der Anerkennung von Neustaaten in der Praxis des 19. und 20. Jahrhunderts. Frankfurt am Main, 1998, pp. 406/407).

316 "A Etiópia e a Libéria estavam de acordo com a doutrina positivista dos Estados civilizados que pertenciam à Família das Nações desde a segunda metade do século XIX": *Charles H. Alexandrowicz*, The European-African Confrontation, Leiden 1973, S. 71; siehe auch *James Crawford*, The Creation of States in International Law, Oxford 1979, S. 5 e seguintes. Sobre o papel cada vez mais central das Nações Unidas no período do pós-guerra no reconhecimento dos Estados na comunidade internacional, cf. *John Dugard*, Recognition and the United Nations, Cambridge 1987.

317 SCHMITT, Carl. Der Nomos der Erde. Völkerrecht des Jus Publicum Europaeum. Berlim, 1997, p. 172: "Na medida em que, no entanto, o solo colonial ultramarino foi indiscriminadamente equiparado ao território estatal no sentido de solo europeu, a estrutura do Direito Internacional também se transformou e o Direito até então especificamente europeu das nações chegou ao seu fim".

318 SCHMITT, Carl. Die Auflösung der europäischen Ordnung im "International Law". *In:* SCHMITT, Carl. *Staat, Großraum, Nomos*. Arbeiten aus den Jahren 1916-1969. Berlim, 1995, p. 377: "O que

CAPÍTULO III – A DESINTEGRAÇÃO DA ANTIGA ORDEM

das organizações – que será o tema do próximo capítulo – como resultado da crescente complexidade e da necessidade de dar respostas aos problemas práticos decorrentes do aumento dos contatos entre países e povos também acelerou o processo de reconhecimento de novos países dentro da comunidade de Direito Internacional, como foi o caso do Japão (1886) e da Tailândia (1885) quando entraram para a União Postal Universal.[319] Gradualmente, emerge um domínio das relações, um novo tipo de sociabilidade que se afasta do mundo determinado estruturalmente pelo domínio do político.

3.3 A nova produtividade do indivíduo e a desintegração da antiga ordem

A desintegração do *ius publicum europaeum* é apenas a ponta do iceberg de uma profunda autotransformação social que o mundo sofreu no século XIX. Com seus conceitos da ordem concreta e *nomos*, Carl Schmitt havia descrito um processo de formação do Direito que foi confrontado pela nova sociedade global emergente. Essa nova sociedade estava passando por um processo criativo impessoal e descentralizado de dispersão em várias esferas sociais, o que apontava para uma atitude diferente da sociedade em relação à geração do novo. A desintegração do antigo *nomos* da terra foi

---

tomou seu lugar não foi um 'sistema' de Estados, mas uma justaposição de normas sem sistemática; além disso, uma justaposição desordenada, espacialmente e etnicamente incoerente de 50 Estados heterogêneos, mas supostamente igualmente intitulados de soberanos, para os quais, no final, nem mesmo o conceito de 'civilização' poderia ser considerado como a substância de uma certa homogeneidade. A distinção anterior, fundamental para o Direito Internacional colonial europeu, entre povos civilizados, semi-civilizados (bárbaros) e selvagens (sauvages) tornou-se tão 'juridicamente irrelevante' quanto o fato de inter-relações espaciais continentais".

[319] SCHMITT, Carl. Die Auflösung der europäischen Ordnung im "International Law". *In*: SCHMITT, Carl. *Staat, Großraum, Nomos*. Arbeiten aus den Jahren 1916-1969. Berlim, 1995, p. 373.

acima de tudo um processo jurídico e, ao mesmo tempo, social que, através da criação e experimentação do novo a nível nacional, produziu uma nova ordem internacional; esta, através de um alto grau de difusão e contato graças aos modernos meios de comunicação e transporte, se moldou não apenas por contornos típicos do sistema econômico e sua forma se subjetivação. Neste contexto, uma peculiar ordem concreta, a da tradição, se tornou anacrônica diante da nova dinâmica social, mais impessoal, que gradualmente deixou de levar consigo qualquer salvaguarda semântica por meio de uma teoria do nome.[320]

O que metodologicamente se persegue aqui como coevolução de processos sociais nacionais e globais também é articulado dentro das instituições jurídicas em nível nacional e internacional. Outras dimensões do social também desempenham um decisivo papel neste tipo de coevolução. Particularmente em contextos de mudança cultural – que aqui se entendem com referência ao "Direito dos Estados" – torna-se claro como a normatividade jurídica anda de mãos dadas com as transformações sociais, seja em termos de formação da subjetividade moderna, seja na forma da representação, seja em vista da transformação das técnicas existentes ou da invenção de novas técnicas, seja em vista do papel agora central das grandes cidades. Jürgen Osterhammel enfatiza justamente o papel central das cidades, que como geradoras de conexões e relacionamentos entre indivíduos também atuam globalmente como "portas de entrada para o mundo".[321]

---

[320] SCHESTAG, Thomas. "Namen nehmen. Zur Theorie des Namens bei Carl Schmitt". *MLN*, vol. 122, nº 3, abr. 2007.

[321] "As cidades são centros de relacionamentos e interconexões. Eles organizam o campo ao seu redor. O mercado, um aparato estatal abrangente, ou a estrutura diplomática e as associações caninas entre múltiplas cidades. Nenhuma cidade é uma ilha. As influências entram nas sociedades vindo de fora através de outras cidades; elas são portas de entrada para o "mundo". (OSTERHAMMEL, Jürgen. *Die Verwandlung der Welt*. Eine Geschichte des 19. Jahrhunderts. München, 2009, p. 357).

CAPÍTULO III – A DESINTEGRAÇÃO DA ANTIGA ORDEM

A discussão do "romantismo político" [Politische Romantik, 1919] e seu conceito de ocasionalismo[322] oferece uma ocasião especial para ler criticamente Schmitt e orientar-se para a metodologia psicanalítica da negação freudiana para este fim.[323] Em outras palavras, não se trata de desmascarar as lições de Carl Schmitt, mas de traçar seus mais profundos anseios e medos. O Romantismo político nos dá a oportunidade de observar uma nova forma particular de legitimar, coordenar e gerar ação humana para além das instâncias últimas de controle social – seja Deus, tradição, natureza, razão ou constituição.[324]

Nesse contexto, para o historiador Tim Blanning, a Revolução Romântica teria tido o mesmo efeito profundo na estrutura social que a queda da Bastilha em 1789 e a industrialização que se iniciou na

---

[322] LÖWITH, Karl. "Der okkasionelle Dezisionismus von C. Schmitt (1935)". *In:* LÖWITH, Karl. *Sämtliche Schriften.* vol. 8. Heidegger - Denker in dürftiger Zeit. Stuttgart, 1984, pp. 60 e ss. Karl Löwith tem se destacado na literatura secundária sobre Ocasionalismo. Seus longos e profundos comentários sobre Gogarten, Heidegger e Kierkegaard e sua conexão com o conceito do político são muito instrutivos. Mas sua tese inicial – a saber, que Schmitt se explicaria através de seu romantismo político visto que seu próprio decisionismo seria ocasional – não capta o argumento da teoria de Schmitt. Neste livro, busco me distanciar tanto das leituras que procuram principalmente expor a conexão de Schmitt com o Nacional-socialismo quanto da leitura tradicional que reduz os escritos de Carl Schmitt ao puro decisionismo. Ao contrário, afastando-me destas duas linhas, tento reconstruir a dimensão da teoria cultural em Carl Schmitt refletindo sobre os seus medos e anseios diante de uma sociedade moderna e liberal e começa a aflorar.

[323] AUGSBERG, Ino. "Carl Schmitt's Fear: Nomos – Norm – Network". *Leiden Journal of International Law*, vol. 23, 2010, pp. 741 e ss.

[324] Para um relato histórico da proteção da legitimidade jurídica, cf. STOLLEIS, Michael. "Die Legitimation von Recht und Gesetz durch Gott, Tradition, Wille, Natur, Vernunft und Verfassung". *In:* AVENARIUS, Martin *et al.* (Coord.). *Ars Iuris*: Festschrift für Okko Behrends zum 70. Geburtstag. Göttingen, 2009, pp. 533 e ss.

Inglaterra.[325] Entretanto, o movimento romântico era descentralizado e dependente de numerosos fatores sociais. Segundo Blanning, para alcançar sua capilaridade social, eram necessários condicionantes históricos, talvez o mais importante e decisivo a transição da corte para a cidade.[326] A crescente população das metrópoles, o aumento da publicação de livros, a alfabetização[327] e as próprias técnicas de comunicação criaram novas estruturas culturais nas quais uma "lógica experimental de testes" transcendeu as fronteiras tradicionais. A criação de novos lugares-comuns como cafés nas cidades é um exemplo do surgimento do "oxigênio da esfera pública" (J. Brewer), entendido como autênticos nós operacionais de uma vasta rede de diferentes instituições e práticas sociais. Estes eram novos lugares onde a prática do cultivo da troca de opiniões poderia ocorrer para além da estética da centralidade da corte.[328]

---

[325] O pensamento e o sentimento dos românticos diferem das crenças do racionalismo do Iluminismo. Para eles, o criador estava no centro da atividade estética e social. Eles compartilharam não um estilo particular, mas uma visão de mundo – para se manterem fiéis a si mesmos – e, portanto, não se alinharam com uma instância representativa fixa do social, mas estavam antes preocupados com uma abertura experimental. Ver BLANNING, Tim. *The Romantic Revolution*. Oxford, 2011.

[326] BLANNING, Tim. The Culture of Power and the Power of Culture. Old Regime Europe 1660-1789. Oxford, 2002, p. 123; BREWER, John. *The Pleasures of the Imagination*. English Culture in the Eighteenth Century. Londres, 2013, pp. 2 e ss.

[327] O surgimento de uma rede impessoal de sujeitos que não vêm de um centro e desafiam os limites sociais (sujeitos) tradicionais pressupõe o crescimento da alfabetização. Sobre o aumento da alfabetização, cf. THOMAS, Keith. "The Meaning of Literacy in Early Modern England". *In*: BAUMANN, Gerd (Coord.). *The Written Word*: Literacy in Transition. Oxford, 1986, p. 102. Cf. ainda BLANNING, Tim. BLANNING, Tim. *The Romantic Revolution*. Oxford, 2011, pp. 112 e ss.

[328] "Mas sua principal atração era que eles se tornaram centros de conversa e 'inteligência', instalações comerciais e locais de troca privada onde os negócios eram cortados e dinheiro, mercadorias e informações negociadas. À medida que o número de cafeterias crescia, elas se tornavam mais especializadas" (BREWER, John. *The Pleasures of the Imagination*. English Culture in the Eighteenth Century. Londres, 2013, pp. 49 e ss.).

CAPÍTULO III – A DESINTEGRAÇÃO DA ANTIGA ORDEM

A cultura anterior a do movimento romântico foi uma cultura fortemente influenciada pela re-presentação no sentido de se "*fazer presente*", ou seja, um projeto realizado da superioridade da corte e da honra real.[329] Mesmo na filosofia esta semântica da centralidade da representação deixou sua profunda marca. A atitude pejorativa de Hegel em relação à forma de arte romântica como uma expressão da "interioridade absoluta", como a expressão máxima de uma "subjetividade absoluta", já era um sinal do desconforto com a forma moderna de centralização. A tese do fim da arte estava justamente relacionada ao fato de que a nova produtividade do indivíduo não podia ser uma representação real do verdadeiro e, portanto, transparecia como algo "grotesco" (*fratzenhaft*) nas palavras de Hegel.[330]

Este é precisamente nesse ponto que Carl Schmitt retoma com sua tese sobre ocasionalismo. O movimento romântico ou a "estrutura do espírito romântico" seria a expressão do ocasionalismo que indica uma expansão ou extensão da estética que levaria à dissolução da

---

[329] A expressão máxima dessa cultura centralizada representada é Versalhes. Blanning a denomina "cultura representacional", na qual a criação do novo dentro da arte, seja na música ou no teatro, serviu à corte e à forma centralizada de autorretrato do rei. "*The rest of Europe succumbed too, with varying degrees of enthusiasm. The sophistication, self-confidence, and sheer quality of Louis XIV's achievement made most foreign cultures come to seem old-fashioned, dull and – fatal stigma – provincial. Those who could not travel to Versailles to experience its wonders at first hand could make their acquaintance through the numerous descriptions and illustrations which were published*" (BLANNING, Tim. BLANNING, Tim. *The Romantic Revolution*. Oxford, 2011, p. 49).

[330] Em suas palestras sobre estética, Hegel divide as formas epocais da arte em arte simbólica, arte clássica e arte romântica. De acordo com Hegel, a arte romântica seria uma forma pejorativa de arte, uma vez que o domínio da interioridade leva a distorções subjetivas que parecem ultrapassadas. Somente na arte emancipada grega é que a função da arte, como uma concepção da subjetividade absoluta e não livre, se cumpre. "O verdadeiro conteúdo do romântico é a absoluta interioridade, a forma correspondente da subjetividade espiritual, como a compreensão de sua independência e liberdade". (HEGEL, Georg W. F. *Vorlesungen über die Aesthetik*. vol. II. Berlim, 1843, pp. 122-129).

hierarquia da esfera espiritual. O romantismo político schmittiano, ou seja, o ocasionalismo subjetivo, encarna a "reocupação" (*Umbesetzung*) de importantes posições sociais. E justamente nesse ponto percebe-se uma nova dinâmica se articulando no plano subjetivo, com profundos reflexos no plano coletivo no tocante a diferentes esferas sociais. No Romantismo, o sujeito individual toma o lugar de Deus como a nova e mais alta instância do absoluto. Deus pode ser representado através da instituição da igreja, mas o sujeito não é mais capaz de representação e sua forma de relação não segue mais uma forma hierárquica, mas uma forma heterárquica.[331]

A arte (romântica) é por isso considerada um excelente exemplo de mudanças profundas nas estruturas sociais. Schmitt interpreta a arte romântica como "uma arte sem publicidade e sem representação".[332] Importante ressaltar que para Schmitt tanto a publicidade quanto a representação são dois componentes centrais da forma política. Em sua obra *Catolicismo Romano e Forma Política* [*Römischer Katholizismus und politische Form*, 2008], a representação eclesiástica serve como um excelente exemplo de forma política moderna.[333] Nesse contexto, relata o autor que existiria uma afinidade eletiva entre a

---

[331] Este cargo também poderia ser preenchido por outras autoridades supremas, tais como o Estado, o povo, no marxismo o proletariado, ou historicamente na Revolução Francesa a nação.

[332] SCHMITT, Carl. *Politische Romantik*. Berlim, 1991, p. 16.

[333] Na Igreja Católica Romana, de acordo com Schmitt, *ratio* e *repraesentatio*, forma e ideia, se correspondem de maneira ideal. Portanto, ele usa o conceito de *complexio oppositorum* para distinguir duas dimensões do poder político do catolicismo romano: a teológica e a dogmática. "Nisto, que tem a capacidade de forma jurídica, reside um de seus mistérios sociológicos. Mas ela tem o poder disso como de qualquer forma apenas porque ela tem o poder de representação. Representa a *civitas humana*, representa em cada momento a conexão histórica com o momento histórico da Encarnação de Cristo e do sacrifício na Cruz, representa o próprio Cristo, pessoalmente, Deus feito homem na realidade histórica. No representante reside sua superioridade sobre uma era de pensamento econômico" (SCHMITT, Carl. *Römischer Katholizismus und politische Form*. Stuttgart, 2008, pp. 39/40).

Igreja (católica) e o Estado, o catolicismo e o pensamento político. Contra a interpretação protestante do formal como expressão da qualidade do sujeito cada vez mais invisível, exercitada interiormente, Schmitt enfatiza o valor da representação. Segundo Schmitt, um efeito anti-romano não existiria devido ao simples fato histórico de que a Igreja Católica representaria um *continuum* de poder – o verdadeiro herdeiro político do Império Romano.[334] Ao contrário, o efeito anti-romano decorreria da ação política da Igreja Católica como um *complexio oppositorum* e do princípio de representação que a ele se liga.[335]

No plano institucional, Schmitt visa acomodar o potencial político da Igreja Católica para tais desenvolvimentos, especialmente ancorando sua dimensão política associada à representação.[336] Na forma de representação da Igreja Católica, "através do próprio

---

[334] Schmitt conecta a esfera econômica moderna ao protestantismo, seguindo o argumento de Max Weber de que o ascetismo "do mundo interior" basicamente abre o caminho para o racionalismo econômico impessoal. Ao fazer isso, ele tenta contrapor o potencial político da Igreja Católica para este desenvolvimento. SCHMITT, Carl. *Das Zeitalter der Neutralisierungen und Entpolitisierungen*, 1929. *In:* SCHMITT, Carl. *Der Begriff des Politischen.* München/Leipzig, 1932, pp. 66 e ss.; MEHRING, Reinhard. *Politische* Ethik in Max Weber's "Politik als Beruf" und Carl Schmitt's "Der Begriff des Politischen". *Politische Vierteljahresschrift*, vol. 31, 1990, pp. 608 e ss.

[335] Neste aspecto, há um ponto de contato entre diferentes dimensões do debate da modernidade. Por um lado, há a questão da liberação de energias subjetivas, veja o argumento de Max Weber sobre a questão do mundo interior e a produtividade romântica. Há também a dimensão do crescimento das instituições impessoais do liberalismo moderno na República de Weimar. Finalmente, há a questão do papel do Estado neste cenário. A Igreja Católica como *complexio oppositorum* é uma resposta política nestas três frentes: a subjetiva (individual), a objetiva (econômica) e a institucional (estatal).

[336] Há uma certa conexão entre as frentes subjetiva e objetiva, que surge especialmente da discussão teológica em torno de Rudolph Sohm e sua influência sobre Max Weber e Carl Schmitt. Schmitt conecta a esfera econômica moderna com o protestantismo ligando o argumento de Max

representante Cristo, *in persona,* reside sua superioridade sobre uma era de pensamento econômico".[337] Ocasionalismo apresenta-se como a dinâmica social que primeiro encontra sua expressão mais forte na forma da arte e se estende para outras dimensões do social. O ocasionalismo implode assim a lógica da representação como uma instituição concreta pessoal, que Schmitt procura de alguma forma revitalizar. Ou melhor: o próprio ocasionalismo representa a impossibilidade da representação na modernidade.

A transição da corte para a cidade (J. Brewer) apresenta-se como condição estrutural decisiva para o surgimento do sujeito (romântico) moderno. Esta transição representa uma âncora histórica para o movimento romântico, o qual Schmitt localiza na nova burguesia em ascensão como o real portador deste movimento e, portanto, ressalta o domínio de uma classe média liberal.[338] Esta última se afirma paulatinamente contra a dominante classe aristocrática letrada.[339] O sujeito do movimento romântico e seu portador, a classe média liberal, seria então uma imagem modelo de uma sociedade que foi projetada para produzir e gerar o novo para além de qualquer centralidade. Isso é particularmente evidente na dinâmica das cidades prósperas do século XIX, onde a centralidade da cultura da corte

---

Weber de que o ascetismo do mundo interior, em princípio, abriria o caminho para o racionalismo econômico impessoal moderno.

[337] SCHMITT, Carl. *Römischer Katholizismus und politische Form.* Stuttgart, 2008, p. 32. Aqui reside uma diferença importante entre Kantorowicz e Schmitt no que diz respeito ao conceito do místico. Para Ernst Kantorowicz, o *"corpum mysticum"* ou *"persona mystica"* de Tomás de Aquino está próximo da *'persona ficta'* dos juristas. Em outras palavras, "místico" para Kantorowicz é quase sinônimo de "fictício", enquanto que para Schmitt o místico inevitavelmente encarna um momento de personificação.

[338] SCHMITT, Carl. *Römischer Katholizismus und politische Form.* Stuttgart, 2008, p. 15.

[339] SCHMITT, Carl. *Römischer Katholizismus und politische Form.* Stuttgart, 2008, p. 14.

CAPÍTULO III – A DESINTEGRAÇÃO DA ANTIGA ORDEM

foi perdendo sua significância pela necessidade de produzir, criar e gerar confiança dentro de relações ou redes anônimas e impessoais.

O próprio Schmitt nomeia uma série de reocupações (*Umbesetzung*) que estariam ocorrendo como resultado do movimento romântico: a igreja seria substituída pelo teatro, o religioso pelo drama ou material de ópera, a casa de Deus pelo museu.[340] De fato, como observa Tim Blanning, a secularização do poder religioso, por sua vez, teria levado a novos impulsos de sacralização como no caso da sacralização da arte. A arte passa a ganhar cada vez mais autonomia frente a religião e outras esferas dominantes, e com isso uma vasta rede de diferentes museus é fundada quase simultaneamente em diversas localidades – especialmente nas grandes cidades.[341] Não apenas o rei é reverenciado, mas também o próprio meio, a arte, passa a ser cultuada. Ao mesmo tempo, como Schmitt bem observa, a arte não é mais capaz de representação,[342] mas apenas capaz de (re)produção. Esta reocupação secular da arte, que ao mesmo tempo implica numa nova ocupação "sacral" do artístico, abre o social para a produção e teste de novas "transgressões" sociais além da tradição, a nível individual e social.

---

[340] SCHMITT, Carl. *Römischer Katholizismus und politische Form*. Stuttgart, 2008, pp. 18/19.

[341] Muitos museus são fundados no século XIX e contribuem para a autonomia da arte, como por exemplo, o Alte Pinakothek em Munique (1824-36), o Prado em Madri (1819), o Museu Altes em Berlim (1823-1830), o Museu Fitzwilliam em Cambridge (1837-1847), o Museu Histórico em Moscou (1874-1883), e o Rijksmuseum em Amsterdã (fundado em 1800, primeira exposição 1877-1885). Cf.: BLANNING, Tim. "The Commercialization and Sacralization of European Culture in the N 19th Century". *In:* BLANNING, Tim (Coord.). *The Oxford History of Modern Europe*. Oxford, 2000, pp. 126 e ss.

[342] SCHMITT, Carl. *Römischer Katholizismus und politische Form*. Stuttgart, 2008, p. 16.

Nesse contexto de descoberta, a "invenção da interioridade"[343] apresenta-se como um epifenômeno da autotransformação da sociedade, que cada vez mais, no decorrer do século XIX e no contexto de emergência do Direito dos Estados no qual muitos eventos vieram de uma grande variedade de esferas sociais, ganha espaço e dinâmica própria na sociedade. Na Alemanha, o ginásio humanístico tornou-se uma instituição padronizada após sua invenção na década de 1830. A universidade europeia tornou-se uma exportação cultural, e a mobilidade do conhecimento também foi uma mobilidade viabilizada pela tecnologia. Em 1838, a Friedrich List projetou uma rede ferroviária. Em 1835, o comprimento da linha não era superior a 6 quilômetros, mas, em 1875, já superava 27.930 quilômetros. O consumo torna-se global e a diversidade culinária ubíqua.[344] A transição do mercado para loja – com o surgimento de lojas de departamento[345] e restaurantes – foi um concomitante

---

[343] J. B. Schneewind descreve o surgimento do sujeito autônomo e a invenção da autonomia no plano da história das ideias, que ele traça de volta a Kant. Dror Wahrman, por outro lado, defende a incorporação da explicação da emergência da subjetividade moderna nos contextos sociais. A título de exemplo, ele vincula a explicação do desaparecimento de um "antigo regime de identidade" que dependia de representações coletivas e da emergência de um novo regime de identidade (pessoal) ao movimento romântico. "Afinal, muitos dos desenvolvimentos rotineiramente associados ao Romantismo literário são precisamente aqueles que identifiquei para o novo regime de identidade: a caracterização do eu em termos de profundidade psicológica; a ênfase na diferença e individualidade humana; o interesse reacendido em traços ou comportamentos inatos, intuitivos e instintivos; a perspectiva de desenvolvimento do crescimento humano". WAHRMAN, Dror. *The Making of the Modern Self*. Identity and Culture in Eighteenth-Century England. New Haven (Conn.), 2006, p. 290; SCHNEEWIND, Jerome B. The Invention of Autonomy. A History of Modern Moral Philosophy. Cambridge, 1998.

[344] OSTERHAMMEL, Jürgen. *Die Verwandlung der Welt*. Eine Geschichte des 19. Jahrhunderts. München, 2009, p. 679.

[345] Sobre a história das lojas de departamento, ver SPIEKERMANN, Uwe. *Warenhaussteuer in Deutschland, Mittelstandbewegung, Kapitalismus und Rechtsstaat im späten Kaiserreich*. Frankfurt am Main, 1994, p.

necessário da industrialização e da internacionalização da produção de alimentos.³⁴⁶

Um mundo que não podia ser moldado por si mesmo e que não podia mais ser representado como um todo foi disperso em muitos fragmentos da história e posto à prova. Neste cenário, o romance tornou-se a figura de suporte desse período, ocupando um importante lugar na fabricação de ficções e experiências fictícias através da invenção do discurso indireto do romance burguês.³⁴⁷ A extraordinária invenção de Balzac em focar romances em condições urbanas, o que significa que a vida de um jovem poderia ser excitante sem que precise passar por uma experiência de naufrágio em uma ilha deserta ou assinar um pacto com o diabo.³⁴⁸ "To arouse

---

29 e ss.; BENJAMIN,Walter. *Passagen, Kristalle*: Die Axt der Vernunft und des Satans liebster Trick. Hamburgo, 2011.

346 POUNDS, Norman J. G. *Hearth & Home*. A History of Material Culture. Bloomington, 1989, pp. 394 e ss.; SPIEKERMANN, Uwe. *Basis der Konsumgesellschaft. Entstehung und Entwicklung des modernen Kleinhandels in Deutschland 1850 bis 1914*. München, 1999, p. 199; OSTERHAMMEL, Jürgen. *Die Verwandlung der Welt*. Eine Geschichte des 19. Jahrhunderts. München, 2009, p. 679.

347 MORETTI, Franco. *The Bourgeois*. Between History and Literature. London/New York, 2014, pp. 94 e ss. Para uma leitura consistente da teoria jurídica, cf. VESTING, Thomas. *Eine Versetzung des Objektiven in die Subjektivität*. Ein Beitrag zu Recht und Literatur. *In:* Inka Mülder-Bach/Jens Kersten (Coord.). *Prosa schreiben*. Literatur – Geschichte – Recht. Paderborn, 2019, pp. 75 e ss.

348 Em um livro anterior, Franco Moretti expressa o efeito que a cidade traz para a literatura, a saber: "Mas a regra subjacente da grande cidade do laissez-faire tem a peculiaridade de promover *uma mudança incessante na classificação*: especialmente nesse desenvolvimento tumultuoso de formas heterogêneas de poder – financeiro, político e cultural: cada uma por sua vez dividida entre grupos em conflito – que caracterizou Paris em meados do século XIX. Uma classificação em constante mudança implica pelo menos duas consequências. A primeira de todas, torna-se quase impossível definir o monstruoso (...) Mas a segunda, e muito mais abrangente, é que o que envolve o leitor não é mais o 'estado de exceção' de um sistema simbólico (o monstro indica uma taxonomia que

the protagonist and the reader it is no longer necessary to embark on a journey: much better to stay in town".[349] Com o advento da modernidade, a apologia à "exceção" perde gradualmente seu poder sugestivo em várias esferas sociais. Em vez disso, a rotina da vida urbana diária torna-se central juntamente com todos os seus pressupostos da sociedade industrial em ascensão.

A passividade do Romântico, lamentada por Schmitt, que "percebe uma pletora de possibilidades associativas",[350] torna-se a forma de relação da nova socialidade emergente. A forma do ocasionalismo, que participa da constituição da subjetividade moderna e, ao mesmo tempo, se distancia da definição de uma instância hierárquica normativa de coordenação da sociedade, também se expressa na forma relacional da sociedade mundial após a desintegração do *ius publicum europaeum*. O ocasionalismo, pela ausência de uma *causa*, pela ausência de uma coerção necessária, de uma origem necessária, de uma vinculação a uma norma final e definitiva,[351] apresenta-se como o antípoda da centralização de uma ordem concreta do *ius publicum europaeum*.

A "falta de qualquer relação com uma *causa*" torna-se sucessivamente a forma orientadora da modernidade. Os espaços culturais para a invenção do sujeito são ampliados em muitos Estados no decorrer do século XIX até a Primeira Guerra Mundial. Em contraste, o simbolismo do político – seja representado dentro dos Estados-nação

---

não é mais obedecida: o desmoronamento de todas as 'leis' simbólicas) e, portanto, da vida representada – mas a imprevisibilidade abrigada *na administração comum e na 'vida cotidiana'*" (MORETTI, Franco. Balzac's Novels and Urban Personality. *In*: MORETTI, Franco. *Signs Taken for Wonders*. On the Sociology of Literary Forms. London/ New York, 1983, p. 115).

[349] MORETTI, Franco. "Balzac's Novels and Urban Personality". *In*: _____. *Signs Taken for Wonders*. On the Sociology of Literary Forms. London/ New York, 1983, pp. 116/117.

[350] SCHMITT, Carl. *Politische Romantik*. Berlim, 1991, p. 111.

[351] SCHMITT, Carl. *Politische Romantik*. Berlim, 1991, p. 18.

CAPÍTULO III – A DESINTEGRAÇÃO DA ANTIGA ORDEM

ou em nível mundial[352] – sugere a possibilidade de uma "atividade intervindo nos contextos reais do mundo visível",[353] ou seja, a possibilidade de um domínio da sociedade por uma autoridade externa e representativa.[354] A ordem concreta do *ius publicum europaeum* encarnou tal instância ao criar um lugar de "deliberação comum, pontos de vista comuns, ações de ordenação comum europeia de conquistas de terras em solo não-europeu".[355]

O sistema do *ius publicum europaeum*, baseado em duas distinções semânticas fundamentais – povos civilizados e não civilizados e a diversidade do *status* da terra – que é aqui referido como o período de domínio do político, perde cada vez mais seu poder sugestivo e sua plausibilidade social com o início do novo quadro cultural da modernidade. O eurocêntrico *nomos* da terra, que existia até a Primeira Guerra Mundial e se baseava primeiramente em um equilíbrio duplo entre terra e mar, depois em uma ordem concreta, foi minados em seu mais basilar fundamento pela dispersão da soberania aqui descrita. Assim, o domínio do político passa a ser lentamente complementado ou substituído pelo domínio do relacional.

---

[352] KOSKENNIEMI, Martti. "International Law as Political Theology: How to Read *Nomos der Erde?*" *Constellations*, vol. 11, n° 4, 2006.
[353] SCHMITT, Carl. *Politische Romantik*. Berlim, 1991, p. 122: "*in die realen Zusammenhänge der sichtbaren Welt eingreifenden Tätigkeit*".
[354] BALKE, Friedrich. *Der Staat nach seinem Ende*. Die Versuchung Carls Schmitts. München, 1996, p. 131.
[355] SCHMITT, Carl. Die Auflösung der europäischen Ordnung im "International Law". *In:* SCHMITT, Carl. *Staat, Großraum, Nomos*. Arbeiten aus den Jahren 1916-1969. Berlim, 1995, p. 373.

CAPÍTULO IV

O NASCIMENTO DO NOVO MUNDO A PARTIR DA CULTURA DA DISPERSÃO

4.1 O domínio do relacional

Goethe não viaja com mais conforto ou rapidez no século XVIII do que o apóstolo Paulo no início do milênio. Na época de Napoleão, como sob o Império Romano, os países ainda estavam muito distantes no espaço e no tempo; a resistência da matéria ainda prevalece sobre a vontade humana. / Somente o século XIX muda fundamentalmente a medida e o ritmo da velocidade terrestre.[356]

Stefan Zweig, *A grande hora da humanidade*.

---

[356] No original: "*Goethe reist im achtzehnten Jahrhundert nicht wesentlich bequemer oder geschwinder als der Apostel Paulus zu Anfang des Jahrtausends. Unverändert weit liegen die Länder in Raum und Zeit voneinander geschieden im Zeitalter Napoleons, wie unter dem römischen Imperium; noch obsiegt der Widerstand der Materie über den menschlichen Willen. / Erst das neunzehnte Jahrhundert verändert fundamental Maß und Rhythmus der irdischen Geschwindigkeit*".

4.1.1 Introdução

A desintegração da antiga ordem foi entrelaçada em contextos transformacionais de grande escala que não podem ser explicados exaustivamente em termos de causalidade. Uma dimensão importante, para a qual Benedict Anderson também chama a atenção, é a da ascensão e difusão da forma estatal.[357] O meio da impressão desempenhou nesse contexto um papel central como "fábrica cultural" de novas ficções (nacionais):[358] o público leitor emergente compartilhou assim um cosmo narrativo comum e logo se imaginou como uma comunidade nacional de origens e destinos futuros compartilhados. Esta performatividade da imaginação política (Y. Ezrahi) e sua dependência de um processo cada vez mais impessoal destinado que interliga diferentes instituições nas grandes cidades apontam claramente para uma importante condição da desintegração dessa centralidade. A transição do domínio político para o domínio do relacional conota precisamente este cenário do nascimento de um novo mundo (moderno), feito de conexões e contatos fluidos, em vez de uma firme fundamento substantivo.

A ascensão e difusão da forma do Estado moderno, que não mais se enquadra no quadro limitado de alguns poucos Estados europeus soberanos do *ius publicum europaeum*, a generalização dos conceitos de nação e a constante expansão da economia capitalista deram ao mundo na virada do século uma aparência exterior de

---

[357] ANDERSON, Benedict. *Imagined Communities*. Reflections on the Origin and Spread of Nationalism. London, 1992.

[358] No entanto, a imaginação não é arbitrária. Assume experiências e limites já existentes. Para uma leitura recente do papel da imaginação na democracia moderna, cf. EZRAHI, Yaron. *Imagined Democracies*. Necessary Political Fictions. Cambridge 2012, p. 7: "*The imagination does not, of course, create our worlds ex nihilo. Its creativity lies nor merely in inventing, but also in reconfiguring and restructuring the fabrics of our experience and thought, and in its capacity to modify earlier modes of imagining*".

maior uniformidade,[359] mas, por outro lado, as sociedades dentro dessas amplas fronteiras se tornaram claramente mais complexas e diversas.[360]

Para o presente capítulo, com a "transição do domínio político para um domínio do relacional" pretende-se reforçar que com a desintegração da centralidade – aqui descrita na ordem concreta do *ius publicum europaeum* através do seu consequente referencial a um locus (europeu) central –, a própria sociedade tem que inventar novos mecanismos de gestão e solução de conflitos para lidar com uma crescente complexidade. Que os desenvolvimentos, ganhos e perdas pela modernização estão desigualmente distribuídos pelo mundo é mais do que óbvio. Entretanto, o grande desafio após esta desintegração é que as sociedades passam paulatinamente a ter que imaginar novas ordens baseadas em fundações tendencialmente mais fragmentadas.[361] Esta provisoriedade e a constante necessidade de variar seus fundamentos se tornam a condição da sociedade moderna, não apenas por causa da ausência de um centro claramente determinado. Acima de tudo, através da abertura para o novo, a necessidade constante de manter e garantir as bases fragmentadas do social também se torna uma condição da sociedade liberal moderna.

---

[359] BAYLY, Christopher A. *The Birth of the Modern World, 1780-1914*. Global Connections and Comparisons. Oxford, 2004.

[360] "*Large number of professional bodies of specialists had emerged. These were common across the globe, but the picture in itself was more varied. In China, the descendants of the old mandarin class were now lawyers, accountants, newspaper editors, surgeons, pharmacists, and university lectures*" (BAYLY, Christopher A. *The Birth of the Modern World, 1780-1914*. Global Connections and Comparisons. Oxford, 2004, p. 483).

[361] SHEEHA, Jonathan; WAHRMAN, Dror. *Invisible Hands*. Self-Organization and the Eighteenth Century. Chicago, 2015, p. VX.

4.1.2 A dispersão da sociedade global

Martti Koskenniemi, no famoso relatório sobre a fragmentação do Direito Internacional, baseado nas descrições de Wilfred Jenk, interpreta este fenômeno de fragmentação como o produto de uma deficiência: *"[the] international world lacked a general legislative body"*.[362] As narrativas de fragmentação do Direito Global que têm dominado o debate jurídico sobre a sociedade global desde as últimas décadas seguem a lógica de projetar a experiência nacional no nível global, por sua via sem considerar as facetas históricas e as facticidades e limites imanentes de seu próprio desenvolvimento. Tanto a narrativa da fragmentação como as conceptualizações do próprio fragmento possuem características desta má formação.[363]

Uma maneira de escapar desta carga conceitual da semântica da unidade e de seus desideratos pode ser encontrada no experimento com novos conceitos que denotam dinâmicas que não são necessariamente redutíveis ao correlacionismo conceitual do todo/parte ou unidade/fragmento. O conceito de dispersão seria um possível

---

[362] KOSKENNIEMI, Martti (Coord.). "Fragmentation of international law: difficulties arising from the diversification and expansion of international law". *Report of the Study Group of the International Law Commission.* Helsinki, 2007. Sobre o debate atual, cf. PETERS, Anne. "Fragmentation and Constitutionalization". *In: The Oxford Handbook of the Theory of International Law.* Oxford/New York, 2016, pp. 1011 e ss.

[363] Os debates sobre fragmentação e constitucionalização são apenas dois lados da mesma moeda. Ambas as narrativas contrafactuam o espectro de um discurso de unidade: fragmentação como consequência da unidade quebrada e constitucionalização como uma unidade desejada. Esta semântica latente de unidade aflige a autodescrição de um fenômeno que não pode mais ser descrito como unitário. Cf. PETERS, Anne. "Compensatory Constitutionalism. The Function and Potential of Fundamental International Norms and Structures". *LJIL*, vol. 19, 2006, pp. 579 e ss., p. 610.

candidato a tal empreitada.[364] Ao contrário da fragmentação, a dispersão deve ser pensada como um meio que não necessariamente desmonta algo unificado, mas produz condições em favor de novos contatos e novas relações. A dispersão como meio não parte de uma figura da originalidade para explicar transformações como transtornos ou patologias. Também não se trata de uma ruptura mais profunda com o "programa institucional" da modernidade, mas de certas condições sociais, tecnológicas, presentes na imaginação ou na ficção que acrescentam e agregam mais variações e complexidade ao social. A dispersão trata da relação entre as massas anônimas e inconscientes de possíveis relações com o próprio meio.[365]

O período de Weimar transformou a palavra "dispersão" em um termo de combate.[366] No presente trabalho, a dispersão da soberania não significa desmantelamento da antiga soberania, não decomposição da ordem concreta (C. Schmitt), não fragmentação do *ius publicum europaeum*, e nem mesmo fragmentação do Direito Internacional. Ao contrário, o que se entende aqui por dispersão

---

[364] Cf. STEINHAUER, Fabian. *Medienverfassung*. Untersuchung zur Verfassungswissenschaft nach 1990, Habilitationsmanuskript. Frankfurt am Main, 2015, pp. 132 e ss. Fabian Steinhauer utiliza o conceito de dispersão para abordar, em particular, o debate sobre o conceito de constituição.

[365] LADEUR, Karl-Heinz. "Soziale Epistemologie der Demokratie. Theoretische Überlegungen zur Bindung von Unbestimmtheit durch Institutionen in der postmodernen Gesellschaft". *In*: AUGSBERG, Ino (Coord.). *Ungewissheit als Chance*. Tübingen, 2009, pp. 135 e ss., p. 141.

[366] KRACAUER, Siegfried. "Kult der Zerstreuung". *In*: KRACAUER, Siegfried. *Das Ornament der Masse*. Frankfurt am Main, 1977, pp. 311 e ss. Aqui Kracauer faz uma análise da cultura de massa, onde a dispersão não só descreve o espectador, mas também diz respeito à estrutura dispersa do meio. Para Benjamin, também, a dispersão não é em primeiro plano uma deficiência, mas uma propriedade da arte ou obras de arte que é condicionada pela massa; também a dimensão coletiva da arte também só é possibilitada pela dispersão. BENJAMIN, Walter. "Das Kunstwerk im Zeitalter seiner technischen Reproduzierbarkeit". *In*: BENJAMIN, Walter. *Gesammelte Schriften*. vol. I/2. Frankfurt am Main, 1980, pp. 502-504.

em oposição à descentralização original é enfatizar que a ficção da soberania como padrão de atribuição em si se torna um meio que, através de sua transmissão a diferentes nações, povos ou territórios, gera uma infinidade de efeitos dos quais emergem novas estruturas sociais. A dispersão da soberania como meio instiga, gera, cria, proporciona novas relações sem recorrer incondicionalmente a um centro, o que aqui é visto como uma dimensão importante do aqui descrito como domínio do relacional.[367]

A dispersão da soberania como meio denota neste sentido uma certa textura aberta do Direito (moderno), que não se destina *principalmente* a gerar "regras vinculantes" – ou a construir direitos e deveres, mas que cria condições sociais para a geração de novos laços além da tradição. A transferência da ficção da "soberania" para nações e povos não-europeus levou a novas "redes de significação", um novo tipo de forma imaginária do real,[368] que contribuiu significativamente para a decadência do *ius publicum europaeum*.

---

[367] Enquanto a semântica do fragmento ainda representa uma parte do todo, assim como um fragmento é uma parte do vidro original, a noção de dispersão procura observar os efeitos da própria fragilidade. A questão não é que o *ius publicum europaeum seja* desmontado ou dividido em pequenas partes, mas que através do meio da soberania e através de uma técnica de subjetivação, surgem novas ambivalências e possibilidades de imaginar, assim como possibilidades de ação de uma sociedade que estão situadas além da ordem concreta centralizada do *ius publicum europaeum* – e sua fragmentação.

[368] Nesse ponto encontra-se a mais-valia de uma abordagem teórica cultural dentro da Teoria do Direito. O fundamento da relação entre indivíduos e sociedade é interpretado a partir de uma função construtiva e performativa de conceitos e instituições jurídicas. Entretanto, a participação do Direito nesta construção não é orientada a um objetivo finalístico, mas apenas prepara o terreno para novas variações e interpretações do real. ROSEN, Lawrence. *Law as Culture*. An Invitation. Princeton, 2006, pp. 92 e ss.; GEERTZ, Clifford. *Local Knowledge*: Further Essays in Interpretative Anthropology. New York, 1982, pp. 184 e 232.

4.1.3 O Nascimento de uma disciplina: o Direito Internacional

A transformação e especialmente a crescente complexidade da sociedade global não só acelerou as relações e os contatos na sociedade mundial, mas também levou ao nascimento de duas importantes disciplinas que foram formadas para compreender e estruturar as novas dinâmicas sociais: Direito Internacional e Sociologia. Sob a influência da inovação terminológica de Jeremy Bentham (1748-1832), a descrição do "Direito Internacional" ganhou primeiro destaque perante a tradição estabelecida do "Direito das nações" que tratava esta área do Direito na era pré-moderna, geralmente em proximidade notável com o Direito Natural.[369] A presença do Direito Internacional nos currículos universitários como parte da "Law of Nature"[370] e sua gradual emancipação como disciplina de Direito autônoma é em si um fenômeno próprio do século XIX, podendo ser descrito como um efeito colateral da transição do domínio do político para o domínio do relacional.[371]

---

[369] ARMITAGE, David. "Globalizing Jeremy Bentham". *History of Political Thought*, vol. 32, 2011, p. 63. O sul-americano Andrés Bello, que teve contato com Jeremy Bentham durante sua estadia em Londres (1810-1829), também foi um dos primeiros a introduzir esta mudança semântica no Direito da sociedade global. Ele publicou seu primeiro livro sobre Direito Internacional em Santiago do Chile em 1832 como "Derecho de Jentes", mas em 1844 já havia publicado a segunda edição sob o título "Derecho international" (BELLO, Andrés. *Principios del Derecho Internacional*. Lima, 1844).

[370] HUECK, Ingo. "The Disciple of the History of International Law. New Trends and Methods on the History of International Law". *Journal of History of International Law*, vol. 3, 2001, pp. 194 e ss., 200 e ss.; KOSKENNIEMI, Martti. *From Apology to Utopia*. The Structure of International Legal Argument. Cambridge, 2006, p. 226, p. 122.

[371] "Uma modernização da ciência do Direito Internacional ganhou corpo e a nova técnica concentrou-se principalmente em fontes históricas, tratados e costumes, em vez da eternidade do Direito Natural"(VEC, Miloš. "Sources in the 19th Century European Tradition: The Myth of Positivism". *In:* BESSON, Samantha; D'ASPREMONT, Jean (Coord.).

O processo de profissionalização científica e de profissionalização no campo do Direito Internacional não poderia mais ser refletida ou ser trabalhada como parte da filosofia ou como pura diplomacia, justamente devido ao aumento da complexidade social.[372] Assim, no decorrer do século XIX, os institutos e matérias de Direito Internacional começaram gradualmente a se distinguir de outras disciplinas, tais como Direito Natural, filosofia, teologia e Direito Civil.[373] O aumento interno da complexidade das matérias jurídicas foi assim uma reação ao aumento da complexidade das relações da sociedade mundial. O surgimento de novos problemas exigiu maior

---

The Sources of International Law. Oxford, 2017, pp. 121 e 129. Cf. também NUZZO, Luigi; VEC, Miloš (Coord.). *Constructing International Law - The Birth of a Discipline*. Frankfurt am Main, 2012.

[372] Mas não se pode negar que o Direito Internacional não surgiu até o século XIX. As realizações preliminares da segunda escolástica, o de Grotius e Vattel, foram, naturalmente, decisivas. Entretanto, seu estabelecimento no nível universitário como disciplina separada e autônoma só foi possível devido a certos desenvolvimentos sociais. Com a crescente complexidade social devido ao surgimento de novas tecnologias, intensificação do comércio e imigração em massa, o Direito Internacional não poderia mais tratar seu objeto como uma parte geral da filosofia (Direito Natural – Grotius) ou como um comentário sobre práticas diplomáticas (Vattel). Nem mesmo a distinção semântica entre o mundo civilizado e o mundo não civilizado poderia orientar as discussões sobre o Direito Internacional durante a dispersão da soberania ao redor do mundo após a desintegração do *ius publicum europaeum*, embora esta distinção tivesse até então estruturado o sistema de direitos na sociedade mundial. Ver NUZZO, Luigi. "Un modo senza nemici: La costruzione del diritto internazionale e la negazione delle differenz". *Quaderni Fiorentini*, vol. 39, 2009, pp. 1311 e ss.

[373] KOSKENNIEMI, Martti. *From Apology to Utopia*. The Structure of International Legal Argument. Cambridge, 2006, pp. 226 e ss., pp. 98 e ss. Sobre o "caso" do Direito Natural como fonte do novo Direito Internacional, cf. ROVIRA, Mónica García-Salmones. *The Project of Positivism in International Law*. The History and Theory of International Law. Oxford, 2013, pp. 30-35.

diferenciação conceitual no campo do Direito Internacional.[374] Em particular, a segunda metade do século XIX experimentou uma explosão de publicações de livros, coleções e periódicos acadêmicos[375] resultantes da prática e sistematização acadêmica.[376] Foram fundadas, nesse período, organizações como o *Institut de Droit international* e a *Associação Jurídica Internacional*.[377] Uma progressiva autonomização ou "cientificidade" da disciplina tomou forma. O recurso à ordem concreta do *ius publicum europaeum* como local de consulta (Carl Schmitt) para a resolução de conflitos não era mais compatível com a complexidade do domínio do relacional.

---

[374] O papel ambivalente do princípio da nacionalidade em relação ao surgimento e resolução de conflitos na ciência de Direito Internacional do século XIX é tratado por Luigi Nuzzo. Ver NUZZO, Luigi. "Das Nationalitätsprinzip: der ita-lienische Weg zum Völkerrecht". *In*: DAUCHY, Serge; VEC, Miloš (Coord.). *Les conflits entre peuples. De la résolution libre à la résolution imposée*. Baden-Baden, 2011, pp. 3, pp. 93 e ss.; STOLLEIS, Michael. *Nationality and Internationality*: Comparative Law in 19th Century Public Law. Stuttgart, 1998.

[375] MACALISTER-SMITH, Peter; SCHWIETZKE, Joachim. "Bibliography of the Textbooks and Comprehensive Treatises on Positive International Law of the 19th Century". *Journal of History of International Law*, vol. 3, 2001, pp. 75 e ss.

[376] HUECK, Ingo. "Die Gründung völkerrechtlicher Zeitschriften in Deutschland im internationalen Vergleich". *In*: STOLLEIS, Michael (Coord.). *Juristische Zeitschriften*. Die neuen Medien des 18. - 20. Jahrhunderts. Frankfurt am Main, 1999, pp. 379 e ss., pp. 388 e ss.

[377] O Direito Internacional dos tratados também contribuiu para a transformação ou mesmo para o surgimento da subjetividade moderna. Como F. Trentmann acentua, no século XIX, os acordos de livre comércio colocam o consumidor no mapa político dos Estados nacionais. "A nova personalidade cívica do consumidor foi crucial para completar a sinergia entre a liberdade do comércio e a sociedade civil" (TRENTMANN, Frank. Free Trade Nation. Commerce, Consumption and Civil Society in Modern Britain. Oxford, 2008, p. 16).

Sem codificação, o contrato ou tratado tornou-se a principal figura do Direito Internacional.³⁷⁸ Alguns tipos de contratos (internacionais) compensaram funcionalmente, ao mesmo tempo, a falta de codificação do Direito Internacional e a desintegração do *ius publicum europaeum*. Por isso, eles foram chamados de "tratados legislativos" ("*gesetzgebende Verträge*"), que levaram à juridificação das relações internacionais como uma verdadeira "*treaty-making revolution of the 19th century*".³⁷⁹ Estes contratos entre Estados ou quase-Estados levaram a uma possibilidade descentralizada de reconhecimento com a consequência da admissão de novos Estados na comunidade de Direito Internacional. De uma prática de realização de tratados e contratos entre Estados já consolidados, Estados não consolidados e não-Estados, emergiu um impulso de reconhecimento pelo Direito Internacional descentralizado dentro da comunidade de Direito Internacional, sem um fundamento centralizado para decisão sobre quem ou qual país seria incorporado ou reconhecido dentro da comunidade de Direito Internacional. A lógica do contrato se manifesta neste contexto como a expressão de uma lógica de rede heterárquica na qual a admissão à rede não ocorria em regra via tratados multilaterais ou como um fenômeno controlado a partir de um centro, mas através da geração de novos laços de confiança para além de um centro ou da tradição dos principados europeus.³⁸⁰

---

378 Foi também a tendência ao multilateralismo, a conclusão de tratados (*law-making treaties*), o surgimento de novos campos de cooperação internacional, as institucionalizações, particularmente dentro das florescentes ciências do século XIX, na economia e na tecnologia" (KEENE, Edward. "The Treaty-making Revolution of the Nineteenth Century". *The International History Review*, vol. 34, 2012, pp. 475 e ss.).

379 KEENE, Edward. "The Treaty-making Revolution of the Nineteenth Century". *The International History Review*, vol. 34, 2012, pp. 475 e ss.

380 "Os juristas pensaram estar vivendo uma recepção dos não-europeus de uma forma muito lisonjeira para a Europa, e nem mesmo notaram que estavam dissolvendo todos os fundamentos de uma recepção, porque a comunidade doméstica anterior de casas principescas europeias, Estados e nações, boas ou más, mas pelo menos realmente existente como uma certa ordem concreta, ou seja, acima de tudo como uma ordem espacial,

CAPÍTULO IV – O NASCIMENTO DO NOVO MUNDO A PARTIR...

Os novos precedentes de reconhecimento de países dentro do regime espacial da antiga ordem concreta levaram não somente ao surgimento do Direito Internacional como disciplina autônoma nas universidades, mas também à emergência, através da dispersão da soberania, de uma nova forma de relação na sociedade mundial localizada além do *ius publicum europaeum*. A ausência ou enfraquecimento de um centro de ordenação e tratamento de conflitos na sociedade mundial, expressa pela ordem concreta de Carl Schmitt, por um lado, cria grande incerteza sobre a sucessão de um modelo de sociedade em declínio. Mas, ao mesmo tempo, abre inevitavelmente novas possibilidades para a articulação de uma dinâmica social descentralizada – a qual sem a ficção da pessoa jurídica e a criação de novos sujeitos imputáveis diferentes daqueles presentes no *ius publicum europaeum*, e sem a qual o nascimento do mundo moderno não poderia ter ocorrido.

4.1.4 A pessoa jurídica soberana e a nova forma relacional da sociedade global

O problema da atribuição da personalidade jurídica e as diversas formas de justificação para essa atribuição sempre foi um tema recorrente na doutrina jurídica tanto do escopo do Direito nacional quanto do escopo do Direito Internacional.[381] De uma perspectiva

---

que acabou desaparecendo sem substituição. O que tomou seu lugar não foi um 'sistema' de Estados – mas um entrelaçamento e justaposição espacial e sem sistema de relações factuais, um entrelaçamento desordenado, espacial e intelectualmente incoerente e uma justaposição de mais de cinquenta Estados heterogêneos, supostamente igualmente intitulados, igualmente soberanos e seus bens dispersos, um caos sem estrutura que não era mais capaz de qualquer gestão comum de guerra e para o qual, no final, nem mesmo o termo 'civilização' poderia ser considerado como a substância de uma certa homogeneidade". (SCHMITT, Carl. Der Nomos der Erde. Völkerrecht des Jus Publicum Europaeum. Berlim, 1997, pp. 206/207).

[381] CRAWFORD, James. *The Creation of States in International Law*. Oxford, 1979, pp. 14 e ss.

temporal, tanto o nível global quanto local refletiam a necessidade de personificar seres não humanos e grande parte da discussão foi, portanto, baseada no uso de metáforas da biologia.[382] Otto von Gierke e Paul Laband estavam escrevendo e refletindo sobre o tema ao mesmo tempo que Lassa Oppenheim, Hersch Lauterpach e Emer de Vattel. O lugar da consciência subjetiva incondicional como substrato social para a atribuição de características de personalidade jurídica foi gradualmente reocupado por realidades sociais não-biológicas ou por coletivos organizados, sejam eles Estados ou associações.[383]

Tanto no plano transnacional quanto no plano nacional, novas relações abstratas que mantinham uma maior distância das redes tradicionais exigiam do Direito uma arquitetura conceitual mais adequada a um mundo cada vez mais articulado em relações heterárquicas. Nesse sentido, resquícios de uma cultura da corte fortemente marcadas por relações hierárquicas e sua presença na conformação de estruturas sociais passam a competir, e muitas vezes a ceder espaço, para uma nova forma de semântica e estrutura social voltado para criação de condições de relações abertas. Em escala global, a criação de uma nova arquitetura conceitual através

---

[382] Sobre a questão da metáfora do organismo no debate sobre o Direito Constitucional no século XIX, cf. KOSCHORKE, Albrecht *et al.* Der fiktive Staat. Konstruktionen des politischen Körpers in der Geschichte Europas, Frankfurt am Main, 2007; ROTTLEUTHNER, Hubert. "Biological Metaphors in Legal Thought". *In:* TEUBNER, Gunther (Coord.). *Autopoietic Law*. Berlin, 1987, pp. 97 e ss.

[383] Gunther Teubner, em clara diferenciação de Max Weber e Talcott Parsons, aponta para a realidade social dinâmica do substrato social da pessoa jurídica. Traduzido na linguagem da teoria dos sistemas: a essência da pessoa jurídica reside precisamente no fato de que é uma "sequência pulsante de eventos comunicativos significativamente inter-relacionados que se reproduzem constantemente" (TEUBNER, Gunther. Unternehmenskorporatismus. New Industrial Policy und das "Wesen" der Juristischen Person. *KritV*, vol. 3, 1987, pp. 67 e ss. Para uma extensão do debate aos algoritmos, ver TEUBNER, Gunther. "Digitale Rechtssubjekte? Zum privatrechtlichen *Status* autonomer Softwareagenten". *AcP*, 2018, pp. 155 e ss.

da personificação e sua transmissão para Estados e territórios recentemente reconhecidos surge como uma nova maneira de codificar o acesso à sociedade mundial. Até o momento, tem havido pouca reflexão sobre o impacto e as consequências da criação e transmissão da personalidade jurídica no século XIX na sociedade global. Sem abordar a mudança estrutural através da atribuição de personalidade jurídica, Janne Nijman mostra que este desenvolvimento do Direito Internacional através da personificação dos Estados ao lado dos imperadores e papas significou a inclusão de novos participantes na comunidade diplomática da Europa.[384] Leibniz já falava da personalidade internacional (*persona jure gentium*) em termos técnicos.[385] Mas, assim como Janus, a personificação teve duas faces desde o início, pois, ao falar sobre a personificação de Estados ou nações no *ius gentium*, as relações entre imperador, papa, príncipes e nações tiveram que ser ressignificadas.[386] O problema aqui, no entanto, estava principalmente em justificar a questão de quais nações deveriam

---

[384] NIJMAN, Janne E. *The Concept of International Legal Personality*. An Inquiry into the History and Theory of International Law. Den Haag, 2004, pp. 31 e ss.

[385] VERZIJL, Jan H. W. "International Persons". *In:* VERZIJL, Jan H. W. *International Law in Historical Perspective*. vol. II. Leiden, 1969, pp. 2 e ss. Cf. ainda RILEY, Patrick. *Leibniz' Universal Jurisprudence*. Justice as the Charity of the Wise. Cambridge (Mass.), 1996.

[386] A *res publica christiana* – se aplicarmos o método de periodização – estava sob pressão devido ao fato de que a supremacia do papa e do imperador foi desafiada pela inclusão de novos atores envolvidos na rede de poder. A ordem que surgiu desta expansão limitada foi apresentada acima como *ius publicum europaeum*. A personalidade jurídica, neste sentido, é uma forma jurídica de acesso à sociedade global, tanto para a constituição como para aem decadência, do *ius publicum europaeum*. GREWE, Wilhelm. *Epochen der Völkerrechtsgeschichte*. Baden-Baden, 1984, pp. 91 e ss.; LESAFFER, Randall. "The Grotian Tradition Revisited. Change and Continuity in the History of International Law". *BYIL*, vol. 73, 2002, pp. 103 e ss., p. 112.

ser consideradas soberanas e quais não com importantes reflexos na inclusão ou exclusão de participação na sociedade global.[387]

Uma espécie de "obsessão pela soberania"[388] acompanhou o século XIX graças às noções recentemente introduzidas de formalismo, positivismo e coexistência no Direito Internacional. David Kennedy argumenta que o que é aqui descrito como a decadência do *ius publicum europaeum* e o "nascimento da modernidade" (Bayly) seria na verdade apenas um meio retórico – basicamente a invenção de uma narrativa progressiva do século XIX.[389] A redução deste movimento a um mero "dispositivo retórico" poderia impedir que Bayly observe os efeitos deste desenvolvimento da "obsessão com a soberania" na mudança da forma como a confiança era criada e gerada na sociedade global. Com a padronização através de artefatos semânticos como "Estados como sujeitos jurídicos" e em particular o aumento expressivo da transferência destes atributos abstratos para outros Estados além da comunidade doméstica europeia, criou-se uma nova dimensão social de possibilidades de ação, geração de confiança e a formação de expectativas para além de ordens concretas que foram, até então, consolidadas na estrutura do *ius publicum europaeum* dentro de uma rede densa e administrável de alguns poucos Estados e principados europeus. A ficção jurídica neste sentido oferece um novo nível de complexidade para as relações globais e assim permite a construção de relações descentralizadas impossibilitadas dentro da estrutura da ordem concreta no sentido de Carl Schmitt.

---

[387] Isso levou a uma tematização da situação e foi assim chamado de "teoria do Estado" a partir do século XIX. Cf. RILEY, P. "Introduction". *In:* RILEY, P. *Leibniz' Political Writings*. 2ª ed. Cambridge, 1988, pp. 12 e ss.

[388] KENNEDY, David. "International Law and the Nineteenth Century. History of an Illusion". *Nordic Journal of International Law*, vol. 65, 1996, pp. 385 e ss.

[389] KENNEDY, David. "International Law and the Nineteenth Century. History of an Illusion". *Nordic Journal of International Law*, vol. 65, 1996, pp. 385 e ss.

Carl Schmitt, entre outros, reconhece o papel central da pessoa jurídica na formação do Direito Global ou do Direito Internacional europeu. Entretanto, ele tem uma relação ambivalente com a noção de pessoa jurídica: Schmitt não considera o papel central da pessoa jurídica como uma ficção jurídica que permitiria a geração produtiva e a disseminação do conhecimento social ou das relações jurídicas impessoais. Em vez disso, seu entendimento da pessoa jurídica se aproxima da ideia de representação, usando a representação de Cristo pela Igreja Católica como um exemplo.[390] A questão da personalidade jurídica dos Estados no contexto do *ius publicum europaeum* não assumiria assim a dimensão do papel da ficção jurídica de possibilitar novas relações além da tradição ou mesmo ao ser um meio de dispersão no sentido aqui estabelecido. Ao contrário, no sentido Schmittiano, é a combinação de um complexo de poder espacial e o poder de representação que é colocado no centro da reflexão.[391] Neste contexto, a publicidade no sentido de uma *puclibi juris* resulta da constituição de uma verdadeira ordem espacial que contém o significado de uma ordem concreta.

Como contraponto ao sentido Schmittiano, a difusão da ficção da pessoa jurídica pelo mundo se apresenta como uma técnica jurídica na qual o Direito é reproduzido, articulado e transmitido. No plano de autodescrição, i.e., a teoria do Estado, Niklas Luhmann aponta neste contexto uma importante mudança trazida pela juridificação deste conceito de pessoa, i.e., a pessoa jurídica. Na opinião de renomado sociólogo, isso teria ocorrido como consequência da introdução da pessoa abstrata, uma mudança de *virtus* para *ius* e,

---

[390] SCHMITT, Carl. *Römischer Katholizismus und politische Form*. Stuttgart, 2008, pp. 31/32: "A Igreja, também, é uma 'pessoa jurídica', mas diferente de uma corporação. Este último, produto típico da era da produção, é um modo de contabilidade, já a Igreja é uma representação concreta de uma personalidade concreta (...) Na representação reside sua superioridade sobre uma era do pensamento econômico".

[391] SCHMITT, Carl. Der Nomos der Erde. Völkerrecht des Jus Publicum Europaeum, Berlim, 1997, p. 116.

portanto, a abertura de uma gama de possibilidades sociais para novas relações dentro do novo contexto social emergente.³⁹² Ao invés de *virtus*, virtude ou ordem concreta no sentido de Schmitt, no decorrer do século XIX a normatividade do Direito torna-se cada vez mais um efeito da operacionalização das ficções, com profundas consequências sociais para uma sociedade em que o artificial se torna gradualmente parte da constituição do real. Este desenvolvimento acentua o papel do Direito como um mecanismo de produção da realidade profundamente atrelado à cultura.³⁹³ Com Lawrence Rosen, poderia-se dizer que *"the legal creation of facts thus summarizes and stimulates our sense of reality"*³⁹⁴ e este é precisamente o caso dos efeitos performativos da chamada dispersão da soberania na sociedade global.

4.1.5 A desintegração da velha ordem e a transformação da confiança na sociedade mundial

Em seus estudos sobre Direito romano, Yan Thomas expõe como a ficção jurídica do Direito romano torna possível uma nova ordem além da arbitrariedade da nobreza e de suas próprias

---

[392] LUHMANN, Niklas. "Staat und Staatsräson im Übergang von traditioneller Herrschaft zu moderner Politik". *In:* LUHMANN, Niklas. *Gesellschaftsstruktur und Semantik*. Frankfurt am Main, 1993, pp. 65 e ss., pp. 127/128: "A teoria do Estado é gradualmente transformada de *virtus* para *ius* e finalmente torna-se a teoria daquela pessoa jurídica que determina que as pessoas jurídicas existem e o que elas podem produzir efeitos jurídicos".

[393] O conceito de cultura não é compreendido aqui no sentido dos especialistas do Direito Internacional pós-colonial, para os quais a antiga distinção entre povos civilizados e não civilizados, ancorada no *ius publicum europaeum*, ainda se perpetuaria latentemente nas práticas no Direito Global. Em vez disso, "cultura" aqui se refere à relação constitutiva e acêntrica entre os indivíduos e a sociedade na produção do social.

[394] ROSEN, Lawrence. *Law as Culture*. An Invitation. Princeton, 2006, p. 93.

tradições e ritos.³⁹⁵ O Direito, neste sentido, gera – ou pelo menos torna possível – uma visão de mundo que não mais permanece ligada à centralidade do religioso ou à ordem da tradição. Surge assim um Direito que procede de particularidades descentralizadas sem a primazia de um conhecimento unificado.³⁹⁶ O nascimento da modernidade (Bayly) com a decadência do *ius publicum europaeum* através da dispersão da soberania denota precisamente este desenvolvimento: a viabilização de múltiplas relações horizontais articulada fora da estrutura de uma ordem concreta (C. Schmitt),³⁹⁷

---

[395] THOMAS, Yan. *Les opérations du Droit*. Paris, 2011. Segundo Yan Thomas, as operações jurídicas e as técnicas jurídicas teriam sido inventadas para conectar "artificialmente" pessoas e coisas, remodelando assim a arquitetura do mundo social de uma forma nova e aberta. Para a aplicação desta interpretação do Direito aqui reivindicada, isto equivale à proliferação das entidades jurídicas soberanas fictícias que possibilitariam a criação de novas relações além do *ius publicum europaeum*.

[396] SCHIAVONE, Aldo. *Ius. L'invenzione del diritto in Occidente*. Turim, 2005.

[397] A ficção da personalização do Estado também tem uma tradição na teoria do Estado, e por trás dela está uma importante aquisição evolutiva. O estudo de Kantorowicz, "The King's Two Bodies", enfoca como a distinção entre coroa e corpo se tornou a distinção entre pessoa e cargo. A Ficção da Coroa mostra como os glossários medievais utilizaram a tradição jurídica romana para garantir a continuidade da substituição do predecessor pelo sucessor. A continuidade ou finitude da autoridade temporal não foi confundida com a continuidade da própria coroa. Assim, em particular, os conceitos de Direito romano e ficções jurídicas utilizadas em questões fiscais começaram a adquirir um significado constitucional que não lhes havia sido dado antes. A figura das coroas fictícias jurídicas não é simplesmente uma analogia à ideia de personificação do Estado no século XIX, mas se apresenta como um avanço semântico. A personificação sugere uma ruptura entre poder simbólico e poder real (real), na qual novos artefatos abstratos, semânticos substituem ou suplementam unidades "reais" de atribuição. KANTOROWICZ, Ernst H. *The King's Two Bodies*. A Study in Mediaeval Political Theory. Princeton (N.J.), 1957, p. 319.

que só se tornou possível através da atribuição aos Estados da ficção jurídica de uma personalidade.[398]

Uma das consequências imediatas do colapso do *ius publicum europaeum* e da dispersão da soberania é a transformação da geração e reprodução da confiança na sociedade global. A abordagem pós--colonial, por exemplo, não observa adequadamente esta importante mudança resultante da transformação do domínio político para o domínio do relacional. A confiança no período de domínio do político era algo que se desenvolvia dentro de uma ordem concreta, ou seja, dentro da rede de famílias reais, dinastias e alguns poucos Estados europeus. A legitimidade e a justificação da participação na sociedade global eram baseadas exclusivamente na adesão a esta rede social, e a participação na sociedade global era assim codificada através da peculiar forma de acesso a ela. Em outras palavras, a criação e estruturação da confiança dentro desta sociedade e o alinhamento das expectativas sociais estavam diretamente relacionados com o acesso e pertencimento a esta rede social europeia.

A conversão de uma sociedade baseada na ordem concreta do *ius publicum europaeum* em uma sociedade que tende a se basear na dispersão das soberanias traz à tona o problema da nova forma de geração de confiança e também qual seria a forma adequada de orientação de ação para a nova sociedade. Se o domínio da terra não tende mais a ser o processo constituinte do Direito Internacional, mas sim o relacional, a questão central tende a ser como gerar uma infraestrutura de normas formais e informais para apoiar uma nova ordem global que seja descentralizada. Se o foco não está mais na conexão entre lugar e ordem (C. Schmitt), mas em sua ligação lateral

---

[398] "De modo geral, é claro que o tratamento extraeuropeu representa uma parte substancial do nível total de tratamento e que qualquer explicação para a revolução do tratamento que não leva em conta o significado dos parceiros de tratados extra-europeus será muito restrita". Cf. KEENE, Edward. "The Treaty-making Revolution of the Nineteenth Century". *The International History Review*, vol. 34, 2012, p. 491.

e horizontal, trata-se cada vez mais importante determinar sob quais condições essa nova estrutura torna-se possível.[399]

O trabalho da escolástica espanhola sobre *ius gentium*, apresentado nos séculos XVI e XVII, já prenunciava as tendências, mesmo de forma latente, do caminho semântico da descentralização da geração de confiança na sociedade mundial.[400] Mesmo o surgimento de redes contratuais, constituídos por condicionantes decorrentes das relações interestatais, apresenta-se como um efeito desta mudança para a formação de uma confiança descentralizada. Esta simbiose de conceituação jurídica, a transformação da ordem de confiança e uma sociedade que não mais se organiza através do político, mas através do relacional, prepara também o cenário para a ascensão de uma nova *lex mercatoria* ou *ordem privada*, uma vez que *"the basis for a system of private property and commercial exchanges that operate beyond the reach of statehood"*[401] pode lentamente se estabelecer.[402]

---

[399] Mesmo nas teorias contratualistas modernas, a confiança ocupa um lugar central na arquitetura do argumento. O Estado surge das fontes de desconfiança ou em decorrência deste lado negativo da confiança. Sem confiança, não existe contrato (social). Em Hobbes, o problema de segurança se torna o problema de confiança através do estabelecimento de uma regra central para eliminar a falta de confiança generalizada (o estado da natureza). Em outras teorias contratuais, também, a confiança é o centro da teorização.

[400] "(...) *ius gentium delimits political power within the sphere of territorial sovereignty and liberates private dominium to express itself as ownership so as to contribute to the creation of a world-wide capitalist economy*": KOSKENNIEMI, Martti. "Ius Gentium and the Birth of Modernity". *In:* NUZZO, Luigi; VEC, Miloš (Coord.). *Constructing International Law - The Birth of a Discipline*. Frankfurt am Main, 2012, p. 22.

[401] KOSKENNIEMI, Martti. "Ius Gentium and the Birth of Modernity". *In:* NUZZO, Luigi; VEC, Miloš (Coord.). *Constructing International Law - The Birth of a Discipline*. Frankfurt am Main, 2012, p. 23.

[402] Gradualmente, também devido à crescente complexidade das relações descentralizadas, outra forma relacional passa a ganhar expressão em vez da ordem unicamente centrada na relação entre Estados. Progressivamente, as organizações assumem um papel central na

Por sua vez, o objetivo neste trabalho é enfatizar como a dispersão da soberania afetou tanto o caso do *ius publicum europaeum* quanto as formas pelas quais a confiança era gerada e as expectativas foram estruturadas na sociedade mundial. Como ilustrado por Bayly, com a transição do domínio do político para o domínio do relacional aqui referido, houve uma profunda mudança no antigo sistema de cônsules honorários ou consulta sob regras locais com os chefes das comunidades comerciais "anfitriãs". Estes então aos poucos são substituídos por redes de consulados oficiais (e orientados para economia) e acordos econômicos internacionais.[403] Neste contexto, Frank Trentmann aponta para o surgimento de uma nova *persona cívica*: o consumidor. O cidadão-consumidor conferiu e ainda confere ao livre comércio um apelo democrático na era do surgimento da política de massa.[404]

4.1.6 Coevolução do nacional e transnacional

A própria filosofia já dispõe de meios de reflexão sobre o tema da economia política no que tange à relação dinâmica entre o nível nacional e internacional. Isto é particularmente evidente nos escritos de István Hont, nos quais, a partir de uma perspectiva dupla da história e filosofia, a dependência da esfera interna do Estado-nação é levada a uma correlação necessária com a esfera externa.[405] Este é especialmente o caso do ensaio de David Hume "*Jealousy*

---

produção de conhecimento social setorial na sociedade. No entanto, este será o tópico do próximo capítulo.

[403] BAYLY, Christopher A. *The Birth of the Modern World, 1780-1914*. Global Connections and Comparisons. Oxford, 2004, p. 238; cf. também PETIT, Carlos. *Historia del Derecho Mercantil*. Madrid, 2016, pp. 354 e ss.

[404] TRENTMANN, Frank. *Free Trade Nation*. Commerce, Consumption and Civil Society in Modern Britain. Oxford, 2008, p. 16.

[405] HONT, István. *Jealousy of Trade*. International Competition and the Nation-State in Historical Perspective. Cambridge (Mass.), 2010.

of Trade",⁴⁰⁶ que foi um produto do século XVIII na Inglaterra, quando a economia e suas reflexões gradualmente ganharam peso político para a constituição interna do Estado. "Ciúmes" ou inveja (jealousy), segundo Hont, nesta época conotava algo entre "vigilância" e "segurança" e era uma clara alusão a Thomas Hobbes, que havia colocado o destaque fortemente na constituição da soberania interna. "*Jealousy of Kings and Persons of Soveraigne Authority*"⁴⁰⁷ demonstrou no Leviatã esta necessidade intuitiva de formação de uma unidade interna coesa e soberana.

Uma "economia política"⁴⁰⁸ que se concentrava não apenas no político, mas também em seu emaranhamento com a economia, sugeria uma nova forma de interdependência entre política e economia e, ainda mais, nas condições fundamentais da soberania. Ela se situava num espaço híbrido entre realismo e liberalismo, republicanismo antigo e moderno, teoria e prática política,⁴⁰⁹ e neste sentido também encarnava um "movimento pós-maquiavélico", na medida em que não só uma soberania com autoridade tornava-se central, mas também uma soberania calculista.⁴¹⁰ Esta mesma percepção

---

⁴⁰⁶ HONT, István. *Jealousy of Trade*. International Competition and the Nation-State in Historical Perspective. Cambridge (Mass.), 2010, pp. 5 e ss.

⁴⁰⁷ "(...) em todos os tempos, reis e pessoas de autoridade soberana, por causa de sua independência, estão em contínua inveja, e no estado e postura dos gladiadores; tendo suas armas apontadas, e seus olhos fixos uns nos outros" (HOBBES, Thomas. *Leviathan*. Cap. XIV, p. 89).

⁴⁰⁸ Cf. KING, James E. The Origin of the Termine "political economy". *Journal of Modern History*, vol. 20, 1948, pp. 230/231; CLARK, Henry C. "Commerce, the Virtues, and the Public Sphere in Early-Seventeenth-Century France". *French Historical Studies*, vol. 21, 1998, pp. 415 e ss.

⁴⁰⁹ TUCK, Richard. *The Rights of War and Peace*. Political Thought and the International Order from Grotius to Kant. *Oxford*, 1999, pp. 1-15.

⁴¹⁰ É surpreendente que em Maquiavel não haja uma palavra sobre "comércio" ou "negócio", especialmente porque Florença era uma cidade eminentemente comercial, cf. HONT, István. *Jealousy of Trade*. International Competition and the Nation-State in Historical Perspective. Cambridge (Mass.), 2010, pp. 9 e ss. Por um lado, as

se espalha dentro da filosofia continental, pois Hegel, no século XIX, em sua distinção fundamental entre Estado e sociedade, não limita o lado social da distinção ao quadro do Estado-nação, mas estendia sua referência a uma esfera externa ao Estado em direção à sociedade mundial.[411] Neste sentido a economia política torna-se a característica essencial do Estado, apontando para um momento de incompletude e imprevisibilidade nas teorias modernas de soberania, ou seja, uma dimensão que é em si mesmo constitutiva da soberania, mas que foge à regra ou a dinâmica estrutural da própria soberania.[412] Isto também deixa claro que não faria sentido falar de erosões ou de um fim de soberania no sentido de Carl Schmitt, pois

---

esferas constitutivas de soberania implicam na privação de soberania naquelas esferas que realmente possuíam soberania; por outro lado, paradoxalmente, elas se tornam incessantemente políticas ou assuntos de Estado propriamente dito. A economia – e especialmente o surgimento de um mercado global – é um bom exemplo deste processo paradoxal constitutivo de constituição de Estatalidade através da retirada "de elementos tradicionais de Estatalidade". Sobre a relação constitutiva entre conhecimento público e interesse privado na agência do Estado, cf. BREWER, John. *The Sinews of Power*. War, Money and the English State 1688-1783. Cambridge, 1990, pp. 221 e ss.

[411] RITTER, Joachim. *Hegel und die Französische Revolution*. Köln/Opladen, 1957.

[412] Joseph Vogl também se baseia em teorias tradicionais de soberania, mas em seu recente livro ele se concentra em uma mudança qualitativa na divisão constitutiva da soberania moderna. Esta mudança qualitativa, na qual, segundo Vogl, a soberania é gradualmente justaposta a uma nova forma de governança (econômica), é encontrada pela primeira vez na invenção das finanças governamentais através de um ciclo de empréstimo e serviço da dívida por crédito. Vogl até localiza o nascimento do Estado moderno no espírito do crédito público, criado pela primeira vez através da dívida estatal, ou melhor, da autodívida. Dito de forma mais direta, pode-se dizer com Vogl que tais formas de financiamento estatal – dívida estatal e crédito público – deram origem não apenas à complexa economia financeira moderna, mas também ao próprio Estado. Cf. VOGL, Joseph. *Der Souveränitätseffekt*. Zurique, 2015.

a soberania moderna sempre pressupôs erosões e fissuras.[413] Ou, dito de outra forma e no sentido do presente trabalho: uma coevolução do nacional e do transnacional sempre foi parte constitutiva e condição de Estado-nação.

A mudança na relação entre o nacional e o transnacional dentro deste processo de coevolução da sociedade global não é apenas um resultado determinista do que foi chamado de dispersão de soberania neste capítulo. Esta relação também não pode ser contida por muito tempo dentro dos contornos proporcionados pela dinâmica interna da centralização da ordem concreta do *ius publicum europaeum*. A coevolução como uma interação dos dois níveis é o resultado de uma multiplicidade de fatores condicionantes e entrelaçados que não podem ser lidos da perspectiva da busca de conexões causais. Por ser um processo evolutivo, não vinculado a uma lógica de progresso, mas ao procedimento de proporcionar mais possibilidades e variações que são estabelecidas e transformadas ao longo do tempo – ou seja, sem garantia de permanência ou mesmo de eternidade –, uma instituição que certamente desempenhou o papel de catalisador da complexidade neste sentido exposto seria a instituição da união aduaneira (*Zollverein*). A Zollverein não apenas desempenhou um papel central dentro das fronteiras do território nacional, mas também foi uma força motriz para conexões, relações e contatos entre territórios e entre indivíduos e empresas de diferentes territórios.

---

[413] No estudo de Kantorowicz sobre o duplo corpo do Direito, a divisão ou divórcio entre coroa e corpo é o centro no qual a ficção da coroa pelos glossários medievais, com referência ao Direito romano, garantiu a continuação da regra temporal ao herdeiro. Em Bodin, o reconhecimento de certos direitos de propriedade foi a base da nova forma de dominação. Em Hobbes, a divisão ocorreu na distinção entre fé interna e credo externo. *Cujus regio ejus religio*, mas acima de tudo se vê a divisão na fórmula: nenhuma obediência sem proteção. A divisão da soberania é mais constitutiva do que a regra absoluta convencionalmente afirmada de um soberano. Sobre a técnica cultural da cisão ou divisão, ver STEINHAUER, Fabian. *Vom Scheiden*. Geschichte und Theorie einer juristischen Kulturtechnik. Berlim, 2015.

Esta posição central da Zollverein no processo de modernização alemã não foi negligenciada pelo expoente da pesquisa sobre a teoria do modo de produção capitalista: Friedrich Engels, em sua resenha crítica da *Zur Kritik der Politischen Ökonomie* (1859) de Karl Marx, argumentou que o surgimento da sociedade burguesa na Alemanha somente teria acontecido em decorrência da fundação da Zollverein.[414] Antes disso, as condições da sociedade burguesa e do desenvolvimento industrial haviam sido reduzidas desde o "início a relações extremamente simplórias" (*"vornherein auf die kleinlichsten Verhältnisse"*).[415] A Zollverein alemã fornece um exemplo notável das múltiplas consequências de uma instituição que não só produz um efeito interno – ou sobre a constituição de novas estruturas internas e condições modernas –, mas também externamente influenciando

---

[414] A modernidade alemã é caracterizada por um caminho de ancoragem cultural como o cultivo do indivíduo e, portanto, acima de tudo, pela figura do cidadão educado. No entanto, isso não ocorreu sem condições prévias. A *Bildungsbürgertum*, classe média educada, consistiu primeiramente na pequena burguesia, que representava um nível intermediário entre os industriais e o proletariado. Como Friedrich Engels observou corretamente, foi somente com a expansão da Zollverein, competição interna e aproximação externa com vários Estados, que surgiu a classe comercial da pequena burguesia. Ao mesmo tempo, a extensão e consolidação da Zollverein, a introdução geral da energia a vapor no tráfego e a crescente concorrência no mercado interno levaram à aproximação mútua das classes comerciais dos vários Estados e províncias, à equalização de seus interesses e à centralização de seu poder. Cf. ENGELS, Friedrich. *In:* MARX, Karl; ENGELS, Friedrich. *Gesamtausgabe* (MEGA), vol. 8. Berlim, 2009, p. 9.

[415] "Mas enquanto a luta ainda tivesse que ser travada contra restos tão ridiculamente antiquados da Idade Média, que impediram o desenvolvimento material burguês da Alemanha até 1830, nenhuma economia política alemã era possível. Somente com a criação da Zollverein é que os alemães chegaram a uma posição em que podiam compreender de alguma forma o que seria uma economia política": MARX, Karl; ENGELS, Friedrich. *Werke*, vol. 13, 7ª ed. Berlim, 1971, pp. 460-477.

CAPÍTULO IV – O NASCIMENTO DO NOVO MUNDO A PARTIR...

a constituição e o reconhecimento de vários Estados fora da ordem concreta do *ius publicum europaeum*.[416]

Esta "descoberta da sociedade"[417] foi uma grande mudança do ponto de vista holístico, guiada por um corpo social (Estado) ou uma ideia abrangente (religião), à qual foi acrescentada uma abertura ao novo.[418] A descoberta da sociedade, no entanto, não deve ser pensada em termos de Estado-nação, no sentido de uma justaposição de Estado e sociedade.[419] Foi, desde o início, uma aber-

---

[416] DUVE, Thomas. "...wie dort noch Raum ist zu glücklichem Dasein für Millionen von Menschen...". Der Freundschafts-, Handels- und Schiffahrtsvertrag zwischen Preußen und den übrigen Staaten des Zollvereins und der Argentinischen Konföderation von 1858. *In:* HERMANN, Hans-Georg *et al.* (Coord.). *Von den Leges Barbarorum bis zum ius barbarum des Nationalsozialismus*. Viena, 2008, pp. 269 e ss.; KLEINMANN, Hans-Otto. Der atlantische Raum als Problem des europäischen Staatensystems. *Jahrbuch für Geschichte Lateinamerikas*, vol. 38, 2001, pp. 7 e ss.

[417] GAUCHET, Marcel. De l'avènement de l'individu à la découverte de la société. *Annales E. p. C.* 3, 1979, pp. 461 e ss.

[418] Esta abertura para o novo é apresentada por F. Trentmann em conexão com uma "cultura de melhoria" de comportamento. "The culture of politeness gave consumption an additional lift. Coffee houses and the taste for exotic beverages were just one part of an expanding universe of social spaces – from clubs and restaurants to promenades and pleasures gardens – that were simultaneously dedicated to leisurely entertainment and genteel self-fashioning (...) Politeness put the enlightenment ideals of sympathy and sensibility into material practice" (TRENTMANN, Frank. *The Empire of Things*.How We Became a World of Consumers, from the Fifteenth Century to the Twenty-first. London 2016, p. 107).

[419] Mesmo em Hegel, a justaposição tinha como objetivo abrir-se à sociedade mundial. Ver HEGEL, G. W. F. *Grundlinien der Philosophie des Rechts* (1821), Werkausgabe vol. 7. Frankfurt am Main, 1970, p. 360 (§280). Ver também PAULY, Walter. Hegel und die Frage nach dem Staat. *Der Staat,* vol. 39, 2000, pp. 381 e ss., especialmente p. 393: "Uma vez que, segundo Hegel, a sociedade burguesa também tende à expansão e colonização, o conceito de sociedade mundial não está de forma alguma distante de sua abordagem"; e, não menos importante, RITTER, Joachim. *Hegel und die Französische Revolution*. Köln/Opladen, 1957, pp. 62 e ss.

tura à sociedade global e, como mostra o exemplo da Zollverein alemã, uma força motriz para o nascimento da sociedade burguesa e concebível apenas em estreita conexão com esta abertura à sociedade mundial. Uma segunda dimensão importante da Zollverein diz respeito ao que se entende aqui como a dispersão da soberania e a decadência do *ius publicum europaeum*. A Zollverein havia assinado[420] vários tratados e contratos de Direito Internacional com, entre outros, os Estados do Río-de-la-Plata na América Latina.[421] Ocorria nesse contexto uma espécie de troca de acordos de livre comércio por reconhecimento político[422] que acabou levando a uma substituição da antiga "comunidade de Estados" (europeia).[423] Para

---

[420] Confederação Argentina (1856); Uruguai (1856); Paraguai (1860); 1827 com Brasil (Prússia), México (1855), Holanda (1839), Grã-Bretanha (1841), Bélgica (1844); Chile (1862).

[421] Houve uma controvérsia jurídica, uma vez que a Zollverein não tinha sua própria personalidade jurídica. No entanto, do lado alemão, todos os membros da União Aduaneira Alemã eram partes contratantes. A Zollverein foi assim vista como a encarnação da Confederação Alemã. Foi somente em 1867 e 1871 que a Confederação do Norte da Alemanha e o Império Alemão absorveram as competências dos Estados individuais. Cf. DUVE, Thomas. "... wie dort noch Raum ist zu glücklichem Dasein für Millionen von Menschen...". Der Freundschafts-, Handels- und Schiffahrtsvertrag zwischen Preußen und den übrigen Staaten des Zollvereins und der Argentinischen Konföderation von 1858. *In:* HERMANN, Hans-Georg et al. (Coord.). *Von den Leges Barbarorum bis zum ius barbarum des Nationalsozialismus.* Viena, 2008, pp. 279 e ss.

[422] Havia uma ou mais funções destes tratados mútuos sob o Direito Internacional que iam além das relações econômicas. Por um lado, desejava-se assegurar a situação não resolvida do Estado de Direito e o reconhecimento internacional frequentemente precário desses Estados e nações e, por outro lado, através do reconhecimento internacional, desejava-se eliminar certas constelações de poder internas através de monopólios de força centralizados.

[423] Cf. KÖNIG, Hans-Joachim. "¿Comercio Libre a cambio de Reconocimiento político? El caso especial de las negociaciones entre la Gran Colobia y las Ciudades Hanseática". *In:* PIPER, Renate; SCHMIDT, Peer (Coord.). Latin America and the Atlantic World. El

o lamento de Carl Schmitt, a dispersão da soberania através desta "revolução do Direito dos tratados"[424] e o reconhecimento no Direito Internacional levou a uma dissolução completa e definitiva da antiga ordem europeia no "Direito Internacional".[425] A expansão do Direito Internacional europeu produziu uma rede mais ou menos densa de tratados, contratos e reconhecimentos, possibilitando assim o estabelecimento de novas formas de confiança – além da tradição da ordem concreta europeia.[426]

---

mundo atlantico y America latina (1500-1850). Köln 2005, pp. 403 e ss.; BECKER, Felix. "Los tratados de amistad, comercio y navegación y la integración de los estados independientes americanos en el sistema internacional". *In:* BUISSON, Inge *et al.* (Coord.). *La formación del Estado y la nación en América Latina.* Köln, 1984, pp. 247 e ss.

[424] "Entretanto, a semelhança no padrão geral sugere que, na medida em que estamos inicialmente preocupados com um aumento geral na incidência de tratamentos durante o século XIX, não podemos tratá-lo como um fenômeno exclusivamente europeu ou euro-americano. A revolução do *treaty-making* foi global, mesmo que houvesse variações regionais significativas" (KEENE, Edward. "The Treaty-making Revolution of the Nineteenth Century". *The International History Review*, vol. 34, 2012, p. 493).

[425] SCHMITT, Carl. Die Auflösung der europäischen Ordnung im "International Law". *In:* SCHMITT, Carl. *Staat, Großraum, Nomos.* Arbeiten aus den Jahren 1916-1969. Berlim, 1995.

[426] A geração de um novo tipo de confiança não só estava ligada às condições econômicas (comércio exterior, crescimento econômico, receita de impostos e alfândegas) – embora estas fossem uma parte importante – mas também constituía a base de confiança para a migração em massa de longa distância da Europa no século XIX. Sem uma conversão da base de confiança, que consistia em redes instáveis e inseguras de famílias, pequenas dinastias e governantes locais, para uma baseada na proteção mínima da propriedade pessoal, liberdade de crença e liberdade de estabelecimento, que dependia de uma estrutura mais ou menos governamental e burocrática, a grande imigração alemã e europeia teria sido pouco mais do que uma aventura. Cf. OSTERHAMMEL, Jürgen. *Die Verwandlung der Welt.* Eine Geschichte des 19. Jahrhunderts. München, 2009, pp. 235 e ss. e pp. 1010 e ss.; DUVE, Thomas. "... wie dort noch Raum ist zu glücklichem Dasein für Millionen von Menschen...". Der Freundschafts-, Handels- und Schiffahrtsvertrag

4.2 Mundo sem unidade

Como foi demonstrado neste capítulo, a nova dinâmica social teve uma dimensão importante na subjetividade como meio de liberação de forças internas para testar o novo. Para este fim, as cidades, em detrimento da corte, tornaram-se o local dessas transformações. Como aponta Christopher Bayly, ao longo do século XIX, as culturas urbanas surgiram em todo o mundo, apresentando um padrão de vida cada vez mais uniforme e distinto.[427] E isto não é exclusivo da Europa. Em países não-europeus, em particular, emerge uma profunda tensão entre antigos centros reais e religiosos e a necessidade de o Estado provar sua modernidade.[428] As novas tecnologias de comunicação e transporte aceleraram os contatos entre diferentes partes do mundo e, portanto, o controle central pela normatividade de um *ius publicum europaeum* se tornou cada vez mais precário.

---

zwischen Preußen und den übrigen Staaten des Zollvereins und der Argentinischen Konföderation von 1858. *In:* HERMANN, Hans-Georg et al. (Coord.). *Von den Leges Barbarorum bis zum ius barbarum des Nationalsozialismus.* Viena, 2008.

[427] BAYLY, Christopher A. *The Birth of the Modern World, 1780-1914.* Global Connections and Comparisons. Oxford, 2004, p. 194: "*During the course of the nineteenth century, however, global urban culture emerged as a more uniform and distinct pattern of living. (...) In addition to the profusion of urban societies, clubs, meeting halls, and community associations, the café provided a potent symbol for the urban public space, both as a meeting point for men and women and as a scene of political and philosophical discussion*".

[428] BAYLY, Christopher A. *The Birth of the Modern World, 1780-1914.* Global Connections and Comparisons. Oxford, 2004, p. 197: "*During the course of the nineteenth century, however, global urban culture emerged as a more uniform and distinct pattern of living. (...) In addition to the profusion of urban societies, clubs, meeting halls, and community associations, the café provided a potent symbol for the urban public space, both as a meeting point for men and women and as a scene of political and philosophical discussion*".

A transição do domínio político para o domínio do relacional foi, portanto, ao mesmo tempo, em termos epocais, um Direito da ambivalência e, sobretudo, a necessidade factual de lidar com ele. Por um lado, o liberalismo existia em sua forma mais esplendorosa; por outro lado, o nacionalismo era incandescente. Por um lado, havia o racionalismo e uma ciência com novas invenções surpreendentes, por outro, havia a remistificação do mundo pelo movimento romântico. Neste contexto, Jürgen Osterhammel fala metodologicamente de uma simultaneidade de processos de construção de nações e globalização.[429] No presente trabalho, ao invés de simultaneidade, fala-se de uma coevolução de processos sociais nacionais e transnacionais que se influenciaram mutuamente. Com a mudança estrutural da forma de Direito relacional de uma "ordem concreta" para uma dispersão de Estados, uma nova forma de coordenação do Direito foi gerada. Na ciência jurídica, esta convulsão deu origem a uma nova disciplina para o tratamento jurídico dos "contatos". O nascimento do Direito Internacional representou, assim, a emergência de uma nova forma de relacionalidade, que deslocou a antiga relacionalidade típica das redes aristocráticas do *ius publicum europaeum*.

A transição do domínio político para um domínio relacional é também o produto precisamente desta zona de indiferença dos paradoxos modernos. No entanto, essas ambivalências não são abolidas, mas sim desdobradas e deslocadas. Além disso, com o desafio crescente de inventar e experimentar novas formas de lidar com a incerteza, surge um aumento da complexidade da sociedade que continua a evoluir para uma sociedade de organizações (Capítulo V) e plataformas (Capítulo VI). Nesse contexto, entretanto, a sociedade não dispõe mais uma localidade central, uma ordem concreta na qual os problemas possam ser projetados. Em vez disso, a sociedade só tem a si mesma e sua autodescrição. Ela sozinha precisa chegar a um compromisso com seus problemas e soluções – ou não.

---

[429] OSTERHAMMEL, Jürgen. *Die Verwandlung der Welt*. Eine Geschichte des 19. Jahrhunderts. München, 2009, p. 679.

CAPÍTULO V
O DIREITO DAS ORGANIZAÇÕES

5.1 Introdução

Uma das consequências centrais do último capítulo é que, com o aumento dos contatos, o surgimento de novas tecnologias e o aumento da população nas grandes cidades, a apologia tanto da "exceção" no sentido schmittiano quanto do cultivo da normatividade social através da lógica da centralização foi gradualmente perdendo seu poder sugestivo em diferentes esferas sociais. E, assim, a principal conclusão do último capítulo está diretamente ligada à tese do primeiro capítulo sobre o aumento da dimensão cognitiva da sociedade e as condições de possibilidade da normatividade jurídica na sociedade global. Niklas Luhmann abordou esta questão no que ele chamou de tese da anomalia, na qual ele atesta um claro ceticismo sobre a "dependência da sociedade e de seus sistemas funcionais do funcionamento do código jurídico", como nos contornos institucionais do Direito do Estado-nação.[430] Entretanto, isto não significa simplesmente que o Direito desaparece no desenvolvimento futuro da sociedade global. Em vez disso, o Direito assume novos e diferentes contornos e formas. Este trabalho procura justamente mostrar como o Direito

---

[430] Este foi o tema do segundo capítulo.

Global, condicionado pela crescente complexidade da sociedade, passar a ser reproduzido através das relações entre Estados após a desintegração do *ius publicum europaeum*.[431] Entretanto, com o aumento da complexidade social da sociedade global, os problemas não puderam mais ser manejados exclusivamente no âmbito do "Direito dos Estados", mas agora também são processados sob a forma de organizações. Isto dá origem a novos contornos do Direito Global na transição de uma sociedade global mediada pelo Estado para uma sociedade global na qual o papel das organizações no processo de juridificação se torna cada vez mais importante. Este processo ocorre em particular através da interligação de questões jurídicas, técnicas e econômicas em uma sociedade cada vez mais global.[432]

A relação entre Direito e tecnologia não é uma relação que emerge apenas com a era digital, como será visto no próximo capítulo. Essa relação se intensifica em certa medida com o aumento dos contatos entre diferentes partes do mundo e o crescimento populacional das cidades em comparação com o campo. Tudo isso aconteceu de forma crescente a partir da segunda metade do século XIX.[433] Neste

---

[431] Esse foi o tema do terceiro capítulo.

[432] O aumento da juridificação no âmbito nacional e transnacional foi um correlato da mecanização das condições de vida. Um exemplo interessante da forma como o Direito e a tecnologia eram tratadas é a legislação sobre caldeiras a vapor no século XIX. Sobre o assunto, cf. VOM FELD, Ina. *Kontrollierte Staatsentlastung im Technikrecht. Dampfkesselgesetzgebung und Dampfkesselüberwachung in Preußen 1831-1914.* Frankfurt am Main, 2007, pp. 36 e ss. Em geral sobre o assunto, cf. VEC, Miloš. "Kurze Geschichte des Technikrechts". *In:* SCHULTE, Martin; SCHRÖDER, Rainer (Coord.). *Handbuch des Technikrechts.* Allgemeine Grundlagen Umweltrecht – Gentechnikrecht – Energierecht – Telekommunikations – und Medienrecht Patentrecht – Computerrecht, 2ª Ed. Heidelberg, 2011.

[433] O surgimento de novas ordens normativas em uma arena globalizada, impulsionada por novos produtores de normas, redes reguladoras transnacionais e tomadores de decisão, não foi uma invenção do final dos anos 80 e início dos anos 90. Já no século XIX, o desenvolvimento era crucial para o surgimento de uma sociedade dinâmica

CAPÍTULO V – O DIREITO DAS ORGANIZAÇÕES

contexto, a tecnologia e seus processos de padronização se tornaram essenciais para quase todas as esferas sociais. Uma característica importante que distingue especificamente este momento de outros momentos para os quais o progresso tecnológico foi particularmente formativo é o fato de que a forma organizacional – seja privada ou pública – tornou-se central para o processamento e geração de novos conhecimentos técnico-jurídicos. A crescente presença da geração de conhecimento através de organizações tornou-se crucial para lidar com a progressiva complexidade da sociedade mundial, seja em nível nacional ou transnacional.

Não se trata simplesmente de afirmar que existiria uma relação de causalidade entre tecnologia e Direito. Parâmetros técnicos não são meramente padrões jurídicos. Ao contrário, são enredos que podem ser descritos como semânticas sobrepostas, normatividades híbridas ou multinormatividade.[434] Este capítulo se concentrará especialmente na proliferação gradual da forma organizacional para administrar um conhecimento técnico-jurídico, com o qual outra forma de administração do conhecimento, como a interação entre indivíduos ou Estados, não poderia lidar. Para este fim, abordaremos primeiro uma troca de cartas entre Carl Schmitt e Ernst Forsthoff, que revela uma tensão inerente entre uma teoria de soberania de Schmitt e a estrutura social real da sociedade industrial. Para o administrativista

---

global. Para o contexto jurídico, cf. TEUBNER, Gunther. "Global Bukovina. Zur Emergenz eines transnationalen Rechtspluralismus". *Rechtshistorisches Journal*, vol. 15, 1996. Para o contexto histórico, ver OSTERHAMMEL, Jürgen. *Die Verwandlung der Welt*. Eine Geschichte des 19. Jahrhunderts. München, 2009, esp. pp. 437-440.

[434] DUVE, Thomas. Was ist ‚Multinormativität'? Einführende Bemerkungen. *Rechtsgeschichte – Legal History Rg*, vol. 25, 2017, pp. 88 e ss. O pluralismo jurídico como abordagem oferece propostas para uma autodescrição alternativa do Direito. Sobre O pluralismo jurídico como um conceito de reflexão, cf. SEINECKE, Ralf. *Das Recht des Rechtspluralismus*. Tübingen, 2015, pp. 1, 54 e 70 e ss. Ver também, da perspectiva da história jurídica, STOLLEIS, Michael. "Vormodernes und postmodernes Recht". *Merkur*, vol. 5, 2008.

e devoto de Carl Schmitt, torna-se cada vez mais evidente que uma teoria do político, neste caso seu posterior desenvolvimento em uma teoria do *partisan*, tornou-se cada vez mais anacrônica e improvável devido às estruturas inerentes da sociedade industrial.

A segunda parte deste capítulo, no entanto, trata mais uma vez das consequências da falta de um centro normativo da sociedade global – como já descrito no segundo capítulo deste trabalho ao tratar do conceito de desintegração do *ius publicum europaeum*. Na verdade, o déficit de uma "ordem concreta" no sentido de Carl Schmitt significa que a própria sociedade tem que desenvolver mecanismos para lidar com a crescente complexidade resultante do aumento das interações, relações e invenções. Em escala global, a produção de conhecimentos setoriais ligados à capacidade produtiva e a geração de normatividade jurídica e técnica baseada em tecnologia e na forma organizacional torna-se uma das características centrais do que aqui é chamado de sociedade das organizações. Esta tendência a auto-organização setorial através da padronização setorial tem implicações significativas tanto para o enquadramento temático dentro dos Estados-nação quanto para a constituição da normatividade jurídica de setores específicos. A forma de organização e sua capacidade de produzir uma gestão do conhecimento técnico-jurídico será decisiva para o desenvolvimento futuro do Direito na sociedade global.

5.2 O anacronismo do político e as estruturas inerentes à sociedade industrial

A cultura de correspondência burguesa das últimas décadas continua sendo uma fonte comum para o estudo de contextos políticos e ideológicos. Isto se aplica não apenas à famosa correspondência entre Marx e Engels[435] mas também à correspondência entre campos políticos completamente opostos. Goethe já atestou que a "correspondência de duas ou mais pessoas que continuam

---

[435] MARX, Karl; ENGELS, Friedrich. *Gesamtausgabe, Dritte Abteilung, Briefwechsel, vol. 1: September 1859 to May 1860.* Berlim, 2000.

CAPÍTULO V – O DIREITO DAS ORGANIZAÇÕES

sua educação através de atividades em um círculo comum" é uma fonte histórica inestimável.[436] Isto também pode ser observado na correspondência entre Carl Schmitt e Ernst Forsthoff. Acima de tudo, as incompatibilidades teóricas entre discípulo e mestre também podem ser discernidas, especialmente naquelas passagens em que a percepção de Ernst Forsthoff se torna clara quanto à existência de uma incompatibilidade inerente entre o estabelecimento de uma nova estrutura social e teorias como a do político no sentido schmittiano. Mesmo entre os estudiosos do Direito que são categorizados politicamente no mesmo espectro ideológico, a dificuldade de desenvolver teorias da soberania tornou-se cada vez mais evidente à medida que os processos sociais modernos se entrelaçam com a possibilidade de maior complexidade e variação – e de suas consequências inesperadas.

Uma carta de Ernst Forsthoff a Carl Schmitt, datada de 20 de maio de 1970, enfoca dois tópicos: a edição comemorativa para Hans Barion – um advogado católico alemão que foi destituído de sua cátedra após a Segunda Guerra Mundial – e a relação entre o *partisan*, ou seja, a figura central de uma nova teoria do político de Schmitt, e sua capacidade de adaptação na sociedade industrial. O primeiro tema abordado na carta não se apresenta por sua vez relevante para o presente trabalho.[437] O segundo tema, por outro lado, sim. De fato, a relação entre a sociedade industrial e o *partisan* revela, ao mesmo tempo, novas condições latentes na sociedade moderna com as quais Ernst Forsthoff estaria preocupado em relação ao desenvolvimento do Direito e do Estado na sociedade industrial.[438]

---

[436] GOETHE, Johann Wolfgang von. *Goethes sämtliche Werke*. vol. 39. Stuttgart/Tübingen, 1854, p. 377.

[437] BARION, Hans *et al.* (Coord.). *Epirrhosis*. Festgabe für Carl Schmitt. Berlim, 1968.

[438] Veja a correspondência entre Ernst Forsthoff e Carl Schmitt em: MUßGNUG, Dorothee; MUßGNUG, Reinhard; REINSTAHL, Angela (Coord.). *Briefwechsel Ernst Forsthoff Carl Schmitt (1926-1974)*. Berlim, 2007.

Não por coincidência Carl Schmitt dedicou o livro *Theorie des Partisanen*, publicado em 1963, a Ernst Forsthoff em seu 60° aniversário.[439] A carta mencionada acima, por sua vez, data de 1970.[440] A teoria de Schmitt sobre o *partisan* deve ser entendida no âmbito de seus escritos e ensaios sobre o conceito do político na continuação da doutrina do Nomos e Grandes Espaços (*Nomos e Großraum*).[441] O *partisan* se apresenta como uma tentativa de reintegração do conceito político no debate sobre a sociedade global – ou seja, no vocabulário schmittiano de um novo *nomos* da terra que não existiria mais nesta forma desde a decadência do *ius publicum europaeum*. Por esta razão, a atenção de Schmitt voltada para a teoria do *partisan* pode ser vista sob dois aspectos: por um lado como uma busca pelo desiderato de uma ordem política (espacial) que não pode ser mais encontrada e, por outro lado, como uma fuga ou desprezo dos novos tipos de estruturas sociais que tomam forma acima de tudo no período do pós-guerra.[442] O *partisan* seria, neste sentido, uma figura teórica objetivada contra a tendência de despolitização da sociedade mundial. O próprio *"partisan"*, no sentido do seu partidarismo, impediria qualquer unificação. Ao mesmo tempo, a luta do

---

[439] SCHMITT, Carl. *Theorie des Partisanen. Zwischenbemerkungen zum Begriff des Politischen*. 7ª ed. Berlim, 2010.

[440] MUßGNUG, Dorothee; MUßGNUG, Reinhard; REINSTAHL, Angela (Coord.). *Briefwechsel Ernst Forsthoff Carl Schmitt (1926-1974)*. Berlim, 2007, pp. 303/304.

[441] HOFMANN, Hasso. Feindschaft – Grundbegriff des Politischen. *Zeitschrift für Politik*, vol.12, 1965, pp. 17 e ss., pp. 23 e ss., pp. 35 e ss. Ver também SCHMITT, Carl. *Der Begriff des Politischen*. München/Leipzig, 1932, p. 18. Helmut Ridder fala neste ponto de uma fantasia necessária na interpretação de Schmitt. Cf. RIDDER, Helmut. Schmittiana (II). *Neue Politische Literatur*, vol. 12, 1967, pp. 137 e ss., p. 144.

[442] SCHMITT, Carl. "Die letzte globale Linie". *In:* ZECHLIN, Egmont (Coord.). *Völker und Meere*. Leipzig, 1944, pp. 342 e ss., aqui p. 348: "Contra as reivindicações de um controle mundial planetário universal e de dominação mundial se defende outro nomos da terra, cuja ideia básica é a divisão da terra em várias grandes espaços preenchidos por sua substância histórica, econômica e cultural".

partisan trouxe à mente a violência polarizadora do político, como categoria central do núcleo conceitual.[443]

Entender o *partisan* como o último ser verdadeiramente político do presente se encaixaria extraordinariamente bem no modelo cunhado por Schmitt na "teologia política" de opostos humanos que têm um efeito construtivo na esfera da política.[444] O *partisan* constituiria o novo político, serviria a um lugar limitado territorialmente, e assim levaria à construção de espaços delimitadamente circunscritos que foram decididamente separados do exterior pela luta. A este respeito, segundo Schmitt, havia a possibilidade de que a luta do *partisan* levasse àqueles grandes espaços que ele tinha em mente como um ideal.[445] Ao mesmo tempo, era precisamente esta característica do *partisan* de ser o último bastião de uma teoria global do político que contrastava com a infraestrutura técnica e impessoal cada vez mais complexa da sociedade, que se constituía através da construção de contextos de expectativa de longo prazo e, ao mesmo tempo, tecnicamente condicionados.[446]

É justamente neste ponto que Forsthoff, com a devida distância temporal de sete anos após a publicação do livro sobre o *partisan*, expressa claramente seu ceticismo sobre a persistência de uma teoria

---

[443] SCHMOECKEL, Mathias. Carl Schmitts Begriff des Partisanen. *forum historiae iuris*, 2006. Disponível em: https://forhistiur. de/2006-03-schmoeckel/. Acessado em: 19.09.2022.

[444] HOFMANN, Hasso. *Legitimität gegen Legalität*. Der Weg der politischen Philosophie Carl Schmitts. 2ª ed. Berlim, 1992, pp. 163 e ss.

[445] SCHMOECKEL, Mathias. Carl Schmitts Begriff des Partisanen. *forum historiae iuris*, 31 mar. 2006. Disponível em: https://forhistiur. de/2006-03-schmoeckel/. Acessado em: 19.09.2022; SCHMITT, Carl. *Theorie des Partisanen. Zwischenbemerkungen zum Begriff des Politischen*. 7ª ed. Berlim, 2010, p. 89.

[446] No terceiro capítulo, a equação do liberalismo alemão com o romantismo político sob uma perspectiva cultural-teórica em Carl Schmitt foi discutida em detalhes. Para uma discussão sobre a crítica de Schmitt ao liberalismo, cf. HANSEN, Klaus; LIETZMANN, Klaus (Coord.). *Carl Schmitt und die Liberalismuskritik*. Opladen, 1988.

do político na nova roupagem do *partisan*. Forsthoff deixa claro que o *partisan* no sentido de Carl Schmitt "continuará sendo um fenômeno marginal na sociedade altamente industrializada", principalmente por causa das estruturas inerentes à sociedade industrial que, segundo Forsthoff, garantiriam "a estabilidade do setor público e sua infraestrutura social". Neste ponto, ele se refere ao seu trabalho *O Estado na Sociedade Industrial* [*Der Staat der Industriegesellschaft*] para testemunhar que a estabilidade das condições públicas (naquela época) não derivavam somente das ações de um Estado, mas em larga medida da faticidade do que ele chama de "sociedade industrial".[447] As condições e pressupostos sobre as quais o Estado se assentava, e que não podia garantir por si mesmo, eram de natureza técnica e organizacional no contexto industrial.[448]

A trivialização por Ernst Forsthoff do fenômeno político no sentido schmittiano está diretamente relacionada com a ascensão de uma sociedade de organizações, isto é, uma sociedade cada vez mais dependente do desempenho avançado das organizações e da geração de conhecimento na forma organizacional.[449] Mesmo o Estado, segundo Forsthoff, assume novos contornos neste contexto: o

---

[447] A interpretação de que o fraco Estado moderno não governaria, mas apenas administraria, era generalizada no círculo Schmittiano. Cf. GROSSHEUTSCHI, Felix. *Carl Schmitt und die Lehre vom Katechon*. Berlim, 1996, p. 108.

[448] O tema do desenvolvimento tecnológico foi discutido repetidas vezes. A questão central era se os sistemas de decisão político-constitucionais da democracia parlamentar lidariam adequadamente com o desenvolvimento técnico. OSSENBÜHL, Fritz. *Die Not des Gesetzgebers im naturwissenschaftlich-technischen Zeitalter*. Wiesbaden, 2000, p. 30.

[449] Do ponto de vista das organizações estatais, a tendência para a expansão do Direito Administrativo a partir do século XIX é marcante e tem progredido continuamente até os dias de hoje. Cf. WIEACKER, Franz. *Privatrechtsgeschichte der Neuzeit*. 2ª ed. Göttingen, 1967/1996, p. 543 e ss.; SCHRÖDER, Rainer. *Rechtsgeschichte*. 5ª ed. Münster, 2000, p. 156.

CAPÍTULO V – O DIREITO DAS ORGANIZAÇÕES

Estado burguês torna-se um Estado técnico.[450] A "era da realização" visa o fato de que a despolitização desencadeada pela sociedade industrial técnica priva o Estado da preservação ou operacionalização do político no sentido schmittiano como função primordial.[451] Em outras palavras, o político não poderia mais ser monopolizado internamente pelo Estado devido ao simples fato da existência da sociedade de organizações.[452] Ao invés disso, a provisão de interesse

---

[450] Forsthoff sempre enfatiza uma estrutura jurídica e constitucional dualista, segundo a qual o Estado constitucional e o Estado social existem simultaneamente. FORSTHOFF, Ernst. "Begriff und Wesen des sozialen Rechtsstaates". In: FORSTHOFF, Ernst. Rechtsstaat im Wandel. Verfassungsrechtliche Abhandlungen 1950-1964. Stuttgart, 1964, pp. 27 e ss., 50 e ss., 53 e ss.; FORSTHOFF, Ernst. "Von der sozialen zur technischen Realisation". Der Staat, vol. 9, 1970, pp. 145 e ss., p. 149 e p. 160.

[451] A independência das instituições do Estado de Direito diante da mudança de ambiente só foi alcançável através da mecanização dessas instituições". Na moderna democracia de massa, cujo pensamento em termos de igualdade se opõe ao reconhecimento de forças políticas completamente independentes, as estruturas da constituição sob o Estado de Direito assumem necessariamente um caráter técnico. A mecanização pode ser percebida em todas as instituições do Estado de Direito. (...) Um sistema constitucional que se tornou técnico no sentido indicado (...) exige (...) que seja tomado com particular rigor em suas instituições. Isolados da mudança de ambiente, os elementos do Estado constitucional sob o Estado de Direito tornam-se um valor intrínseco" (FORSTHOFF, Ernst. "Begriff und Wesen des sozialen Rechtsstaates". In: _____. Rechtsstaat im Wandel. Verfassungsrechtliche Abhandlungen 1950-1964. Stuttgart, 1964, pp. 50 e ss.).

[452] Mesmo a discussão de Weimar sobre legalidade e legitimidade se tornou obsoleta para Forsthoff devido à condicionalidade técnica da nova sociedade: "(...) a política constitucional designada pela relação entre legalidade e legitimidade é atualmente obsoleta" (FORSTHOFF, Ernst. "Der introvertierte Staat". In: _____. Rechtsstaat im Wandel. Verfassungsrechtliche Abhandlungen 1950-1964. Stuttgart, 1964, pp. 213 e ss., 114); "Nas circunstâncias de 1961, continuar a girar o fio humanista de cerca de 1930 é um anacronismo, cuja realidade o jurista constitucional é o menos permitido de perder" (FORSTHOFF, Ernst. Zur Problematik der Verfassungsauslegung. Stuttgart, 1961).

geral e redistribuição social se tornariam as principais funções do Estado. Isto seria acompanhado por uma lógica do Estado pluralista em que a "expertise baseada em interesses" das associações e seu poder político se revelariam superiores até mesmo aos partidos políticos.[453] Aqui, com base no crescimento da importância das associações setoriais, torna-se particularmente claro como a dimensão da organização ganha um papel crescente da estrutura política nacional.[454]

Como filho de seu tempo, porém, Ernst Forsthoff tinha uma relação ambivalente com o tema da tecnologia. Por um lado, ele seguiu sua geração numa visão pessimista da crescente dependência das pessoas da tecnologia; por outro lado, ele transformou esta observação em sua maior contribuição ao Direito Constitucional e Administrativo: o conceito de *Daseinsvorsorge*.[455] Este conceito cristaliza, ao mesmo tempo, a dependência dos indivíduos – ou como Forsthoff a chama – a "sensibilidade social da moderna existência de massa"[456] e a administração jurídica desta dependência por instituições públicas baseadas em organizações e orientadas

---

[453] FORSTHOFF, Ernst. *Der Staat der Industriegesellschaft*. Dargestellt am Beispiel der Bundesrepublik Deutschland, München, 1971, p. 19.

[454] Neste ponto, Ernst Forsthoff e Niklas Luhmann parecem compartilhar a mesma visão, com Luhmann deixando particularmente claro que um novo problema surgiria da não legitimidade destes novos problemas decorrentes da "era da realização" (técnica). Cf. LUHMANN, Niklas. *Rechtssoziologie*. vol. 2. Reinbek bei Hamburg, 1972, p. 338; FORSTHOFF, Ernst. *Zur Problematik der Verfassungsauslegung*. Stuttgart, 1961.

[455] FORSTHOFF, Ernst. *Die Verwaltung als Leistungsträger*. Stuttgart/Berlin, 1938, pp. 9-13 e ss. Sobre a transformação e trajetória do conceito de *Daseinsvorsorge* em Forsthoff, cf. KERSTEN, Jens. "Die Entwicklung des Konzepts der Daseinsvorsorge im Werk von Ernst Forsthoff". *Der Staat*, vol. 44, 2005, pp. 543 e ss.

[456] FORSTHOFF, Ernst. "Von der Aufgabe der Verwaltungsrechtswissenschaft". *Deutsches Recht*, vol. 5, 1935, p. 398. Sobre o tema da transição de um Direito Público baseado na intervenção para um Direito Administrativo baseada na prestação de serviços públicos, ver

pel"a tecnologia.⁴⁵⁷ *Daseinsvorsorge* é precisamente a construção semântica que melhor descreve a crise do Direito Civil centrada na generalidade e abstração das liberdades e na separação do indivíduo do Estado.⁴⁵⁸ Segundo Forsthoff, *Daseinsvorsorge* seria "o campo em que a preocupação liberal pela liberdade, com sua tendência a desestabilizar o Estado, acabou morta".⁴⁵⁹

Os argumentos com base nos quais Ernst Forsthoff cunhou o termo *Daseinsvorsorge* são dignos de nota.⁴⁶⁰ Sua construção baseia-se sobretudo em uma teoria sociológica de modernização, que ele justifica explicitamente com o aumento da diferenciação social ou da sociedade industrial baseada na divisão do trabalho como uma nova forma de alocação de bens sociais.⁴⁶¹ Com a transição das áreas

---

também STOLLEIS, Michael. Geschichte des Öffentlichen Rechts in Deutschland, vol. 3. München, 1999, p. 367.

⁴⁵⁷ "Este povo não é apenas um povo camponês, mas também e essencialmente um povo do rádio, dos esportes, do fim de semana, dos assentamentos, das oficinas mecânicas, das rodovias, e como tal está ligado a formas e necessidades especiais da vida essencialmente determinadas pela tecnologia e pela máquina. Uma verdadeira ordem nacional deve fazer justiça a esta extraordinária diversidade". Cf. FORSTHOFF, Ernst. *Der totale Staat*. 2ª ed. Hamburgo, 1934, p. 47.

⁴⁵⁸ Peter Häberle aponta, com razão, que o conceito de Forsthoff sobre a constituição e o Estado de Direito é contraditório com sua teoria de administração. HÄBERLE, Peter. "Zum Staatsdenken Ernst Forsthoffs". *ZSR* vol. 95, I, 1976, pp. 477 e ss.

⁴⁵⁹ FORSTHOFF, Ernst. *Die Verwaltung als Leistungsträger*. Stuttgart/Berlim, 1938, p. 9.

⁴⁶⁰ A princípio, um quadro de influência emerge de três autores diferentes: Hegel, Schmitt e Max Weber. No caso de Hegel trata-se do conceito de precaução do § 188 da obra "Linhas Fundamentais da Filosofia do Direito" [*Grundlinien der Philosophie des Rechts*], no caso de Max Weber trata-se da análise da burocracia e do Direito e *por último, mas não menos importante,* no caso de Carl Schmitt trata-se de sua mudança da tomada de decisão para o pensamento de ordem concreta.

⁴⁶¹ Veja-se a diferença entre espaço "efetivo" e espaço "dominado" em FORSTHOFF, Ernst. *Die Verwaltung als Leistungsträger*. Stuttgart/Berlim, 1938, p. 5. Como resultado do desenvolvimento

rurais para as urbanas e com a densificação das condições de vida, os espaços de convivência socializados aumentaram em contraste com os espaços comunitários.[462] De acordo com Forsthoff, a dependência da existência humana de uma infinidade de organizações (públicas), tais como instalações de transporte e comunicação, abastecimento de gás e energia, etc., permitiu ao Estado novas "possibilidades de moldar e remodelar o *Dasein* através desta forma de fornecimento de infraestrutura técnica".[463] Isso também é acompanhado por uma clara mudança no significado da autoridade estatal como instância central de regramento social no sentido convencional.[464]

Com esta declaração de novas "possibilidades de moldar e remodelar o *Dasein*" através do Estado, Forsthoff também se aproxima surpreendentemente da análise de Foucault sobre a penetração da

---

industrial-técnico na virada do século XX, o transporte moderno teria aumentado o espaço efetivo e diminuiu o espaço dominado nas categorias de Forsthoff. Este tinha sido o espaço onde o próprio sujeito tinha poder de disposição sobre espaços e coisas, como, por exemplo, na fazenda, no campo ou em casa. A transição do campo para a cidade, mencionada aqui de forma recorrente, é aludida por Forsthoff em relação a uma necessária adaptação do Direito Administrativo à nova realidade das grandes cidades.

[462] *Daseinsvorsorge* se apresenta como uma mudança estrutural experimentada pelas cidades na revolução industrial, sobretudo através da urbanização, ou, como diz Forsthoff, "grande transformação de *Dasein* através da tecnologia e da grande cidade" (FORSTHOFF, Ernst. *Führung und Bürokratie*. Dt. Adelsblatt, 1935, p. 1339; cf. também FORSTHOFF, Ernst. *Die Krise der Gemeindeverwaltung im heutigen Staat*. Berlim, 1932, pp. 53 e ss.

[463] FORSTHOFF, Ernst. Von der Aufgabe der Verwaltungsrechtswissenschaft. *Deutsches Recht,* vol. 5, 1935, p. 399.

[464] "Não há autoridade de contadores, moleiros, serralheiros, chauffeurs, inspetores de carne, pois estas são funções parciais nas quais a integralidade do homem não transparece. Portanto, na medida em que o mundo se divide em partes de trabalho, ocorre uma diminuição da autoridade". (FORSTHOFF, Ernst. Das politische Problem der Autorität. In: FORSTHOFF, Ernst. *Rechtsstaat im Wandel*. Verfassungsrechtliche Abhandlungen 1950-1964. Stuttgart, 1964, pp. 100 e ss.).

CAPÍTULO V – O DIREITO DAS ORGANIZAÇÕES

nova forma de governo, que o próprio Foucault descreve como governamentalidade.⁴⁶⁵ A composição das palavras governo e mentalidade (*gouverne – mentalité*) descreve adequadamente o papel crucial do Estado na introdução de práticas de subjetivação no social através de suas possibilidades de moldar e remodelar o *Dasein*.⁴⁶⁶ Neste sentido, ambos autores, tanto Forsthoff quanto Foucault, distanciam-se da abordagem de um conceito moderno de soberania na tradição schmittiana do estado de exceção e, por sua vez, concentram-se no fenômeno generalizado da penetração da administração (estatal) na esfera social e seus efeitos sobre a constituição do sujeito. No trabalho de Forsthoff, a tecnologia tem se apartado decisivamente "de seus laços com as relações de produção".⁴⁶⁷ Sua distância de Marx, entretanto, torna-se uma aproximação ao conceito de disciplina de Foucault. A derivação da tecnologia e do poder é então consistente. De acordo com Forsthoff, o processo técnico, sem objetivo finalístico em si mesmo, seria caracterizado por sua particular "afinidade com o poder".⁴⁶⁸ O poder não seria mais cultivado centralmente através

---

⁴⁶⁵ Na série de palestras "Genealogia do Estado Moderno", Foucault está menos preocupado com uma reconstrução histórica do surgimento e transformação das estruturas políticas. Trata-se, antes, de focar na institucionalização do Estado e das formas jurídicas e seu papel formativo nos processos de subjetivação – em suma, com a conexão entre a história do Estado e sua relação com a história do sujeito. FOUCAULT, Michel. *Geschichte der Gouvernementalität*, vol. I: Sicherheit, Territorium, Bevölkerung. Frankfurt am Main, 2004, p. 508. Ver também FOUCAULT, Michel. *Dits et Ecrits*. Schriften, vol. 4. Frankfurt am Main, 2005, p. 900; LEMKE, Thomas. *Gouvernementalität und Biopolitik*. Wiesbaden, 2006.

⁴⁶⁶ Foucault não concebe o Estado moderno como uma estrutura centralizada. Ao invés disso, ele entende o Estado como uma "conexão complexa entre a técnica de individualização e os procedimentos de totalização". FOUCAULT, Michel. *Dits et Ecrits*. Schriften, vol. 4. Frankfurt am Main, 2005, p. 277.

⁴⁶⁷ FORSTHOFF, Ernst. *Der Staat der Industriegesellschaft*. Dargestellt am Beispiel der Bundesrepublik Deutschland, München, 1971, p. 36.

⁴⁶⁸ FORSTHOFF, Ernst. *Der Staat der Industriegesellschaft*. Dargestellt am Beispiel der Bundesrepublik Deutschland, München, 1971, pp. 34-41.

do "grau de intensificação do político" (Carl Schmitt), mas seria cada vez mais operacionalizado através de estruturas descentralizadas baseadas nas organizações.[469]

Estes dois momentos também são retomados por Foucault: por um lado, Foucault acentua a inadequação da capacidade interpretativa dialética marxista, pois para ele "o surgimento da sexualidade como problema fundamental marca o deslize de uma filosofia do homem trabalhador para uma filosofia do ser falante ou comunicador".[470] Por outro lado, ele enfatiza o momento de uma sociedade de organizações, ou uma sociedade industrial, na qual a própria normalização ou padronização industrial penetra no núcleo semântico da escolha de seus próprios termos e conceitos.[471] Em francês, *normalisation* significa *padronização*[472] no uso cotidiano predominante e está muito associada ao desempenho das organizações no trabalho de Foucault.[473] A organização da prisão moderna serviria como um tipo ideal para as instituições disciplinares da modernidade.

---

[469] Para o caso de associações, ver FORSTHOFF, Ernst. *Der Staat der Industriegesellschaft*. Dargestellt am Beispiel der Bundesrepublik Deutschland, München, 1971, p. 19.

[470] FOUCAULT, Michel. Ästhetik der Existenz. Schriften zur Lebenskunst. Frankfurt am Main, 2007, p. 26.

[471] "O normal se estabelece como um princípio coercitivo no ensino junto com a introdução da educação padronizada e o estabelecimento de escolas; estabelece-se no esforço de criar um corpus uniforme de medicina e cuidados hospitalares universais para a nação, impondo assim padrões gerais de saúde; estabelece-se na regulamentação e regimentação de processos e produtos industriais". FOUCAULT, Michel. *Überwachen und Strafen*. Die Geburt des Gefängnisses. Frankfurt am Main, 1976, p. 237.

[472] BALKE, Friedrich. "Disziplinartechnologien, Normalität, Normalisierung". *In:* KAMMLER, Clemens; PARR, Rolf; SCHNEIDER, Ulrich Johannes (Coord.). *Foucault Handbuch*. Leben, Werk, Wirkung. Stuttgart, 2014, p. 243.

[473] "A definição da relação entre corpo e máquina nas fábricas sob os auspícios da economia, racionalização e vigilância é um problema que percorre os séculos XIX e XX" (SOHN, Werner. Bio-Macht und

CAPÍTULO V – O DIREITO DAS ORGANIZAÇÕES

A geração de conhecimento através de organizações é uma importante pré-condição para o exercício do poder institucional social como forma de disciplina no sentido foucaultiano. No caso da prisão, por exemplo, Foucault está preocupado com o uso eficaz dos meios técnicos, como a técnica dos *index cards*,[474] que é crucial para a "organização de um sistema de documentação" que "facilita a incorporação de novos dados e informações pertencentes a cada indivíduo procurado".[475] Ao mesmo tempo, ele se pergunta por que os cartões de fichamento haviam sido tão pouco explorados até este momento pelos estudiosos.[476] Foi somente através da forma de organização que os cartões de papel, e, portanto os bancos de dados sistemáticos, puderam gerar um conhecimento efetivo que foi essencial para a gestão da ação disciplinar.[477] O dispositivo normativo foucaultiano prospera com base em pressupostos organizacionais e técnicos.[478]

Normalização e padronização como uma produção baseada na organização, que Foucault traça ao exemplo de várias instituições

---

Normalisierungsgesellschaft. Versuch einer Annäherung. *In:* SOHN, Werner; MEHRTENS, Herbert (Coord.). *Normalität und Abweichung*: Studien zur Theorie und Geschichte der Normalisierungsgesellschaft. Opladen/Wiesbaden, 1999, pp. 9 e ss., p. 19.

[474] FOUCAULT, Michel. *Überwachen und Strafen*. Die Geburt des Gefängnisses. Frankfurt am Main, 1976, p. 362.

[475] FOUCAULT, Michel. *Überwachen und Strafen*. Die Geburt des Gefängnisses. Frankfurt am Main, 1976, p. 362.

[476] KRAJEWSKI, Markus. *ZettelWirtschaft*. Die Geburt der Kartei aus dem Geiste der Bibliothek. Berlim, 2002, p. 14.

[477] FOUCAULT, Michel. *Überwachen und Strafen*. Die Geburt des Gefängnisses. Frankfurt am Main, 1976, p. 363, nota 49.

[478] Para uma definição detalhada de um *dispositif*, veja-se a conversa com Jacques-Alain Miler. Cf. FOUCAULT, Michel. Dits et Ecrits, vol. 3, 2003, pp. 392 e ss. Para o caso do panóptico como uma forma de poder sem centro e comando personalizado (*dispositif* genuíno), cf. PASQUINELLI, Matteo. "Was ein Dispositiv nicht ist: Archäologie der Norm bei Foucault, Canguilhem und Goldstein". *In:* AGGERMANN, Lorenz; DÖCKER, Georg; SIEGMUND, Gerald (Coord.). *Theater als Dispositiv*. Frankfurt am Main, 2017, pp. 123 e ss.

– como a fábrica, a escola e seu antecessor, o mosteiro – a uma classificação padronizada de corpos e vidas em tempos e espaços estandardizados, são a estrutura básica de uma sociedade disciplinar[479] ou normalizadora.[480] Em "A Vontade de Saber", Foucault retorna à tríade *"norme/normalisation/normalité"* através da qual, como no livro *Vigiar e Punir,* as disposições práticas e, sobretudo, a emergência da "biopolítica" é analisada através da *normalização/padronização.* Nesse sentido, segundo Foucault, uma sociedade da normalização se apresenta como um "efeito histórico de uma tecnologia de poder voltada para a vida".[481] Ernst Forsthoff descreve o nascimento da normalidade com a noção do Estado técnico e serviços públicos, que na opinião de Foucault se afirma na biopolítica (baseada em organizações), o que seria igualmente impensável sem uma infraestrutura baseada em organizações.

Finalmente, o nascimento da normalidade denota o crescimento da confiança da sociedade nos processos de padronização, impulsionados pela forma das organizações, e ocorre muito antes das formulações teóricas de Foucault e Forsthoff. Em particular, o crescimento da importância da tecnologia a partir da segunda metade do século XIX inevitavelmente leva ao efeito oposto de uma "intensificação do político" (Carl Schmitt). Este fenômeno é particularmente notável na metamorfose do Direito Global na transição de um Direito de Estados, dominado pelos contatos e relações entre Estados, para um Direito reproduzido por meio de organizações.

---

[479] DELEUZE, Gilles. "Postscriptum on the Society of Control". *In:* _____. *Unterhandlungen,* 1972-1999. Frankfurt am Main, 1993, p. 240.

[480] SOHN, Werner. "Bio-Macht und Normalisierungsgesellschaft. Versuch einer Annährung". *In:* SOHN, Werner; MEHRTENS, Herbert (Coord.). *Normalität und Abweichung*: Studien zur Theorie und Geschichte der Normalisierungsgesellschaft. Opladen/Wiesbaden, 1999, pp. 9 e ss.

[481] FOUCAULT, Michael. *Sexualität und Wahrheit.* Der Wille zum Wissen, vol. I. Frankfurt am Main, 1987, p. 171.

CAPÍTULO V – O DIREITO DAS ORGANIZAÇÕES

As seções seguintes analisarão como novos tipos de processos de normalização e, sobretudo, processos de padronização foram colocados em movimento na sociedade mundial na forma de organizações a partir de meados do século XIX. O aumento dos contatos entre os Estados recém-estabelecidos, colônias e Estados mais antigos, a maior circulação de pessoas e bens, e o aumento da população nas principais cidades do mundo trouxeram consigo novos desafios para a padronização de diversas áreas da sociedade que, devido à dimensão cada vez mais global, não deveriam ser fragmentadas em diferentes regimes estatais com diferentes centros de padronização.

Não apenas a redução dos custos de transações transfronteiriças, mas acima de tudo a funcionalidade de várias tecnologias como telegrafia, fornecimento de energia e transporte ferroviário, a necessidade de padronização de parafusos e roscas através da propagação mundial de tipos de máquinas, etc., dependia do estabelecimento de novas formas de autonormatização ou autorregulamentação social, que passaram, em última instância, a ser tratadas em formas organizacionais. Um modelo de organização que proporcionou processos de padronização para os vínculos transfronteiriços da sociedade mundial foram as chamadas uniões administrativas que fizeram avançar o papel de auto-organização na sociedade mundial. A nacionalidade e a internacionalidade deste processo de geração e estabelecimento de padrões foi então acompanhada de uma forma de coevolução do nacional e do transnacional.[482] Isso pode ser ilustrado pelo exemplo da padronização da eletricidade[483] e outras modernizações de

---

[482] CONRAD, Sebastian; OSTERHAMMEL, Jürgen. "Einleitung". *In:* CONRAD, Sebastian; OSTERHAMMEL, Jürgen (Coord.). *Das Kaiserreich transnacional*. Deutschland in der Welt 1871-1914. Göttingen, 2004, pp. 7 e ss.; PETERSON, Niels P. "Das Kaiserreich in Prozessen ökonomischer Globalisierung". *In:* CONRAD, Sebastian; OSTERHAMMEL, Jürgen (Coord.). *Das Kaiserreich transnacional*. Deutschland in der Welt 1871-1914. Göttingen, 2004, pp. 49 e ss.

[483] VEC, Miloš. *Recht und Normierung in der Industriellen Revolution*. Neue Strukturen der Normsetzung in Völkerrecht, staatlicher Gesetzgebung

infraestrutura, que também fazem parte do conceito de "serviços de interesse geral".[484]

5.3 O surgimento de organizações "para além" da gestão da guerra

Na literatura sobre Direito Internacional e na ciência política, a questão do surgimento e da necessidade da forma organizacional para lidar com assuntos concretos do Estado é frequentemente rastreada até a questão da gestão de guerra. Um exemplo disso é o importante ensaio de David Kennedy *"The Move to Institutions"*, no qual, inspirado especialmente na fundação da Liga das Nações, ele descreve o valor agregado de uma transição de uma sociedade global focada nos contatos entre os Estados para uma sociedade cada vez mais baseada em organizações como um produto do instrumento de manutenção da paz e resolução de disputas entre os Estados após a Primeira Guerra Mundial.[485] No mesmo contexto, Gerard Mangone lida com a mudança do Direito da sociedade global centrado no Estado para o Direito da sociedade global mediado pelas organizações, vendo o sistema de Haia em particular como um dos precursores da

---

und gesellschaftlicher Selbstnormierung. Frankfurt am Main, 2006, pp. 165-291; KEHRBERG, Jan O. *Die Entwicklung des Elektrizitätsrechts in Deutschland*. Der Weg zum Energiewirtschaftsgesetz von 1935. Frankfurt am Main, 1997, pp. 21 e ss.

[484] JELLINGHAUS, Lorenz. *Zwischen Daseinsvorsorge und Infrastruktur*. Zum Funktionswandel von Verwaltungswissenschaften und Verwaltungsrecht in der zweiten Hälfte des 19. Jahrhunderts. *Frankfurt am Main*, 2006, pp. 13 e ss.

[485] "Pensar sobre as origens das instituições internacionais parece exigir uma visão de guerra, de paz e do processo pelo qual a guerra dá lugar à paz". (...) Como se compreende pela disciplina, o ano de 1918 origina a instituição internacional de três maneiras. Em primeiro lugar, executa uma pausa entre um momento pré-institucional e um momento institucional" (KENNEDY, David W. The Move to Institutions. *Cardozo L. Rev.*, vol. 8, 1987, pp. 841-845).

CAPÍTULO V – O DIREITO DAS ORGANIZAÇÕES

nova forma de produção da normatividade jurídica.[486] Os dois não estão, de forma alguma, "sozinhos nesta avaliação".[487]

Este reducionismo quando se trata do papel desempenhado pelas organizações na configuração da normatividade jurídica da sociedade global, que, nas palavras de Henry Brailsford, terminaria em um certo maniqueísmo,[488] está sendo desafiado por uma nova geração de estudos.[489] Estes focalizam particularmente no abrandamento desta compreensão da função das organizações, que se concentraria principalmente na ação governamental, direcionando o foco, em vez disso, para as auto-organizações emergentes inerentemente dinâmicas na sociedade global. Assim, eles se cncentram principalmente na observação do desenvolvimento do poder formativo do social através de organizações que, a partir de de sua experiência setorial, possibilitam o trabalho conjunto de rede multidimensional com atores estatais e não estatais e estudiosos.

---

[486] MANGONE, Gerard J. *A Short History of International Organization.* New York, 1954, p. 34: "O caos da guerra internacional obrigou o estadista a voltar sua atenção para a construção positiva da paz pelas organizações internacionais".

[487] Entre outros, GREWE, Wilhelm G. "Peaceful Change". *In:* BERNHARDT, Rudolf (Coord.). *Max Planck Encyclopedia of Public International Law 3.* Oxford, 1997, pp. 971 e ss.; WOLFRUM, Edgar; ARENDES, Cord. *Globale Geschichte des 20. Jahrhunderts.* Stuttgart, 2007, pp. 64 e ss.; DÜLFFER, Jost. Art. " Völkerbund". *In:* VOGLER, Helmut (Coord.). *Lexikon der Vereinten Nationen.* München, 2000, pp. 609 e ss.; BAUMGART, Winfried. *Vom europäischen Konzert zum Völkerbund. Friedensschlüsse und Friedenssicherung von Versailles bis Wien.* Darmstadt, 1987.

[488] "A guerra que encarna a desorganização, muitas vezes é identificada com violência e paixão. A paz, a antítese da guerra, é vista como encarnando a organização" (BRAILSFORD, Henry. A League of Nations 1-2 (1917). New York, 2018, p. 324).

[489] IRIYE, Akira. *Global Community.* The Role of International Organization in the Making of the Contemporary World. Berkeley, 2004; BOLI, John / THOMAS, George M. (Coord.). *Constructing World Culture. International Nongovernmental Organizations since 1875.* Stanford (Cal.), 1999.

Um dos exemplos mais vivos da produção de normatividade jurídica na transição de uma sociedade global centrada no Estado para uma sociedade global centrada nas organizações pode ser encontrado no o desenvolvimento dos direitos autorais. Neste contexto, a institucionalização através das chamadas uniões administrativas desempenha um papel crucial na expansão global da proteção ao autor,[490] permitindo um "novo tipo de envolvimento de atores da sociedade civil, redes transnacionais e funcionários internacionais".[491] Neste contexto, o Direito Global assumiu assim novas características que não eram mais puramente intergovernamentais, mas também não podia ser compreendida em termos de uma república mundial ou de um Estado mundial. Em vista do aumento da complexidade e da impossibilidade de rastrear a nova sociedade (mundial) de volta a uma fundação ou centro final – ou, em terminologia schmittiana, à ordem concreta de um *ius publicum europaeum* – a sociedade mundial tende, em vez disso, a ser fragmentada globalmente em setores orientados por organizações.

5.4 A juridificação dos bens culturais

Um fato pode ser reconstruído de diferentes maneiras. Naturalmente, os (bons) juristas sabem bem disso. Ou melhor: reconstituir fatos de forma distinta é um conhecimento que os bons juristas em

---

[490] VEC, Miloš. "Weltverträge für Weltliteratur. Das Geistige Eigentum im System der rechtsetzenden Konventionen des19. Jahrhunderts". *In:* PAHLOW, Louis; EISFELD, Jens (Coord.). *Grundlagen und Grundfragen des geistigen Eigentums*. Tübingen, 2008, pp. 107 e ss., pp. 127 e ss.

[491] HERREN, Madeleine. "Governmental Internationalism and the Beginning of a New World Order in the Late Nineteenth Century". *In:* GEYER, Martin H.; PAULMANN, Johannes (Coord.). *The Mechanics of Internationalism*. Culture, Society, and Politics from the 1840s to the First World War. Oxford, 2001, pp. 121 e ss.; HERREN-OESCH, Madeleine. *Internationale Organisationen seit 1865*. Eine Globalgeschichte der internationalen Ordnung. Darmstadt, 2009.

geral possuem. Se tomarmos como ponto de partida a relação entre tecnologia e Direito, esta arte da reconstrução por juristas é particularmente evidente na área de direitos autorais e direito de patentes. Uma possível abordagem é oferecida pela prática convencional da dogmática jurídica tradicional, que busca um elemento do Direito Estatal para então assumir ou descrever a origem do Direito a partir de normas em um texto legislativo ou decisões proferidas por cortes estatais. Uma segunda abordagem, por outro lado, oferece a base teórico-jurídica da reconstrução factual, na qual vários elementos vizinhos ao Direito são usados para interpretar um determinado tema.[492] Em uma abordagem baseada em contatos laterais entre disciplinas, abra-se tanto uma nova visão dos próprios fatos quanto se possibilita uma transposição de fronteiras dogmático-disciplinares terminam.[493] Especialmente em áreas do Direito onde as inovações tecnológicas desempenham um papel importante na transformação das relações sociais, os contatos interdisciplinares e também laterais oferecem um excedente de possibilidades interpretativas ao invés de um estreitamento da capacidade interpretativa.[494]

Este também é o caso do direito autoral. A fim de incorporar novos elementos de disciplinas vizinhas e evitar um estreitamento a uma visão puramente dogmática e regida por uma metodologia orientada por requisitos nacionais, pode-se entender a força motriz da transformação dos direitos como um conflito mediático entre autores ou criadores e aparatos e, num segundo momento, sua

---

[492] Para o caso da ciência jurídica orientada para a sociologia, cf. LOMFELD, Bertram (Coord.). *Die Fälle der Gesellschaft*. Eine neue Praxis soziologischer Jurisprudenz. Tübingen, 2017. Para uma abordagem da ciência jurídica orientada à teoria da mídia, veja o trabalho em quatro volumes de Thomas Vesting (*Die Medien des Rechts*. Weilerswist, 2011-2015); VISMANN, Cornelia. *Akten. Medientechnik und Recht*. Frankfurt am Main, 2010; VISMANN, Cornelia. *Das Recht und seine Mittel*. Ausgewählte Schriften. Frankfurt am Main, 2012, p. 394.

[493] Ver Capítulo I.

[494] Ver Capítulo I.

estabilização jurídica. Muito antes de ser possível separar textos, música e gráficos ou imagens de seus portadores materiais, a formação da linguagem conceitual da propriedade intelectual apontava para a dualidade do corpo e da mente e desafiava assim a dinâmica clássica da propriedade.[495] O estado imaterial desta forma de propriedade equaciona sua mobilidade, transferibilidade e, não menos importante, sua reprodutibilidade com o crescimento dos mercados de livros e de mídias na industrialização.[496]

Este desenvolvimento, no entanto, pressupõe algo que no presente trabalho – seguindo John Brewer – é descrito pela aquisição evolutiva da transição da corte para a cidade. Esta pré-condição social foi crucial para o desencadeamento de uma nova produtividade do indivíduo que, na verdade, está no coração da produção de bens culturais protegidos pela propriedade intelectual.[497] Somente

---

[495] Tradicionalmente, KOHLER, Josef. "Die Idee des geistigen Eigenthums". *Archiv für die Civilistische Praxis*, vol. 82, 1894, pp. 141 e ss.; LEISTNER, Matthias; HANSEN, Gerd. "Die Begründung des Urheberrechts im digitalen Zeitalter – Versuch einer Zusammenführung von individualistischen und utilitaristischen Rechtfertigungsbemühungen". *Gewerblicher Rechtsschutz und Urheberrecht*, 2006, pp. 479 e ss. Para um desenvolvimento da propriedade intelectual para além do direito de exclusividade, cf. LADEUR, Karl-Heinz; VESTING, Thomas. Geistiges Eigentum im Netzwerk – Anforderungen und Entwicklungslinien. *In:* EIFERT, Martin; HOFFMANN-RIEM, Wolfgang (Coord.). *Innovationsrecht*: Geistiges Eigentum und Innovation. Innovation und Recht I. Berlin, 2008, pp. 123 e ss.

[496] Propriedade intelectual (ou direito de propriedade intelectual) é um termo genérico ao qual pertencem os direitos autorais, patentes, marcas registradas, modelos de utilidade e direito de *design*. Sobre a relação entre reprodutibilidade e juridificação, cf. PEUKERT, Alexander. "Die Herausbildung der normativen Ordnung 'geistiges Eigentum'. Diskurstheoretische und andere Erklärungsansätze". *In:* FORST, Rainer; GÜNTHER, Klaus (Coord.). *Theorien normativer Ordnungen*, Berlin, i. E.: (...) o surgimento e a expansão mundial da propriedade intelectual, no entanto, é agora amplamente reconhecido como uma reação repetida às novas tecnologias reprodutivas (...)", nota marginal 13.

[497] Ver Capítulo III.

CAPÍTULO V – O DIREITO DAS ORGANIZAÇÕES

através do gradual enfraquecimento das relações típicas da corte com sua orientação centralista foi possível que um florescimento dos mercados modernos de livros e arte pudesse avançar e, assim, uma profissionalização plural de escritores e estudiosos, artistas, compositores e músicos se tornasse realidade na segunda metade do século XIX para além da cultura cortesã ou eclesiástica. A mudança do clientelismo cortês para um público cada vez mais amplo, urbano e impessoal contribuiu para o fim do antigo regime de privilégios modernos, no qual soberanos, reis e imperadores concediam privilégios de publicação ou impressão[498] a fim de canalizar o fluxo de informações de forma centralizada através de um instrumento de controle político e censura.[499]

A propriedade intelectual não apenas marca a diferença entre o criador e o que é criado, assim como sua ligação institucionalizada através de normas jurídicas, mas também se apresenta ao mesmo tempo como um efeito das técnicas de reprodução que, a partir do século XIX, impactam nas práticas de juridificação. Neste sentido, Heinrich Bosse enfatiza que o "domínio da obra", ou seja, a relação entre autor e obra, que então levou a reformas jurídicas concretas no século XIX, tem como pressuposto a técnica de impressão a partir da introdução da impressora rotativa.[500] Em outras palavras, é so-

---

[498] GIESEKE, Ludwig. *Vom Privileg zum Urheberrecht*. Die Entwicklung des Urheberrechts in Deutschland bis 1845. Göttingen, 1995, pp. 39 e ss.; WADLE, Elmar. "Der langsame Abschied vom Privileg: Das Beispiel des Urheberrechts". *In:* DÖLEMEYER, Barbara; MOHNHAUPT, Heinz (Coord.). *Das Privileg im europäischen Vergleich*. vol. 1. Frankfurt am Main, 1997, pp. 377 e ss.

[499] BURKE, Peter. *Papier und Marktgeschrei*. Die Geburt der Wissensgesellschaft. Berlin, 2001, pp. 139-205. A transformação do sistema de produção e a difusão dos bens culturais através de uma esfera pública mais aberta das cidades também são descritas por Jacques Attali. Cf. ATTALI, Jacques. *Noise*. The Political Economy of Music. Minneapolis, 1985.

[500] BOSSE, Henrich. *Autorschaft ist Werkherrschaft*. Über die Entstehung des Urheberrechts aus dem Geist der Goethezeit. Paderborn, 1981.

mente quando surge uma nova possibilidade técnica de reprodução que novas formas de controle da exploração se tornam inevitáveis.

As práticas de juridificação e as técnicas de reprodução são fenômenos que se influenciam mutuamente. Com a diversificação dos produtos e a invenção de novas técnicas, surgiu a necessidade de estabilizar as expectativas a mais longo prazo através do Direito. Em algumas áreas, como no caso dos direitos dos autores, essa estabilização não logrou êxito exclusivamente através da legislação nacional, devido à imaterialidade e à fácil mobilidade da própria matéria. A fim de produzir uma certa infraestrutura estável como um horizonte de expectativa além das fronteiras do Estado-nação, e assim promover uma circulação e produção mais ampla de produtos culturais, surgiram formas paralelas de juridificação ao modelo jurídico do Estado-nação. A partir da segunda metade do século XIX, eles impulsionaram a estabilização jurídica dos processos sociais através de instituições, associações, empresas e organizações em nível internacional e principalmente garantiram o surgimento de uma infraestrutura de regras dentro do espaço global e setorial, que orientassem expectativas setoriais.[501]

Assim, se quisermos entender como surgiram essas estruturas transnacionais e como elas se tornaram insubstituíveis para o desenvolvimento moderno dos direitos autorais, a transformação dos direitos autorais deve ser compreendida menos na tradição da hermenêutica textual, que busca o significado correto e uma melhor interpretação dos textos jurídicos, tratados internacionais e debates públicos.[502] Ao contrário, ela deve se orientar pela mudança de contextos

---

[501] Para uma descrição desta situação a partir dos anos 80, cf. TEUBNER, Gunther. Global Bukovina. Zur Emergenz eines transnationalen Rechtspluralismus. *Rechtshistorisches Journal*, vol. 15, 1996.
[502] Para uma crítica filosófica da tradição hermenêutica, cf. GESSMANN, Martin. *Zur Zukunft der Hermeneutik*. München, 2012, pp. 35 e ss.

sociais, o que coloca ênfase na materialidade da comunicação[503] e sua estabilização jurídica e estrutural na sociedade. Desta forma, é possível observar o fenômeno da configuração e reconfiguração dos direitos de propriedade como "direito imaterial" para além de uma demarcação dogmática jurídica condicionada por um Estado-nação. Trata-se principalmente de olhar para as condições constitutivas de um direito autoral moderno, para a relação coevolucionária entre o nível transnacional e o nacional e para a forma como a própria sociedade lida com o aumento de sua própria complexidade social. Sem os direitos autorais, a facilitação de um comércio global de música, livros e outras formas de produtos de conteúdo cultural em plataformas *on-line* através de uma infraestrutura jurídica e técnica de regras teria sido dificilmente concebível.

5.4.1 Novos meios, novas leis?

O surgimento de novos meios de gravação, a partir de 1850, representou um novo desafio para o discurso jurídico. Como a normatividade jurídica se relaciona com a contingência das circunstâncias? Para o Direito, a mudança na mídia também significa a necessidade de uma nova maneira de lidar com a contingência. O início da produção em massa de caixas de música e novas possibilidades para a transmissão de obras musicais causou um furor por volta de 1850. Na Alemanha e na França, foram tomadas diferentes decisões judiciais sobre este assunto por volta de 1865. A corte francesa as considerou como reproduções não autorizadas, enquanto a corte imperial alemã, pela primeira vez, elaborou um novo conceito de reprodução que diferia do privilégio de reimpressão.[504] Uma nova cultura de reprodução na indústria musical já começava a surgir,

---

[503] GUMBRECHT, Hans Ulrich. "Rhythmus und Sinn". *In:* GUMBRECHT, Hans Ulrich; PFEIFFER, Karl Ludwig (Coord.). *Materialität der Kommunikation.* Frankfurt am Main, 1995, pp. 714 e ss.

[504] DOMMANN, Monika. *Autoren und Apparate.* Die Geschichte des Copyrights im Medienwandel. Frankfurt am Main, 2014, pp. 45/46.

chamando a atenção para os novos meios de distribuição e a adaptação de conceitos jurídicos a eles.[505]

Os novos aparelhos tecnológicos transformaram lentamente o estilo de vida da população, não apenas como móveis nos *lobbies* dos hotéis e nas casas, mas também exerceram uma forte influência no estilo de vida das pessoas como aparelhos de entretenimento doméstico.[506] Os novos meios de comunicação e aparelhos audiovisuais fizeram carreira neste sentido. A invenção da "Máquina Falante" pelo inventor Thomas Alva Edison (1847-1931) em 1877 rapidamente levou à produção comercial do fonógrafo a partir de 1878. O desenvolvimento posterior do fonógrafo, o gramofone de Emil Berliner (1851-1929), um engenheiro elétrico que emigrou de Hannover, Alemanha, para os Estados Unidos, melhorou muito a qualidade sonora da "Máquina Falante" de Edison e se tornou a base da moderna indústria do som. Berliner fundou a United States Gramophone Company e, ao mesmo tempo, encarregou a fábrica de bonecas Kämmerer & Reinhard na Alemanha de produzir gramofones em massa a partir de 1890.[507] Para introduzir o gramofone no mercado, foi gravada uma série de dez títulos do cantor Enrico

---

[505] ATTALI, Jacques. *Noise*. The Political Economy of Music. Minneapolis, 1985, p. 87.

[506] D. L. LeMahieu escreve que a gravação sonora é uma das "várias novas tecnologias impulsionadas por uma população cada vez mais acostumada a milagres mecânico. Em uma década em que os homens aprenderam a voar, o motor de um gramofone portátil ou o tempo de jogo prolongado de um disco de dupla face dificilmente provocou espanto. De fato, o que pode ser mais notável foi a rapidez com que as inovações tecnológicas se tornaram absorvidas pela experiência cotidiana e banal". LEMAHIEU, Daniel L. A Culture for Democracy: Mass Communication and the Cultivated Mind in Britain between the Wars. Oxford, 1988, p. 81; cf. também LOWE, Donald M. *History of Bourgeois Perception*. Chicago, 1982, pp. 111-117; GELATT, Roland. *The Fabulous Phonograph, 1877-1977*. New York, 1977, pp. 68 e ss.

[507] GELATT, Roland. *The Fabulous Phonograph, 1877-1977*. New York, 1977, pp. 58 e ss.

CAPÍTULO V – O DIREITO DAS ORGANIZAÇÕES

Caruso (1873-1921), o que contribuiu decisivamente para a carreira do gramofone enquanto aparato social. Lentamente o gramofone se tornou o novo meio de massa e, ao mesmo tempo, se estabeleceu como uma ferramenta musical que pudesse ser levada a sério. Seguiram-se dispositivos para gravação e reprodução de som magnético o microfone elétrico e o alto-falante eletrodinâmico em 1898 e 1925, respectivamente.[508]

Todos esses novos meios de gravação, mas especialmente o fonógrafo como um novo meio que torna as gravações possíveis e, ao mesmo tempo, favorece a individualidade da voz e o poder de improvisação do artista, desafiaram o direito autoral existente. O regime anterior de direitos autorais protegia apenas a notação musical, ou seja, levava em conta apenas a fixação da linguagem musical nas notas escritas – em suma, protegia o compositor musical – mas não há voz sem forma de notas escritas. A passagem da obra centrada no meio escrita para uma obra centrada no meio voz foi acompanhada pelo aumento das possibilidades de disseminação através da invenção técnica do cilindro. O fonógrafo não tinha o glamour de um concerto ao vivo, mas criou uma maior popularização da música.[509] A novidade aqui não foram as notas escritas, mas a voz individualizada e as condições de sua reprodutibilidade técnica. Gradativamente a sensação se estabeleceu de que o fonógrafo não estava apenas reproduzindo uma interpretação mecânica

---

[508] DAY, Timothy. *A Century of Recorded Music.* Listening to Musical History. New Haven/London, 2000.

[509] STERNE, Jonathan. *The Audible Past. Cultural Origins of Sound Reproduction.* Durham/London, 2003, pp. 195 e ss. A tese do livro é que a forma moderna de ouvir prefigura formas modernas de ver. Levar a sério o papel do som e da audição na vida moderna é desafiar a definição visualista de modernidade. Para a história do fonograma, ver pp. 195 e ss.

do gravador de música, mas que, na verdade, era o próprio artista da gravação que se destacava.[510]

A respeito desta mudança na mídia, Friedrich Kittler cunhou o termo "pivô" (Schwenk) para uma transformação através da qual a transição da mídia – neste caso, da escrita para a voz – é fortemente enfatizada.[511] O *"pivot"* (*Schwenk*), assim entendido, foi acompanhado por uma mudança no significado de papéis de liderança, na medida em que a nova tecnologia fez com que o *tone-setter*, ao invés do *note-setter*, ganhasse o papel principal na nova indústria em crescimento. As condições da mídia são, neste contexto, fatores de diferenciação cultural com sérias implicações para as condições de juridificação. Os novos meios de comunicação tornam-se técnicas culturais, especialmente quando elas produzem constitutivamente novas cadeias de ação e interconexão.[512] O Direito reage a esses meios de comunicação técnico-culturais, proporcionando novas formas de lidar com a complexidade. Neste contexto, o surgimento de novas tecnologias e novos aparelhos põe em questão precisamente os limites das reivindicações de normatividade jurídica até então conferidas pelo regime de direitos autorais. Além disso, a "batalha das racionalidades" entre aparelhos e normas jurídicas também desafia os limites da forma de geração da normatividade jurídica de acordo com o modelo orientado pelo Estado-nação. Nesta perspectiva, as novas formas de lidar com a complexidade que o Direito proporciona à

---

[510] KENNEY, William H. *Recorded Music in American Life*. The Phonograph and Popular Memory, 1890-1945. New York, 1999.

[511] KITTLER, Friedrich A. *Aufschreibsysteme*. 1800-1900. München 2003, p. 314.

[512] SIEGERT, Bernhard. "Kulturtechnik". *In:* MAYE, Harun; SCHOLZ, Leander (Coord.). *Einführung in die Kulturwissenschaft*. München, 2011, pp. 95 e ss., p. 98: "Os meios se tornam descritíveis como uma técnica cultural quando as cadeias de ação são reconstruídas nas quais eles estão integrados, que os configuram, ou que eles produzem constitutivamente". Embora haja uma clara diferença entre escrita, o ato de escrever e leitura, as mídias se tornam uma técnica cultural quando se tornam a condição de habilitação da escrita, leitura e comunicação.

CAPÍTULO V – O DIREITO DAS ORGANIZAÇÕES

sociedade não permanecem vinculadas apenas à forma tradicional de juridificação através da legislação. Ao contrário, eles chamam à existência – especialmente no caso dos direitos autorais – uma nova geração de conhecimento, transnacional, baseada nas organizações. A normatividade jurídica não se apresenta mais como monopólio da legislação do Estado-nação.

5.4.2 A gestão da normatividade jurídica pelas organizações

A ascensão do conhecimento e da informação como um recurso cultural, social e econômico central das sociedades modernas é um fenômeno típico da segunda metade do século XX.[513] Embora seja um fenômeno posterior, pelo menos em termos de sua reflexão semântica, a imaterialidade inerente aos conceitos de conhecimento e informação impulsionou desenvolvimentos estruturais anteriores à cristalização semântica da sociedade pós-industrial na segunda metade do século XX. Em particular, o processo de padronização baseada na organização de vários setores da sociedade definiu o rumo para a nova sociedade pós-industrial, na medida em que permitiu a criação de um horizonte técnico-jurídico flexível e dinâmico de expectativas dentro de um processo de múltiplas organizações. Esta

---

[513] A caracterização da sociedade pós-industrial é sempre conceitualizada em contraponto à sociedade industrial que a precedeu. Na sociedade pós-industrial, o trabalho e os recursos de capital são substituídos pelo conhecimento e pela informação como as principais fontes de criação de valor econômico. Ver *Alain Touraine*, Die postindustrielle Gesellschaft, Frankfurt am Main, 1972, p. 7; BELL, Daniel. *Die nachindustrielle Gesellschaft*. Frankfurt am Main, 1975, p. 112: "O conceito de 'sociedade pós-industrial› enfatiza a centralidade do conhecimento como o eixo em torno do qual as novas tecnologias, o crescimento econômico e a estratificação da sociedade são organizados".

criação de uma infraestrutura global foi crucial para a comunicação e o movimento de pessoas e bens culturais.[514]

O conceito de governança oferece uma descrição semântica possível para essa mudança na estrutura social, o que implica tanto vantagens como desvantagens. O surgimento de estruturas de governança está historicamente situado a partir dos anos 1990, quando se torna evidente um processo de migração contínua das competências decisórias nacionais para estruturas e instituições de governança além do Estado.[515] Entretanto, este processo não toma a forma de uma cronologia linear, como implica a abordagem da "transformação do Estado"[516] de Michael Zürn e Stephan Leibfried.

---

[514] Sobre a tensão entre nacionalismo e internacionalismo da perspectiva da história jurídica, cf. STOLLEIS, Michael. *Der lange Abschied vom 19. Jahrhundert*. Die Zäsur von 1914 aus rechtshistorischer Perspektive. Berlin, 1997, pp. 10 e ss.; STOLLEIS, Michael. *Nationality and Internationality*: Comparative Law in 19th Century Public Law. Stuttgart, 1998, pp. 23 e ss.

[515] ZÜRN, Michael. "Global Governance". *In:* SCHUPPERT, Gunnar (Coord.). *Governance-Forschung*. Vergewisserung über den Stand und Entwicklungslinien. Baden-Baden, 2006, pp. 121 e ss.; BEHRENS, Maria; REICHWEIN, Alexander. Global Governance. *In:* BENZ, Arthur et al. (Coord.). *Handbuch Governance*. Theoretische Grundlagen und empirische Anwendungsfehler. Wiesbaden 2007, pp. 311 e ss. Sobre a dimensão do conhecimento da governança global, cf. WILLKE, Helmut. *Global Governance*. Bielefeld, 2006, pp. 74 e ss.

[516] "Our working hypotheses assume, firstly, that important shifts are taking place in the different dimensions of the modern state, i.e. we are in an age of transformation that began in the 1970". (LEIBFRIED, Stephan; ZÜRN, Michael. Reconfiguring the national constellation. *In:* LEIBFRIED, Stephan; ZÜRN, Michael (Coord.). *Transformation of the State?* Cambridge, 2005, p. 17).

"As instituições internacionais são a principal resposta à desnacionalização da situação do problema. Nunca antes o número de instituições internacionais foi tão grande como hoje, e nunca antes as instituições internacionais intervieram tão profundamente nas transações sociais como hoje". ZÜRN, Michael. Zu den Merkmalen postnationaler Politik. *In:* JACHTENFUCHS, Markus; KNODT, Michèle (Coord.). Regieren in internationalen Institutionen. Opladen, 2002, p. 230.

CAPÍTULO V – O DIREITO DAS ORGANIZAÇÕES

Não há o primeiro Estado ou o "Estado em sua era dourada", que é então minado em suas atribuições pelos processos de globalização. A vantagem dessa abordagem reside no esclarecimento de que muitos processos sociais não podem ser rastreados até o Estado de forma única. Neste sentido, o conceito de governança permite uma descrição mais complexa dos fenômenos transnacionais. As desvantagens, porém, residem na temporalização histórica do fenômeno. Como já indicado, os processos coevolucionários entre o nacional e o transnacional são concomitantes de um fenômeno de surgimento do Estado moderno que produz uma estrutura regulatória entre o nível nacional e o transnacional. Esses processos se intensificam com o direito das organizações aqui mencionado, que já ganha em importância e intensidade na segunda metade do século XIX.

A "administração da normatividade jurídica através de organizações" denota que tanto o Direito quanto a forma de organização assumiram um papel central no processo de difusão internacional de tecnologia, comunicação, tráfego e mercados a partir da segunda metade do século XIX. Sem o Direito e sem a forma de organização como forma transnacional de geração de conhecimento, tal desenvolvimento teria sido impensável. O processo de juridificação das relações internacionais, como Arthur Nussbaum observa, levou a uma mudança estrutural no Direito Internacional, na qual o estabelecimento de uniões administrativas tecnossetoriais através de tratados multilaterais substituiu os tratados de Direito Internacional anteriormente voltados para fins militares e de manutenção da paz.[517] Um novo tipo de tratado com características legiferantes, de

---

[517] "O surgimento de tratados multilaterais, abertos, de estabelecimento de direitos, servindo objetivos organizacionais, bem como o novo tipo de 'conferências' internacionais foram sintomas característicos de uma profunda mudança estrutural no Direito Internacional" (NUSSBAUM, Arthur. *Geschichte des Völkerrechts*. München, 1960, p. 224); VEC, Miloš. *Recht und Normierung in der Industriellen Revolution*. Neue Strukturen der Normsetzung in Völkerrecht, staatlicher Gesetzgebung und gesellschaftlicher Selbstnormierung. Frankfurt am Main, 2006, p.

adesão aberta, multilateral e, sobretudo, com objetivos técnicos e organizacionais se estabeleceu como um mecanismo de compensação pela falta de autoridade centralizada e normalizadora no Direito Internacional.[518] Isso ocorreu especialmente na medida em que a proliferação regulatória e passou a ser rotina em muitas áreas da sociedade global.[519] E as áreas temáticas cobertas por este fenômeno não foram poucas: sistemas de medição e moedas, proteção de patentes, marcas e desenhos, navegação fluvial, fornecimento de energia, ferrovias, sistemas postais (1874) e telegráficos (1865), a Convenção do Açúcar (1902), a Convenção de Segurança e Saúde Ocupacional (1906) e outros.

107: "O aumento real e a mudança funcional dos tratados de Direito Internacional no decorrer do século XIX só foram até agora explorados de forma rudimentar pela história moderna do Direito Internacional".

[518] "Com tratados comerciais, tratados sobre transporte marítimo e ferroviário, serviços postais e telegráficos, assistência jurídica mútua e extradição, liberdade de circulação e de estabelecimento, novas questões passaram a ser objeto de regulamentação de Direito Internacional. Os acordos particularmente fundamentais foram identificados como 'tratados legislativos', que cumpriam uma função 'legislativa' a nível internacional. No final do século XIX, a padronização se intensificou em uma primeira onda do que hoje chamamos de globalização. Ativados e impulsionados pelas novas tecnologias, a comunicação internacional, a migração e o comércio internacional se multiplicaram e aceleraram. Isto deu origem a uma necessidade de regulamentação, que foi satisfeita pela intensificação do processo legislativo internacional". (DICKE, Klaus. Völkerrechtspolitik und internationale Rechtssetzung. Grundlagen – Verfahren – Entwicklungstendenzen. ZG, vol. 3, 1988, pp. 193 e ss.).

[519] "Ele [o acordo administrativo, nota do autor] é um dos meios específicos pelos quais a sociedade industrial-burocrática criou por mais de 150 anos para si mesma, além das fronteiras nacionais, o Direito que lhe foi atribuída, o que Lorenz von Stein chamou de Direito Administrativo Internacional". (BÜLCK, Hartwig. Internationale Verwaltungsgemeinschaften. *In*: STRUPP, Karl; SCHLOCHAUER, Hans-Jürgen (Coord.). *Wörterbuch des Völkerrechts*. vol. 3, 2ª ed. Berlim, 1962, pp. 560 e ss., aqui p. 562).

CAPÍTULO V – O DIREITO DAS ORGANIZAÇÕES

Vista da perspectiva da teoria das fontes do Direito, todas essas organizações de fato encontraram sua origem em um ato estatal: os tratados internacionais interestatais.[520] Mas estes tratados internacionais diferiam dos tratados que comumente eram assinados entre os Estados àquela época. A saber, não eram mais tratados de amizade, comércio e navegação entre Estados, mas tratados multilaterais e de adesão aberta, adaptados a áreas temáticas concretas. De um ponto de vista funcional, eles foram além da busca dos interesses dos Estados, estabelecendo, numa base contratual, uma permanência institucional por um período de tempo indefinido, parcialmente independente. Miloš Vec enfatiza os seguintes elementos: "autonomia, poderes de estabelecimento de normas, direitos de controle e até mesmo o início de uma jurisdição própria – isto poderia ser visto como uma rendição muito cautelosa dos direitos soberanos dos Estados-nação às uniões.[521]

Em particular, a dinâmica da divisão setorial dos assuntos das organizações, bem como a natureza técnica das questões em jogo, exigiam formas dinâmicas de resolução de disputas que difeririam do instituto tradicional de proteção diplomática sob o Direito Internacional.[522] Dentro deste sistema de resolução de conflitos, mediado por um certo "caldeirão" de racionalidades, surgiu uma nova dinâmica entre diplomatas, advogados e técnicos que não pôde ser reduzida apenas aos interesses dos Estados-membros. A jurisdição

---

[520] Sobre o significado desta forma de tratado para o presente, cf. DAHM, Georg; DELBRÜCK, Jost; WOLFRUM, Rüdiger. *Völkerrecht*, Vol. I: Die Grundlagen; Die Völkerrechtssubjekte. 2ª ed. Berlim, 1989, pp. 50 e ss.

[521] VEC, Miloš. *Recht und Normierung in der Industriellen Revolution*. Neue Strukturen der Normsetzung in Völkerrecht, staatlicher Gesetzgebung und gesellschaftlicher Selbstnormierung. Frankfurt am Main, 2006, p. 134.

[522] DUGARD, John. "Diplomatic Protection". *In:* CRAWFORD, J.; PELLET, A.; OLLESON, P. (Coord.). The Law of International Responsibility, Oxford 2010, pp. 1051 e ss.

especializada em uniões administrativas internacionais[523] foi, nesse sentido, uma nova forma de lidar com a crescente complexidade social da sociedade global e, ao mesmo tempo, com a necessidade de estabelecer diretrizes mínimas ou padrões mínimos em áreas técnicas de grande capilaridade global.

Também neste sentido, as uniões administrativas criaram um Direito objetivo e contribuíram para um conjunto de instrumentos transfronteiriços e cognitivamente abertos que não só serviram para reduzir os custos de transação, na medida em que outros atores privados e públicos se juntaram continuamente ao estabelecimento de padrões de várias organizações. Por último, mas não menos importante, a lógica da padronização no comércio, transporte e comunicação através de alianças baseadas na organização institucionalizou a gestão de incertezas técnicas e jurídicas em todo o mundo.[524]

A criação de escritórios, conferências e comissões também provou ser um ganho de autonomia em relação aos Estados signatários, na medida em que a cooperação abrangente surgiu em contextos técnicos e diferentes, (sobretudo) contextos factuais não políticos.[525] Neste sentido, o dogma da soberania do Estado, segundo o qual os Estados são estabelecidos como portadores do Direito Internacional dentro de um Direito de convivência mundial, foi subliminarmente transformado pelo caráter "técnico-administrativo" das uniões administrativas. Koskenniemi enfatiza apropriadamente neste ponto: "se alguma generalização pode ser feita a este respeito, é antes que

---

[523] KNEISEL, Sebastian. *Schiedsgerichtsbarkeit in Internationalen Verwaltungsunionen (1874-1914)*. Baden-Baden, 2009, pp. 67 e ss.

[524] Koselleck não encontra nenhuma evidência de que alianças de natureza técnica e econômica existissem antes de 1800. KOSELLECK, Reinhart. "Bund, Bündnisse, Föderalismus, Bundestaat". *In:* BRUNNER Otto; CONZE, Werner; KOSELLECK, Reinhart (Coord.). *Geschichtliche Grundbegriffe*. Historisches Wörterbuch zur politisch-sozialen Sprache, Vol. I. Stuttgart 1972, pp. 582 e ss.

[525] OSTERHAMMEL, Jürgen; PETERSON, Niels P. *Geschichte der Globalisierung*. Dimensionen, Prozesse, Epochen. München, 2003, p. 74.

CAPÍTULO V – O DIREITO DAS ORGANIZAÇÕES

os homens eram centristas que tentaram equilibrar seu nacionalismo moderado com seu internacionalismo liberal".[526]

No nível semântico, era apenas uma questão de tempo até que esta mudança estrutural encontrasse ressonância em novos artefatos. A cunhagem do termo "Direito Administrativo Internacional" por Lorenz von Stein, já em 1866, chamou atenção para a transformação da mera coexistência em cooperação baseada em questões técnicas. Embora a posição de von Stein tenha obtido pouca aceitação em seu tempo,[527] a noção de um Direito Administrativo Internacional continua viva até a atualidade.[528] Por outro lado, a autodescrição dos fatos jurídicos através do processamento formalista ordinário do material, por sua vez, levou à evicção dos fenômenos jurídicos transnacionais das representações do Direito Administrativo ou pelo Direito Público em geral. A clássica fundação dogmática do dualismo do Direito nacional e Internacional por Carl Heinrich Triepel foi

---

[526] KOSKENNIEMI, Martti. The Gentle Civilizer of Nations. The Rise and Fall of International Law 1870-1960, Cambridge 2001, p. 4.

[527] RICHTER, Bodo. Völkerrecht, Außenpolitik und internationale Verwaltung bei Stein. Hamburg, 1973, pp. 224 e ss.; NUSSBAUM, Arthur. "Lorenz von Stein on International Law and International Administration". *In:* GERWIG, Max; SIMONIUS, August (Coord.). *Festschrift für Hans Lewald.* Basel, 1953, pp. 555 e ss., 559; VOGEL, Klaus. *Der räumliche Anwendungsbereich der Verwaltungsrechtsnorm.* Eine Untersuchung über die Grundfragen des sog. Internationalen Verwaltungs- und Steuerrechts. Frankfurt am Main, 1965, pp. 156 e ss.

[528] CLASSEN, Claus Dieter. Die Entwicklung eines Internationalen Verwaltungsrechts als Aufgabe der Rechtswissenschaft. *VVDStRL*, 2008, pp. 365 e ss.; VOGEL, Klaus. "Administrative Law, International Aspects". *In:* BERNHARDT, Rudolf (Coord.). *Encyclopedia of Public International Law*, vol. 9. Amsterdam, 1992, pp. 22 e ss. Sobre o significado do termo, ver STEIGER, Heinhard. Art. "Völkerrecht". *In:* RITTER, Joachim *et al.* (Coord.). *Historisches Wörterbuch der Philosophie*, vol. 11. Basel, 2003, pp. 1096-1100.

então o fechamento epistêmico consistente da autodescrição jurídica para todos esses novos desenvolvimentos.[529]

Este desenvolvimento da união administrativa foi reconhecidamente muito distante da ideia de uma comunidade internacional guiada pela solidariedade no sentido de uma *"bonum commune humanitatis"*,[530] ou valores culturais comuns. Mesmo o tom provocador de um certo Carl Schmitt – aquele que diz que a humanidade quer somente enganar"[531] – não pode descrever adequadamente a complexidade desta convulsão social. Uma vasta rede jurídica, fundada numa base multilateral e contratual pelas várias organizações baseadas em fatos técnicos, difere da visão de uma sociedade global como uma soma de vários Estados-nação, cada um ancorado em sua soberania de Estado nacional. Ao contrário, como sugere Miloés Vec, estaria ocorrendo uma mudança de paradigma do Direito da mera coexistência para o Direito de cooperação na sociedade global.[532] A cooperação, entretanto, não é aqui entendida como a ação uniforme e orientada para acordos da comunidade internacional, mas sim como um processo cognitivo altamente dinâmico e disperso de geração de conhecimento na esfera global através de procedimentos de padronização técnica dentro das organizações.

---

[529] FASSBENDER, Bardo. "Heinrich Triepel und die Anfänge der dualistischen Sicht von 'Völkerrecht und Landesrecht' im späten 19. Jahrhundert". *In:* GSCHWEND, Lukas *et al.* (Coord.). *Recht im digitalen Zeitalter. Festgabe Schweizerischer Juristentag.* 2015, pp. 464 e ss.

[530] Cf. VERDROSS, Alfred; SIMMA, Bruno. *Universelles Völkerrecht.* Theorie und Praxis. Berlin, 1984, p. 915.

[531] SCHMITT, Carl. "Abwandlung eines schlimmen Wortes von Proudhon, Staatsethik und pluralistischer Staat".*In:* SCHMITT, Carl. *Positionen und Begriffe.* Im Kampf mit Weimar – Genf – Versailles 1923-1939. Berlim, 1988, pp. 133 e ss., aqui p. 143.

[532] VEC, Miloš. "Kurze Geschichte des Technikrechts". *In:* SCHULTE, Martin; SCHRÖDER, Rainer (Coord.). *Handbuch des Technikrechts.* Allgemeine Grundlagen Umweltrecht – Gentechnikrecht – Energierecht – Telekommunikations – und Medienrecht Patentrecht – Computerrecht. 2ª ed. Heidelberg, 2011, p. 47.

CAPÍTULO V – O DIREITO DAS ORGANIZAÇÕES

5.4.3 Transnacionalização dos direitos dos autores

Entre as diversas áreas que foram moldadas pela normatividade jurídica através do papel das organizações, está o desenvolvimento da infraestrutura jurídica transnacional para a proteção de bens culturais. A crescente interdependência econômica, social e cultural na sociedade global exigiu um novo mecanismo que pudesse juridificar bens culturais, conhecimentos e informações além das fronteiras dos Estados nacionais. A fundação da União de Berna em 1886, sob a supervisão da Suíça, preencheu precisamente esta lacuna, estabelecendo novas possibilidades de ação para além das relações puramente intergovernamentais e da legislação estatal ao tornar possível a coordenação dos interesses de grupos profissionais díspares, funcionários do governo, peritos jurídicos e economistas. Algo semelhante aconteceu por iniciativa de atores não estatais, como escritores e cientistas, artistas e músicos, editores e advogados, que a partir dos anos 50 fizeram campanha pelo reconhecimento transfronteiriço dos direitos dos autores entre o público nacional e global em congressos literários internacionais e com a ajuda de associações de interesse e profissionais organizadas nacional e internacionalmente.[533]

É certo que existem diferenças entre as regulações nacionais para a proteção da propriedade cultural. Para mencionar apenas algumas das diferenças mais óbvias: existem diferenças significativas entre as tradições legais de direitos autorais no Reino Unido e nos EUA, o direito alemão de direitos autorais e o *droit d'auteur* francês. Monika Dommann, no entanto, descreve apropriadamente "o 'debate *copyright* versus *droit d'auteur* versus *Urheberrecht*' que dominou o discurso jurídico nos séculos XIX e XX" como não mais do que

---

[533] LÖHR, Isabella. *Die Globalisierung geistiger Eigentumsrechte*. Neue Strukturen internationaler Zusammenarbeit 1886-1952. Göttingen, 2010, p. 67.

"um mito cultivado na era do nacionalismo"[534] do qual se deve finalmente se libertar. As limitações de um nacionalismo metodológico em matéria de direito de propriedade intelectual devem, no entanto, ser remediadas por pesquisas recentes com ênfase na importância da coordenação transnacional do desenvolvimento.[535] A coordenação dinâmica com a criação de uma estrutura transnacional para mediar os interesses de vários atores privados e públicos, assegurando a estabilização das expectativas do direito de propriedade intelectual sobre determinadas questões, surgiu especialmente na transição da mídia com o surgimento de vários novos produtos que não se enquadram mais nas categorias legais anteriores.[536] *Copyright*, *Uhrheberrecht* ou *droit d'auteur* são uma consequência da constante mudança do meio e do surgimento ininterrupto de novos produtos e modelos comerciais. Sua crise é um movimento contínuo e não está apenas relacionada à profunda mudança que acompanha o surgimento do novo meio da Internet e seus novos modelos de negócios.

---

[534] DOMMANN, Monika. *Autoren und Apparate*. Die Geschichte des Copyrights im Medienwandel. Frankfurt am Main, 2014, p. 299.

[535] DOMMANN, Monika. *Autoren und Apparate*. Die Geschichte des Copyrights im Medienwandel. Frankfurt am Main, 2014, p. 301. O relato de a interação dos fornecedores de hardware e contêineres nas etapas de formação das indústrias musicais europeias e americanas e sua mobilização de interesses industriais e comerciais particulares dos atores envolvidos no processo de legislação internacional demonstra a força do livro da Dommann.

[536] "Nas áreas mais importantes da atividade social com caráter transfronteiriço, foram fundadas uniões administrativas que serviram para harmonizar ou reconhecer as regulamentações nacionais. A estrutura organizacional das uniões, que se tornou cada vez mais solidificada com o tempo, era em grande parte homogênea: A Conferência dos Estados atuou como o órgão principal, responsável pelas decisões políticas fundamentais, que foi apoiado no campo técnico pelas conferências dos delegados especializados com reuniões mais espaçadas. Além disso, havia escritórios internacionais (secretarias) para cuidar do trabalho administrativo diário, cuja independência era parcialmente assegurada por sua localização em Estados neutros (Suíça, Bélgica)". (TIETJE, Christian. *Internationalisiertes Verwaltungshandeln*. Berlin, 2001, p. 129).

CAPÍTULO V – O DIREITO DAS ORGANIZAÇÕES

De acordo com Miloš Vec e Karl-Heinz Ziegler, a criação de uma nova infraestrutura jurídica para este fim ocorreu em conexão com a intensificação e reestruturação das relações interestatais como um processo de juridificação das relações internacionais,[537] o que também ocorreu uma participação muito intensa de atores privados.[538] Neste sentido, a fundação da União de Berna em 1886 foi considerada um "tratado mundial"[539] para a proteção da propriedade literária e artística.[540] Como Isabella Löhr aponta, a eficácia da União de Berna foi baseada em sua capacidade de coordenar a interconexão e, com

---

[537] VEC, Miloš. *Recht und Normierung in der Industriellen Revolution*. Neue Strukturen der Normsetzung in Völkerrecht, staatlicher Gesetzgebung und gesellschaftlicher Selbstnormierung. Frankfurt am Main, 2006, pp. 107 e ss.

[538] WENZLHUEMER, Roland. The History of Standardization in Europe. *Europäische Geschichte Online*, 03.12.2010, p. 5: "Portanto, os cientistas estavam entre os principais lobistas da padronização no final do século XVIII e no século XIX".

[539] VEC, Miloš. "Weltverträge für Weltliteratur. Das Geistige Eigentum im System der rechtsetzenden Konventionen des 19. Jahrhunderts". *In:* PAHLOW, Louis; EISFELD, Jens (Coord.). *Grundlagen und Grundfragen des geistigen Eigentums*. Tübingen, 2008, p. 109: "Para esta área de proteção, os problemas no manuseio transnacional de material impresso foram os precursores, que por sua vez se internacionalizaram em sua distribuição, para que se pudesse formular com alguma brevidade que os tratados mundiais para a literatura mundial fossem concluídos aqui".

[540] Na literatura internacional geral da época, na maioria dos casos, não foi dada atenção especial a essas uniões. Um dos poucos autores que chamou a atenção para este desenvolvimento na época foi Georg Jellinek. Ele deixou claro que, sem esta forma de organização, a crescente interação entre diferentes setores da sociedade global teria sido impensável. Cf. PETERS, Anne; PETER, Simone. "International Organizations: Between Technocracy and Democracy". *In*: FASSBENDER, B.; PETERS, A. (Coord.). *The Oxford Handbook of the History of International Law*. Oxford, 2012, pp. 170 e ss., p. 175.

"De qualquer maneira, estamos no início de uma época de alianças administrativas internacionais que colocarão uma nova dinâmica no tráfego da vida" (JELLINEK, Georg. *Die Lehre von den Staatenverbindungen (1882)*. Aalen, 1969, p. 111).

a transferência de informações e conhecimentos de um território nacional para outro, institucionalizar uma característica essencial do desdobramento do mundo moderno.[541]

Os processos de padronização se tornam condições prévias de outros processos de padronização no sentido de que um se torna uma pré-condição do outro. Por exemplo, a padronização da medição do tempo foi necessária pela intensificação das viagens de longa distância e pelo aumento da comunicação intercontinental que começou em meados do século XIX.[542] Tradicionalmente, o tempo era medido localmente com base na posição do sol (tempo solar). Nesta base, lugares diferentes tendiam a ter horários locais diferentes, de modo que as pessoas viviam em vários horários ao mesmo tempo, porque cada grau de diferença em longitude significava quatro minutos de diferença de horário. Somente com a difusão de novas tecnologias de transporte e comunicação (como a ferrovia ou o telégrafo), a sincronização do tempo se tornou essencial. A invenção de um tempo abstrato e padronizado em contraste com os ritmos naturais e biofísicos de percepção do tempo ligados à natureza desempenhou um papel fundamental na globalização do século XIX.[543]

---

[541] LÖHR, Isabella. *Die Globalisierung geistiger Eigentumsrechte*. Neue Strukturen internationaler Zusammenarbeit 1886-1952. Göttingen, 2010, p. 266.

[542] OGLE, Vanessa. *The Global Transformation of Time*: 1870-1950. Cambridge (Mass.), 2015, p. 177 f. Para uma contribuição clássica nesse sentido, cf. THOMPSON, Edward P. Time, Work-Discipline, and Industrial Capitalism. *Past & Present*, vol. 38, 1967, pp. 56 e ss.

[543] BARTKY, Ian R. The Adoption of Standard Time. *Technology and Culture*, vol. 30, nº 1, Jan. 1989, pp. 25-56 e ss.; *Wenzlhuemer*, WENZLHUEMER, Roland. The History of Standardization in Europe. *Europäische Geschichte Online*, 03.12.2010, p. 18: "Como os trens de diferentes empresas tinham que ser coordenados e os horários tinham que ser harmonizados sempre que possível, outras empresas ferroviárias seguiram o exemplo. Devido à crescente importância do transporte ferroviário e das viagens, muitas cidades da rede ferroviária ajustaram sua hora local para 'horário ferroviário' – e, portanto, para GMT – e em 1855, 98% de todos os relógios públicos na Grã-Bretanha já estavam

CAPÍTULO V – O DIREITO DAS ORGANIZAÇÕES

O desenvolvimento da juridificação transnacional não teria sido possível sem a criação de uma estrutura transnacional com certa independência em relação aos assuntos internos dos Estados confederados. No caso específico dos direitos autorais, isto foi feito através do estabelecimento de um escritório em Berna.[544] O escritório não era uma entidade supranacional que reivindicava poderes legislativos ou direitos soberanos similares, mas tinha um caráter executivo. No entanto, a criação do Direito (*Rechtsetzung*) foi realizada através da ratificação das regras da convenção pelos Estados-membros, as quais foram concluídas em conferências e reuniões. Neste sentido, a União de Berna não era uma organização internacional com personalidade jurídica sob o prisma do Direito Internacional. Foi somente com a Organização Mundial da Propriedade Intelectual (OMPI), fundada em 1967, que os regulamentos organizacionais correspondentes foram inseridos nos textos do tratado.[545] No entanto, com o tempo, os escritórios se desenvolveram de instituições centradas no assunto para organizações que alcançaram um certo grau de independência em relação à comunidade de Estados que os fundaram e institucionalizaram o estabelecimento de uma circulação transnacional de informações e bens culturais em cooperação com associações profissionais organizadas nacional e internacionalmente.[546]

---

ajustados para GMT. A colocação bem-sucedida do cabo telegráfico transatlântico em 1866 colocou os Estados Unidos da América e a Europa em contato quase imediato (e, por exemplo, ligou intimamente as bolsas de Nova York e Londres), necessitando assim da sincronização das horas em ambas as extremidades do cabo".

[544] WEBER, Albrecht. *Geschichte der internationalen Wirtschaftsorganisationen*. Wiesbaden, 1983, p. 39.

[545] BUCK-HEEB, Petra. *Geistiges Eigentum und Völkerrecht – Beiträge des Völkerrechts zur Fortentwicklung des Schutzes von geistigem Eigentum*. Berlin, 1994, pp. 108 e ss.

[546] LÖHR, Isabella. *Die Globalisierung geistiger Eigentumsrechte*. Neue Strukturen internationaler Zusammenarbeit 1886-1952. Göttingen, 2010, pp. 63 e ss.; FOREMAN-PECK, James. "The Emergence and Growth of International Organizations". *In:* TILLY, Richard H.; WELFENS, Paul J. J. (Coord.). *Economic Globalization, International*

Os membros do tratado incluíam uma ampla gama de países, bem como ex-colônias e protetorados: Suíça, Tunísia, Grã-Bretanha (incluindo as colônias britânicas, protetorados e Irlanda), Espanha (incluindo colônias), Bélgica, Império Alemão, França (incluindo Argélia e colônias francesas), Haiti e Libéria – nove Estados, dos quais todos, exceto a Libéria, ratificaram o tratado até 1887. Posteriormente, Dinamarca, Japão, Luxemburgo, Mônaco, Holanda e suas colônias, Noruega, Portugal e suas colônias, e Suécia assinaram, perfazendo um total de 17 países que haviam assinado a convenção até o início da Primeira Guerra Mundial.

Este reconhecimento multilateralmente garantido dos direitos dos autores trouxe uma igualdade jurídica dos autores nacionais com os autores estrangeiros no território englobado pela associação. Isto exerceu uma pressão de harmonização internacional sobre os sistemas jurídicos nacionais. Princípios como o período de proteção comparativa e o tratamento nacional, consagrados no tratado fundador, garantiam aos autores e usuários a igualdade de tratamento e a proteção da propriedade além das fronteiras nacionais.[547] Também foram estabelecidos direitos mínimos para que qualquer autor estrangeiro pudesse ter um nível mínimo de proteção de traduções, interpretações e reproduções, independentemente da legislação nacional aplicável no território da União.[548] A União de Berna era, portanto, uma novidade no Direito Internacional, uma vez que esta forma de jurídica baseada na organização já não se concentrava mais nos interesses nacionais, mas no indivíduo em sua dimensão

---

Organizations and Crisis Management. Contemporary and Historical Perspectives on Growth, Impact and Evolution of Major Organizations in an Interdependent World. Berlim, 2000, pp. 73 e ss.

[547] BUCK-HEEB, Petra. *Geistiges Eigentum und Völkerrecht – Beiträge des Völkerrechts zur Fortentwicklung des Schutzes von geistigem Eigentum.* Berlim, 1994, pp. 73 e ss.

[548] BUCK-HEEB, Petra. *Geistiges Eigentum und Völkerrecht – Beiträge des Völkerrechts zur Fortentwicklung des Schutzes von geistigem Eigentum.* Berlim, 1994, pp. 53 e ss.

CAPÍTULO V – O DIREITO DAS ORGANIZAÇÕES

coletiva, o autor.[549] Nesse sentido, houve uma interação ou coevolução entre os níveis nacional e transnacional no campo da propriedade intelectual, na medida em que a União de Berna contribuiu para a "construção de normas, normalização e transferência de informações"[550] da propriedade intelectual.[551]

No entanto, este desenvolvimento não se limitou à juridificação da propriedade intelectual. Comércio, transporte e comunicação estiveram na vanguarda deste processo de internacionalização através de uma estrutura fixa de juridificação e institucionalização.[552] Outras uniões administrativas também foram criadas de forma quase síncrona: a União Telegráfica em 1865 e a União Postal Universal em 1874, ambas organizações com escritório em Berna; a Convenção Internacional do Metro em 1875 com escritório em Paris; a Associação Internacional para a Legislação Trabalhista em 1900 com escritório na Basileia; a Comunidade Internacional para Fins de Exploração Hidrográfica e Biológica dos Mares, com sede em Copenhague em 1901; e a Associação Internacional para a Regulamentação da Produção de Açúcar em 1902, ambos com sede

---

[549] BREM, Ernst. "Das Verhältnis der Berner Übereinkunft zu anderen völkerrechtlichen Verträgen". *In:* SCHWEIZERISCHE VEREINIGUNG FÜR URHEBERRECHT (Coord.). *Die Berner Übereinkunft und die Schweiz.* Schweizerische Festschrift zum einhundertjährigen Bestehen der Berner Übereinkunft zum Schutze von Werken der Literatur und Kunst. Berna,1986, pp. 99 e ss.

[550] HERREN-OESCH, Madeleine. *Hintertüren zur Macht.* Internationalisierung und modernisierungsorientierte Außenpolitik in Belgien, der Schweiz und den USA 1865-1914. München, 2000, pp. 11 e ss.

[551] "O objetivo desta União Administrativa Internacional não era, portanto, a unificação da legislação, mas a aproximação de normas para a proteção da propriedade intelectual, que também poderia ser regulamentada por regulamentos administrativos". KNEISEL, Sebastian. *Schiedsgerichtsbarkeit in Internationalen Verwaltungsunionen (1874-1914).* Baden-Baden, 2009, p. 56.

[552] MURPHY, Craig N. *International Organization and Industrial Change.* Global Governance since 1850. Cambridge, 1994.

em Bruxelas/ a União Sismológica com escritório em Estrasburgo e a Associação Internacional de Higiene Pública em 1907, com escritório em Paris; a Associação Agrícola Internacional com o Instituto Agrícola Internacional de 1905 com escritório em Roma, etc.

Na segunda metade do século XIX, a atividade das uniões administrativas era, como observam Armin von Bogdandy e Ingo Venzke, "inteiramente voltada para o funcionamento de regimes jurídicos específicos".[553] A juridificação transnacional no campo dos direitos autorais se apresentou como um caso entre vários. Nesse sentido, as uniões administrativas eram instituições de distribuição e padronização de riscos e, não menos importante, construtores de horizontes setoriais estáveis para uma sociedade global que carecia de um centro irradiante de normatividade. Em suma, elas faziam "parte de uma gestão de interdependência incipiente na era industrial".[554] Nessa perspectiva, também fica claro como a construção semântica anterior do *ius publicum europaeum* como "local deliberativo centralizado de uma ordem concreta" (Carl Schmitt), como mostrado no segundo capítulo deste livro, se tornou absolutamente pouco complexa no que diz respeito à gestão das novas interdependências transfronteiriças.

---

[553] BOGDANDY, Armin von; VENZKE Ingo. *In wessen Namen? Internationale Gerichte in Zeiten globalen Regierens*. Berlim, 2014, p. 107.

[554] BOGDANDY, Armin von; VENZKE Ingo. *In wessen Namen? Internationale Gerichte in Zeiten globalen Regierens*. Berlim, 2014, p. 108.

CAPÍTULO VI
O DIREITO DAS PLATAFORMAS

6.1 Introdução: o que significa o digital?

Em 1996, Niklas Luhmann avaliou as possibilidades de percepção dos eventos sociais que acompanham o aumento da complexidade através de novas tecnologias com a seguinte frase: "Quanto mais complexa a sociedade, mais recorrente a simultaneidade e, portanto, torna-se dificultada a influência do que está acontecendo factualmente em um dado momento".[555] Uma interpretação mais precisa, baseada em casos e práticas, da crescente falta de influência de eventos simultâneos no mundo digital, porém, não era possível para ele nos anos 1990. Entretanto, ele já podia prever que o Direito, tal como se desenvolveu no âmbito institucional dentro do Estado-nação – fortemente ligado à estabilização das expectativas normativas – assumiria diferentes contornos epistêmicos neste contexto tecnológico e transnacional. Mas foi somente com a popularização da Internet posta em marcha

---

[555] *Luhmann*, The Society of Society (fn. 36), p. 826. *Elena Esposito*, Social Forgetting. Formulários e Meios de Comunicação da Memória da Sociedade. Frankfurt am Main 2002, p. 364: "E quando as máquinas são utilizadas como meios de comunicação, surge uma rede de operações e eventos virtualmente simultâneos que são mutuamente interdependentes porque são simultâneos, mas não podem ser controlados de forma causal".

nas últimas duas décadas que se tornou óbvio o quanto todas as instituições sociais que até então tinham assegurado a estabilidade dinâmica, tais como política, economia, ciência, imprensa, mercado de trabalho etc., estão enfrentando novos desafios. O Direito também não pode se esquivar de tais transformações e passa a sofrer claras pressões para adaptar-se a esta autotransformação evolutiva das sociedades modernas.[556]

Como mostrado no capítulo anterior, desde o século XIX, a atividade e a geração de conhecimento e normatividade jurídica dentro das organizações aumentou gradativamente, não apenas dentro dos Estados nacionais, mas também no ambiente transnacional. Com a crescente complexidade das regulações – muitas vezes de natureza técnica – que, por sua vez, exigiam uma coordenação que ia além da lógica de contato entre os Estados-nação, uma forma organizacional de arquitetura do conhecimento solidificou-se, não apenas permitindo um trabalho técnico setorial e tematicamente específico, mas também criando uma nova infraestrutura jurídica transnacional.[557] Essa geração de conhecimento setorial complementou a geração de conhecimento através do contato interestatal e não só dominou a forma como o conhecimento social foi gerado, mas também moldou a cultura da sociedade neste período, uma epistemologia da cultura de massa.[558]

Entretanto, esta ordem social baseada nas organizações passou por outra profunda transformação com o advento de novos meios eletrônicos de comunicação: a nova ordem do digital, que reestrutura a antiga ordem das organizações baseadas no conhecimento, é caracterizada em particular pela inteligência artificial, *big data* e

---

[556] Esse foi o tema do primeiro capítulo.
[557] Esse foi o tema do terceiro capítulo.
[558] VESTING, Thomas. *Die Medien des Rechts*, vol. 4: Computernetzwerke. Weilerswist, 2015, pp. 12 e ss.

CAPÍTULO VI – O DIREITO DAS PLATAFORMAS

algoritmização,[559] e produz as formas e o *design* da nova ordem do conhecimento no contexto da digitalização, como apontado pelo teórico cultural Jan Assmann. As práticas digitalizadas e a mídia eletrônica criam "instrumentos eficientes de produção de esboços de mundo e de criações de novos mundos e (seriam assim) construtores da realidade e, portanto, também do ser humano que vive nesta realidade".[560] Desta forma, eles geram uma nova base artificial para a vida humana ou uma nova plataforma para o projeto da vida humana e o livre desenvolvimento da personalidade. O digital transforma não apenas a geração de conhecimento social, mas também as interações e experiências mais íntimas de indivíduos uns com os outros e com as instituições, que influenciam de forma decisiva suas trajetórias sociais.[561]

Neste contexto de transformação, o historiador da tecnologia americano Michael S. Mahoney expressou claramente a mudança que afeta a sociedade contemporânea: em sua opinião, não há duplicidade de mundos, ou seja, por um lado o mundo analógico e real e por outro o digital e virtual, mas sim uma transposição real do mundo *off-line* para o computador, para os novos dispositivos tecnológicos e suas redes, ou para o mundo online. O digital, portanto,

---

[559] STENGEL, Oliver; LOOY, Alexander van; WALLASCHKOWSKI, Stephan (Coord.). *Digitalzeitalter 15:33 Digitalgesellschaft*. Das Ende des Industriezeitalters und der Beginn einer neuen Epoche, Wiesbaden 2017.

[560] ASSMANN, Aleida. *Einführung in die Kulturwissenschaft*. Grundbegriffe, Themen, Fragestellungen. 4ª ed. Köln, 2011, p. 59; VESTING, Thomas. *Die Medien des Rechts*, vol. 4: Computernetzwerke. Weilerswist, 2015, p. 50.

[561] Não apenas as respectivas sensações de privacidade, política, amizade, etc. mudam através do fornecimento de novas possibilidades de transparência e contato através da Internet. Mesmo o corpo físico como corporeidade experimenta uma mudança de sentido através da realidade virtual, que se torna uma realidade de vida. Cf. FUNKEN, Christiane. "Der Körper im Internet". *In*: SCHROER, Markus (Coord.). *Soziologie des Körpers*. Frankfurt am Main, 2005, pp. 215 e ss.

não apenas marca uma mudança fundamental na realidade da vida, mas também intervém profundamente nas dimensões culturais do social e de sua (re)estruturação.⁵⁶²

Com o surgimento das realidades digitais, a relação da sociedade com seu tempo também está mudando. E esta é precisamente uma preocupação central deste livro: apresentar a relação entre o Direito e a dimensão temporal. Uma crise na dimensão temporal foi elaborada, como já mostrado no primeiro capítulo, especialmente por Reinhart Koselleck e Niklas Luhmann. Para voltar a este ponto apenas brevemente, deve-se observar que, para Koselleck, a temporalização da semântica no que ele denominou tempo da sela (*Sattelzeit*) deve ser entendida como uma ampliação da diferença entre o espaço de experiência e o horizonte de expectativa. Ele o localiza onde "as expectativas se distanciaram cada vez mais de todas as experiências consumadas".⁵⁶³ As experiências feitas ou consumadas (*gemachte Erfahrungen*), armazenadas como conhecimento generalizado na sociedade e usadas como base para referências de novas ações e interações tanto por indivíduos quanto por instituições, tornaram-se frágeis a partir do período da sela (*Sattelzeit*) em diante. A força orientadora da experiência não pôde mais estabilizar o horizonte comum da convivência humana. A fim de estabelecer socialmente mecanismos abstratos de coordenação social, a categoria de expectativa veio à tona em seu lugar. Niklas Luhmann une este "momento

---

562 MAHONEY, Michael. The Histories of Computing(s). *Interdisciplinary Science Reviews*, vol. 30, 2005, pp. 119 e ss.; MAHONEY, Michael. *The Histories of Computing*. Cambridge, 2011. David Gugerli, diferentemente de Mahoney, diz que o que aconteceu é um verdadeiro movimento do mundo para sua realidade digital. Cf. GUGERLI, David. *Wie die Welt in den Computer kam. Zur Entstehung digitaler Wirklichkeit*. Frankfurt am Main, 2018, p. 16.

563 KOSELLECK, Reinhart. *Vergangene Zukunft. Zur Semantik geschichtlicher Zeiten*. Frankfurt am Main, 1989, p. 359. Já em 1965 Joachim Ritter utilizava a fórmula "*Entzweiung von Herkunft und Zukunft*" (RITTER, Joachim. *Hegel und die Französische Revolution*. Köln/Opladen, 1957, p. 45).

CAPÍTULO VI – O DIREITO DAS PLATAFORMAS

disruptivo" na experiência com a difusão de novas mídias, neste caso a tipografia, e liga muito estreitamente seu conceito de Direito à categoria de expectativa propriamente dita.

Supondo que haja uma relação intrínseca entre a mídia e a sociedade – em particular a mídia e o Direito – pode-se dizer quase intuitivamente que o digital se apresenta como uma ruptura epocal em comparação com a era da mídia do livro impresso.[564] Esta nova época ocupa um lugar importante, especialmente em termos das dimensões temporal e social – e, portanto, também para o Direito. Nesse novo contexto, surge um horizonte temporal completamente distinto, que não é mais congruente com o horizonte temporal da cultura da tipografia ou impressão.[565] Isto também tem implicações

---

[564] Não se trata de uma cesura histórica que decorre de cortes históricos visíveis dentro de uma continuidade histórica como eventos históricos ligadas a datas concretas como Revolução de outubro de 1917 ou o fim da Primeira Guerra Mundial em 1918, a virada na RDA em 1989, o fim da Segunda Guerra Mundial em 1945, a Revolução Francesa (1789-1799), e assim por diante. O conceito de cesura epocal aqui mencionado visa, por um lado, evitar o problema da periodização e, por outro, referir-se à inserção medial de maior complexidade social e possibilitação de novas relações, o que a princípio parece contra-intuitivo na transição das organizações e suas tecnologias inerentes para o digital. BÖSCH, Frank. Upheavals into the Present. Global Events and Crisis Responses around 1979. *Zeithistorische Forschungen/Studies in Contemporary History*, vol. 9, nº 1, 2012, pp. 8 e ss. Sobre a mudança na compreensão do tempo na modernidade, cf. GRAF, Rüdiger. Zeit und Zeitkonzeptionen in der Zeitgeschichte, version 2.0. In: *Docupedia Zeitgeschichte*. Disponível em: http://docupedia.de/zg/Zeit_und_Zeitkonzeptionen_Version_2.0_R.C3.BCdiger_Graf?oldid=84945. Acessado em: 20.09.2022.

[565] VESTING, Thomas. *Die Medien des Rechts, vol. 3*: Buchdruck. Weilerswist, 2012, p. 167. Trata-se do "reconhecimento do impessoal e objetivo como condição prévia da forma de subjetividade que está em jogo na cultura da impressão". É neste ponto que a cultura da impressão difere da cultura do digital. Não é uma questão de consolidar o impessoal e "e o" objetivo – por todos os meios ligados a uma espécie de desempenho antecipado das organizações. Ao invés disso, na cultura do digital, o pessoal e o subjetivo são adicionados de volta ao social. Esta mudança se reflete na forma de representação pública pela crise

para a forma de diferenciação social, que neste livro é considerada como diferenciação funcional: se a teoria da diferenciação social dos sistemas é inseparável da cultura da impressão, quais seriam as implicações do novo meio digital para a forma de diferenciação da sociedade? Portanto, aqui, a dimensão da organização está particularmente associada à cultura da impressão, resultando em um ambiente cultural no qual a geração de novos padrões de ação emerge continuamente da orientação tradicional para a experiência e seu deslocamento para a expectativa. A automação e digitalização de várias áreas da vida e da sociedade, por outro lado, formam seu(s) novo(s) mundo(s) temporal(is), que criam relações sociais complexas com base no fornecimento de inteligência artificial e algoritmos adaptativos nas redes de computadores e aparelhos.[566]

A nova "cultura da digitalidade"[567] também coloca a relação entre conhecimento e não-conhecimento sob uma nova luz. Com o advento do digital, uma profunda mudança na relação entre

---

atual dos partidos políticos (organizações) e também, por exemplo, pelo surgimento de um *movimento de terra plana* como uma nova forma de desobjetificação (e desapego ao conhecimento científico) causado pela disposição de um novo meio, o digital, que oferece a possibilidade de fazer o conhecimento social (ou até mesmo ignorância social) ser divulgado em alta velocidade, quase indefinidamente e a baixo custo, levando a uma descentralização maciça da produção de conhecimento, que até então era essencialmente de responsabilidade das organizações (universidades, centros de pesquisa, publicações jornalísticas e grandes organizações de mídia). Com o aumento das possibilidades de comunicação entre leigos via plataformas *on-line*, existe agora também a possibilidade de produzir conhecimento que é dissociado da base científica, com sérias implicações sociais. A geração de "ondas de opinião" artificiais via bots também está surgindo no novo contexto digital. Sobre o assunto, cf. ROSSNAGEL, Alexander; LÖBER, Lena Isabell. Kennzeichnung von Social Bots – Transparenzpflichten zum Schutz integrer Kommunikation. *MMR* vol. 21, nº 8, 2019, pp. 493 e ss.

[566] Para economia e direito do consumidor, cf. EZRACHI, Ariel; STUCKE Maurice E. *Virtual Competition*. The Promise and Perils of the Algorithm-Driven Economy. Cambridge (Mass.), 2016.

[567] STALDER, Felix. *Kultur der Digitalität*. Berlim, 2016.

CAPÍTULO VI – O DIREITO DAS PLATAFORMAS

temporalidade e cognição pode ser experimentada, comparável com ou até mais pronunciada do que a "temporalização da era moderna" nos moldes de Koselleck. A semântica do tempo, que para Luhmann e Koselleck está localizada na diferença entre experiência e expectativa, já marca uma primeira crise cognitiva do conhecimento humano. Antes da popularização da impressão, a percepção humana cotidiana ainda era fortemente orientada para a tradição, a crença e as formas de ordem baseadas no Estado.[568] A crescente dissociação da experiência humana das tradições fomentava não apenas o conhecimento humano, mas também a cognição social.[569] De acordo com o padrão da teoria dos sistemas, por volta da segunda metade do século XVIII, não só o indivíduo passou a produzir conhecimento, mas também a sociedade produzia conhecimento sobre si mesma.[570] Com o aumento da complexidade social, o conhecimento (social)

---

[568] LE GOFF, Jacques. "Zeit der Kirche und Zeit des Händlers im Mittelalter". In: HONEGGER, Claudia et al. (Coord.). Schrift und Materie der Geschichte. Frankfurt am Main, 1977, pp. 393 e ss.; HÖLSCHER, Lucian. The Discovery of the Future. Frankfurt am Main, 1999; SCHIFFMANN, Zachary. The Birth of the Past. Baltimore, 2011; LANDWEHR, Achim. Geburt der Gegenwart. Eine Geschichte der Zeit im 17. Frankfurt am Main, 2014.

[569] "Assim, a memória pessoal, incluindo a memória artificialmente treinada, perde sua posição no gargalo da transmissão da cultura, e a mnemosine é excluída da genealogia das musas". LUHMANN, Niklas. Die Wissenschaft der Gesellschaft, 7ª Ed. Frankfurt am Main, 2015, p. 605 f.

[570] LUHMANN, Niklas. "Gesellschaftliche Struktur und semantische Tradition". In: LUHMANN, Niklas. Gesellschaftsstruktur und Semantik. Studien zur Wissenssoziologie der modernen Gesellschaft. Frankfurt am Main, 1980 p. 49: "O período de transição é certamente muito longo. Ele começa, por exemplo, no funcionamento do Direito ou em mosteiros, muito antes do início da era moderna, e aqui produz terminologias funcionalmente específicas que, como uma espécie de preparação intelectual, como 'avanços pré-adaptativos', facilita generalizações e reformulações posteriores".

tornou-se mais distante da percepção do aparato humano.[571] Esta distância crescente entre o conhecimento produzido pela sociedade e o conhecimento armazenado pelo sujeito pode ser experimentada como uma transição para a nova era do digital sem a necessidade de uma grande construção teórica. A separação entre indivíduo e sociedade, que no século XIX se tornou principalmente o tema da disciplina da sociologia, é marcada por uma nova tensão entre a dimensão social e a dimensão temporal.[572] O tempo (da sela) da cultura da impressão, como uma "peculiar simbiose entre futuro e sociedade",[573] é confrontado com uma nova forma de (dispersão de) ordem, não mais orientada apenas para a organização e a impressão. Chega-se a uma nova era da "impossibilidade de influência de eventos simultâneos" (Niklas Luhmann) – a era do digital, na qual nem a experiência, nem a expectativa, enquanto categorias temporais, fornecem mais um critério para a formação e estabilização das instituições e orientação para aqueles que nelas atuam.[574]

---

[571] O problema da teoria dos sistemas em lidar com o conhecimento reside precisamente em como atribuir conhecimento dentro da construção da teoria. O conhecimento é descrito como o "resultado geral dos acoplamentos estruturais do sistema social", ou seja, está dentro da "característica da autopoiesis social" como algo que emerge da "ressonância ao acoplamento estrutural do sistema social". Cf. LUHMANN, Niklas. *Die Wissenschaft der Gesellschaft*. 7ª ed. Frankfurt am Main, 2015, pp. 122 e ss. Tudo o que não se encaixa no plano teórico não pode ser observado pela teoria.

[572] LUHMANN, Niklas. *Soziologie des Risikos*. Berlim, 2003, pp. 78 e ss.

[573] LUHMANN, Niklas. *Soziologie des Risikos*. Berlim, 2003, p. 57.

[574] Esta era do digital tem várias facetas. A mais importante, que é claramente expressa no mundo cotidiano, é chamada de "economia compartilhada", "revolução das plataformas", "gig economy" e "inovação disruptiva", entre outras. Este aumento concreto da? tecnologia centrada em plataformas transformou a vida das pessoas e instituições na forma mais mundana de suas experiências. Para citar apenas alguns exemplos: como pacientes, as pessoas evitam cada vez mais olhar para os livros ou esperar por uma consulta para conhecer suas condições. As experiências são compartilhadas na plataforma PatientsLikeMe. Para ter relações íntimas pessoais, as pessoas não se encontram mais ao acaso em boates,

CAPÍTULO VI – O DIREITO DAS PLATAFORMAS

Todos estes desenvolvimentos têm, sem dúvida, efeitos positivos e negativos.[575] No presente livro, o foco recai sobre qual mudança estrutural está sendo acarretada por uma sociedade cada vez mais mediada por plataformas digitais em vez de organizações, e cuja mudança requer uma reconstrução adequada das categorias jurídicas. Em particular, esta mudança de uma sociedade centrada nas organizações para uma sociedade cada vez mais mediada por plataformas digitais tem profundas implicações na estruturação da constituição e da transformação do Direito Global. Como observado nos capítulos iniciais, o papel do Direito na estabilização das expectativas normativas da maneira prescrita pela teoria dos sistemas é questionado pelo próprio Niklas Luhmann. O aumento do envolvimento de mecanismos cognitivos de rápida adaptação e aprendizagem como elementos típicos das novas tecnologias para a vida cotidiana da sociedade se apresenta como um grande desafio ao Direito clássico do Estado-nação em suas formas típicas europeias. A sociedade da plataforma é o maior expoente deste desenvolvimento da crescente dimensão cognitiva da sociedade moderna. Ela deu contornos claros e atuais à profecia descritiva do Direito como uma "anomalia europeia".

---

mas primeiro na Tinder. O antigo público, que estava ligado a jornais e televisão (grandes organizações), emigra para o Twitter, Facebook e grupos de WhatsApp.

[575] Sobre o impacto positivo das plataformas na sociedade, cf. PARKER, Geoffrey; ALSTYNE, Marshall W. Van CHOUDARY, Sangeet P. Platform Revolution: How Networked Markets are Transforming the Economy – and How to Make them Work for You. New York, 2016; SUNDARARAJAN, Arun. *The Sharing Economy*: The End of Employment and the Rise of Crowd-Based Capitalism. Cambridge, 2016.

O entusiasmo pelo impacto das novas tecnologias na participação democrática também é expresso por ARCHIBUGI Daniele; FILIPPETTI, Andrea; FRENZ, Marion. The Impact of the Economic Crises on Innovation. Evidence from Europe. *Technological Forecasting and Social Change*, vol. 80, nº 7, 2013, pp. 1673 e ss.; AIGRAIN, Philippe Sharing: *Culture and the Economy in the Internet Age*. Amsterdam, 2012.

Neste ponto, surge a questão fundamental do papel do Direito. Isso significa saber principalmente se o Direito irá se dissolver em mecanismos cognitivos ou se, nesta nova sociedade tecnológica transnacional na qual as plataformas digitais combinam dois elementos importantes (tecnologia e transnacionalidade), o Direito terá que cumprir outras funções ou simplesmente tarefas inerentes aos modelos de negócios. Antes de abordar a concretização desta questão, é necessário primeiro abordar conceitos e teorias que também observam uma constante dissolução da antiga sociedade das organizações. A teoria das redes, em particular, oferece um importante arsenal conceitual para lidar com esta sociedade pós-organizacional. Entretanto, também é necessário abordar se a metáfora ou o conceito de rede seriam conceitos apropriados para descrever as particularidades da ascensão da sociedade da plataforma.

6.2 No limiar após o limiar: conhecimento, redes, dados e plataformas

6.2.1 No limiar: redes

Hans Blumenberg usa uma metodologia chamada "limiares de época" (*Epochenschwelle*) para identificar fenômenos efêmeros que não pertencem nem a uma determinada fase anterior, nem a uma possível fase posterior. Segundo Blumenberg, os limites de época representam um "limite imperceptível" que só se torna aparente em uma análise diferencial *ex post*.[576] O limiar de época como método funcional contrasta assim com as abordagens que concebem a mudança histórica como a recepção e adoção de conteúdo em novas

---

[576] BLUMENBERG, Hans. *Die Legitimität der Neuzeit*, Frankfurt am Main, 1988, p. 545: "[a] virada epocal (...) um tempo imperceptível, não evidentemente vinculado a qualquer data ou evento conciso. Mas em uma consideração diferencial, um limiar se marca, que pode ser determinado como ainda não alcançado ou já ultrapassado".

formas ou contextos. Esta abordagem não pretende se concentrar na identificação da continuidade morfológica ou descontinuidade, mas sim na captura das diferenças através das quais a recepção do que já foi recebido anteriormente ocorreu.[577] Neste sentido, a noção de limiar vincula continuidade com descontinuidade. De acordo com este método, não há nenhum fundador (de uma época) que deixe o passado para trás. Limiares são as zonas de indiferença, quadros congruentes de lugares para sua realidade,[578] que se encontram em dois lados diferentes do limiar epocal.[579]

Esta expressão de transitoriedade também pode ser observada no nível conceitual, ou seja, em conceitos que expressam um certo "que não mais" mas, ao mesmo tempo, um "que ainda não". No contexto da discussão, são utilizados termos que tentam articular a ruptura com uma determinada estrutura social – uma estrutura social que dependia das organizações – a fim de mostrar que existem novos elementos e estruturas sociais que não podem mais ser tematizados na forma da organização. Como estes termos são articulados em um campo de transição, do transitório, eles ainda não podem captar as estruturas reais de uma nova complexidade social. Este espaço entre as organizações e o que aqui é chamado apenas de "digital" levou a uma profunda transformação social que afeta não apenas o Direito, mas também a sociedade como um todo. No entanto, este espaço intermediário permanece como um limiar e os termos permanecem

---

[577] BRIENT, Elizabeth. "Epochenschwelle". *In:* WEIDNER, Daniel; BUCH, Robert (Coord.). *Blumenberg lesen*. Ein Glossar. Berlim 2014, pp. 72 e ss.

[578] BLUMENBERG, Hans. *Die Legitimität der Neuzeit*. Frankfurt am Main, 1988, p. 545.

[579] Para seus estudos do limiar da época, Hans Blumenberg procurou duas testemunhas que estão ligadas tanto pela continuidade quanto pela diferença: Nicholas of Cues (1401-1464) e Giordano Bruno (1548-1600). Os dois pensadores transferiram o atributo tradicionalmente teológico do infinito de Deus para o universo. BLUMENBERG, Hans. *Die Legitimität der Neuzeit*, Frankfurt am Main, 1988, pp. 555 e ss.

nele, e assim eles não podem sintetizar adequadamente e tornar perceptível semanticamente algo que emerge como um fenômeno estrutural após o limiar.

O limiar ou o espaço intermediário aqui mencionado é correfletido especialmente no nível semântico, como uma reação à convulsão estrutural gradual que já foi testada em novas conceptualizações desde os anos 1970. A sociedade da informação, a sociedade do conhecimento[580] e a sociedade em rede, por exemplo, apresentavam-se como formas conceituais centrais que foram empregadas

---

[580] A fim de examinar os limites localizados na zona de indiferença das organizações e sociedade plataforma, é necessário rastrear a mudança na base social da experiência. Há várias perspectivas a serem exploradas neste ponto que representam a indeterminação das transições aqui abordadas: por exemplo, as dos economistas Fritz Machlup (1940-1983) e Edward Bernay (1891-1995). Estes são dois estudiosos que refletem sobre este limiar entre organização e economia de plataforma na forma da sociedade da informação, do conhecimento ou da rede. Fritz Machlup, no contexto de suas pesquisas sobre o sistema de patentes, observa que um novo tipo de economia surgiu com o crescimento de agências governamentais, instituições de desenvolvimento, laboratórios corporativos, universidades e setores de mídia desde o *New Deal* de Roosevelt. Refletindo sobre a emergência de uma (nova) economia baseada predominantemente na produção, troca e aplicação de conhecimentos abstratos e codificados, ele cunhou o termo "economia do conhecimento". Ao mesmo tempo, Edward Bernay, sobrinho de Sigmund Freud, "descobriu" o conceito de pesquisa de mercado, que resultou da fusão de ideias sobre a movimentação inconsciente com métodos sociológicos de pesquisa de opinião. Neste contexto, a comunicação, que antes era utilizada apenas para transmitir informações, tornou-se um campo estratégico no qual a política e a economia também tinham que se adaptar à nova lógica. Isto contribuiu para o surgimento de uma nova indústria de mídia, baseada na coleta (analógica) de dados e aplicações direcionadas (analógicas). Para um estudo empírico e detalhado das mudanças econômicas dos anos 60 nos Estados Unidos, ver MACHLUP, Fritz. *The Production and Distribution of Knowledge in the United States*. Princeton, 1962; MACHLUP, Fritz. Th*e Political Economy of Monopoly*. Business, Labor and Government Policies. Baltimore, 1952; BENIGER, James. *The Control Revolution*: Technological and Economic Origins of the Information Society. Cambridge (Mass.), 1986, p. 350.

CAPÍTULO VI – O DIREITO DAS PLATAFORMAS

consistentemente para descrever a nova ordem do conhecimento para o espaço intermediário.[581] Naturalmente, o conceito de rede é particularmente proeminente.[582] "Rede" não é, entretanto, um conceito usado exclusivamente para a sociedade da informação ou sociedade do conhecimento.[583] Mesmo para fenômenos anteriores à Internet, o conceito mostra grande poder interpretativo, especialmente dentro da teoria cultural.[584] O valor agregado de olhar certos fenômenos sociais a partir do conceito de rede reside no fato de que o conceito contém uma capacidade interpretativa, que permite abordar e compreender

---

[581] BENKLER, Yochai. *The Wealth of Networks*. How Social Production Transforms Markets and Freedom. New Haven/London, 2006, pp. 3 e ss.

[582] CASTELLS, Manuel. *The Rise of the Network Society*. 2ª ed. Oxford, 2010. Para a jurisprudência, cf. LADEUR, Karl-Heinz. *Der Staat der "Gesellschaft der Netzwerke"*. Zur Fortentwicklung des Paradigmas des "Gewährleistungsstaat". In: VESTING, Thomas; AUGSBERG, Ino (Coord.). *Das Recht der Netzwerkgesellschaft*. Tübingen, 2013; VESTING, Thomas. *Die Medien des Rechts*, vol. 4: Computernetzwerke. Weilerswist, 2015.

Para o Direito Privado, cf. TEUBNER, Gunther. *Netzwerk als Vertragsverbund*: Virtuelle Unternehmen, Franchising, Just-in-time in sozialwissenschaftlicher und juristischer Sicht. Baden-Baden, 2004.

[583] A teoria anti-rede mais comumente citada vem de Richard Buxbaum: "Rede não é um conceito jurídico". De fato, "rede" não é um conceito jurídico. Mas isso não diz nada sobre seu processamento teórico ou dogmático. Muito pelo contrário: todos os conceitos jurídicos são conceitos de procedência distinta – seja da medicina, como "constituição", seja da biologia, como "organismo" na discussão do Direito Constitucional no século XIX, ou conceitos da teologia, como Carl Schmitt enfatizou repetidamente – como um *termo técnico*, "rede" é como todos os outros conceitos jurídicos: No final, não é o Direito em si que decide, mas um complexo processo de tradução social que ocorre geralmente de forma descentralizada. Cf. BUXBAUM, Richard. Is Network a Legal Concept? *JITE*, vol. 149, nº 4, 1993, pp. 698 e ss.

[584] Cf. GIESSMANN, Sebastian. *Die Verbundenheit der Dinge*. Eine Kulturgeschichte der Netze und Netzwerke. Berlim, 2014; SIEGERT, Bernhard. Passage des Digitalen. Zeichenpraktiken der neuzeitlichen Wissenschaften 1500-1900, Berlin, 2003; VOGL, Joseph (Coord.). *Poetologien des Wissens um 1800*. München, 1999.

atentamente as propriedades da forma organizacional humana não hierárquica que têm potencial concreto para abarcar estruturas sociais de formas heterárquicas emergentes.[585] Neste contexto, a maleabilidade do conceito de rede é particularmente adequada às particularidades de algumas formas atuais de sociedade, que são cada vez mais moldadas pelo conhecimento e pela informação e não são controladas por um centro soberano (de poder). Por esta razão, o conceito de rede traz uma lógica relacional de formação de estrutura social para o centro das atenções.[586]

Para os estudiosos do Direito, a noção de rede está frequentemente associada à identificação de duas crises distintas nas últimas décadas: a) uma suposta crise de unidade e hierarquia do Direito (e da própria sociedade); b) uma "crise de delimitação" articulada dentro de certas concepções teóricas. Embora ambos os fenômenos possam ser tratados analiticamente como características independentes, tanto a crise de delimitação quanto a declarada inadequação da formação social hierárquica como consequência da transformação social dos últimos anos se relacionam mutuamente.

A crise de delimitação diagnosticada na pesquisa da rede pode ser vista de duas maneiras: por um lado, como uma tentativa de lidar com a intransponibilidade inerente das fronteiras (do sistema) na teoria clássica dos sistemas, que consistia em dividir a sociedade em diferentes segmentos e controlar a própria fronteira como uma

---

[585] Cf. BARABÁSI, Albert-László. *Linked:* How Everything Is Connected to Everything Else and What It Means for Business, Science, and Everyday Life. Nova York, 2014. Barabási aponta que os nós e nós das redes são a maior força da rede e sua maior fraqueza. Devido à interconexão diversificada e descentralizada de uma rede, ela pode responder facilmente às mudanças em seu ambiente. As redes têm uma alta tolerância a mudanças e erros internos.

[586] WALD, Andreas; JANSEN, Dorothea. "Netzwerke". *In:* BENZ, Arthur et al. (Coord.). *Handbuch Governance.* Theoretische Grundlagen und empirische Anwendungsfehler. Wiesbaden, 2007, pp. 93 e ss.

forma de "higiene de fronteira" descentralizada.[587] No entanto, a crise da delimitação não se manifesta apenas como uma rebelião do Direito sucessório dentro do clã luhmanniano articulada em nível conceitual. Também tem importantes implicações e repercussões para o enquadramento do conceito de Direito, particularmente em termos de como fenômenos híbridos ou formas híbridas de normatividade que não atendem ao imperativo da diferenciação funcional podem ser conceitualmente explicados.[588] Neste ponto, a rebelião visa interpretar a disfuncionalidade do Direito, que não está orientada para a estabilização das expectativas normativas, como uma característica central na explicação de novas práticas sociais e, com base nesta disfuncionalidade ou numa certa impureza do Direito, considerar novos fenômenos que estão entrelaçados com a normatividade jurídica.[589]

---

[587] KOSCHORKE, Albrech. "Die Grenzen des Systems und die Rhetorik der Systemtheorie". *In:* KOSCHORKE, Albrech; VISMANN, Cornelia Vismann (Coord.). *Widerstände der Systemtheorie. Kulturtheoretische Analysen zum Werk von Niklas Luhmann.* Berlim, 1999, p. 50.

[588] Para o direito de mídia, cf. LADEUR, Karl-Heinz; GOSTOMZYK, Tobias. *Das Medienrecht und die Herausforderung der technologischen Hybridisierung, Kommunikation und Recht,* 2018, pp. 686 e ss.; cf. também MÖLLERS Christoph. *Die Möglichkeit der Normen. Über eine Praxis jenseits von Moralität und Kausalität.* Berlim, 2015, pp. 440 e ss.

[589] No trabalho de Ladeur, isto é tratado principalmente através da explicação de um véu entre o normativo e o cognitivo. Cf. LADEUR, Karl-Heinz. The Postmodern Condition of Law and Societal "Management of Rules". Facts and Norms Revised. *Zeitschrift für Rechtssoziologie*, vol. 27, 2006, pp. 87 e ss: "A complexidade inerente dos "artefatos semânticos" com os quais o sistema realiza suas descrições de si mesmo e de outros, bem como a interpretação, inevitavelmente contém ofuscações muito mais complexas do que as identificadas com o termo "observação/descrição de segunda ordem"; LADEUR, Karl-Heinz. *Postmoderne Rechtstheorie. Selbstreferenz - Selbstorganisation – Prozeduralisierung.* Berlim, 1995, p. 162. A este respeito, cf. também VESTING, Thomas. *Die Medien des Rechts*, vol. 1: Sprache. Weilerswist, 2011, pp. 67 e ss. Para uma crítica da diferenciação funcional e dos fenômenos normativos no campo da economia, cf. BECKERT, Jens. Die sittliche Einbettung

A noção de rede no Direito também mostra como o longo processo de perda dos marcos finais da certeza social também teve um efeito profundo na epistemologia jurídica. A epistemologia jurídica tradicional se concentra na hierarquia com conceitos como "sistema" ou "ideia geral" (*Gesamtidee - Gerber*). Particularmente em relação à variante alemã do positivismo jurídico, na qual a epistemologia jurídica gira em torno do horizonte do problema hierárquico-dedutivo, o conceito de redes aborda como a formação da normatividade jurídica teria atualmente outros pressupostos que já não consistem mais na lógica da centralização do Estado e na coesão hierárquica das normas. Em vez disso, muitas vezes é feita referência à mudança do papel do Direito subjetivo (e do sujeito em geral) e, não menos importante, à abertura dos sistemas jurídicos modernos à produção de conhecimento social e normatividade jurídica a partir de uma lógica mais heterárquica orientada para a auto-organização.[590] Não é à toa que os casos de *"contratos relacionais"* e a forma de surgimento de relações comerciais e jurídicas na "lógica de garagem" do Vale do Silício são vistos repetidamente como os principais fenômenos deste desenvolvimento.[591] Neste contexto, dominado por uma lógica

---

der Wirtschaft. Von der Effizienz- und Differenzierungstheorie zu einer Theorie wirtschaftlicher Felder. *Berliner Journal für Soziologie*, vol. 22, 2012, pp. 247 e ss.

[590] LADEUR, Karl-Heinz. *Negative Freiheitsrechte und gesellschaftliche Selbstorganisation*. Tübingen, 2000, pp. 275 e ss.; LADEUR, Karl-Heinz. *Zur Verteidigung der Rationalität der "Privatrechtsgesellschaft"*. Tübingen, 2006, pp. 296 e ss.

[591] A distinção clássicacom a qual o conceito de rede procura romper é a distinção entre organização e mercado. A dissolução desta distinção ocorre através da prática de contratos relacionais. Cf. POWELL, Walter. Neither Market Nor Hierarchy. *Research in Organizational Behavior*, vol. 12, 1990, pp. 295 e ss. Sobre a lógica de garagem do direito de Internet, cf. LADEUR, Karl-Heinz. "Rechte gegen Rechte" – Kann diese Konfrontation dem Prozessieren des Rechts gerecht werden? *In*: AUGSBERG, Ino; AUGSBERG, Steffen; HEIDBRINK, Ludger (Coord.). *Recht auf Nicht-Recht*. Rechtliche Reaktionen auf die Juridifizierung der Gesellschaft. Weilerswist, 2020, pp. 211 e ss. "Muito hoje está simplesmente 'feito' ("l'âge du faire"), e apenas ex

CAPÍTULO VI – O DIREITO DAS PLATAFORMAS

de redes, a normatividade jurídica é entendida como uma normatividade que não deriva simplesmente de um centro, estatal ou não, mas é gerada em um cenário de conexão lateral e horizontal entre Estado, organizações e sociedade, com sérias consequências para a modelagem da subjetividade jurídica envolvida neste contexto.

Nas últimas décadas, a crise da unidade e hierarquia do Direito tem sido associada ao debate sobre a emergência do Direito espontâneo para além dos parâmetros institucionais do Direito Constitucional e do Direito Internacional tradicional.[592] A dependência do conceito

---

post, com a ajuda de advogados, é uma construção jurídica do processo solicitado" (LADEUR, Karl-Heinz. "Rechte gegen Rechte" – Kann diese Konfrontation dem Prozessieren des Rechts gerecht werden?. *In*: AUGSBERG, Ino; AUGSBERG, Steffen; HEIDBRINK, Ludger (Coord.). *Recht auf Nicht-Recht*. Rechtliche Reaktionen auf die Juridifizierung der Gesellschaft. Weilerswist, 2020, p. 232). Sobre contratos relacionais, cf. VESTING, Thomas. Einbau von Zeit. Rechtsnormativität im relationalen Vertrag. *KJ*, vol. 52, 2019, pp. 626 e ss. "Nos novos modelos de contrato da indústria de alta tecnologia, mecanismos informais não escritos desempenham um papel importante na interação entre as partes (em contraste com o contrato formal e judicialmente executável). Estes contratos são frequentemente referidos – mas a terminologia não é uniforme – como "contratos relacionais" (VESTING, Thomas. Einbau von Zeit. Rechtsnormativität im relationalen Vertrag. *KJ*, vol. 52, 2019, p. 632).

[592] Cf. VESTING, Thomas. Die Staatsrechtslehre und die Veränderung ihres Gegenstandes: Consequences of Europeanization and Internationalization. *VVDStRL*, vol. 63, 2004, p. 41 e seguintes; LADEUR, Karl-Heinz. A Law of Networks for the World Society or Constitutionalization of the Community of Nations? *International Law Archive*, vol. 49, nº 3, set. 2011, pp. 246 e ss.; DI FABIO, Udo. *Das Recht offener Staaten*. Tübingen, 1998; DI FABIO, Udo. *Der Verfassungsstaat in der Weltgesellschaft*. Tübingen 2001. "O nome do grande paradoxificador não é 'Jacques Derrida' nem 'Niklas Luhmann'. Seu nome é 'globalização'. As dúvidas recorrentes sobre a hierarquia do Direito tão facilmente silenciadas no passado dos Estados-nação não podem mais ser silenciadas. Elas explodem diante da 'apatridia' da *lex mercatoria* e de outras práticas que produzem Direito Global sem o Estado. É a globalização do Direito que está matando o pai soberano e tornando visível o paradoxo jurídico" (TEUBNER, Gunther. The King's Many

de Direito de uma estrutura conceitual alimentada por uma hierarquia de regras, pela constituição política, pela territorialidade, pela diferença entre legislação e tribunais, ou pela identidade nacional, reduz a capacidade interpretativa de compreender práticas sociais de contextos transnacionais privados, ou seja, fora dos quadros institucionais da esfera pública.[593] Como resultado, ele é identificado com a suposta crise de delimitação de fronteiras que resulta da crescente fragmentação social e da hibridização dos fenômenos sociais associados.[594] Por esta razão, fenômenos fundamentalmente híbridos, que os conceitos anteriores do Direito interpretam como fenômenos extralegais, são capturados pelo conceito de rede. A mais valia do conceito de rede reside, portanto, precisamente no que Ino Augsberg chama de sua "abertura fantasmagórica e esquemática".[595]

Assim, sobretudo devido a sua plasticidade conceitual, o conceito de rede não carece de aplicação dogmática. A esperança de uma articulação jurídica do conceito de rede reside principalmente na tentativa de conferir um caráter normativo ao conceito, que se concentra particularmente na coordenação descentralizada ou na

---

Bodies: The Self-Deconstruction of Law's Hierarchy. *Law & Society Review*, vol. 31, n° 4, 1997, pp. 763 e ss., aqui p. 769).

[593] Sobre "territorialidade", cf. SASSEN, Saskia. *Territory, Authority, Rights. From Medieval to Global Assemblages*. Princeton, 2008.

[594] Sobre a tributação excessiva dos reguladores estatais com relação aos regimes privados emergentes, cf. CALLIES, Gralf-Peter; ZUMBANSEN, Peer. *Rough Consensus e Running Code. A Theory of Transnational Private Law*. Oxford, 2010, esp. p. 109.

[595] AUGSBERG, Ino. Das Gespinst des Rechts. *Rechtstheorie*, 38, 2007, pp. 479/480; DRUEY, Jean N. Das Recht als Netz für Netzwerke. Eine Wegskizze. *KritV*, vol. 8, 2006, pp. 163 e ss. Ino Augsberg defende uma mudança de significado do conceito de rede para um conceito não-hierárquico baseado na metáfora do rizoma. Cf. AUGSBERG, Ino. *Schmitt-Lektüren*: Vier Versuche über Carl Schmitt. Berlin, 2020, pp. 37 e ss.

CAPÍTULO VI – O DIREITO DAS PLATAFORMAS

observação dos nós das redes.[596] No Direito Administrativo, o conceito de rede pode ser usado para articular novas constelações na zona de indiferença entre privado e público, formal e informal, cooperativo e hierárquico.[597] No Direito Civil, Gunther Teubner tem enfatizado a mais-valia do conceito para novos tipos de constelações contratuais e, acima de tudo, solicita uma padronização jurídica apropriada de redes corporativas, tais como empresas virtuais, sistemas *just-in-time* e cadeias de franquias, que como regra geral concluem contratos bilaterais convencionais, mas, ao mesmo tempo geram efeitos jurídicos multilaterais ou de rede, no sentido de um contrato de rede.[598] O conceito de rede também fez carreira para a constelação educacional de um Direito transnacional.[599] No en-

---

[596] KEMMERER, Alexandra. "Der normative Knoten. Über Recht und Politik im Netz der Netzwerke". *In:* BOYSEN, Sigrid *et al.* (Coord.). *Netzwerke*. Baden-Baden, 2007, pp. 195 e ss., aqui p. 221: "Nos nós, as abordagens à ação e as questões de responsabilidade e atribuição de design jurídico estão abertas. É aqui que pode começar uma 'recalibração normativa' da rede, que faz justiça à 'teimosia do Direito'". Sobre nós como elementos básicos da rede a partir de uma perspectiva teórica cultural, ver BÖHME, Hartmut. "Einführung: Netzwerke. Zur Theorie und Geschichte einer Konstruktion". *In:* BARKHOFF, Jürgen; BÖHME, Hartmut.; RIOU, Jeanne (Coord.). *Netzwerke*. Eine Kulturtechnik der Moderne. Köln, 2004, pp. 17 e ss.

[597] MÖLLERS, Christoph. "Netzwerk als Kategorie des Organisationsrechts. Zur juristischen Beschreibung dezentraler Steuerung". *In:* OEBBECKE, Janbernd (Coord.). *Nicht-Normative Steuerung in dezentralen Systemen*. Berlin, 2005, pp. 285 e ss. Cf. ainda LADEUR, Karl-Heinz. Von der Verwaltungshierarchie zum administrativen Netzwerk?. *Die Verwaltung*, vol. 26, 1993, pp. 137 e ss.

[598] TEUBNER, Gunther. *Netzwerk als Vertragsverbund*: Virtuelle Unternehmen, Franchising, Just-in-time in sozialwissenschaftlicher und juristischer Sicht. Baden-Baden, 2004, pp. 204 e ss.

[599] VIELLECHNER, Lars. *Transnationalisierung des Rechts*. Weilerswist, 2013.

tanto, a introdução do conceito de rede também foi alvo de elogios e críticas.[600]

De fato, é inegável que a noção de rede, devido a sua plasticidade, oferece uma forma de iluminar propriedades também inerentes às novas práticas sociais, baseadas no conhecimento, resultantes da crise de um modelo social baseado na hierarquia normativa. Este modelo de rede, por exemplo, foi excepcionalmente adequado à primeira fase do estabelecimento da *World Wide Web* com base na criação da infraestrutura de rede através de protocolos técnicos (inicialmente referido como "programa de controle de transmissão" – TCP).[601] Permitir a ligação heterárquica de computadores com transmissões de dados levou gradualmente à desestabilização das relações hierárquicas e à crescente heterarquização.[602]

Neste contexto, Tim Berners-Lee, um dos criadores da *World Wide Web*, faz uma analogia interessante entre infraestrutura e dispositivos de serviço para explicar como a separação das diferentes

---

[600] Sobre uma suposta metamorfose tendencial dos professores de Direito Constitucional em "especialistas em redes cosmopolitas", cf. ISENSEE, Josef. Diskussionsbeitrag. *VVDStRL*, vol. 63, 2004, pp. 91 e ss.; RUFFERT, Matthias. Diskussionsbeitrag. *VVDStRL*, vol. 63, 2004, p. 90.

[601] ABBATE, Janet. *Inventing the Internet*. Cambridge, 1999; FRIEDEWALD, Michael. Vom Experimentierfeld zum Massenmedium: Gestaltende Kräfte in der Entwicklung des Internets. *Technikgeschichte*, vol. 67, nº 4, 2000, pp. 331 e ss. A infra-estrutura técnica da Internet é o principal pilar de sua funcionalidade e os protocolos são seu sistema operacional. Alguns dos principais protocolos que suportam a Internet são o Internet Protocol (IP), Transmission Control Protocol (TCP), User Datagram Protocol (UDP), Hypertext Transfer Protocol (HTTP), Simple Mail Transfer Protocol (SMTP), File Transfer Protocol (FTP), e Domain Name System (DNS) (YATES, David. *Turing's Legacy*: A History of Computing at the National Physical Laboratory 1945-1995. Londres, 1997, pp. 126-146).

[602] CAMPBELL-KELLY, Martin. Data Communications at the National Physical Laboratory (1965-1975). *IEEE Annals of the History of Computing*, jul.-set., 1987, pp. 221 e ss.

camadas distingue a construção da Web da construção da Internet. A Web é uma aplicação que roda na Internet, que por sua vez é uma rede eletrônica que transmite pacotes de informações entre milhões de computadores de acordo com alguns protocolos abertos. Uma analogia é que a Web é como um eletrodoméstico que funciona utilizando a rede elétrica. Um refrigerador ou uma impressora podem funcionar desde que apliquem alguns protocolos padrão – operando a 120 volts ou 60 hertz, por exemplo. Da mesma forma, qualquer aplicação – como a Web, e-mail ou mensagens instantâneas – pode funcionar na Internet desde que utilize alguns protocolos padrão da Internet, como o TCP e o IP.[603]

Esta primeira fase, na qual protocolos técnicos permitiram uma abertura para a experimentação de novas vivências sociais além da estrutura de uma organização formal, marcou praticamente as duas primeiras décadas da popularização da Internet. Entretanto, neste novo cenário, ocorre uma tendência crescente da dinâmica social, que difere da fase anterior de consolidação dos padrões técnicos da Internet, e que não pode mais ser capturada pela semântica do conceito de rede.[604]

---

[603] BERNERS-LEE, Tim. "Lang lebe das Web". *In:* BAUMGÄRTEL, Tilman (Coord.). *Texte zur Theorie des Internets.* Stuttgart, 2020, pp. 74 e ss., p. 83: "Os fabricantes podem melhorar geladeiras e impressoras sem mudar a forma como a eletricidade funciona, e as concessionárias podem melhorar a rede elétrica sem mudar a forma como os aparelhos funcionam. Os dois níveis de tecnologia trabalham juntos, mas podem evoluir independentemente. O mesmo é válido para a Web e a Internet. A separação das camadas é fundamental para a inovação".

[604] VAN DIJCK, José. *The Culture of Connectivity.* A Critical History of Social Media. Oxford, 2013, p. 5: "Until the turn of the millennium, networked media were mostly generic services that you could join or actively utilize to build groups, but the service itself would not automatically connect you to others. With the advent of Web 2.0, shortly after the turn of the millennium, online services shifted from offering channels for networked communication to becoming interactive, two-way vehicles of networked sociality".

A construção de uma gramática universal transfronteiriça através de protocolos, através da qual foi produzida uma infraestrutura técnica de relações heterárquicas, passa a ser caracterizada ao longo das últimas duas décadas por uma nova estrutura que pode ser descrita como um novo "momento da rede". Este novo "momento da Rede (Net)", que ganhou força nos últimos anos, é baseado em uma combinação incomum da horizontalidade das relações (momento heterárquico) com uma verticalização dessas relações (momento hierárquico), que nos últimos anos tem sido referida como a tendência de plataformização da Internet.[605] Neste contexto, Julie Cohen especifica apropriadamente: "uma plataforma não é (apenas) uma rede".[606]

O conceito do digital discutido neste trabalho refere-se aqui precisamente a este desenvolvimento da plataformização da Internet. O "digital" refere-se à mediatização material do social através de plataformas de comunicação eletrônica. Um dos pilares deste desenvolvimento atual é a "dataficação",[607] a partir da qual se consegue uma crescente incorporação de estruturas sociais em "ecologias de medição e contagem" baseadas em algoritmos, que depois dão

---

[605] EVANS, David S.; HAGIU, Andrei; SCHMALENSEE, Richard. Invisible Engines: How Software Platforms Drive Innovation and Transform Industries. Cambridge 2006; PARKER, Geoffrey; ALSTYNE, Marshall W. Van CHOUDARY, Sangeet P. *Platform Revolution*: How Networked Markets are Transforming the Economy – and How to Make them Work for You. New York, 2016; REUVER, Mark de; SØRENSEN, Carsten; BASOLE, Rahul C. The Digital Platform: A Research Agenda. *Journal of Information Technology*, vol. 33, n° 2, 2018, pp. 124 e ss.

[606] COHEN, Julie E. Law for the Platform Economy. *U.C. Davis L. Rev.*, vol. 15, 2017, pp. 133 e ss., 143: "(...) *platforms are not the same as networks, nor are they simply infrastructures. (...) For most practical purposes, however, the 'network of networks' is becoming a network of platforms; Internet access and use are intermediated from beginning to end*".

[607] COULDRY, Nick; HEPP, Andreas. *The Mediated Construction of Reality*. Cambridge, 2017, p. 139.

CAPÍTULO VI – O DIREITO DAS PLATAFORMAS

forma ao novo modelo de negócios das plataformas digitais. Acima de tudo, a transição das organizações como forma de produção de conhecimento e normatividade social para uma sociedade cada vez mais orientada para plataformas digitais exige que as mudanças nas condições materiais e infraestruturais do social sejam colocadas no centro do debate. Assim como acontece com as organizações, as plataformas digitais não refletem simplesmente o social, mas coproduzem as estruturas sociais em que vivemos.[608]

Por esta razão, como aponta Gießmann, as redes marcam "o intermediário espacial",[609] e isto num duplo sentido: por um lado, elas capturam padrões de ação ou práticas sociais que estão localizadas na área cinza do soberano/privado, direcionado/evolutivo, hierárquico/cooperativo e formal/informal. Por outro lado, as redes também marcam "o intermediário espacial" no sentido blumenbergiano como um limiar epocal, que se apresenta como uma semântica transitória e expressa o momento entre o certo *"não mais"* e o simultâneo *"ainda não"*. Isto se torna particularmente claro quando o desenvolvimento da Internet deixa para trás uma fase inicial de consolidação de protocolos que permitem a comunicação *peer-to-peer* e avança em direção a uma plataformização de todo o mundo digital.

6.2.2 Após o limiar: plataformas

O digital não está no limiar, como o conceito de rede, mas se encontra após o limiar. Ele cria não apenas uma nova ordem de conhecimento, mas também uma nova ordem de cultura, ao decantar e, ao mesmo tempo, remodelar a antiga forma de conhecimento e cultura, que era orientada para as organizações. Esta agitação afeta a forma organizacional de produção de informações ao substituir a

---

[608] COULDRY, Nick; HEPP, Andreas. *The Mediated Construction of Reality*. Cambridge, 2017, p. 139.

[609] GIEßMANN, Sebastian. *Netze und Netzwerke*. Archäologie einer Kulturtechnik, 1740-1840. Bielefeld, 2006, p. 14.

velha economia da informação industrial que tinha prevalecido da segunda metade do século XIX ao século XX por uma nova forma de economia de dados baseada em plataformas. Este processo de transição para uma nova ordem digital de conhecimento e cultura, no qual a "não-conceitualidade" (*Unbegrifflichkeit*) existente do novo (Blumenberg) desafia a antiga ordem baseada na organização, ao mesmo tempo em que reduz, por um lado, simples noções de restauração de uma "comunidade" que pode sempre assumir características autoritárias, não liberais, e, por outro lado, soluções libertárias que preferem uma abordagem na qual *"anything goes"*.

Inspirado em estudos de mídia, Tarleton Gillespie oferece uma tipologia concisa para plataformas que vai além de uma definição puramente computacional, i.e., um sistema no qual programas de computador podem ser executados. Ele distingue três níveis: a) a arquitetura (uma superfície ou estrutura sobre a qual as ações podem ocorrer), b) a figurativa (uma base [metafísica] para oportunidades, ações e *insights*), e c) a política (um conjunto de princípios sobre os quais um ator social toma posição para se dirigir ao público).[610] Nesta perspectiva, ele consegue ter uma visão multifocal do fenômeno das plataformas, distanciando-se assim da abordagem que as reduz ao conceito de poder ou de "imperialismo de plataforma".[611] Assim, Gillespie combina aspectos negativos ou externalidades negativas do momento da verticalização das plataformas com externalidades positivas da horizontalização inerentes ao modelo de plataforma. O sucesso das plataformas como modelo de negócios deriva precisamente desta dualidade, desta ambivalência inerente ao conceito de

---

[610] GILLESPIE, Tarleton. The Politics of "Platforms". *New Media & Society*, vol. 12, nº 3, 2010, pp. 347 e ss.

[611] JIN, Dal Yong. The Construction of Platform Imperialism in the Globalization. *Journal for a Global Sustainable Information Society*, vol. 11, nº 1, 2013, pp. 145 e ss.; FUCHS, Christian. New Imperialism: Information and Media Imperialism. *Global Media and Communication*, vol. 6, nº 1, 2010, pp. 33 e ss.

CAPÍTULO VI – O DIREITO DAS PLATAFORMAS

integração das reivindicações de totalidade e liberdade, heterarquia e hierarquia em um modelo somente.[612]

Neste ponto em particular, o conceito de plataforma pode abarcar semanticamente fenômenos que o conceito de rede não pode. Da mesma forma, o conceito de sistema no sentido da teoria dos sistemas não pode captar as estruturas sociais que surgiram com o advento do digital, pois não se trata apenas de compartimentar e reconectar setores sociais, mas de um complexo processo de hibridização de práticas sociais na forma ambivalente de combinar um momento verticalizante com um momento horizontalizante. Embora o conceito de rede tenha ganhado espaço – especialmente após a globalização – ao focalizar os aspectos horizontais da constituição da normatividade, ele perdeu de vista o fato de que recentemente, no crescente mundo virtual, há uma forte tendência para uma combinação de verticalização e horizontalização.

Neste contexto, David Gugerli enfatiza, com razão, que nas últimas décadas temos visto um movimento do mundo para a realidade digital.[613] No entanto, este movimento não só levou a relações mais horizontais, mas também à já mencionada estranha combinação de verticalidade e horizontalidade, que não era aparente num

---

[612] Jean Rochet e Jean Tirole, por exemplo, enfatizam o lado criativo das plataformas digitais. Para eles, as plataformas são superfícies de inovação técnica nas quais novos atores podem desenvolver serviços ou produtos adicionais; em muitos aspectos, são utilitários que geram novas funções sociais e oportunidades de negócios; e, em termos econômicos, são os chamados *"mercados multifacetados"*. ROCHET, Jean C.; TIROLE, Jean. "Platform Competition in Two-Sided Markets". *Journal of the European Economic Association*, vol. 4, n° 1, 2003, pp. 990 e ss.; ROCHET, Jean C.; TIROLE, Jean. "Two-Sided Markets: A Progress Report". *RAND Journal of Economics*, vol. 35, 2006, pp. 645 e ss.

[613] Cf. GUGERLI, David. *Wie die Welt in den Computer kam*. Zur Entstehung digitaler Wirklichkeit. Frankfurt am Main, 2018.

primeiro momento.[614] Existe uma certa relação inseparável entre as plataformas online e as estruturas sociais, mas uma relação na qual as plataformas online não somente espelham o mundo *off-line*, mas constantemente coproduzem novas estruturas sociais. Esta performatividade através da mediação é um aspecto importante da plataforma de toda a Internet. A plataformização neste sentido significa que uma codificação contínua das integrações humanas e institucionais não se baseia mais nos mecanismos tradicionais de proteção do mercado ou do Estado, mas em novas estruturas e modelos de negócios focados nos efeitos de rede de acumulação e processamento de dados com algoritmos. Neste contexto, a sociabilidade é codificada de uma forma abrangente pela tecnologia.[615]

Aqui, surgem questões centrais sobre as consequências da reestruturação quando a forma de produção cultural e de conhecimento é determinada por plataformas *on-line*. Acima de tudo, as plataformas estão criando equilíbrio entre os interesses privados e públicos, que está gradualmente se tornando mais aparente. O fato é que o novo ecossistema tem implicações imediatas em nível local, nacional e global, sobretudo por causa das possibilidades tecnológicas. E, assim, a sociedade das plataformas também está mudando a estrutura condicional da transnacionalidade. Em termos de Direito Global, isto não é mais uma consequência das relações entre Estados-nação, do tratamento de questões técnicas transnacionais por organizações, ou da prática da arbitragem transnacional. Entretanto, a sociedade da plataforma está mudando não apenas as condições de transnacionalidade, mas também as condições de eficácia da

---

[614] Maria Eriksson *et al.* também defendem neste sentido a dualidade e a ambivalência das plataformas digitais: "as possibilidades das plataformas permitem e restringem simultaneamente as expressões". Cf. ERIKSSON, Maria *et al. Spotify Teardown: Inside the Black Box of Streaming Music.* Cambridge (Mass.), 2019.

[615] HOLMOND, Anne. The Platformization of the Web: Making Web Data Platform Ready. *Social Media + Society,* Jul. Dez. 2015.

CAPÍTULO VI – O DIREITO DAS PLATAFORMAS

realização evolutiva da constituição do Estado-nação e o papel do Direito na sociedade em geral.

Neste momento, volto ao ponto de partida deste trabalho. A dúvida ou desconforto de Niklas Luhmann – hipostasiado na tese da anomalia na frase final de seu livro *Das Recht der Gesellschaft* (1993) – tenta justapor dois tipos de sociedade. O primeiro tipo de sociedade é caracterizado pelo grau de liberdade, diferenciação social e sua dependência de um código jurídico funcional que estrutura esferas de liberdade a fim de evitar uma hipertrofia de uma racionalidade sobre a outra. Por outro lado, Luhmann esboça um tipo diferente de sociedade que tinha poucos contornos claros no início dos anos 1990 – a época da publicação do livro. Apesar destes poucos contornos claros, porém, ele já estava ciente de que este desenvolvimento da sociedade global, incluindo novas tecnologias, era inerentemente inadaptável ou incompatível com a tradição jurídica ocidental. Em sua opinião, a primeira forma de sociedade, extremamente dependente do Direito, enfraqueceria como resultado do desenvolvimento da sociedade global. No entanto, ele não responde à pergunta sobre qual seria a função do Direito em uma sociedade global e tecnológica.[616]

A nova sociedade (das plataformas) e seu Direito, por outro lado, presumivelmente não podem mais ser descritos com suficiente precisão pelos termos da sociedade do conhecimento ou da sociedade em rede, uma vez que novos elementos, que antes não estavam presentes, estão surgindo no tecido social. Por esta razão, o conceito de

---

[616] Mesmo autores recentes confirmam a opinião de que as condições tecnológicas e transnacionais do novo modelo de negócios das plataformas digitais se apresentam como uma barreira à semântica do Direito tradicional. GILLESPIE, Tarleton. The Politics of "Platforms". *New Media & Society*, vol. 12, nº 3, 2010, pp. 358/359; ver também SCHWARZ, Jonas A. Platform Logic: An Interdisciplinary Approach to the Platform-Based Economy. *POL'Y & INT*, ago. 2017, pp. 4 e ss.; COHEN, Julie E. Law for the Platform Economy. *U.C. Davis L. Rev.*, vol. 15, 2017, pp. 144 e ss.

sociedade da plataforma não se encontra mais no limiar, no sentido blumenbergiano, como uma espécie de semântica transitória, mas há muito tempo o deixou para trás.[617]

6.2.3 Uma nova economia política das plataformas?

Dada a profunda mudança trazida pelo que aqui é chamado de "o digital", a principal pergunta continua sendo se a nova sociedade de plataforma também estaria influenciando a mudança dos atuais contornos da economia política. Para responder essa pergunta, faz-se necessário um olhar sobre a economia politica e sua relação com o digital. No contexto histórico, a economia política como conceito só se tornou popular a partir da segunda metade do século XIX. Nesse contexto, ela era cada vez mais vista como uma descrição da economia moderna, comprometida com o liberalismo (que ainda estava em sua fase nascente), que contrastava com a constituição da "casa" (*ganzes Haus*) da antiga tradição europeia.[618] Vários autores, como Jean-Jacques Rousseau,[619] Joseph A. Schumpeter,[620]

---

[617] HOLMOND, Anne. The Platformization of the Web: Making Web Data Platform Ready. *Social Media + Society*, Jul. Dez. 2015.

[618] RONCAGLIA, Alessandro. *Petty*: The Origins of Political Economy Armonk. New York, 1985, p. 118. Sobre o conceito da velha economia europeia de toda a casa como uma sociedade aristocrática ou grande corte camponesa em contraste com a moderna ordem econômica urbana, cf. BRUNNER, Otto. *Land und Herrschaft*. Grundfragen der territorialen Verfassungsgeschichte Südostdeutschlands im Mittelalter. Darmstadt, 1990.

[619] ROUSSEAU, Jean-Jacques. *Politische Ökonomie*. Frankfurt am Main 1977.

[620] SCHUMPETER, Joseph A.; SCHUMPETER, Elizabeth B. (Coord.). Geschichte der ökonomischen Analyse. Erster Teilband. Göttingen, 1965, p. 73.

CAPÍTULO VI – O DIREITO DAS PLATAFORMAS

Max Weber[621] e Karl Marx,[622] haviam declarado a economia política como seu principal campo de pesquisa. István Hont aponta neste contexto da filosofia que o surgimento do conceito de economia política marca uma linha divisória no pensamento ocidental que apontaria para um momento pós-Maquiavélico.[623] A teoria e o ensino político de Maquiavel foram guiados pelos conceitos de *virtù* e *fortuna*. Enquanto *virtù* está diretamente relacionada ao julgamento, ou seja, a qualidades individuais dos governantes, *a fortuna* se refere à dimensão do favor do destino e do acaso na constelação histórico-social de um Estado.[624] O equilíbrio entre *virtù* e *fortuna* teria sido, segundo Maquiavel, fórmula mágica para garantir a estabilidade de um governo. A ênfase em um "momento pós-Maquiavélico" com a introdução da economia política a partir do século XVIII como tema central dos assuntos de Estado[625] sugere que a base sobre a

---

[621] Para Max Weber, cf. SCHLUCHTER, Wolfgang. *Die Entstehung des modernen Rationalismus*. Eine Analyse von Max Weber's Entwicklungsgeschichte des Occzidents. Frankfurt am Main, 1998, p. 13.

[622] MARX, Karl. Zur Kritik der politischen Ökonomie. *In:* MARX, Karl; ENGELS, Friedrich. *Gesamtausgabe* (MEGA), vol. 8. Berlim, 2009.

[623] HONT, István. *Jealousy of Trade*. International Competition and the Nation-State in Historical Perspective. Cambridge (Mass.), 2010, p. 9.

[624] NEDERMAN, Cary; BOGIARIS, Guillaume. "Niccolò Machiavelli". *In:* ROBINSON, Daniel M.; MEISTER, Chad; TALIAFERRO, Charles (Coord.). *The History of Evil in the Early Modern Age: 1450-1700 CE*. Londres, 2018, pp. 53 e ss.; SCHRÖDER, Peter. *Niccolò Machiavelli*. Frankfurt, 2004, p. 44.

[625] HONT, István. *Jealousy of Trade*. International Competition and the Nation-State in Historical Perspective. Cambridge (Mass.), 2010, pp. 8 e ss. David Hume observou em seu caderno, visivelmente surpreso, que embora sua cidade de Florença tenha sido criada e mantida viva pelo comércio, a palavra "comércio" não aparece nem mesmo em seus escritos. Ver MOSSNER, Ernest C. *Hume's Early Memoranda, 1729-1740*: The Complete Text. *Journal of the History of Ideas*, vol. 9, n° 4, 1948, p. 508: "Não há uma Palavra de Comércio em todo Maquiavel, o que é estranho considerando que Florença se levantou somente pelo Comércio".

qual um governo garantia sua estabilidade não deveria mais ser reduzida apenas ao destino e à virtude pessoal do governante, mas deveria também abranger uma dimensão mais ampla: a abertura da sociedade para a produção do novo além da tradição e do destino. A economia política tornou-se assim a forma de reflexão deste novo desenvolvimento da sociedade.

O surgimento da economia política como forma de reflexão sobre processos sociais dinâmicos também encontra uma relação relevante com o tema deste livro. A economia política é, então, uma forma de reflexão sobre as metamorfoses da sociedade e, simultaneamente, sobre as metamorfoses do Direito. De fato, a emergência da economia política e a crescente importância da economia como sujeito do Estado, além de atributos como a virtude e a fortuna da pessoa do soberano está diretamente ligada ao que aqui foi referido como a desintegração da velha ordem, a dissolução do *ius publicum europaeum*. Com a transição da era do político para a era das relações, na qual mais e mais Estados-nação foram criados em uma política global descentralizada de reconhecimento de novos Estados, a ausência de um centro de geração e administração da normatividade do Direito Global no sentido schmittiano de uma ordem concreta dos poucos soberanos europeus e casas principescas dotadas de virtude levou a uma dispersão da soberania e a uma interação cada vez mais descentralizada entre as diferentes partes locais do mundo.[626] A virtude e a fortuna da pessoa do soberano, ainda determinantes no âmbito do *ius publicum europaeum*, perdem seu valor central em um mundo cada vez mais constituído por relações descentralizadas.

A dinâmica recém-lançada não apenas aumentou a imigração entre continentes e países,[627] mas também trouxe uma forte influência mútua de tradições culturais anteriormente díspares. Como

---

[626] Esse foi o tema do segundo capítulo.

[627] OSTERHAMMEL, Jürgen. *Die Verwandlung der Welt*. Eine Geschichte des 19. Jahrhunderts. München, 2009, p. 235: "Nenhum outro período na história foi uma era de migração em massa de longa distância na

CAPÍTULO VI – O DIREITO DAS PLATAFORMAS

mostrou Frank Trentmann no início do século XX, os japoneses bebiam principalmente chá até o final do século XIX, mas, devido aos migrantes que retornavam do Brasil, uma nova cultura do café foi introduzida no Japão. O primeiro café brasileiro foi inaugurado em Tóquio em 1908.[628] A ideia de *"sociabilidade comercial"*[629] não teria sido possível sem a dimensão transnacional dessas ligações. A produção e distribuição de novos produtos não só gerou novos contatos entre regiões e Estados, mas também influenciou profundamente as categorias da vida cotidiana.[630] Mesmo conceitos modernos como a *sociedade civil* seriam quase inconcebíveis sem este desenvolvimento.[631] O lançamento de uma nova produtividade do indivíduo além

---

mesma medida que o século XIX. Entre 1815 e 1914, pelo menos 82 milhões de pessoas cruzaram *voluntariamente* as fronteiras".

[628] TRENTMANN, Frank. *The Empire of Things*. How We Became a World of Consumers, from the Fifteenth Century to the Twenty-first. London, 2016, p. 165.

[629] HONT, Istvan. *Politics in Commercial Society*. Jean-Jacques Rousseau and Adam Smith. Cambridge, 2015.

[630] TRENTMANN, Frank. *The Empire of Things*. How We Became a World of Consumers, from the Fifteenth Century to the Twenty-first. London, 2016, p. 107: "The culture of politeness gave consumption an additional lift. Coffee houses and the taste of exotic beverages were just one part of an expanding universe of social spaces – from clubs and restaurants to promenades and pleasures gardens – that were simultaneously dedicated to leisurely entertainment and genteel self-fashioning. Fashionable clothes, tea sets, the latest novel and appropriate wallpaper and furnishings were vital to the polite lifestyle through which the expanding middling sort defined itself and asserted its place in a fluid, post-aristocratic society".

[631] TRENTMANN, Frank. *The Empire of Things*. How We Became a World of Consumers, from the Fifteenth Century to the Twenty-first. London, 2016, p. 101: "Hume's project was nothing less than 'a science of man', and his positive view of luxury was part of a larger appreciation of the role of objects in the making of self and civil society. (...) By nourishing commerce and industry, it brought them together in clubs, conversation and entertainment, all of which made them 'feel an increase of humanity'. Thus', Hume concluded, industry, knowledge, and humanity, are linked together by an indissoluble chain, and are found,

da cultura da corte, conforme descrito no quarto capítulo, aponta para uma importante mudança social com profundas implicações para a formação social.

Com o surgimento de uma sociedade de organizações, articulada não apenas nas estruturas internas dos Estados-nação, mas também como forma de gerar conhecimento técnico-jurídico na sociedade global, a velha ordem da economia política baseada em bens tradicionais (terra, capital, trabalho) é complementada por novos bens baseados no conhecimento e *standards* profissionais.[632] Isto requer um novo modo de gerar conhecimento social e, portanto, também o surgimento específico de um horizonte comum de expectativas ancorado no papel central das organizações e em sua forma de geração de conhecimento.[633] Uma nova forma de produção pós-capitalista baseada no conhecimento então ganha significado.[634]

---

from experience as well as reason, to be peculiar to the more polished, and...more luxurious ages".

[632] Este ponto foi tratado no terceiro capítulo utilizando o exemplo da propriedade intelectual e sua forma de produção e reprodução em relação ao conhecimento gerado nas organizações com impacto na adaptação do Direito Global e nacional.

[633] PERROW, Charles. "A Society of Organizations". *In*: HALLER, Max; HOFFMANN-NOWOTNY, Hans-Jürgen; ZAPF, Wolfgang (Coord.). *Kultur und Gesellschaft*: Verhandlungen des 24. Deutschen Soziologentags, des 11. Österreichischen Soziologentags und des 8. Kongresses der Schweizerischen Gesellschaft für Soziologie in Zürich 1988. Frankfurt am Main, 1989, pp. 265 e ss., p. 269: "Estes elementos, que constituem a definição da forma moderna de burocracia – centralização, hierarquia, formalização, padronização e especialização – só gradualmente foram introduzidos".

[634] "Com a atualização de produtos e serviços para bens profissionais baseados no conhecimento, os fatores convencionais de produção (terra, capítulo, trabalho) perdem drasticamente sua importância em relação à expertise implícita ou embutida, e assim a economia capitalista moderna se transforma gradualmente em uma forma de produção pós-capitalista, baseada no conhecimento". WILLKE, Helmut. *Studies in Utopian Society*. Frankfurt am Main, 2001, p. 129.

CAPÍTULO VI – O DIREITO DAS PLATAFORMAS

Entretanto, a economia política está passando por uma mudança igualmente drástica com a intervenção do digital na sua forma da economia de plataforma. Em particular, novas tecnologias na forma de estruturas de dados, algoritmos ou inteligência artificial estão produzindo um novo tipo de estrutura institucional que afeta a ordem social. A *"dataficação"* toma o lugar do conhecimento na sociedade das organizações e das commodities clássicas, apresentando os dados e suas relacionalidades como um recurso ilimitado do mundo digital.[635] Plataformas não seriam apenas "refinarias"[636] ou processadoras do digital, mas também dutos centralizadores através dos quais as tecnologias de coleta e processamento de informações pessoais e sociais de acordo com padrões industriais criam uma nova ordem econômica, a qual permite novas possibilidades de ação e liberdades para os indivíduos, mas, ao mesmo tempo, também traz novas restrições e condicionamentos para as liberdades individuais.

Neste sentido, a economia de plataforma toma o lugar do mercado analógico e da economia política da sociedade das organizações. Enquanto na economia da era industrial o mercado era o ideal ordenador de um espaço em que o preço dos bens e serviços era regulado pelo direito da oferta e da demanda, na economia da informação esse espaço é cada vez mais ocupado por plataformas como *gatekeepers*,[637] que intermedia as interações de forma material e algorítmica. Ao fazer isso, eles são, em certo sentido, socialmente

---

[635] MAYER-SCHÖNBERGER, Viktor. Big Data: a revolution that will transform how we live, work and think. Boston, 2013.

[636] COHEN, Julie E. Law for the Platform Economy. *U.C. Davis L. Rev.*, vol. 15, 2017, p. 157; BOYD, Danah; CRAWFORD, Kate. Critical Questions for Big Data: Provocations for a Cultural, Technological, and Scholarly Phenomenon. *Information, Communication & Society*, 2012, pp. 662 e ss., aqui, p. 665; GITELMAN, Lisa (Coord.). *"Raw Data" is an Oxymoron*. Cambridge (Mass.), 2013.

[637] SCHWEITZER, Heike. The Art to Make Gatekeeper Positions Contestable and the Challenge to Know What is Fair: A Discussion of the Digital Markets Act Proposal. *Zeitschrift für Europäisches Privatrecht*, vol. 3, 2021.

abrangentes, já que todos os mundos da vida são influenciados por eles. O mundo está se tornando uma realidade digital e as plataformas estão se tornando as infraestruturas de todas as esferas da vida: relações íntimas (Tinder), interações sociais (redes sociais), família (grupos de WhatsApp), indústria (plataformas industriais),[638] Estado (*e-government*, ou governo eletrônico), educação (*K12-Education*), serviço notarial (E-notariado) etc. Elas refinam e conectam dados pessoais de consumidores, empresas e instituições públicas, criando novas representações virtuais da sociedade. Acima de tudo, elas criam – nas palavras de Aleida Assmann – "instrumentos produtivos para moldar e produzir o mundo, verdadeiros construtores da realidade e, portanto, também do ser humano que vive nesta realidade".[639] Não menos importante, eles criam um mundo de novos tipos de relações que não seriam possíveis sem o digital. Não apenas estão surgindo novos modelos de negócios de vários tipos, mas também muitas áreas da sociedade, tais como medicina, cultura, educação, ciência, preferências políticas, etc., estão sendo realizadas consistentemente pela nova economia política da sociedade plataforma e seu processamento.[640] A crescente centralidade das plataformas e algoritmos como modos de organização e governança está, assim, transformando não apenas as condições de intercâmbio econômico, mas também da própria sociedade.

---

[638] COHEN, Julie E. *Between Truth and Power*. The Legal Constructions of Informational Capitalism. New York, 2019, p. 37.

[639] ASSMANN, Aleida. *Einführung in die Kulturwissenschaft*. Grundbegriffe, Themen, Fragestellungen. 4ª Ed. Köln, 2011; VESTING, Thomas. *Die Medien des Rechts*, vol. 4: Computernetzwerke. Weilerswist, 2015, p. 50.

[640] HILDEBRANDT, Mireille. *Smart Technologies and the End(s) of Law*. Novel Enlargements of Law and Technology. *Cheltenham*, 2015, pp. 57-61; KERR, Ian; EARLE, Jessica. Prediction, Preemption, Presumption: How Big Data Threatens Big Picture Privacy. *Stan. L. Rev*, vol. 66, 2013, pp. 65 e ss., pp. 68-71.

CAPÍTULO VI – O DIREITO DAS PLATAFORMAS

Uma economia política inevitavelmente nova traz consigo muitas novas oportunidades, mas também novos riscos. Como argumentado acima, a característica central da economia da plataforma é que ela combina em sua operação duas características que antes eram consideradas antagônicas: hierarquia e heterarquia, embora não necessariamente nessa ordem.[641][642] Tratar a sociedade da plataforma como perpetuando apenas um aspecto da simbiose acima mencionada seria ignorar o fato de que seu próprio valor intrínseco deriva precisamente da combinação inseparável dessas duas características. A combinação de reivindicações de totalidade e liberdade da nova economia coloca a capacidade de aplicação do Direito ou de Estados para modelar a nova economia sob novas condições que são mais opacas e sensíveis do que as condições convencionais de outros paradigmas sociais. Um bom exemplo é a dificuldade do Direito Concorrencial de lidar conceitualmente com a nova sociedade. A relocação da regulação preventiva do domínio da modelagem para o domínio dos prognósticos se tornou mais difícil sob as condições da sociedade da plataforma.[643] Em um mercado onde a informação é mediada massivamente, as dependências de caminho entre empresas

---

[641] COHEN, Julie E. *Between Truth and Power*. The Legal Constructions of Informational Capitalism. New York, 2019, p. 41: "(...) the 'network of networks' is becoming a network of platforms; for most users, Internet access and use are intermediated from beginning to end".

[642] COHEN, Julie E. *Between Truth and Power*. The Legal Constructions of Informational Capitalism. New York, 2019, p. 40: "Platforms represent infrastructure-based strategies for introducing frictions into networks. Those strategies both rely on and reinforce the centrality of a particular way of (re)configuring networked digital communications infrastructures for data-based surplus extraction".

[643] ALEXIADIS, P.; DE STREEL, A. Designing an EU intervention standard for digital platforms. *EUI Working Papers RSCAS* 2020/14, vol. 1, nº 1, pp. 1–50, 2020; FRANCK, J.-U.; PEITZ, M. Market Definition and Market Power in the Platform Economy. CERRE Report, 2019; MOTTA, Massimo; PEITZ, Martin. Intervention Triggers and Underlying Theories of Harm. In: *Market Investigations*: A New Competition Tool for Europe?. Cambrigde University Press, 2022.

e modelos de negócios inevitavelmente surgem de maneira constante, trazendo problemas à estrutura conceitual do Direito Concorrencial através da indiferença entre diferentes tipos de mercados.[644]

A próxima seção discute como o desenvolvimento da sociedade da plataforma está transformando a esfera pública moderna contemporânea na transição de uma esfera pública até então centrada em organizações e sua forma inerente de geração de conhecimento para uma sociedade cada vez mais orientada para plataformas digitais transnacionais. Neste contexto, a dimensão coletiva da comunicação está sendo reformulada por uma nova forma de gestão desta dimensão coletiva, de modo que o desprendimento da dimensão coletiva da comunicação dos sistemas jurídicos nacionais não é apenas um produto de ruptura tecnológica, mas também depende da construção de uma infraestrutura jurídica que traz novos desafios para os Estados-nação democráticos.

6.3 Esfera pública em transição: da organização à plataforma

"O que sabemos sobre nossa sociedade, na verdade sobre o mundo em que vivemos, sabemos através dos meios de comunicação de massa".[645] Com esta frase, Luhmann conseguiu expressar o papel de estruturação da realidade pela mídia de massa e pelas grandes organizações jornalísticas, onde a formação do conhecimento social é condensada. Desde a publicação de seu livro *A Realidade da Mídia de Massa* [Die Realität der Massenmedien, 1993], entretanto, o ambiente no qual a informação pública é produzida e divulgada

---

[644] KHAN, Lina. Amazon's Antitrust Paradox. *Yale Law Journal*, vol. 126, 2017, pp. 710 e ss. EVANS, David; SCHMALENSEE, Richard. The Antitrust Analysis of Multi-Sided Platform Businesses. *In:* BLAIR, Roger; SOKOL, Daniel (Coord.). *Oxford Handbook on International Antitrust Economics*. Oxford, 2013.

[645] LUHMANN, Niklas. *Die Realität der Massenmedien*. Wiesbaden, 1996, p. 9.

CAPÍTULO VI – O DIREITO DAS PLATAFORMAS

mudou consideravelmente. Sem recorrer a uma fundamentação teórica aprofundada, o novo "fato da sociedade mundial" (Luhmann) pode ser simplesmente afirmado na forma cotidiana em que os indivíduos se comunicam e se informam. Há uma clara migração dos canais de comunicação da sociedade, das grandes organizações de mídia de massa, para os novos modelos de negócios das plataformas digitais. Hoje, a frase de Niklas Luhmann poderia ser parafraseada de forma bastante natural, como segue: o que sabemos sobre nossa sociedade, na verdade, sobre o mundo em que vivemos, sabemos através das *redes sociais*.

Outro teórico dos efeitos da comunicação pública sobre os processos sociais (democráticos) é Jürgen Habermas. A esfera pública que ele descreve como burguesa encontrou sua forma histórica no que foi descrito no segundo capítulo deste livro como um processo condicionado pela transição da corte para a cidade.[646] Esta mudança, de acordo com a noção abordada no capítulo três, fomentou uma inquietação inerente ao sistema do *ius publicum europaeum*, ao emergir uma nova dinâmica de contato, descentralização e dispersão, afetando a estrutura social da ordem concreta no sentido schmittiano.[647] A construção de uma nova esfera pública urbana, baseada na importância cada vez maior das relações impessoais, concretizou simultaneamente uma nova "lógica de experimentação"[648] para além

---

[646] BREWER, John. *The Pleasures of the Imagination*. English Culture in the Eighteenth Century. Londres, 2013, pp. 15 e ss.: "The coffee house was the precursor of the modern office, but once you were there you were as likely to talk about matters of general interest – the latest play, sexual scandal or political quarrel – as carry on business". (BREWER, John. *The Pleasures of the Imagination*. English Culture in the Eighteenth Century. Londres, 2013, pp. 38/39).

[647] Este foi o tema do segundo capítulo. Sobre as cidades como "portas de entrada para o mundo", cf. OSTERHAMMEL, Jürgen. *Die Verwandlung der Welt*. Eine Geschichte des 19. Jahrhunderts. München, 2009, p. 357.

[648] BREWER, John. *The Pleasures of the Imagination*. English Culture in the Eighteenth Century. Londres, 2013, p. 7: "As many foreign

da centralidade da corte.⁶⁴⁹ Ela ajudou a moldar o estabelecimento de uma esfera espontânea da sociedade que exerceu pressão social sobre o poder estatal organizado.⁶⁵⁰

---

commentators and visitors to England recognized, the rise of the arts in England was the triumph of a commercial and urban society, not the achievement of a royal court. It was the political as well an economic condition of England – its weak monarchy, free constitution and rule of law – which helped to create literature and performing arts that aimed for a public and were organized commercially rather than being confined to a few".

⁶⁴⁹ Sobre a centralidade do tribunal, cf. *"Der Hof als Gesellschaftsmodell"*. *In:* MARTUS, Steffen. *Aufklärung.* Das Deutsche 18. Jahrhundert. Ein Epochenbild. Berlim, 2015, p. 71: "De acordo com a ideia, o príncipe estava no centro de um posto solitário acima de todos os outros; ele estava cercado por círculos e campos de poder que competiam e se coalesciam uns com os outros".

⁶⁵⁰ "The increased emphasis on the right of individual subjects was a natural concomitant of the legislature's claim to absolute authority. As the legislature came to look more and more a part of the state apparatus and less and less like the representative of the people (a function it nevertheless succeeded in retaining), so political debate expanded into the public sphere. This trend, always encouraged by some members of the legislature and made possible by a national infrastructure of print, was exploited by those interest groups the state itself had largely brought into being" (BREWER, John. *The Sinews of Power.* War, Money and the English State 1688-1783. Cambridge, 1990, p. 247). Ver também sobre a ascensão da imprensa de massa KOHLRAUSCH, Martin. "Medienskandale und Monarchie. The Development of the Mass Press and 'Big Politics' in the Empire". *In:* REQUATE, Jörg (Coord.). *Das 19. Jahrhundert als Mediengesellschaft.* München, 2009, pp. 116 e ss.; KOHLRAUSCH, Martin. Der Monarch im Skandal. Die Logik der Massenmedien und die Transformation der wilhelminischen Monarchie. Berlim, 2005, p. 66: "O monarca, a corte e o governo não poderiam ignorar este desenvolvimento. Paralelamente à revolução da mídia descrita acima, portanto, uma profunda mudança na relação das instituições estatais com o público ocorreu na virada dos séculos XIX e XX. Embora exista uma longa tradição de influência estatal sobre a mídia, a ação governamental só agora tinha que ser legitimada publicamente para torná-la viável em muitos casos".

CAPÍTULO VI – O DIREITO DAS PLATAFORMAS

Somente uma cultura menos centralizada e tendencialmente impessoal criada pelo crescimento global das cidades na segunda metade do século XIX,[651] combinada com pré-requisitos como a alfabetização e a tecnologia de impressão, poderia levar ao surgimento de uma rede de comunicação público-privada que não se limitasse a questões políticas.[652] Já nesta sociedade de indivíduos, os primeiros contornos de uma sociedade de organizações começaram a ganhar clareza, pois o sistema associativo e sua organização deram um novo impulso à cultura de leitura emergente nas cidades.[653]

Esta esfera pública de uma sociedade de indivíduos, que Jürgen Habermas descreve como o apogeu da forma da esfera pública, desintegrou-se à medida que a sociedade se afastava cada vez mais do padrão de cultura de debate individual de salões e cafés para a produção e circulação profissional-editorial de informações por grandes organizações jornalísticas. As cafeterias e salões foram substituídos no século XX pelas grandes organizações da democracia de massas do Estado de Bem-Estar Social.[654] Independentemente da

---

[651] OSTERHAMMEL, Jürgen. *Die Verwandlung der Welt*. Eine Geschichte des 19. Jahrhunderts. München, 2009, p. 357: "A cidade é de origem moldadora e ao mesmo tempo o berço da modernidade".

[652] HABERMAS, Jürgen. *Strukturwandel der Öffentlichkeit*. Untersuchung zu einer Kategorie der bürgerlichen Gesellschaft. Frankfurt am Main, 1990, pp. 69 e ss.

[653] As sociedades do Iluminismo serviram como mídia da cultura burguesa inicial. Cf. VAN DÜLMEN, Richard. *Die Gesellschaft der Aufklärer*. Frankfurt am Main, 1986, pp. 120 e ss.

[654] "Finalmente, a sociedade e o Estado tornaram-se cada vez mais interligados com a ascensão da 'democracia de massa do Estado de Bem-Estar Social' no século XX. A esfera pública, no sentido de uma visão crítica do Estado, foi deslocada por *relações públicas*, por pronunciamentos orquestrados pela mídia de massa e pela "produção" industrializada e manipulação da opinião pública. No início dos anos 60, Habermas conclui daí que a esfera pública foi 'refeudalizada'" (FRASER, Nancy. "Theorie der Öffentlichkeit. Strukturwandel der Öffentlichkeit (1961)". *In:* BRUNKHORST, Hauke; KREIDE, Regina; LAFONT, Cristina (Coord.). *Habermas Handbuch*. Stuttgart, 2009, p. 149.

idealização de Jürgen Habermas da esfera pública de uma sociedade de indivíduos, a esfera pública começou a se estruturar em torno da relação simbiótica entre novas tecnologias – rádio, imprensa, televisão e outras – e formas organizacionais durante o século XX. A "perda de publicidade dentro das grandes organizações"[655] é compensada, por um lado, pelo alcance muito maior das novas tecnologias de disseminação de informações que democratizam o acesso à informação e, por outro lado, pela competição entre as organizações e a mídia.

A crescente importância das organizações e sua forma de gerar conhecimento para a sociedade é uma característica clara da ascensão da cultura de massa. A ideia de cultura de massa, por outro lado, não implica uma unificação completa na formação da individualidade ou do sujeito, como o termo "massa" sugere intuitivamente. Pelo contrário, a cultura de massa – intimamente

---

[655] "Certamente, este problema não surge hoje como um problema eminentemente técnico. A perda de publicidade dentro das grandes organizações, tanto estatais quanto sociais, e ainda mais a fuga de publicidade em seu trânsito, resulta do pluralismo não resolvido de interesses concorrentes, o que, de qualquer forma, torna duvidoso que um interesse geral possa em algum momento emergir dele de tal forma que uma opinião pública encontraria nela sua bitola" (HABERMAS, Jürgen. *Strukturwandel der Öffentlichkeit*. Untersuchung zu einer Kategorie der bürgerlichen Gesellschaft. Frankfurt am Main, 1990, p. 340). Também aqui poder-se-ia questionar se não seria mais apropriado procurar por melhores critérios para comparar a esfera pública das cafeterias com a esfera pública das grandes organizações. Intuitivamente, parece que a dinâmica interna e a competição entre organizações e tecnologias exibiam uma pluralidade maior do que os poucos espaços em salões e cafeterias frequentados por "homens manejados". Em outras palavras, tanto no domínio da participação como no da democratização da informação, a idealização da esfera pública burguesa anterior à esfera pública das organizações carece de pelo menos maiores elementos de comparação para uma afirmação arrebatadora de sua decadência. A leitura de Habermas desse processo de decadência só pode ser feita no contexto da crítica da Escola de Frankfurt à cultura de massa. Cf. JAY, Martin. *The Dialectical Imagination*. A History of the Frankfurt School and The Institute of Social Research. 1923-1950. Londres, 1996, pp. 173 e ss.

CAPÍTULO VI – O DIREITO DAS PLATAFORMAS

ligada ao crescimento das cidades – abre um novo processo de pluralização social de interesses, convenções e, em última instância, individualidades, que deve ser localizado na crise da consciência burguesa. Para a presente seção, entretanto, a conexão da dimensão dos novos produtores de conhecimento como atores corporativos e pessoas jurídicas com o surgimento de novos meios de comunicação é de extrema importância. Como aponta Georg Christoph Tholen, a cesura ou medialidade da mídia consiste no fato de que ela ilude ou desloca direções teleológicas de significado.[656][657] Com o advento da cultura de massa e o avanço da relação simbiótica entre a forma organizacional e os novos meios de comunicação, os processos de formação da vontade minam um contexto cada vez mais complexo de descentralização e pluralização da esfera pública sem qualquer direção teleológica de sentido.[658]

Este modelo de esfera pública orientada e configurada a partir de grandes organizações foi acompanhado por um regime regulatório nacional-estatal densamente focado em institutos de Direito

---

[656] VESTING, Thomas. *Die Medien des Rechts*, vol. 4: Computernetzwerke. Weilerswist, 2015, p. 13: "Desde o final do século XIX, a cultura de massa tem integrado a cultura tipográfica em um novo tipo de constelação de mídia, em formas diversas e tensas de entrelaçar diferentes mídias, às quais a telegrafia, a fotografia, o rádio, o cinema e a televisão são agora adicionados recentemente, antes da ascensão do computador confrontar a cultura de massa, por sua vez, com um novo tipo de cultura de rede".

[657] THOLEN, Georg Christoph. *Die Zäsur der Medien. Kulturphilosophische Konturen.* Frankfurt am Main, 2002, pp. 7 e ss.

[658] A atual dificuldade do serviço público de radiodifusão na Alemanha em manter uma estrutura de integração do serviço público de radiodifusão decorre precisamente das tensões inerentes decorrentes da direção teleológica confusa do significado resultante do surgimento de novas mídias. O novo ecossistema de comunicação está longe da conexão habitual entre a mídia (rádio, televisão e outros) e a forma organizacional como ator coletivo e gerador de conhecimento. Cf. VESTING, Thomas, Die Rundfunkfreiheit und die neue Logik der "Content-Curation" in elektronischen Netzwerken. *JZ*, 2020, pp. 975 e ss.

Administrativo.[659] Justificou-se um regime jurídico de vinculação de tecnologias e formas organizacionais na medida em que o tipo de comunicação divulgada pela mídia diferia da comunicação íntima e privada, assumindo assim a forma de comunicação pública que poderia moldar ou ao menos influenciar fortemente os processos de formação de opinião coletiva. A dimensão coletiva da comunicação que emergiu desta combinação da forma organizacional e mídia tecnológica – a imprensa gráfica, rádio e televisão – tornou-se um aspecto central da formação pública contemporânea nas democracias modernas precisamente graças a esta capacidade de influenciar os processos de formação da opinião pública.

Esta dimensão coletiva da comunicação, previamente configurada e moldada dentro de um sistema nacional-estatal de marcos regulatórios administrativos, passou por uma profunda transformação nos últimos anos, migrando de grandes organizações – e seus meios – para os novos serviços digitais e seus modelos de negócios. Enquanto as antigas formas tecnológicas estavam sujeitas ao regime jurídico administrativo dos Estados-nação, as novas tecnologias das plataformas digitais não estão sujeitas a este regime jurídico nacional e, portanto, têm sido capazes de se emancipar dos marcos regulatórios

---

[659] Na Alemanha, há uma forte influência de uma versão especial de um Estado cultural na modelagem da estrutura de comunicação regulatória desde 1871. Esta versão de um Estado cultural, que garante homogeneidade cultural para a população, difere do modelo americano não centrado no Estado. Mesmo no sistema americano, entretanto, existe uma estrutura administrativa regulatória clara que se concentra, por um lado, nas licenças emitidas pelas agências governamentais e, por outro lado, na Comissão Federal de Comunicações (FCC), a agência federal que regulamenta a radiodifusão. Sistemas regulatórios similares aos americanos podem ser encontrados em vários países, por exemplo, no Brasil. Sobre o Estado cultural, cf. GRIMM Dieter; STEINER, Udo. *Kulturauftrag im staatlichen Gemeinwesen. Die Steuerung des Verwaltungshandelns durch Haushaltsrecht und Haushaltskontrolle.* Berlin, New York, 1984, pp. 110 e ss. No contexto americano, cf. LEVI, Lili. The Four Eras of FCC Public Interest Regulation. *Admin. L. Rev.*, vol. 60, 2008, pp. 813 e ss.

CAPÍTULO VI – O DIREITO DAS PLATAFORMAS

dos Estados-nação, adquirindo assim um caráter transnacional de comunicação. Entretanto, este novo fato da sociedade mundial não se deve apenas à tecnologia inerente ao modelo de negócios da nova economia, mas depende em grande parte de sua combinação com a criação de uma infraestrutura jurídica que tenha sido capaz de possibilitar a emancipação da dimensão de comunicação coletiva das grandes organizações e, portanto, o surgimento de uma sociedade (mundial) cada vez mais orientada para plataformas digitais.

É precisamente esta relação imanente entre Direito e tecnologia o tema inicial deste livro, discutido no primeiro capítulo. Ao postular que o Direito da sociedade global é um Direito que se desvia da tradição desenvolvida no Estado-nação ou, nas palavras de Luhmann, uma "anomalia europeia", pois se distancia dos mecanismos normativos e se aproxima dos mecanismos cognitivos, Luhmann aponta precisamente para as condições prévias do mundo tecnológico emergente ou da sociedade mundial emergente.[660] Quase 30 anos depois, Lawrence Lessig chamou a atenção para a importância dos mecanismos cognitivos para a formação da normatividade jurídica com sua famosa tese *"code is law"*. Segundo Lessig, software e hardware formam uma multiplicidade de condicionamentos sociais (e jurídicos) que traz consigo implicações significativas para o exercício

---

[660] Este foi o tema do primeiro capítulo deste livro. Cf. ainda KARAVAS, Vaios. *The Force of Code: Law's Transformation under Information-Technological Conditions*, 2009, pp. 478/479: "This new media-dependency of law paves the way for the emergence of what I would like to call 'techno-digital normativity', i.e., the amalgamation of normative and digital expectations inside the digital medium, resulting out of what we have described above as calculability of normativity. This means, however, that this techno-digital normativity cannot be assessed anymore according to Luhmann's distinction between cognitive openness and normative closure of the legal system, as it neglects the fact that inside the digital medium a strict distinction between digital and normative expectations is not possible".

e, ao mesmo tempo, a violação dos direitos fundamentais.[661] Em resumo, a normatividade jurídica estaria muito ligada à mudança das condições tecnológicas em um mundo cada vez mais tecnológico.

A dissolução do Direito em mecanismos cognitivos pode, no entanto, apontar para o perigo de uma tendência à colonização econômica do Direito no sentido determinista da palavra. A incapacidade do desenvolvimento do Direito da sociedade global de estruturar zonas ou esferas de liberdade através do pleno funcionamento "de um" "código jurídico funcional", como aconteceu na experiência institucional do Estado-nação, não significa que o Direito não faça parte do complexo processo de construção da nova economia digital transnacional. Esta posição é assumida por autores que, como Shoshana Zuboff, argumentam que a nova economia digital está emergindo em um vácuo de normatividade jurídica em si.[662]

O papel do Direito foi crucial para a mudança ou transformação da dimensão coletiva da comunicação de uma esfera pública da sociedade das organizações para uma cada vez mais orientada para plataformas digitais, a qual abriu o caminho para a emergência da nova economia, criando um regime de responsabilidade para novos intermediários que diferia do regime de responsabilidade dos intermediários da sociedade das organizações. Esta mudança

---

[661] *Cf.* LESSIG, Lawrence. Code and Other Laws of Cyberspace. New York, 1999, pp. 89-91; LESSIG, Lawrence. Code: Version 2.0, Nova York 2006, p. 125.

[662] ZUBOFF, Shoshana. *The Age of Surveillance Capitalism*. Londres, 2019, pp. 103/104: *"A key element of Google's freedom strategy was its ability to discern, construct, and stake its claim to unprecedented social territories that were not yet subject to law. (...) [L]awlessness has been a critical success factor in the short history of surveillance capitalism"*; Seu livro se concentra em particular no desenvolvimento da empresa Google com seu novo sistema de publicidade comportamental. Cf. também COHEN, Julie E. *Surveillance Capitalism as Legal Entrepreneurship. Surveillance & Society*, vol. 1, 2019, p. 240.

CAPÍTULO VI – O DIREITO DAS PLATAFORMAS

semântica, resultante da mudança estrutural da sociedade,[663] pode ser reconstruída no contexto americano do debate dos anos 1990 e sua dispersão para outras jurisdições. A ascensão da sociedade da plataforma só pode ser lida de forma inadequada ou imprecisa como a emergência de um "capitalismo de vigilância" que teria surgido a partir de um vácuo jurídico global. A arquitetura não-estatal da Internet e seu atual desenvolvimento de plataformas simultaneamente e necessariamente combina elementos verticalizantes com elementos hierárquicos, que são um produto paradoxal de uma simbiose que desboca claramente em tendências totalizantes díspares: por um lado com claros perigos de violação de direitos e, por outro lado, com direitos de acesso e participação amplos que criam oportunidades de liberdade para o indivíduo.[664]

6.3.1 O mito fundador de uma nova economia: a seção 230 do CDA

O sucesso deste novo setor econômico ou da sociedade da plataforma em si não pode ser localizado somente no momento da ruptura tecnológica ou da inovação tecnológica.[665] Da mesma forma, seria inadequado derivá-lo de um possível vácuo jurídico em nível global, como faz Shoshana Zuboff. Certamente, o fator tecnológico

---

[663] LUHMANN, Niklas. "Gesellschaftliche Struktur und semantische Tradition". *In*: LUHMANN, Niklas. *Gesellschaftsstruktur und Semantik*. Studien zur Wissenssoziologie der modernen Gesellschaft. Frankfurt am Main, 1980. Cf. também COHEN, Julie E. *Between Truth and Power*. The Legal Constructions of Informational Capitalism. New York, 2019, p. 1: "(...) à medida que nossa economia política se transforma, nossas instituições jurídicas também estão passando por transformações, e os dois conjuntos de processos estão inextricavelmente relacionados".

[664] Sobre direitos de acesso, cf. WIELSCH, Dan. *Zugangsregeln*. Die Rechtsverfassung der Wissensteilung. Tübingen, 2008.

[665] CHRISTENSEN, Clayton M.; RAYNOR Michael E.; MCDONALD, Rory. What Is Disruptive Innovation?. *Harvard Business Review*, 2015. Disponível em: https://hbr.org/2015/12/what-is-disruptive-innovation. Acessado em: 20.09.2022.

tem uma força motriz indispensável para qualquer processo de construção de uma nova economia em escala global. Entretanto, o fator tecnológico por si só não seria suficiente para tal transformação global. O Direito, nesse contexto, desempenha um papel central na criação de uma infraestrutura sólida para a construção institucional de expectativas de longo prazo que permita a produção de um campo de ação experimental juridicamente protegido. Sem esta dimensão estabilizadora e comportamental, que criou um novo e aberto processo de descoberta para uma nova economia, seria difícil alcançar uma mudança estrutural tão profunda como a transição do capitalismo industrial para o capitalismo de dados ou o capitalismo de plataforma.[666]

Para o caso da transformação da esfera pública e a consequente transformação da dimensão coletiva da comunicação aqui discutida, o primeiro grande laboratório foi, sem dúvidas, o cenário americano dos anos 1990. O discurso em torno da criação da Seção 230 do CDA[667] tem sido tema recorrente dentro do grande debate sobre a responsabilidade dos intermediários da Internet.[668] Por sua vez, o

---

[666] O capitalismo dos dados visa descrever as consequências da mudança de um modelo de comércio eletrônico baseado na venda on-line de mercadorias para outro modelo de publicidade baseado na "venda de públicos" – ou, mais precisamente, na venda de perfis comportamentais individuais vinculados aos dados do usuário. Cf. WEST, Sarah Myers. "Data Capitalism: Redefining the Logics of Surveillance and Privacy". *Business & Society,* vol. 58, nº 1, 2019, pp. 20 ff, 23.

[667] A Seção 230 da Lei de Decência das Comunicações (CDA) de 1996 é um nome comum para o Título V da Lei de Telecomunicações de 1996 nos Estados Unidos. Sobre a história do § 230 do CDA, cf. CITRON, Danielle Keats. Cyber Civil Rights. *Boston University Law Review*, vol. 89, 2009, pp. 61 e ss.; e CANNON, Robert. The Legislative History of Senator Exon›s Communications Decency Act: Regulating Barbarians on the Information Superhighway. *Fed. Com. Law Journal*, vol. 49, 1996, p. 52 f.

[668] No contexto americano, os dois candidatos para as eleições americanas passadas – Joe Biden e Donald Trump – já estão mostrando interesse em revogar a Seção 230 do CDA. Atualmente, também existem várias

CAPÍTULO VI – O DIREITO DAS PLATAFORMAS

que é crucial para o surgimento da nova economia é que o estatuto em questão conseguiu excluir a aplicação do regime de responsabilidade dos antigos intermediários da sociedade das organizações, criando um novo regime jurídico para o novo cenário da economia em *status nascendi*. Jeff Kosseff deixa claro o efeito formativo da seção 230 do CDA para o surgimento da nova economia, observando neste contexto que a seção 230 do CDA corresponde às vinte e seis palavras que criaram a Internet como a conhecemos hoje.[669]

No contexto do debate emergente sobre uma nova forma de regulamentação, que culminou na seção 230 do CDA em 1996, a *quaestio iuris* se preocupava essencialmente com a questão de se os novos serviços digitais seriam legalmente responsáveis pelo conteúdo ilegal gerado por terceiros em suas plataformas ou sítios eletrônicos. Esta questão legal, antes da promulgação do CDA em 1996, dizia respeito à área regulatória da liberdade de expressão, que se encontra no objeto da Primeira Emenda da Constituição dos EUA e, em sua construção jurisprudencial dogmática, geralmente se referia à relação entre a proteção da honra e a liberdade de expressão.[670] Foi precisamente aqui que o problema central do alcance e dos limites da Primeira Emenda surgiu no contexto da nova economia emergente.

---

propostas para alterar a responsabilidade por imunidade com base na Seção 230 do CDA no Congresso dos EUA.

[669] KOSSEFF, Jeff. *The Twenty-Six Words That Created the Internet*. Londres, 2019.

[670] Sobre os EUA, cf. VESTING, T; CAMPOS, R. Content Curation: Medienregulierung für das 21. Jahrhundert. *KritV*, 2022 (no prelo). Na Alemanha, este continua sendo o problema central dos limites da proteção da liberdade de expressão no mundo digital. Ver as críticas de Karl-Heinz Ladeur ao recente desenvolvimento da jurisprudência dos Tribunais Constitucionais Federais sobre esta questão: LADEUR, Karl-Heinz. Die Kollision von Meinungsfreiheit und Ehrenschutz in der interpersonalen Kommunikation – Was stellt die "Klarstellung" der Zweiten Kammer des BVerfG vom 19.6.2020 klar? *JZ*, 2020, pp. 943 e ss.

Com a Primeira Emenda, o escopo da regulamentação concentrou-se nos contornos de uma sociedade na qual o indivíduo e, sobretudo, as organizações desempenharam um papel crucial na construção e formação da dimensão coletiva da informação na sociedade. Portanto, o escopo de proteção da Primeira Emenda relacionava-se, por um lado, à relação entre o Estado e o indivíduo[671] e, por outro, às organizações jornalísticas como os principais veículos de comunicação de massa que davam contornos aos regimes de responsabilidade.[672] Consequentemente, a Primeira Emenda visava classicamente proteger o indivíduo da interferência do Estado em seu direito político de se expressar e de disseminar pensamentos e opiniões[673] e, ao mesmo tempo, estruturar a responsabilidade pela

---

[671] "A Primeira Emenda surgiu no início do século XX, quando a principal ameaça ao ambiente de discurso político da nação era a supressão do Estado dos dissidentes. A jurisprudência da Primeira Emenda foi moldada por essa época. Ela pressupõe um mundo pobre em informação, e se concentra exclusivamente na proteção dos oradores do governo, como se fossem borboletas raras e delicadas ameaçadas por um monstro terrível" (...) "A salvaguarda do discurso político é amplamente entendida como sendo a função central da Primeira Emenda" (WU, Tim. "Is the First Amendment Obsolete?" *Michigan Law Review*, vol. 117 (2018), pp. 547/548).

[672] Para justificar esta delimitação de grandes organizações, Jack M. Balkin aponta explicitamente o papel crucial do *New York Times Co. v. Sullivan* e *New York Times Co. v. Estados Unidos* (Pentagon Papers) como fundamentais para os contornos regulamentares da jurisprudência da Primeira Emenda ao longo do século XX. Cf. BALKIN, Jack M. Old School/New School Speech Regulation. *Harvard Law Review*. Disponível em: https://harvardlawreview.org/2014/06/old-schoolnew-school-speech-regulation. Ver também Cantrell v. Forest City Pub Co, 419 U.S. 245, 253-54 (1974), que permitiu a imposição de responsabilidade subsidiária a uma editora pelas falsidades conhecidas de seu pessoal redator. Sobre a responsabilidade do editor, ver o caso clássico de *Blumenthal v. Drudge*, 992 F. Sup. 44, 49 (D.D.C. 1998).

[673] Para a alocação da proteção da liberdade da expressão na dimensão política, cf. FISS, Owen. Free Speech and Social Structure. *Iowa Law Review*, vol. 71, nº 5, 1986, pp. 1405 e ss., pp. 1409/1410: "O objetivo da livre expressão não é a autorrealização individual, mas a preservação

CAPÍTULO VI – O DIREITO DAS PLATAFORMAS

produção de informações em sua dimensão coletiva, que até então estava vinculada aos contornos epistêmicos conferidos pela sociedade das organizações.[674]

Neste contexto, a estrutura dogmática da Primeira Emenda distingue entre orador, editores, emissoras e intermediários puros. A categoria de orador se concentra inicialmente, em particular, na relação entre o indivíduo e o Estado, sendo o objetivo assegurar uma esfera de não-interferência por parte do Estado na livre expressão do indivíduo.[675] As categorias de editores e difusores, por outro lado,

---

da democracia, e o direito de um povo, como povo, de decidir que tipo de vida deseja viver". Owen Fiss também enfatiza que a preocupação da Primeira Emenda com a autonomia é primordialmente instrumental: "*Autonomy may be protected, but only when it enriches public debate*". (FISS, Owen. "Why the State?" *Harvard Law Review*, vol. 100, 1987, pp. 781 e ss., p. 786.

[674] Balkin ressalta que a construção jurisprudencial da Primeira Emenda na segunda metade do século XX foi centrada em uma infraestrutura de comunicação, ou seja, em uma dimensão coletiva de comunicação centrada em organizações jornalísticas. O cenário da dimensão coletiva contemporânea da comunicação, argumenta ele, denota uma "epistemologia social" diferente. Cf. BALKIN, Jack M. Old School/New School Speech Regulation. *Harvard Law Review*. Disponível em: https://harvardlawreview.org/2014/06/old-schoolnew-school-speech-regulation, p. 2296: "Half a century later, the impact of these two decisions has been weakened by significant changes in the practices and technologies of free expression, changes that concern a revolution in the infrastructure of free expression. That infrastructure, largely held in private hands, is the central battleground over free speech in the digital era".

[675] Este é um problema central da jurisprudência da Primeira Emenda, que se concentra em uma teoria de "ação estatal" na qual a aplicação do direito de livre expressão é condicionada por um elemento estatal em sua relação com o indivíduo. Desde Marsh, entretanto, a jurisprudência da Primeira Emenda aproximou-se de "de um direito" funcionalista da liberdade de expressão, tratando entidades privadas – como os shopping centers – como se fossem entidades públicas. Cf.: Developments in the Law: State Action and the Public/Private Distinction. *Harvard Law Review*, vol. 123, nº 5, 2010, pp. 1248-1314, aqui pp. 1303 e ss. Também na Alemanha, há uma tendência para uma leitura funcional

concentram-se na dimensão coletiva da produção de informação social e seus condicionantes dentro das empresas jornalísticas com controle editorial da informação – esta categoria é particularmente adequada aos contornos dados à dimensão coletiva da informação pela sociedade organizacional aqui descrita – e a categoria de distribuidores, que se concentra especialmente na infraestrutura logística para a disseminação da informação, mas não está envolvida no controle editorial organizacional da produção de informação. Nesta última categoria, o escopo da proteção da Primeira Emenda foi aberto, resultando na responsabilidade dos intermediários – livreiros, bibliotecas, bancas de jornais e outros – dentro do escopo da regulamentação imposta pela Primeira Emenda quando os intermediários tinham conhecimento de possíveis conteúdos ilegais distribuídos através de sua infraestrutura.[676]

Os claros limites da Primeira Emenda da Constituição dos EUA em relação à nova sociedade centrada nos serviços digitais foram particularmente evidentes na adjudicação de dois casos importantes sobre a responsabilidade dos novos serviços digitais pelo conteúdo gerado por terceiros em seus sites digitais.[677] Os contornos semânticos

---

do direito à liberdade de expressão que estende sua aplicação a espaços privados que não se concentram apenas na relação entre o Estado e o indivíduo. Na Alemanha, recentemente, a decisão sobre liberdade de associação no aeroporto de Frankfurt chamou atenção para esse aspecto dentro do debate sobre direitos fundamentais. Para tanto, ver Acórdão de 22 de Fevereiro de 2011, 1 BvR 699/06.

[676] São livrarias, bancas de jornais, bibliotecas e outros intermediários. O caso mais importante que orientou a construção jurisprudencial da Primeira Emenda Pós-Guerra foi *Smith v. Califórnia*, 361 U.S. 147 (1959), que não era sobre o direito do orador ou do autor, mas sobre o direito do intermediário como livreiro. A Primeira Emenda concedeu proteção limitada ao intermediário na distribuição de livros, vídeos ou outros conteúdos, desde que as empresas não soubessem que o conteúdo distribuído era ilegal.

[677] No primeiro caso, *Cubby, Inc. v. CompuServe, Inc*, o tribunal considerou que a CompuServe não poderia ser responsabilizada pelo conteúdo difamatório, em parte porque o intermediário não havia revisado ou

CAPÍTULO VI – O DIREITO DAS PLATAFORMAS

das duas disputas judiciais se moveram dentro da estrutura conceitual empreendida pela Primeira Emenda da dimensão coletiva da informação dentro da chamada sociedade das organizações. Neste sentido, os tribunais levantaram, por um lado, a questão de saber se os serviços digitais deveriam ter uma responsabilidade análoga à das organizações jornalísticas como editoras. Por outro lado, eles se perguntavam se os novos serviços digitais deveriam ser tratados como distribuidores ou como intermediários, ou seja, como parte da infraestrutura de distribuição de conteúdo puro. E aqui reside uma peculiaridade relevante para o contexto do debate: se os novos serviços digitais fossem tratados na categoria de distribuidores, eles não poderiam exercer moderação no conteúdo produzido por terceiros em seus websites; caso contrário, poderiam ser responsabilizados por conteúdo ilegal de terceiros.[678]

Neste ponto, tornou-se evidente a inadequação da Primeira Emenda, que se referia aos contornos epistêmicos da sociedade das organizações e sua infraestrutura, e se concentrava em organizações jornalísticas com controle editorial ou distribuidores com sua infraestrutura logística.[679] A discussão de um novo conjunto de

---

moderado nenhum conteúdo postado no fórum. No segundo caso discutido, *Stratton Oakmont, Inc. v. Prodigy Services Co*, o tribunal considerou que a Prodigy era responsável como editora por todas as postagens em seu site porque tinha moderado ativamente algumas postagens no fórum. Sobre este ponto, cf. ARDIA, David S. Free Speech Savior or Shield for Scoundrels: An Empirical Study of Intermediary Immunity Under Section 230 of the Communications Decency Act. *Loyola of Los Angeles Law Review*, vol. 43, nº 2, 2010, pp. 406 e ss.

[678] "Relying on a tangled web of First Amendment decisions dating to the 1950s, the judge ruled that because Prodigy moderated some content and established online community policies, and it failed to delete posts that allegedly defamed the plaintiff, Prodigy could be sued for those posts regardless of whether it knew of them" (KOSSEFF, Jeff. *The Twenty-Six Words That Created the Internet*. Londres, 2019, p. 2).

[679] "Though distributor-publisher distinctions were an established analogy in tort liability, the difficulty of using this model for online intermediaries quickly became apparent" (KLONICK, Kate. The New Governors: The

regras que culminou na seção 230 do CDA procurou precisamente se distanciar deste modelo, o que inevitavelmente envolveu a criação da responsabilidade por imunidade, a fim de criar um ambiente de incentivos para a nova economia em *status nascendi* que diferisse dos contornos conferidos pela Primeira Emenda.[680]

6.3.2 As consequências da nova responsabilidade imunitária para a dimensão coletiva de comunicação

O sucesso da seção 230 do CDA reside no fato de que ela cria um ambiente regulatório em dois aspectos. Por um lado, o dispositivo permite um distanciamento das estruturas prevalecentes do regime de responsabilidade, já que conseguiu romper com a aplicação dogmática da Primeira Emenda Americana,[681] na qual

---

People, Rules, and Processes Governing. Online Speech. *Harvard Law Review*, vol. 131, nº 6, 2018, pp. 1599 e ss., aqui p. 1605).

[680] "Accordingly, the cases created a strong disincentive for online intermediaries to expand business or moderate offensive content and threatened the developing landscape of the internet" (KLONICK, Kate. The New Governors: The People, Rules, and Processes Governing. Online Speech. *Harvard Law Review*, vol. 131, nº 6, 2018, p. 1605). "If a company like Prodigy or CompuServe even had a policy of deleting posts that accused others of serious crimes such as murder, the company could risk losing its *status* as "distributor" and be held liable for every hateful utterance of millions of customers" (KOSSEFF, Jeff. *The Twenty-Six Words That Created the Internet*. Londres, 2019, p. 56).

[681] GOLDMAN, Eric. Why Section 230 Is Better than the First Amendment, *Notre Dame L. Rev.*, vol. 95, 2019, pp. 36 e ss., observando que as proteções substantivas e processuais da Seção 230 do CDA excedem em muito as da Primeira Emenda. Kosseff, por sua vez, deixa clara a importância prática da Seção 230 do CDA como uma estrutura para abrir novos métodos de descoberta para a nova economia: "Section 230 acted as an incubator, allowing them to develop business models based on user content without the fear of lawsuits and regulation". (KOSSEFF, Jeff. *The Twenty-Six Words That Created the Internet*. Londres, 2019, p. 147).

CAPÍTULO VI – O DIREITO DAS PLATAFORMAS

a moderação de conteúdo de terceiros era considerada.[682] Neste contexto, Jeff Kosseff considera a seção 230 do CDA como sendo uma espécie de "super-Primeira Emenda"[683] que simultaneamente conseguiu criar um regime de responsabilidade para os novos intermediários que difere totalmente da responsabilidade dos intermediários da sociedade das organizações.[684] A intenção central ao se afastar a aplicação da Primeira Emenda visava promover o escopo da autorregulação de uma forma que permitisse às empresas moderar o conteúdo por si próprias,[685] mas que ao mesmo tempo

---

[682] ARDIA, David S. Free Speech Savior or Shield for Scoundrels: An Empirical Study of Intermediary Immunity Under Section 230 of the Communications Decency Act. *Loyola of Los Angeles Law Review*, vol. 43, nº 2, 2010, p. 452.

[683] KOSSEFF, Jeff. *The Twenty-Six Words That Created the Internet*. Londres, 2019, p. 9: "Section 230 has rightly earned a reputation as a kind of super-First Amendment, (...) But the paradox of Section 230 is that it also encourages online services to moderate user content as they see fit. Chris Cox and Ron Wyden made it clear in the brief text of Section 230"; e KOSSEFF, Jeff. *The Twenty-Six Words That Created the Internet*. Londres, 2019, p. 239: "Congress passed Section 230 because the First Amendment did not adequately protect large online platforms that process vast amounts of third-party content".

[684] Cf. *Batzel v. Smith*, 333 F.3d 1018, 1026 (9th Cir. 2003): "Congress decided not to treat providers of interactive computer services like other information providers such as newspapers, magazines or television and radio stations, all of which may be held liable for publishing or distributing obscene or defamatory material written or prepared by others".

[685] KOSSEFF, Jeff. *The Twenty-Six Words That Created the Internet*. Londres, 2019, p. 248: "Section 230 reflects an implicit contract between Congress and the technology community: if online platforms develop responsible and reasonable moderation procedures, Congress will grant them extraordinary legal immunity". Essa também foi a intenção original dos senadores Chris Cox e Ron Wyden, que redigiram a Seção 230 CDA: "We want to encourage people like Prodigy, CompuServe, like America Online, like the new Microsoft network, to do everything possible for us, the customer, to help us control, at the portals of our computer, at the front door of our house, what comes in and what our children see". Cf. KOSSEFF, Jeff. *The Twenty-Six Words That Created the Internet*. Londres, 2019, p. 250.

não as sujeitasse à responsabilidade pelo conteúdo gerado por terceiros – análoga à responsabilidade dos editores na sociedade das organizações.[686]

Neste contexto, a implementação da Seção 230 do CDA teve duas importantes consequências para a reconfiguração e transformação da dimensão coletiva da informação. Primeiro, houve uma rápida rejeição do campo dos direitos autorais e da propriedade intelectual, que se posicionou com sucesso contra o modelo de ampla imunidade para novos intermediários. O *Digital Millennium Copyright Act* (DMCA) de 1998 estabeleceu o cenário para uma distinção interna no "mercado de ideias" ao limitar a liberdade de expressão no ambiente digital quando tocasse direitos de propriedade – aqui, direitos de autor e outros.[687] Neste caso, recaía sobre

---

[686] POST, David. A bit of Internet history, or how two members of Congress helped create a trillion or so dollars of value. *The Washington Post*, 2015. Disponível em: https://www.washingtonpost.com/news/volokhconspiracy/wp/2015/08/2/. Acessado em: 20.09.2022. Também neste sentido, cf. BALKIN, Jack M. Old School/New School Speech Regulation. *Harvard Law Review*. Disponível em: https://harvardlawreview.org/2014/06/old-schoolnew-school-speech-regulation, p. 2313: "Uma versão inicial do Google ou Facebook poderia não ter sobrevivido a uma série de processos por difamação se algum deles tivesse sido tratado como o editor dos inúmeros links, blogs, posts, comentários e atualizações que aparecem em suas instalações".

[687] Este é um desenvolvimento que começa com o Estatuto Americano de 1998 e continua hoje com a Diretiva 2019/790 sobre direitos autorais no Mercado Único Digital. Cf. PEUKERT, Alexander. "Die Herausbildung der normativen Ordnung 'geistiges Eigentum'. Diskurstheoretische und andere Erklärungsansätze". *In:* FORST, Rainer; GÜNTHER, Klaus (Coord.). *Theorien normativer Ordnungen*, Berlim, 2011, para. 16: "Nomeadamente, enquanto nos primeiros tempos da Internet era favorecida uma cultura de acesso heterárquico que correspondia à tecnologia e protegia os intermediários de ação comercial, tais como provedores de acesso e de hospedagem dos riscos de responsabilidade, agora ela foi substituída por uma cultura de exclusividade que transforma os intermediários neutros em plataformas de responsabilidade perpétua e visa garantir que toda percepção de conteúdo protegido, mesmo que apenas fugazmente via fluxo, deve ser licenciada e remunerada individualmente",

CAPÍTULO VI – O DIREITO DAS PLATAFORMAS

o meio (digital) ou serviços digitais uma maior responsabilidade de impedir a violação de direitos autorais e direitos de propriedade na distribuição de conteúdo protegido dentro de seus serviços digitais. Na medida em que o "mercado de ideias" onde a divulgação de conteúdo tocava em questões não relacionadas aos direitos de propriedade intelectual e direitos autorais, tais como aspectos e questões relacionadas à proteção da honra, proteção da personalidade e outros, ele recebeu uma proteção legal reduzida, uma vez que estavam sob o regime de responsabilidade de imunidade mais ampla. Neste sentido, a proteção destes direitos dos indivíduos tornou-se mais orientada na autorregulação das empresas de acordo com suas preferências de mercado.[688]

A segunda consequência importante foi a emancipação definitiva da dimensão coletiva da comunicação do regime de Direito Administrativo vinculado ao Estado-nação e dos contornos semânticos que, até então, tinham sido guiados pela epistemologia social da sociedade das organizações. Neste contexto de mudança na dimensão coletiva da comunicação, houve, de fato, através dos algoritmos que realizam a moderação de conteúdo,[689] uma clara "reocupação" (*Umbesetzung*) – no sentido de Hans Blumenberg – do lugar anteriormente ocupado pelo controle editorial de organizações jornalísticas e emissoras para a dimensão coletiva da comunicação.

PEUKERT, A. "Immaterialgüterrecht und Entwicklung". *In*: DANN, Philipp; KADELBACH, Stefan; KALTENBORN, Markus (Coord.). *Entwicklung und Recht*. Eine systematische Einführung. Baden-Baden, 2014, pp. 189 e ss.

[688] "The ability of private platforms to moderate content comes from § 230 of the Communications Decency Act (CDA), which gives online intermediaries broad immunity from liability for user-generated content posted on their sites". (KLONICK, Kate. The New Governors: The People, Rules, and Processes Governing. Online Speech. *Harvard Law Review*, vol. 131, nº 6, 2018, p. 1602).

[689] KOPP-OBERSTEBRINK, Herbert. "Umbesetzung". *In*: WEIDNER, Daniel; BUCH, Robert (Coord.). *Blumenberg lesen*. Ein Glossar. Berlim, 2014, pp. 350 e ss.

O processo de reformulação da dimensão coletiva da comunicação transformou-se, com as mudanças semânticas e estruturais aqui descritas, em uma autorregulação das plataformas digitais nas quais a "moderação de conteúdo" privada é mediada pela tecnologia computacional e baseada em algoritmos com efeitos transfronteiriços.⁶⁹⁰ Como aponta Tarleton Gillespie, "moderação de conteúdo" seria a própria mercadoria que as plataformas ofereceriam aos usuários.⁶⁹¹ Acima de tudo, eles oferecem uma gestão transnacional privada da dimensão coletiva da comunicação, com claras consequências para a formação da opinião pública nos Estados-nação.

Entretanto, para ter sucesso como instituição jurídica, o novo regime de responsabilidade exigia um processo de disseminação global e, portanto, sua adaptação aos diferentes sistemas jurídicos nacionais.⁶⁹² Este complexo processo de "tradução, i.e., a transferên-

---

⁶⁹⁰ GILLESPIE, Tarleton. Custodians of the Internet. Platforms, content moderation and the hidden decisions that shape social media. New Haven/London, 2018, p. 211: "Given the immense amount of data they collect, platforms could use that data to make more visible the lines of contestation in public discourse and offer spaces in which they can be debated, informed by the everyday traces of billions of users and the value systems they imply".

⁶⁹¹ GILLESPIE, Tarleton. Custodians of the Internet. Platforms, content moderation and the hidden decisions that shape social media. New Haven/London, 2018, p. 213.

⁶⁹² O conceito de "tradução" é cada vez mais concebido como uma alternativa aos conceitos transitórios de transferência e recepção. Translatio não é a circulação de algo (teoria, normatividade) que não muda, não é uma relação de cópia/modelo, não é uma relação de influência, mas um tipo de relação em que o sistema A cria algo próprio fora do sistema B. Translatio é enfaticamente a produção do que até agora tem sido percebido como passivo, como recepção. Sobre o assunto, cf. DUVE, Thomas. Von der Europäischen Rechtsgeschichte zu einer Rechtsgeschichte Europas in globalhistorischer Perspektive. *Rechtsgeschichte – Legal History (Rg)*, vol. 20, 2012, pp. 56/57: "Aqui o potencial de uma heurística de processos translacionais refletidos em estudos culturais também poderia ser realizado para a síntese de um quadro de referência. Pode-se então chamar a totalidade ou um trecho das condições sob as quais um

CAPÍTULO VI – O DIREITO DAS PLATAFORMAS

cia de instituições jurídicas e sua adaptação modificada a diferentes sistemas jurídicos, contribuiu de forma decisiva para a promoção da nova economia digital, em que o valor econômico agregado não decorre apenas da geração de conhecimento da forma organizacional, mas também da participação ativa de terceiros na coprodução de conhecimento com novas técnicas de manejo do volume informacional, como aplicações de inteligência artificial e algoritmos inteligentes.

O sistema duplo de estruturação do "mercado de ideias" global ou, em outras palavras, a estruturação da esfera pública transnacional através de plataformas digitais, finalmente encontrou grande receptividade nos sistemas jurídicos de vários Estados nacionais. Tanto a Diretiva de Comércio Eletrônico (*e-Commerce*) 2000/31/CE da União Europeia quanto os §§ 7-10 da Lei de Telecomunicações, com o conceito de um privilégio de responsabilidade, também seguiram uma ideia de promover a tecnologia, reforçando a dimensão de autorregulação das empresas.[693] Como Aleksandra Kuczerawy observa corretamente, a Diretiva sobre *e-Commerce* é a resposta europeia ao desenvolvimento americano, desviando-se com pequenas variações dos parâmetros estabelecidos pelo debate americano

---

processo de tradução ocorre de "cultura jurídica". DUVE, Thomas. Wie schreibt man eine Geschichte der Globalisierung von Recht?. *JZ*, vol. 15/16, 2020, pp. 757 e ss.

[693] EIFERT, Martin. Das Netzwerkdurchsetzungsgesetz und Plattformregulierung. *In:* EIFERT, Martin; GOSTOMZYK, Tobias (Coord.). *Netzwerkrecht*. Die Zukunft des NetzDG und seine Folgen für die Netzwerkkommunikation. Baden-Baden, 2018, p. 11; SPINDLER, Gerald. Rechtliche Verantwortlichkeit nach Maßgabe technischer Kontrollmöglichkeiten? Das Beispiel der Verantwortlichkeit von Internet-Providern. *In:* EIFERT, Martin; HOFFMANN-RIEM, Wolfgang (Coord.). *Innovation, Recht und öffentliche Kommunikation*. Baden-Baden, 2011, pp. 79 e ss. Sobre o privilégio de responsabilidade do § 10 TMG, cf. SPINDLER, Gerald. *In:* SCHMITZ (Coord.). *Telemediengesetz*, 2ª ed. München, 2018. Cf. também RIORDAN, Jaani. *The Liability of Internet Intermediaries*. Oxford, 2016, p. 37.

dos anos 1990.[694] Em países como o Brasil, também foi criado um regime especial de responsabilidade para intermediários, a fim de promover a dimensão autorreguladora das empresas.

6.4 Uma nova regulamentação para a dimensão coletiva (transnacional) da comunicação?

A renacionalização da nova dimensão coletiva da comunicação não parece ser uma opção, mesmo para sistemas como o alemão, que é orientado para a curadoria pública da dimensão coletiva da comunicação (pelo menos para a radiodifusão) com foco na manutenção da diversidade e qualidade. O influente modelo de formação de opinião pública cunhado ou ao menos modelado por Konrad Hesse,[695] a ser compreendido sob as condições da moderna comunicação de massa, está sob escrutínio na medida em que sua interpretação funcionalista da liberdade de expressão, centrada em seu impacto na formação da opinião pública,[696] encontra-se atualmente contrastada com as novas condições dos modelos privados de plataformas digitais transnacionais.[697] O debate em torno da

---

[694] KUCZERAWY, Aleksandra. *Intermediary Liability and Freedom of Expression in the EU*: From Concepts to Safeguards. Cambridge, 2018, p. 73: "The Directive builds upon the German Multimedia Act of 1997 but it is strongly influenced by the US instrument".

[695] VESTING, Thomas, Die Rundfunkfreiheit und die neue Logik der "Content-Curation" in elektronischen Netzwerken. *JZ*, 2020; sobre Konrad Hesse, cf. também *VOSSKUHLE, Andreas; SCHEMMEL, Jakob*. Der Staatsrechtslehrer Konrad Hesse als Richter des Bundesverfassungsgerichts. *AöR*, vol. 144, nº 3, 2019, pp. 425 e ss.

[696] HESSE, Konrad. *Grundzüge des Verfassungsrechts der Bundesrepublik Deutschland* (1966). München, 1999, parágrafo 150. Sobre a diferença entre os aspectos subjetivos da liberdade de expressão e da liberdade de radiodifusão, ver parágrafo 388.

[697] A falta de transparência na forma como o conteúdo é classificado apresenta-se como uma diferença gritante na forma como os intermediários dentro da sociedade das organizações produzem seu conteúdo – pelo menos no modelo alemão de radiodifusão. GILLESPIE, Tarleton.

CAPÍTULO VI – O DIREITO DAS PLATAFORMAS

questão de um possível estreitamento ou regulação da diversidade nos novos contextos digitais[698] contrasta com o efeito positivo da multiplicidade de canais, serviços e possibilidades de comunicação dos indivíduos na sociedade da plataforma, e demonstra apenas que manter uma semântica da sociedade das organizações, na qual tanto os canais quanto as possibilidades foram condicionados pelo próprio desenho do meio (prensa, rádio e televisão), seria incompatível com a própria epistemologia social do digital.[699] Isso seria como fazer dos conselhos de radiodifusão das emissoras públicas os curadores da diversidade transnacional da dinâmica de formação de opinião das redes sociais.[700]

"Governance of and by Platforms". *In:* BURGESS, Jean; POELL, Thomas; SAGE, Alice Marwick (Coord.). *SAGE Handbook of Social Media*. Londres, 2017, p. 57: "(...) they organize information through algorithmic sorting, privileging some content over others, in opaque ways. And it includes what is not permitted, and how and why they police objectionable content and behavior". Cf. também GRIMMELMANN, James. The Virtues of Moderation. *Yale Journal of Law and Technology*, vol. 17, 2015, pp. 42 e ss.

[698] LADEUR, Karl-Heinz. Die Kollision von Meinungsfreiheit und Ehrenschutz in der interpersonalen Kommunikation – Was stellt die "Klarstellung" der Zweiten Kammer des BVerfG vom 19.6.2020 klar? *JZ*, 2020.

[699] "But it is genuinely new, simply because it has so many more voices, so much more information, and such broad participation, with overlapping and unpredictable networks, leading to cascade effects, and suddenly visible bits of information whose popularity no one could have foreseen" (SUNSTEIN, Cass. *#Republic*. Divided Democracy in the Age of Social Media. Oxford, 2018, p. 154); "We have got the Internet. ((...) We have got talk radio. We have got social media. We've got the ability to go directly around, and directly to the people". (LEPORE, Jill. "The New Yorker", fev. 2016).

[700] Sobre este papel dentro do modelo de Direito Público alemão, cf. BVerfG, Urteil des Ersten Senats v. 25. 3. 2014 - 1 BvF 1/11 = BVerfGE 136, 9, 33 Rn. 38 e seg. *JZ*, 2014, pp. 560, 562/563. Sobre esse assunto, cf. STARCK, Christian. Das ZDF-Gremien-Urteil des Bundesverfassungsgerichts und seine gesetzliche und staatsvertragliche Umsetzung. *JZ* 2014, pp. 552 e ss.

Isto não significa, entretanto, que não seja crucial para as novas formas que a sociedade da plataforma conferiu à dimensão coletiva da comunicação que o Direito seja adaptado às novas condições desta sociedade (de plataforma). Também não significa que não seja crucial que a sociedade da plataforma seja adaptada a certas condições legais para garantir a manutenção de padrões de proteção a direitos dos indivíduos e aspectos institucionais da esfera pública no mundo digital. Essa adaptação regulamentar revela-se especialmente importante no atual cenário, onde o novo meio, que é indiscutivelmente um amplificador de possibilidades,[701] coincide em grande parte com o modelo de negócios de algumas poucas empresas.[702] Isso também se deve fundamentalmente à característica inerente da sociedade da plataforma, onde existe uma simbiose inseparável entre as tendências verticais e horizontais. Neste contexto, os novos intermediários têm amplo controle de fato do acesso à nova dimensão coletiva da comunicação e podem, assim, decidir em larga medida sobre o exercício efetivo das liberdades de terceiros[703] e, em última instância, sobre a formação da nova dimensão coletiva da comunicação, com impactos claros na constituição da esfera pública democrática. Uma metodologia jurídica adequada à plataforma deve, portanto, tomar necessariamente como ponto de partida esta nova factualidade da sociedade da plataforma.

Enquanto os provedores tradicionais de informação – editores, radiodifusores, empresas de telecomunicações e outros – tinham obrigações infralegais e constitucionais com relação ao discurso

---

[701] Sobre a mídia como "avanços pré-adaptativos", cf. VESTING, Thomas. *Rechtstheorie*: Ein Studienbuch. 2ª ed. München, 2015, pp. 144 e ss.

[702] FLEW, Terry. The Platformized Internet: Issues for Internet Law and Policy. *Journal of Internet Law*, vol. 22, 2019, pp. 3 e ss.

[703] WIELSCH, Dan. Responsibility of Digital Intermediaries for Third Party Infringements. *Journal of Intellectual Property*, vol. 10, 2018, pp. 1 e ss., aqui p. 32.

CAPÍTULO VI – O DIREITO DAS PLATAFORMAS

e ao fluxo de informação que eles possibilitavam e geravam,[704] a imposição de obrigações legais e constitucionais comparáveis ao novo meio digital para garantir padrões mínimos de proteção de direitos no mundo digital parece ser um imperativo cada vez mais presente na discussão global e na agenda digital europeia atual.[705] Neste contexto, há uma tendência atual de modular a responsabilidade de novos intermediários num contexto experimental de maior responsabilidade de seu próprio meio,[706] ao mesmo tempo em que se afasta do modelo de imunidade que originalmente visava exclusivamente promover a inovação no contexto do surgimento da economia digital.[707] Uma oportunidade para uma modelagem da

---

[704] BENKLER, Yochai. "Communications infrastructure regulation and the distribution of control over content". *Telecommunications Policy*, vol. 22, nº 3, 1998, pp. 183 e ss.; HORWITZ, Robert B. The First Amendment meets some new technologies. *Theory and Society*, vol. 20, nº 1, 1991, pp. 21 e ss.

[705] CASTRONOVA, Edward; ROSS Travis L.; KNOWLES, Isaac. Policy Questions Raised by Virtual Economies. *Telecommunications Policy*, vol. 39, 2015, pp. 787 e ss.; BRAMAN, Sandra. Where has Media Policy Gone? Defining the field in the twenty-first century. *Communication Law and Policy*, vol. 9, nº 2 (2004), pp. 153 e ss.; MACKINNON, R. et al. Fostering Freedom Online: The Roles, Challenges and Obstacles of Internet Intermediaries. United Nations Educational, 2014.

[706] Este desenvolvimento pode ser visto em várias decisões de Estados-nação e tribunais supranacionais. Estas são decisões que envolvem intermediários em suas diversas funções. Cf. BGH, Urteil vom 14.05.2013. *VI ZR*, vol. 268, nº 12 – Autocomplete (*NJW*, 2013, p. 2348). Sobre o novo modelo de responsabilidade do BGH, cf. PENTZ, Vera von. Ausgewählte Fragen des Medien – und Persönlichkeitsrechts im Lichte der aktuellen Rechtsprechung des VI. Zivilsenats, *AfP*, 2014, pp. 8 e ss. A nível europeu, cf. TJE, Processo C-131/12, para. 80, "Google Espanha".

[707] TUSHNET, Rebecca. Power without Responsibility: Intermediaries and the First Amendment. *George Washington Law Review*, vol. 76, 2008, pp. 1001 e ss., 1009: "The flip side of this legislative grace is that the corporation's powers and freedoms stem from laws designed to give it special advantages, but those need not include the ability to claim both speaker *status* as against the government and also immunity from treatment as a speaker as against private claimants".

responsabilidade dos novos intermediários para além da liberdade de expressão e fomento à inovação baseada num modelo para além da centralização no processo político (do Estado-nação) de formação da vontade pública encontra-se em uma espécie de proceduralização dos direitos fundamentais comunicacionais e de mídia que coloca uma forte ênfase na proteção de um processo impessoal de formação de opinião.[708] Uma proceduralização da proteção jurídica na sociedade da plataforma deve levar em conta a dinâmica das redes de computadores e aparelhos e modelos comerciais atuais, a fim de equiparar a proteção dos direitos dentro do próprio meio com um dever constante de observação por parte dos tribunais dos Estados e suas agências.

6.5 O tempo das plataformas

Neste livro, o tema do tempo e sua influência dentro da construção da sociedade moderna tem ocupado um lugar central. No primeiro capítulo, isso ficou evidente na abordagem do tema da crise das obrigações políticas no século XVII e como, a partir desse evento, a sociedade se abriu, particularmente através da figura do contrato, à nova possibilidade de imaginar-se de forma mais artificial e contingente do que era anteriormente possível a partir da tradição ou dos laços e vínculos dados por Deus. A forte tendência da sociedade moderna de criar mecanismos abstratos para lidar com a crescente complexidade, pluralização e um futuro incerto também está presente em Ernst Kantorowicz. Seu importante trabalho, *The King's Two Bodies*, não se preocupa, como é comumente presumido, em

---

[708] LADEUR, Karl-Heinz. Helmut Ridders Konzeption der Meinungsfreiheit als Prozessgrundrecht. *KJ*, vol 53, nº 2, 2020, p. 178; TEUBNER, Gunther. "Zum transsubjektiven Potential subjektiver Rechte. Gegenrechte in ihrer kommunikativen, kollektiven und institutionellen Dimension". *In*: FRANZKI, Hanna; HORST Johann; FISCHER-LESCANO, Andreas (Coord.). *Gegenrechte*: Recht jenseits des Subjekts. Tübingen, 2018, pp. 357 e ss.

CAPÍTULO VI – O DIREITO DAS PLATAFORMAS

primeiro plano com a mera criação de um mecanismo de distinção entre a personalidade oficial e individual (*Amts- und Individualperson*). O foco principal da obra está precisamente no problema da temporalidade do domínio político, que se expressa na estrutura de profundidade temporal presente no livro. Assim, a figura do público é concebida como um reflexo de uma continuidade de mandato supra individualmente válida que conferia uma estabilidade temporal à política, ou seja, nas palavras de Horst Bredekamp, que criou um "tempo político" distinto do tempo religioso ou secular.[709] Neste contexto, Victoria Kahn aponta que esta estabilização e, ao mesmo tempo, a perpetuação do tempo político através de uma camada artificial abstrata (do Direito) teria funcionado como uma forma de prefiguração do Estado constitucional moderno, no qual a inadequação de uma correspondência total entre o corpo (incluindo a pessoa concreta) do soberano e da soberania (como uma construção artificial abstrata) torna-se por si só a condição inevitável do Estado liberal moderno.[710] O Estado, ou o Estado moderno, não é uma pré-condição de sociabilidade, mas o seu produto.

A própria construção da nova temporalidade política moderna que antecipa o Estado constitucional moderno é um produto da profunda transformação da dimensão temporal da sociedade, na qual o futuro incerto dentro da própria forma política de governo se torna um elemento constitutivo de socialização que não pode mais ser determinado pelo conhecimento socialmente compartilhado da tradição ou dado por Deus. Neste contexto, a dimensão social do

---

[709] BREDEKAMP, Horst. "Politische Zeit. Die zwei Körper von Thomas Hobbes's Leviathan". *In*: ERNST, Wolfgang; VISMANN, Cornelia (Coord.). *Geschichtskörper*. Zur Aktualität von Ernst H. Kantorowicz. Wilhelm Fink Verlag, 1998, pp. 105 e ss. Sobre este assunto, cf. também BREDEKAMP, Horst. Zur Vorgeschichte des modernen Staates. *In*: RHEINBERGER, Hans-Jörg *et al.* (Coord.). *Räume des Wissens*. Repräsentation, Codierung, Spur. Berlim, 1997, pp. 22 e ss.

[710] KAHN, Victoria. *The Future of Illusion*. Political Theology and Early Modern Texts. Chicago, 2014, p. 63.

tempo na sociedade é inseparável de uma diretriz orientadora tanto da ação individual como institucional na sociedade. A descoberta pela sociedade de um tempo aberto e contingente, um tempo que não pode ser claramente determinado pela tradição, torna o Direito moderno e sua função, como também observado e analisado por Niklas Luhmann, uma instituição quase indispensável para a coesão social.[711] Segundo Luhmann, neste contexto, o Direito moderno ocuparia um papel central na sociedade moderna, assegurando um mínimo de orientação generalizada em um mundo onde um horizonte de projeção comum de ação está se tornando cada vez mais precário. Em outras palavras, o Direito seria uma forma contemporânea de regular a disposição do futuro e sua limitação dentro das sociedades modernas. O mal-estar na teoria dos sistemas discutido no primeiro capítulo deste livro, exemplificado pela tese da anomalia, toca precisamente neste aspecto central na medida em que o próprio Luhmann questiona seu conceito de Direito antes do advento de uma sociedade global e tecnológica na qual a orientação comum dentro de um horizonte de expectativa legalmente estabilizado se apresenta como uma função quase (se não) impossível de realizar, e esse apontamento pelo autor é feito de uma maneira completamente enigmática. A pergunta crucial e legítima a ser feita neste ponto é: se o Direito não pode mais desempenhar esta função, que função o Direito teria que desempenhar na sociedade tecnológica e global de hoje?

Enquanto para Niklas Luhmann o problema do tempo no Direito é resolvido – em suas palavras – pela inserção de programas condicionais no nível de programação "a fim de reintegrar o Direito na sociedade",[712] ou seja, através de normas legais (programas

---

[711] Esse foi o tema do segundo capítulo.
[712] LUHMANN, Niklas. *Das Recht der Gesellschaft*. Frankfurt am Main, 1993, p. 191: "O risco da codificação legal/ilegal é aceito, mas o nível de programação é usado para reintegrar o Direito na sociedade. O nível de programação atua então como um nível de compensação para quaisquer discrepâncias entre o Direito e a sociedade".

CAPÍTULO VI – O DIREITO DAS PLATAFORMAS

condicionais) dentro das condições institucionais do Estado-nação, o problema do tempo da sociedade da plataforma não surge em primeiro plano como uma forma de criar um horizonte comum e estável através de normas jurídicas ou programas legais e seu efeito e capacidade reguladora na sociedade. Ao contrário, os novos laços do tempo são cada vez mais produzidos por efeitos transubjetivos e tecnológicos emergentes decorrentes das relações jurídicas dentro das condições institucionais e tecnológicas da sociedade digital global que vão além das condições regulatórias do Direito tradicional. De acordo com Luhmann, a forma de programas condicionais "se, então" oferece a possibilidade de "imaginar a ordem sob a forma de acoplamentos fixos", e assim estaria em claro contraste com as dinâmicas e processos de hibridização que, em larga medida, caracterizam o ambiente digital transnacional atual.[713] Neste ponto, a tese de anomalia discutida no primeiro capítulo não só se torna uma inquietação dentro da construção da teoria, mas a própria teoria se torna uma anomalia no desenvolvimento futuro da sociedade digital global, pelo menos no que diz respeito à função do Direito dentro desta sociedade.

A questão atual da (in)evitabilidade da aplicação do Direito ou da proteção jurídica no mundo digital global, que está inevitavelmente relacionada à (in)compatibilidade da semântica do Direito moderno com a nova epistemologia social do mundo digital, reflete precisamente esta tensão. Vilém Flusser descreve esta discrepância entre semântica e estrutura social como o produto de um longo processo de migração dos "teóricos da catedral e do mosteiro para a oficina", em particular para os atuais "laboratórios industriais", onde a "teoria" não pode

---

[713] LUHMANN, Niklas. *Das Recht der Gesellschaft*. Frankfurt am Main, 1993, p. 196: "A forma do programa condicional é uma das grandes conquistas evolutivas do desenvolvimento social. (...) Num mundo em rápida expansão, eles oferecem a possibilidade de imaginar ordens sob a forma de acoplamentos fixos, e isto igualmente em áreas onde (em termos contemporâneos) o conhecimento ou as regulamentações normativas são importantes".

mais ser compreendida como "a contemplação passiva dos ideais", mas como a "elaboração progressiva de modelos" comprometidos com a "prática, ou seja, observação e experimentação". Acima de tudo, Flusser, um teórico da mídia que emigrou para o Brasil, salienta que esta discrepância entre a semântica e a estrutura social se deve a uma tensão marcada pela modelagem social de duas diferentes mídias que expressam racionalidades diferentes, a saber: a tipografia e o digital. Estas duas mídias produziriam duas formas distintas de pensar, a saber, um "pensamento por letras" e um "pensamento por números". Segundo Flusser, com o advento da tecnologia informática, uma clara "recodificação do pensamento teórico das letras em números" seria caracterizada pela capacidade inerente das novas tecnologias de criar possibilidades para projetar realidades.[714]

Atualmente, esta dualidade entre um "pensamento de letras" e um "pensamento de números", descrito por Flusser como uma incompatibilidade entre a semântica do Direito moderno e as condições inerentes do mundo digital, também é retomada repetidamente – mesmo que inconscientemente – por outros autores.[715] Isto é especialmente verdadeiro porque a semântica do Direito moderno se baseia na definição da orientação do comportamento humano e institucional através da programação por meio de normas e princípios gerais e abstratos, enquanto a epistemologia social do mundo digital tem uma dinâmica inerente dispersa caracterizada por sua abordagem *ad hoc* personalizada, experimental e baseada em padrões.[716]

---

[714] FLUSSER, Vilém. *Medienkultur*. 5ª ed. Frankfurt am Main, 2008, pp. 202 e ss.

[715] FLUSSER, Vilém. *Medienkultur*. 5ª ed. Frankfurt am Main, 2008, p. 206.

[716] "(...) data-driven, algorithmic processes multiply both obstacles to accountability and opportunities for cooptation of accountability structures. Smart digital technologies produce decisions that are ad hoc, personalized, and pattern-based rather than principled and generalizable" (COHEN, Julie E. "Internet Utopianism and the Practical Inevitability of Law". *Duke Law & Technology Review*, 2019,

CAPÍTULO VI – O DIREITO DAS PLATAFORMAS

Testemunhar esta incompatibilidade, no entanto, nada diz sobre as possibilidades de como projetar um Direito adequado às plataformas e às novas condições tecnológicas. Sem a presença do Direito, não há futuro, com a presença do Direito (antigo), tampouco.

Neste contexto, o tempo das plataformas ou a forma de orientação e os horizontes da sociedade da plataforma se mostram incompatíveis com o tempo de um "pensamento de letras" ou cultura tipográfica,[717] que, até pouco tempo, poderia ser modelado de certa forma por programas condicionais[718] ou outras formas de armazenamento de conhecimento jurídico através de normas e programas. O tempo dasp plataformas

---

p. 85 e ss., aqui p. 95; HOFFMANN-RIEM, Wolfgang. "Digitale Disruption und Transformation. Herausforderung für das Recht und Rechtswissenschaft". In: EIFERT, Martin (Coord.). Digitale Disruption und Recht. Workshop zu Ehren des 80. Geburtstags von Wolfgang Hoffmann-Riem. Baden-Baden, 2020, p. 189): "Assim, eles [algoritmos] não têm a capacidade de usar o conhecimento tácito que é importante para a ação humana". Deficiente é a capacidade de desenvolver a criatividade, de emoções e de usar a intuição, ou – importante para os advogados – a justiça. Na interpretação argumentativamente orientada do significado, importante para a interpretação de normas, os algoritmos (pelo menos até agora) encontram limitações".

[717] Thomas Vesting enfatiza uma dimensão de dispersão e viabilização de novas experiências sociais através da constituição escrita como um efeito da impressão além da geração de vínculos sociais através da forma "se-então" de programas condicionais. Isto é particularmente evidente, não menos importante, na semântica aberta dos direitos fundamentais. VESTING, Thomas. *Die Medien des Rechts, vol. 3*: Buchdruck. Weilerswist, 2012, pp. 136 e ss.: "Assim, a autoridade do Direito Constitucional abre-se inevitavelmente às experiências dispersas dos 'portadores de direitos fundamentais' e à geração de vínculos nos campos práticos da vida cívica cotidiana, aos vínculos que – como o falar de uma língua natural – (têm que) naturalizar-se completamente nas relações sociais como uma totalidade de atos e ideias e criar uma espécie de segunda natureza".

[718] LUHMANN, Niklas. *Das Recht der Gesellschaft*. Frankfurt am Main, 1993, p. 199: "O compromisso com a forma do programa condicional está relacionado à função do Direito, ou seja, à estabilização das expectativas contrafactuais".

resigna precisamente o problema central da dimensão temporal e da precariedade atual da fundação de um horizonte mínimo comum de ação em uma sociedade digital, o que se torna perceptível não apenas no plano individual. Também no nível institucional, por exemplo, no nível da ação estatal no mundo digital, esta resignação do problema da ação com a falta de parâmetros claros que poderiam orientar a ação estatal torna-se bastante evidente. No exemplo acima, da emancipação da dimensão coletiva da comunicação, isso se torna particularmente claro quando refletimos sobre a questão dos limites dentro dos quais a capacidade do Estado de gerar conhecimento tem até agora ajudado a moldar os contornos da dimensão coletiva da comunicação em um modelo de radiodifusão como o alemão. Esse modelo dependia significativamente tanto de tecnologias particulares – rádio e televisão – quanto de um modelo regulatório vinculado ao Estado-nação. E é precisamente disto que resulta a extrema dificuldade de lidar com a nova emancipação da dimensão coletiva da comunicação dos meios de comunicação de massa, condições baseadas na organização – no sentido da regulamentação.

A dinâmica da nova sociedade digital exige um Direito que não funcione apenas "como um pensamento posterior, como um sistema a jusante".[719] E isto se deve precisamente às peculiaridades de uma nova dimensão temporal que a sociedade da plataforma traz consigo, pois, como Hartmut Rosa corretamente aponta, uma das características centrais da atual "temporalização do tempo" reside precisamente no fato de que os vínculos sociais – e não menos importante também os vínculos temporais – são cada vez mais gerados apenas no processo de execução.[720] Ino Augsberg chama a atenção

---

[719] LUHMANN, Niklas. *Das Recht der Gesellschaft*. Frankfurt am Main, 1993, p. 197.

[720] ROSA, Hartmut. Beschleunigung. Die Veränderung der Zeitstruktur der Moderne. Frankfurt am Main, 2005, p. 365: "Verzeitlichung der Zeit significa que a duração, sequência, ritmo e tempo das ações, eventos e laços são decididos apenas no processo, ou seja, no *próprio tempo*; eles não seguem mais um cronograma pré-definido".

CAPÍTULO VI – O DIREITO DAS PLATAFORMAS

para o fato de que neste contexto de uma sociedade tecnológica e conturbada existiria a necessidade de uma "conversão da perspectiva do tempo para a temporalidade *qua Zeitigung*"("*Umstellung der Perspektive von Zeit auf Zeitlichkeit qua Zeitigung*").[721] Esta diferenciação, que se inspira fortemente em Martin Heidegger, expressa precisamente uma modelagem mais forte de uma normatividade temporalizada do Direito.

A partir da perspectiva deste livro, a necessária incorporação de tempo no Direito se revela particularmente crucial para a relação entre o Direito e as novas tecnologias. O tempo das plataformas e as novas formas de vinculação de tempo que delas surgiram, partem do reconhecimento de que, atualmente, uma grande parte das práticas sociais – e seus horizontes de ação – são mediatizados tecnologicamente.[722] No nível da ação individual – a partir do tema da dimensão coletiva da comunicação como dada pelas plataformas digitais – isto significa que o comportamento do usuário não é modelado em primeiro plano por uma capacidade de sanção externa do Estado. Em vez disso, esta modelagem da ação – incluindo seu horizonte – ocorre principalmente através de uma infraestrutura de protocolos de rede, mecanismos digitais de autoexecução (*self-enforcement*) e a coleta e processamento de dados pessoais, o que ocorre fundamentalmente no próprio meio.[723]

---

[721] AUGSBERG, Ino. Die Normalität der Normativität. No prelo, p. 11.

[722] BELLI, Luca; SAPPA, Cristiana. The Intermediary Conundrum: Cyber-Regulators, Cyber-Police or Both?. *JIPITEC*, vol. 8, 2017, pp. 183-185.

[723] WIELSCH, Dan. "Die Ordnung der Netzwerke. AGB - Code - Community Standards". *In*: EIFERT, Martin; GOSTOMZYK, Tobias (Coord.). *Netzwerkrecht*. Die Zukunft des NetzDG und seine Folgen für die Netzwerkkommunikation. Baden-Baden, 2018, pp. 67/68. Dan Wielsch argumenta que a nova tecnologia de rede traz uma indiferença entre "meio de disseminação" e "meio de sucesso" no sentido luhmanniano. No entanto, o artigo não desenvolve esta ideia. Esta poderia ser uma forma de descrição do movimento atual de plataforma da Internet no sentido do presente trabalho – embora partindo do arsenal conceitual da teoria dos sistemas.

Neste ponto, a produção de externalidades negativas é algo quase inevitável, assim como a produção simultânea de externalidades positivas. No campo regulatório, o primeiro ponto importante a ser atestado não é apenas a quase intuitiva assimetria de conhecimento entre o Estado e os novos modelos de negócios digitais. Uma regulação que vise ser eficaz no contexto da comunicação em rede também deve, portanto, se desenvolver como "regulamentação em redes heterarquicas", pelo que a estrutura regulatória deve necessariamente abrir espaço para a construção e inclusão de múltiplos pontos de vista além do Estado e do próprio modelo de negócios.[724] Como a construção dos novos espaços públicos no mundo digital emerge primeiro das relações bilaterais privadas e somente num segundo momento toma a forma do cenário de plataformização de Internet descrito acima, a dependência resultante do exercício dos direitos fundamentais relacionados à comunicação nos serviços de mediação dos novos intermediários mostra que as formas tradicionais de controle das normas comunitárias pelos tribunais estatais parecem incompatíveis com a dinâmica da nova comunicação em rede. Esse fato é acompanhado pela necessidade de transferir a proteção jurídica para o próprio meio e estabelecer um mecanismo dinâmico e procedimental de relacionamento entre os tribunais estatais e a resolução de conflitos dentro das próprias plataformas através dos próprios tribunais de arbitragem digitais. Isto se apresenta como uma oportunidade para posicionar o Direito não apenas como uma ação "no tempo", mas também "com a ajuda do tempo", e assim

---

[724] Para o contexto da regulação como uma interligação de diferentes níveis, cf. SCHMIDT, Rebecca. *Regulatory Integration Across Borders:* Public-Private Cooperation in Transnational Regulation. Cambridge, 2018, p. 205: "Building on the work of organisational theorists, as well as private law literature, the book pointed to the inherent dichotomy of networks to combine the imperatives of both co-operation and competition. Thus, networks transform external contradictions into a tense, but sustainable, '*double orientation*' within the operational system, which acknowledges both the market (competition) as well as the corporate aspects of interactions".

CAPÍTULO VI – O DIREITO DAS PLATAFORMAS

também para trazer novas instituições para um Direito cada vez mais orientado na epistemologia social das plataformas como um modelo de ordem jurídica híbrido.[725]

---

[725] Sobre uma relação produtiva entre a resolução de conflitos na própria plataforma e a forma jurídica tradicional de resolução de conflitos, cf. LADEUR, Karl-Heinz. "Netzwerkrecht als neues Ordnungsmodell des Rechts". *In:* EIFERT. M.; GOSTOMZYK, T. (Coord.). *Netzwerkrecht.* Die Zukunft des NetzDG und seine Folgen für die Netzwerkkommunikation. Baden-Baden, 2018, pp. 172 e ss.

PERSPECTIVAS

Metamorfoses do Direito Global são metamorfoses da própria sociedade, como tem sido descrito ao longo deste livro. O que distingue o Direito moderno de outras formas de Direito é que ele não alimenta suas condições normativas a partir de uma autoridade ou instância superior.[726] Yan Thomas demonstrou que já no Direito romano – especialmente através da formação da cidade (*polis*) – surgiu uma dinâmica social que tornou plausível que o Direito romano desenvolvesse uma dinâmica que se distinguia da arbitrariedade das famílias nobres e de suas tradições e ritos.[727] Tal potencial, entretanto, que estava ainda em seus primeiros desenvolvimentos no Direito romano, experimentou por sua vez um aumento qualitativo gradual no século XIX, especialmente com uma dinamização da dimensão impessoal com a maior distribuição do conhecimento da sociedade que culminou com a aqui descrita desintegração do *ius publicum europaeum*.

---

[726] STEINHAUER, Fabian. *Vom Scheiden*. Geschichte und Theorie einer juristischen Kulturtechnik. Berlin, 2015, pp. 163/164: "Nenhum Direito sem escrita, nenhum Direito sem processo grafológico. Todas estas, portanto, pertencem às coisas externas do Direito, que são de fato as coisas mais externas, mas somente porque não há nenhuma ainda externa. Nem seu superlativo se origina de um defeito".

[727] THOMAS, Yan. *Les opérations du Droit*. Paris, 2011. Thomas observou que "o desenvolvimento atual de nossa história não deu espaço para o Direito fazer, em princípio, as perguntas que emergem da função normativa através de seus aspectos ficcionais". THOMAS, Y. "Droit". *In*: BURGUIERE, André (Coord.). *Dictionnaire des sciences historiques*. Paris, 1986, pp. 205 e ss., aqui p. 211.

A tendência de separar as camadas normativas do Direito do corpo do soberano (*"displacement of the body"*) e sua substituição por ficções[728] dificulta as condições sociais de localização do poder em um determinado corpo ou em um determinado lugar concreto[729] – como exemplificado pela ordem concreta no sentido dado por Carl Schmitt para os contornos do Direito Global. Qualquer tentativa, na história recente, de conferir à sociedade um corpo, e assim contrariar a lógica moderna da operacionalização de ficções jurídicas e sua função de fomentar o conhecimento socialmente distribuído para o surgimento e manutenção do Estado Democrático de Direito, levou inevitavelmente à supressão das liberdades individuais.[730]

Esta afinidade eletiva entre o Direito moderno e a ficção jurídica, e especialmente sua externalidade positiva que permite a construção de relações sociais para além da tradição, ganha novos contornos na atual migração do mundo analógico para as redes de computadores e seus dispositivos. Embora exista uma inerente tensão entre a *"rule of code"* e as condições institucionais do *"rule of law"*, há também oportunidades para manter uma relação complementar entre os dois processos de formação do Direito. O surgimento de novas formas de resolução de conflitos que, por vezes, seriam incompatíveis com as formas tradicionais de organizações burocráticas de justiça tradicional abre, na verdade, novas chances para a experimentação

---

[728] KANTOROWICZ, Ernst H. *The King's Two Bodies*. A Study in Mediaeval Political Theory. Princeton (N.J.), 1957, pp. 336 e ss.

[729] KAHN, Victoria. *The Future of Illusion*. Political Theology and Early Modern Texts. Chicago, 2014, p. 81: "Whereas racism and religious fundamentalism attempt to give society a body, the usefulness of the category of fiction is that it complicates any attempt to locate power in one particular body or one particular place".

[730] Uma rede de condições institucionais apoiada por ficções jurídicas ajudou a limitar a extensão dos danos do regime nazista, como Timothy Snyder apontou. "Thus citizenship, bureaucracy, and foreign policy hindered the Nazi drive to have all European Jews murdered". SNYDER, Timothy. *Black Earth*. The Holocaust as History and Warning. New York, 2015, p. 225.

de modernos e dinâmicos mecanismos de proteção dos direitos de terceiros.[731] Entretanto, isto não pode ser lido como um exemplo do anacronismo funcional do sistema judicial da democracia de massa. Pelo contrário, sua importante releitura no contexto do capitalismo da informação envolve a inserção de mecanismos procedimentais nos quais os tribunais estatais desempenhariam um papel importante na observação da formação de normas em sistemas de tomada de decisão semi-automatizados dentro de plataformas digitais. A promoção da dimensão de auto-organização deve ser acompanhada por um dever de observação por parte dos tribunais estatais, caso contrário existe o perigo de uma completa emancipação da "rule of code" das normas consolidadas do *"rule of law"*.

A relação entre Direito e tempo, que constituiu o ponto de partida deste trabalho, encontra seu maior desafio na atual sociedade da plataforma. O eixo estruturante desta relação tem como parâmetro central a transformação das formas e estruturas sociais que determinam a orientação da ação humana. Neste contexto, Reinhart Koselleck e Niklas Luhmann chamaram a atenção para uma nova categoria chamada "expectativa", que na modernidade teria se tornado cada vez mais determinante na formação do horizonte perante o qual a sociedade projeta suas ações. Esta categoria é caracterizada sobretudo por seu desapego às formas temporais de orientação da ação humana que se baseavam na experiência ou tradição.[732] Novas tecnologias, o crescimento das cidades, novos laboratórios de subjetividade tornaram o futuro mais incerto, e é justamente neste ponto que o Direito, como forma de vinculação temporal, desempenhou o papel de articular uma base comum e compartilhada da ação

---

[731] COHEN, Julie E. *Between Truth and Power*. The Legal Constructions of Informational Capitalism. New York, 2019, p. 144: "The gradual but accelerating movement to informational capitalism has confronted the judicial system with two large and interrelated problems: a proliferation of asserted harms that are intangible, collective, and highly informationalized; and an unmanageably large and ever-increasing number of claimants and interests".

[732] Esse foi o tema do segundo capítulo.

humana e, ao mesmo tempo, de institucionalizar a forma da relação entre a sociedade e o futuro. Neste contexto, a sociedade moderna e o Direito em particular – devido à falta de critérios e parâmetros estáveis para a orientação social dos indivíduos e instituições em uma sociedade cada vez mais complexa – criaram mecanismos complexos para lidar com um futuro cada vez mais incerto, o que traz consigo um papel central na construção de um horizonte mínimo comum de ação social. A marca deste futuro de modernidade volta-se para sua contingência e abertura, mas, ao mesmo tempo, para a possibilidade de modelar um horizonte mínimo produzido pela forma jurídica.

Enquanto isso, a sociedade da plataforma abre um novo capítulo de condições possíveis na relação entre o Direito e o futuro – especialmente através do desenvolvimento de novas tecnologias. E esta nova relação é agora caracterizada pela forte presença de novos atores e tecnologias que moldam o futuro da sociedade. Enquanto a relação entre o futuro e a sociedade tenha sido caracterizada anteriormente por uma forma indireta de criação de maiores possibilidades de ação através de um futuro aberto, o novo cenário assume diferentes contornos, nos quais o próprio futuro e a orientação da ação humana guiada por ele se tornam o escasso recurso (econômico) de novos modelos de negócios digitais. A sociedade da plataforma é, assim, caracterizada por uma participação mais ampla de múltiplos atores na modelagem de formas de vinculação temporal na sociedade. Nesse contexto, o tempo não seria mais vinculado exclusivamente pelo Direito tendo em vista o estabelecimento de um horizonte comum e previsível de ação, mas sim por modelos de negócios que vinculam o futuro em si e são, portanto, capazes de reinventá-lo e até mesmo de prevê-lo. A participação nesta dimensão da sociedade, até então reservada aos profetas, aos imperadores,[733] à razão ou à política moderna, é agora também ocupada por modelos de previsão e modelagem futura do comportamento humano inspirados

---

[733] FÖGEN, Marie Theres. *Die Enteignung der Wahrsager*. Studien zum kaiserlichen Wissensmonopol in der Spätantike. Frankfurt am Main, 1997, pp. 315 e ss.

em modelos empresariais que, baseados em novas tecnologias, no acúmulo e processamento de dados, em algoritmos e em inteligência artificial, alcançam um efeito objetificador ainda maior do que as categorias anteriores.[734] O futuro da modernidade como um futuro incerto, que foi caracterizado por sua contingência estruturada em mecanismos abstratos, está se tornando um futuro cada vez mais certo que traz não apenas oportunidades para a liberdade humana, mas também graves perigos.

Mas, onde há perigo, também não cresce a salvação?

---

[734] LEPORE, Jill. *If Then? How the Simulmatics Corporation Invented the Future*. Nova York, 2020, p. 323: "By the early twenty-first century, the mission of Simulmactis had become the mission of many corporations, from manufactures to banks to predictive policing consultants. Collect data. Write code. Detect patters. Target ads. Predict behavior. Direct action. Encourage consumption. Influence elections. It became impossible to read a newspaper or open a refrigerator or buy shampoo or cast a vote or sign a petition or got to the dentist without having had ones probable human behavior estimated by the use of computer technology".

REFERÊNCIAS BIBLIOGRÁFICAS

ABBATE, Janet. *Inventing the Internet*. Cambridge (MA): MIT Press, 1999.

AGAMBEN, Giorgio. *Homo Sacer: Sovereign Power and Bare Life* – transl. by Daniel Heller-Roazen. Stanford (Cal.): Stanford University Press, 1998.

_____. *"Die Macht des Denkens"*. Frankfurt am Main: Fischer, 2013.

AGO, Roberto. Die pluralistischen Anfänge der internationalen Gemeinschaft. *In*: P. Fischer/H. F. Köck u.a. (Coord.). *Völkerrecht und Rechtsphilosophie. Internationale Festschrift für Stephan Verosta*. Berlin: Duncker & Humblot, 1980.

AIGRAIN, Philippe. *Sharing: Culture and the Economy in the Internet Age*. Amsterdam: Amsterdam Univ. Press, 2012.

ALEXANDROWICZ, Charles H. *The European-African Confrontation. A Study in Treaty Making*. Leiden: Sijthoff, 1973.

ALEXIADIS, P.; DE STREEL, A. Designing an EU intervention standard for digital platforms. *EUI Working Papers RSCAS 2020/14*, vol. 1, n° 1, 2020.

ANDERSON, Benedict. *Imagined Communities. Reflections on the origin and spread of nationalism*. London: Verso, 1992.

ANGHIE, Antony. *Imperialism, Sovereignty and the Making of International Law*. Cambridge: Cambridge University Press, 2004.

_____."Colonial and Postcolonial Realities". *In*: Third World Quarterly 27/5, 2006.

_____. "Identifying regions in the history of international law". *In:* B. Fassbender/A. Peters (Coord.). *The Oxford Handbook of the history of international law*. Oxford: Oxford Uni- versity Press, 2012.

ANONYMUS (C. Schmitt). Völkerrecht, Nr. 3. In: Heinrich Freymark (Coord.). Das juristische Repetito- rium. Öffentliches Recht, Serie B, Nr. 17, Salzgitter 1949.

ARAVAMUDAN, Srinivas. "Carl Schmitt's The Nomos of the Earth: Four Corollaries". *In:* South Atlantic Quarterly 104/2, 2005.

ARCHIBUGI, Daniele; FILIPPETTI, Andrea; FRENZ, Marion. "The Impact of the Economic Crises on Inno- vation". Evidence from Europe. *In:* Technological Forecasting and Social Change 80/7, 2013.

ARDIA, David S. "Free Speech Savior or Shield for Scoundrels: An Empirical Study of Intermediary Immunity under Section 230 of the Communications Decency Act". *In:* Loyola of Los Angeles Law Review 43/2, 2010.

ARENDT, Hannah. *Elemente und Ursprünge totaler Herrschaft*. Frankfurt am Main: Europ. Verlags- anstalt, 1955.

ARMITAGE, David. "Globalizing Jeremy Bentham". *In: History of Political Thought 32*, 2011.

ASSMANN, Aleida. *Einführung in die Kulturwissenschaft. Grundbegriffe, Themen, Fragestellungen*. Berlin: Erich Schmitt Verlag, 2011.

_____. *Ist die Zeit aus den Fugen? Aufstieg und Fall des Zeitregimes der Moderne*. München: Hanser, 2013.

ASSMANN, Jan. "Zeit und Geschichte in frühen Kulturen". *In:* F. Stadler/M. Stöltzner (Coord.). *Time and History*. Proceedings of the 28. International Ludwig Wittgenstein Symposium Kirchberg am Wechsel. Austria: Österr. Ludwig-Wittgenstein-Gesellschaft, 2005.

_____. "Art. Zeit". *In:* J. Ritter/K. Gründer (Coord.). *Historisches Wörterbuch der Philosophie Bd*. 12. Basel: Schwabe AG, 2004.

ATTALI, Jacques, Noise. *The Political Economy of Music*. Minneapolis: University of Minnesota, 1985.

AUGSBERG, Ino. "Das Gespinst des Rechts". *In: Rechtstheorie 38*, 2007.

_____. "Carl Schmitt's Fear: Nomos – Norm – Network". *In:* Leiden Journal of International Law 23/04, 2010.

_____. *Schmitt-Lektüren: Vier Versuche über Carl Schmitt. Wissenschaftliche Abhandlungen und Reden zur Philosophie, Politik und Geistesgeschichte*, vol. 99. Berlin: Duncker & Humblot, 2020.

_____. *Die Normalität der Normativität*, Manuskript, 2020.

AVANESSIAN, Armen. *Realismus Jetzt*. Berlin: Merve, 2013.

AVANESSIAN, Armen; MALIK, Suhail. *Genealogies of Speculation. Materialism and Subjectivity since Structuralism*. London: Bloomsbury, 2016.

BAECKER, Dirk. "Es gibt keine sozialen Systeme". 8 Thesen. *In:* _____. (Coord.). Wozu Theorie? Auf- sätze. Berlin: Suhrkamp, 2016.

BALKE, Friedrich. *Der Staat nach seinem Ende. Die Versuchung Carl Schmitts*. München: Fink, 1996.

_____. "Disziplinartechnologien, Normalität, Normalisierung". *In:* C. Kammler u.a. (Coord.). Foucault Handbuch. Leben, Werk, Wirkung. Stuttgart: Metzler, 2014.

BALKIN, Jack M. Old-School/New-School Speech Regulation. *In:* Yale Law School, Public Law Re- search Paper N. 491. Online über SSRN.com.

BARABÁSI, Albert-László. *Linked: How Everything is Connected to Everything Else and What It Means for Business, Science, and Everyday Life*. New York: Basic Books, 2014.

BARION, Hans; BÖCKENFÖRDE, Ernst-Wolfgang; FORSTHOFF, Ernst; WEBER, Werner (Coord.). *Epirrhosis*.Festgabe für Carl Schmitt. Berlin: Duncker & Humblot, 1968.

BARTKY, Ian R. "The Adoption of Standard Time". *In:* Technology and Culture. vol. 30/1, 1989.

BAUMGART, Winfried. *Vom europäischen Konzert zum Völkerbund. Friedensschlüsse u. Friedenssi- cherung von Versailles bis Wien*. Darmstadt: Wiss. Buchges, 1987.

_____. *Europäisches Konzert und nationale Bewegung. Internationale Beziehungen 1830-1878*. Paderborn: Schöningh, 1999.

BAYLY, Christopher A. *The Birth of the Modern World 1780-1914. Global connections and Com- parisons*. Malden (MA)/Oxford (UK): Blackwell Publishing, 2004.

BECK, Ulrich; GRANDE, Edgar. Jenseits des methodologischen Nationalismus. Außereuropäische und europäische Variationen der Zweiten Moderne. *In:* Soziale Welt 61, 2010.

BECKER, Felix. "Los tratados de amistad, comercio y navegación y la integración de los estados independientes americanos en el sistema internacional". *In:* I. Buisson; G.Kahle; H. König; H. Pietschmann (Coord.). *La formación del Estado y la nación en América Latina*. Köln/Wien: Bohlau, 1984.

BECKERS, Anna. *Enforcing Corporate Social Responsibility Codes. On Global Self-Regulation and National Private Law*. London: Hart Publishing, 2015.

BECKERT, Jens. "Die sittliche Einbettung der Wirtschaft. Von der Effizienz- und Differenzierungsthe- orie zu einer Theorie wirtschaftlicher Felder". *In:* Berliner Journal für Soziologie 22, 2012.

BEKKER, Pieter H. F.; DOLZER, Rudolf; WAILBEL, Michael. *Making Transnational Law Work in the Global Economy. Essays in Honor of Detlev Vagts*. Cambridge: Cambridge University Press, 2010.

BELL, Daniel. *Die nachindustrielle Gesellschaft*. Frankfurt am Main: Campus, 1975.

BELLI, Luca; SAPPA, Cristiana. "The Intermediary Conundrum: Cyber--Regulators, Cyber-Police or both?" *In:* Journal of Intellectual Property, Information Technology and Electronic Com merce law 8, 2017.

BELLO, Andrés. *Principios del Derecho Internacional*. Lima: Librería de Moreno, 1844.

BENDA-BECKMANN, Keebet von; TURNER, Bertram. "Legal Pluralism, Social Theory, and the State". *In:* The Journal of Legal Pluralism and Unofficial Law 50/3, 2018.

BEHRENS, Maria; REICHWEIN, Alexander. "Global Governance". *In:* A. Benz; S. Lütz; U. Schimank; G. Si- monis (Coord.). *Handbuch Governance. Theoretische Grundlagen und empirische An- wendungsfelder*. Wiesbaden: VS Verlag f. Sozialwiss, 2007.

BENIGER, James. *The Control Revolution: Technological and Economic Origins of the Information Society*. Cambridge (Mass.): Harvard University Press, 1986.

BENJAMIN, Walter. "Das Kunstwerk im Zeitalter seiner technischen Reproduzierbarkeit". *In:* _____. Ge- sammelte Schriften, Bd. I/2. Frankfurt am Main: Suhrkamp, 1980.

_____. *Passagen, Kristalle: Die Axt der Vernunft und des Satans liebster Trick Coord. Von J. Otte*. Hamburg: Corso, 2011.

REFERÊNCIAS BIBLIOGRÁFICAS

BENKLER, Yochai. *Communications infrastructure regulation and the distribution of control over con- tent*. Telecommunications Policy, 22/3, 1998.

_____. *The Wealth of Networks. How Social Production Transforms Markets and Freedom*. New Haven/London: Yale University Press, 2006.

BERMAN, Paul S. "Conflict of Laws, Globalization, and Cosmopolitan Pluralism". *In:* Wayne Law Re- view 51, 2005.

_____. "A Pluralist Approach to International Law". *In:* Yale J. Int'l L. 32, 2007.

BERNER, Albert. "Art: Völkerrecht". *In:* J. C. Bluntschli; Brater, Carl L. T. (Coord.). Deutsches Staats- Wörterbuch, Bd. 11. Stuttgart/Leipzig: Expedition des Staats-Wörterbuch, 1870.

BERNERS-LEE, Tim. "Lang lebe das Web". *In:* Tilman Baumgärtel (Coord.). *Texte zur Theorie des Inter- nets*. Stuttgart: Reclam, 2020.

BIDLO, Oliver D. *Rastlose Zeiten. Die Beschleunigung des Alltags*. Essen: Oldib-Verlag, 2009.

BILFINGER, Carl. *Das wahre Gesicht des Kellogg-Paktes. Angelsächsischer Imperialismus im Ge- wande des Rechts*. Berlin: Haka-Dr., 1942.

BLANCO, John D.; DEL VALLE, Ivonne. "Reorienting Schmitt's Nomos. Political theology and colonial (and other) exceptions in the creation of modern and global worlds". *In:* Politica Común 5, 2014.

BLANNING, Tim C. "The Commercialization and Sacralization of European Culture in the Nineteenth Century". *In:* _____. The Oxford History of Modern Europe. Oxford: Oxford University Press, 2000.

_____. *The Culture of Power and the Power of Culture. Old Regime Europe, 1660-1789*. Oxford: Oxford University Press, 2002.

_____. *The Romantic Revolution*. Oxford/London: Phoenix, 2011.

BLUMENBERG, Hans. *Die Legitimität der Neuzeit*. 2ª Ed. Frankfurt am Main: Suhrkamp, 1988.

BÖCKENFÖRDE, Ernst-Wolfgang. "Art. Ordnungsdenken, konkretes". *In:* J. Ritter; K. Gründer (Coord.). Historisches Wörterbuch der Philosophie, Bd. 6. Basel/Stuttgart: Schwabe, 1984.

_____. "Demokratie als Verfassungsprinzip". *In:* J. Isensee/P. Kirchhof (Coord.). Handbuch des Staatsrechts der Bundesrepublik Deutschland, Bd. 2. Heidelberg: Müller, 3ª Ed, 2004.

BÖCKENFÖRDE, Markus. "Zwischen Sein und Wollen: über den Einfluss umweltvölkerrechtlicher Ver- träge im Rahmen eines WTO-Streitbeilegungsverfahrens". *In:* ZaöRV 63, 2003.

BÖHME, Hartmut. "Einführung: Netzwerke. Zur Theorie und Geschichte einer Konstruktion". *In:* J. Barkhoff/_____./Jeanne Riou (Coord.). *Netzwerke. Eine Kulturtechnik der Moderne.* Köln: Böhlau, 2004.

BOLI, John; THOMAS, George M. *Constructing World Culture. International Nongovernmental Or- ganizations Since 1875.* Stanford (Cal.): Stanford University Press, 1999.

BORSCHEID, Peter. "*Das Tempo-Virus. Eine Kulturgeschichte der Beschleunigung*". Frankfurt am Main: Campus-Verlag, 2004.

BÖSCH, Frank. Umbrüche in die Gegenwart. Globale Ereignisse und Krisenreaktionen um 1979. *In:* Zeithistorische Forschungen/Studies in Contemporary History 9. N. 1, 2012.

BOSSE, Henrich. *Autorschaft ist Werkherrschaft. Über die Entstehung des Urheberrechts aus dem Geist der Goethezeit.* Paderborn u.a.: Schöningh, 1981.

BOYD, Danah; CRAWFORD, Kate. "Critical Questions for Big Data: Provocations for a Cultural, Techno- logical, and Scholarly Phenomenon". *In:* Info. Comm. Society 15/5, 2012.

BRAILSFORD, Henry. *A League of Nations 1-2 (1917).* New York: Forgotten Books, 2018.

BRAMAN, Sandra. "Where has Media Policy Gone? Defining the field in the twenty-first century". *In:* Communication Law and Policy, 9/2, 2004.

BREDEKAMP, Horst. "Zur Vorgeschichte des modernen Staates". *In:* Hans-Jörg Rheinberger u.a. (Coord.). *Räume des Wissens. Repräsentation, Codierung, Spur.* Berlin: Akademie-Ver- lag, 1997.

_____. Politische Zeit. "Die zwei Körper von Thomas Hobbes's Leviathan". *In:* Wolfgang Ernst; Cornelia Vismann (Coord.). Geschichtskörper. *Zur Aktualität von Ernst H. Kantorowicz.* München: Wilhelm Fink Verlag,1998.

_____. Thomas Hobbes' visuelle Strategien. *Der Leviathan: Urbild des modernen Staates. Werkillustrationen und Portraits.* Berlin: Akademie-Verlag, 1999.

BREM, Ernst. "Das Verhältnis der Berner Übereinkunft zu anderen völkerrechtlichen Verträgen". *In:* Schweizerische Vereinigung für Urheberrecht

(Coord.). *Die Berner Übereinkunft und die Schweiz. Schweizerische Festschrift zum einhundertjährigen Bestehen der Berner Übereinkunft zum Schutze von Werken der Literatur und Kunst. Bern 1986.* (ab- gedruckt in: Buck-Heeb, Petra (Coord.). Geistiges Eigentum und Völkerrecht, Berlin: Duncker & Humblot, 1994.

BREWER, John. *The Sinews of Power. War, Money and the English State 1688-1783.* Cambridge: Harvard University Press, 1988.

_____. *The Pleasures of the Imagination. English Culture in the Eighteenth Century.* London: Routledge, 2013.

BRIENT, Elizabeth. "Epochenschwelle". *In:* D. Weidner; R. Buch (Coord.). *Blumenberg lesen. Ein Glossar.* Berlin: Suhrkamp 2014.

BRUNNER, Otto. *Land und Herrschaft. Grundfragen der territorialen Verfassungsgeschichte Südost- deutschlands im Mittelalter.* Darmstadt: Wissenschaftliche Buchgesellschaft, , 1990.

BRYANT, Levi R. Art. "Correlationism". *In:* P. Ennis/P. Gratton (Coord.). *The Meillassoux Dictionary.* Edinburgh: Edinburgh University Press, 2015.

BUCK-HEEB, Petra. *Geistiges Eigentum und Völkerrecht – Beiträge des Völkerrechts zur Fortent- wicklung des Schutzes von geistigem Eigentum.* Berlin: Duncker & Humblot, 1994.

BÜLCK, Hartwig. "Internationale Verwaltungsgemeinschaften". *In:* K. Strupp; H.-J. Schlochauer (Coord.). *Wörterbuch des Völkerrechts*, Bd. 3. 2ª Ed. Berlin: de Gruyter, 1962.

BURKE, Peter. *Papier und Marktgeschrei. Die Geburt der Wissensgesellschaft.* Berlin: Wagenbach, 2001.

BUXBAUM, Hannah L. "Transnational Regulatory Litigation". *In:* Virginia Journal of International Law 46, 2006.

BUXBAUM, Richard. "Is Network a Legal Concept?" *In:* Journal of Institutional and Theoretical Eco- nomics (JITE). vol. 149/4, 1993.

CALLIESS, Gralf-Peter. *Grenzüberschreitende Verbraucherverträge. Rechtssicherheit und Gerechtig- keit auf dem elektronischen Weltmarktplatz.* Tübingen: Mohr Siebeck, 2006.

CALLIESS, Gralf-Peter; ZUMBANSEN, Peer. *Rough Consensus and Running Code. A Theory of Trans- national Private Law.* Oxford u.a.: Hart Publishing, 2010.

CAMPBELL-KELLY, Martin. Data Communications at the National Physical Laboratory (1965–1975), IEEE Annals of the History of Computing. vol. 9/Issue 3-4, July-Sept ,1987.

CAMPOS, Ricardo. "Prozeduralisierung als Wissens-Fertigung im Recht". In: D. Wielsch (Coord.). Rechtsbrüche. Spiegelungen der Rechtskritik Rudolf Wiethölters. Baden-Baden: Nomos, 2019.

CANNON, Robert. "The Legislative History of Senator Exon's Communications Decency Act: Regu- lating Barbarians on the Information Superhighway". In: 49 Fed. Comm. L. J., 1996.

CARTY, Anthony. "Carl Schmitt's Critic of Liberal International Order between 1933 and 1945". In: Leiden Journal of International Law 14, 2001.

CASTELLS, Manuel. The Rise of the Network Society. 2ª Ed. Oxford: Wiley Blackwell, 2010.

CASTRONOVA, Edward; KNOWLES, Isaac; ROSS, Travis L. "Policy questions raised by virtual econo- mies". In: Telecommunications Policy 39/9, 2015.

CLARK, Henry C. "Commerce, the Virtues, and the Public Sphere in Early--Seventeenth-Century France". In: French Historical Studies 21, 1998.

CLASSEN, Claus D. "Die Entwicklung eines Internationalen Verwaltungsrechts als Aufgabe der Rechtswissenschaft". In: VVDStRL, 2008.

COHEN, Julie E. *Law for the Platform Economy*. 51 U.C. Davis L. Rev. 15, 2017.

_____. "Surveillance Capitalism as Legal Entrepreneurship". In: SURVEILLANCE & SOC'Y 17, 2019.

_____. *Between Truth and Power. The Legal Constructions of Informational Capitalism*. New York: 2019.

_____. "Internet Utopianism and the Practical Inevitability of Law". In: Duke Law & Technology Review, 2019.

COLLINS, Jeffrey. *The Allegiance of Thomas Hobbes*. Oxford: Oxford University Press, 2005.

CONRAD, Sebastian; OSTERHAMMEL, Jürgen. "Einleitung". In: _____. (Coord.). *Das Kaiserreich transnational. Deutschland in der Welt 1871-1914*. Göttingen: Vandenhoeck und Rupprecht, 2004.

REFERÊNCIAS BIBLIOGRÁFICAS

COULDRY, Nick/Hepp, Andreas, The Mediated Construction of Reality, Cambridge: Polity Press, 2017

Crawford, James. *The Creation of States in International Law*. Oxford: Clarendon Press, 1979.

DAHM, Georg; DELBRÜCK, Jost; WOLFRUM, Rüdiger. Völkerrecht, Bd. 1: Die Grundlagen; Die Völ- kerrechtssubjekte. 2ª Ed. Berlin: de Gruyter, 1989.

DANIELS, Detlef von. *The Concept of Law from a Transnational Perspective*. Ashgate: Burlington, 2010.

DANTO, Arthur C. "Wiedersehen mit der Kunstwelt: Komödien der Ähnlichkeit". In: _____. *Kunst nach dem Ende der Kunst*. München: Fink, 1996.

_____. *What Art Is*. New Haven (Conn.): Yale University Press, 2013.

DAY, Timothy. *A Century of Recorded Music. Listening to Musical History*. New Haven/London: Yale University Press, 2000.

DELEUZE, Gilles. "Postscriptum zur Kontrollgesellschaft". In: _____. *Unterhandlungen 1972-1999*. Frankfurt am Main: Suhrkamp, 1993.

DESCOMBES, Vincent. *Die Rätsel der Identität*. Berlin: Suhrkamp, 2013.

DI FABIO, Udo. *Das Recht offener Staaten*. Tübingen: Mohr Siebeck, 1998.

_____. *Der Verfassungsstaat in der Weltgesellschaft*. Tübingen: Mohr Siebeck, 2001.

DICKE, Klaus. *Völkerrechtspolitik und internationale Rechtssetzung*. Grundlagen – Verfahren – Ent- wicklungstendenzen, ZG 3, 1988.

DICKIE, George. *Introduction to Aesthetics. An Analytic Approach*. New York: Oxford University Press, 1997.

_____. *Art and Value*. Malden (Mass.): Blackwell, 2001.

DOMMANN, Monika. *Autoren und Apparate. Die Geschichte des Copyrights im Medienwandel*. Frankfurt am Main: Fischer, 2014.

DRUEY, Jean N. "Das Recht als Netz für Netzwerke. Eine Wegskizze". In: KritV, vol.89, 2006.

DUCHHARDT, Heinz. "Westphalian System. Zur Problematik einer Denkfigur". In: *Historische Zeit- schrift 269*, 1999.

DUGARD, John. *Recognition and the United Nations*. Cambridge: Grotius Publications, 1987.

_____. "Diplomatic Protection". *In:* J. Crawford/A. Pellet/S. Olleson (Coord.). *The Law of Interna- tional Responsibility*. Oxford: Oxford University Press, 2010.

DÜLFFER, Jost. "Art. Völkerbund". *In:* H. Vogler (Coord.). *Lexikon der Vereinten Nationen*. München: Oldenbourg, 2000.

DUNOFF, Jeffrey L.; TRACHTMAN, Joel P. "A Functional Approach to International Constitutionalization". *In:* _____. (Coord.). *Ruling the World. Constitutionalism, International Law, and Global Governance*. Cambridge: Cambridge University Press, 2009.

DUVE, Thomas "… wie dort noch Raum ist zu glücklichem Dasein für Millionen von Menschen… Der Freundschafts-, Handels - und Schiffahrtsvertrag zwischen Preußen und den üb- rigen Staaten des Zollvereins und der Argentinischen Konföderation von 1858". *In:* H.-G. Hermann;T. Gutmann (Coord.). *Von den Leges Barbarorum bis zum ius barbarum des Nationalsozialismus. Festschrift für Hermann Nehlsen zum 70. Geburtstag*. Wien: Böhlau, 2008.

_____. "Von der Europäischen Rechtsgeschichte zu einer Rechtsgeschichte Europas in globalhis- torischer Perspektive". *In: Rechtsgeschichte (Rg)* 20, 2012.

_____. "Was ist 'Multinormativität'? Einführende Bemerkungen". *In: Rechtsgeschichte – Legal History Rg 25*, 2017.

_____. "Wie schreibt man eine Geschichte der Globalisierung von Recht?" *In: Juristenzeitung 15/16*, 2020.

DWORKIN, Ronald. *Law's Empire*. Cambridge (Mass.)/London: Harvard University Press, 1986.

_____. *Freedom's Law. The Moral Reading of the American Constitution*. Oxford: Oxford University Press, 1999.

EAGLETON, Terry. *The Ideology of the Aesthetic*. Oxford: Blackwell, 1990.

EHRLICH, Eugen. *Grundlegung der Soziologie des Rechts (Nachdruck 1967)*. 4ª Ed. Berlin: Duncker & Humblot, 1989.

EIFERT, Martin. "Das Netzwerkdurchsetzungsgesetz und Plattformregulierung". *In:* _____. Tobias Gostomzyk (Coord.). *Netzwerkrecht. Die Zukunft des NetzDG und seine Folgen für die Netzwerkkommunikation*. Baden-Baden: Nomos, 2018.

REFERÊNCIAS BIBLIOGRÁFICAS

ENGELMANN, Andreas. *Rechtsgeltung als institutionelles Projekt*. Weilerswist: Velbrück, 2020.

ENGELS, Friedrich. *In:* Karl Marx/ Friedrich Engels Gesamtausgabe (MEGA). Berlin: Akademie- Verlag, 2009.

ERIKSEN, Thomas H. *Tyranny of the Moment. Fast and Slow. Time in the Information Age*. London: Pluto Press, 2001.

ERIKSSON, Maria; FLEISCHER, Rasmus; JOHANSSON, Anna; SNICKARS, Pelle; VONDERAU, Patrick. *Spotify Teardown: Inside the Black Box of Streaming Music*. Cambridge (Mass.): MIT Press, 2019.

ESPOSITO, Elena. *Soziales Vergessen. Formen und Medien des Gedächtnisses der Gesellschaft*. Frankfurt am Main: Suhrkamp, 2002.

EVANS, David S.; HAGIU, Andrei; SCHMALENSEE, Richard. *Invisible Engines: How Software Plat- forms Drive Innovation and Transform Industries*. Cambridge (Mass.): MIT, 2006.

EVANS, David; SCHMALENSEE, Richard. "The Antitrust Analysis of Multi-Sided Platform Busi- nesses". *In:* R. Blair; D. Sokol (Coord.). *Oxford Handbook on International Antitrust Eco- nomics*. Oxford: Oxford University Press, 2013.

EZRACHI, Ariel; STUCKE, Maurice E. *Virtual Competition. The Promise and Perils of the Algorithm- Driven Economy*. Cambridge (Mass.): Harvard University Press, 2016.

EZRACHI, Yaron. *Imagined Democracies. Necessary Political Fictions*. Cambridge: Cambridge University Press, 2012.

FASSBENDER, Bardo. "Heinrich Triepel und die Anfänge der dualistischen Sicht von »Völkerrecht und Landesrecht« im späten 19. Jahrhundert". *In:* Lukas Gschwend *et al.* (Coord.). *Recht im di-gitalen Zeitalter. Festgabe Schweizerischer Juristentag*. St. Gallen: Universität St. Gallen, 2015.

FISCH, Jörg. *Die europäische Expansion und das Völkerrecht. Die Auseinandersetzungen um den Status der überseeischen Gebiete vom 15. Jahrhundert bis zur Gegenwart*. Wiesba-den/Stuttgart: Steiner, 1984.

FISCHER-LESCANO, Andreas. *Globalverfassung. Die Geltungsbegründung der Menschenrechte*. Wei- lerswist: Velbrück Wissenschaft, 2005.

FISCHER-LESCANO, Andreas; TEUBNER, Gunther. *Regime-Kollisionen. Zur Fragmentierung des globa- len Rechts*. Frankfurt am Main: Suhrkamp, 2006.

FISS, Owen. "Free Speech and Social Structure". In: 71 Iowa Law Review, 1986.

_____. "Why the State?" In: 100 Harvard Law Review, 1987.

FLEW, Terry. "The Platformized Internet: Issues for Internet Law and Policy". In: Journal of Internet Law 22/11, 2019.

FLUSSER, Vilém. Medienkultur. 5ª Ed. Frankfurt am Main: Fischer, 2008.

FÖGEN, Marie Theres. Die Enteignung der Wahrsager. Studien zum kaiserlichen Wissensmonopol in der Spätantike. Frankfurt am Main: Verlag, 1997.

_____. Das Lied vom Gesetz. München: Carl-Friedrich-von-Siemens-Stiftung, 2007.

FOREMAN-PECK, James. "The Emergence and Growth of International Organizations". In: R. Tilly; P. J. Welfens (Coord.). Economic Globalization, International Organizations and Crisis Management: Contemporary and Historical Perspectives on Growth, Impact and Evolution of Major Organizations in an Interdependent World. Berlin: Springer, 2000.

FORST, Rainer. Normativität und Macht. Zur Analyse sozialer Rechtfertigungsordnungen. Berlin: Suhrkamp, 2015.

FORSTHOFF, Ernst. Die Krise der Gemeindeverwaltung im heutigen Staat. Berlin: Junker u. Dünn- haupt, 1932.

_____. Der totale Staat. 2ª Ed. Hamburg: Hanseat. Verl.-Anstalt, 1934.

_____. "Von der Aufgabe der Verwaltungsrechtswissenschaft". In: Deutsches Recht 5, 1935.

_____. "Führung und Bürokratie". In: Dt. Adelsblatt, 1935.

_____. Die Verwaltung als Leistungsträger. Stuttgart/Berlin: Kohlhammer, 1938.

_____. Zur Problematik der Verfassungsauslegung. Stuttgart: Kohlhammer, 1961.

_____. "Der introvertierte Staat". In: _____. Rechtsstaat im Wandel. Stuttgart: Kohlhammer, 1963.

_____. "Begriff und Wesen des sozialen Rechtsstaates". In: _____. Rechtsstaat im Wandel. Verfas- sungsrechtliche Abhandlungen 1950-1964. Stuttgart: Kohlhammer, 1964.

_____. "Das politische Problem der Autorität". In: _____. *Rechtsstaat im Wandel. Verfassungs- rechtliche Abhandlungen 1950-1964*. Stuttgart: Kohlhammer, 1964.

_____. "Von der sozialen zur technischen Realisation". In: *Der Staat 9*, 1970.

_____. *Der Staat der Industriegesellschaft. Dargestellt am Beispiel der Bundesrepublik Deutschland*. München: Beck, 1971.

FOUCAULT, Michel. *Ordnung der Dinge. Eine Archäologie der Humanwissenschaften*. Frankfurt am Main: Suhrkamp, 1974.

_____. *Überwachen und Strafen. Die Geburt des Gefängnisses*. Frankfurt am Main: Suhrkamp, 1976.

_____. *Sexualität und Wahrheit. Der Wille zum Wissen I*. Frankfurt am Main: Suhrkamp, 1987.

_____. *Geschichte der Gouvernementalität, Bd. I: Sicherheit, Territorium, Bevölkerung*. Frank- furt am Main: Suhrkamp, 2004.

_____. *Dits et Ecrits. Schriften Bd. 3, 1976-1979*. Frankfurt am Main: Suhrkamp, 2003.

_____. *Dits et Ecrits. Schriften Bd. 4, 1980-1988*. Frankfurt am Main: Suhrkamp, 2005.

_____. *Ästhetik der Existenz. Schriften zur Lebenskunst*. Frankfurt am Main: Suhrkamp, 2007.

FRANCK, J.-U.; PEITZ, M. Market Definition and Market Power in the Platform Economy. *CERRE Report*, 2019.

FRASER, Nancy. "Theorie der Öffentlichkeit. Strukturwandel der Öffentlichkeit (1961)". In: H. Brunk- horst; R. Kreide; C. Lafont (Coord.). Habermas Handbuch, Stuttgart, 2009.

FRIEDEWALD, Michael. "Vom Experimentierfeld zum Massenmedium: Gestaltende Kräfte in der Ent- wicklung des Internets". In: *Technikgeschichte 67*, 2000.

FRIEDRICH, Manfred. "Der Methoden- und Richtungsstreit. Zur Grundlagendiskussion der Weimarer Staatsrechtslehre". In: *AöR 102*, 1977.

FUCHS, Christian. "New Imperialism: Information and Media Imperialism". In: *Global Media and Communication 6/1*, 2010.

FUCHS, Peter. "Die Unbeeindruckbarkeit der Gesellschaft – Ein Essay zur Kritikabilität sozialer Sys- teme". In: A. Fischer-Lescano; M. Amstutz

(Coord.). *Kritische Systemtheorie: Zur Evolu- tion einer normativen Theorie*. Bielefeld: transcript, 2013.

FUNKEN, Christiane. "Der Körper im Internet". *In:* M. Schroer (Coord.). *Soziologie des Körpers*. Frank- furt am Main: Suhrkamp, 2005.

GARCÍA-SALMONES, Rovira, Mónica. *The Project of Positivism in International Law. The History and Theory of International Law*. Oxford: Oxford University Press, 2013.

GAUCHET, Marcel. "De l'avènement de l'individu à la découverte de la société". *In:* Annales, E. pp. C. 3, 1979.

GEERTZ, Clifford. *Local Knowledge. Further Essays in Interpretive Anthropology*. New York: Basic Books, 1983.

GENSCHEL, Philipp; ZANGL, Bernhard. *Die Zerfaserung von Staatlichkeit und die Zentralität des Staates*. TranState Working Papers N. 62, Bremen, 2007.

GELATT, Roland. *The Fabulous Phonograph, 1877-1977*. New York: MacMillan, 1977.

GERALD SPINDLER, "Rechtliche Verantwortlichkeit nach Maßgabe technischer Kontrollmöglichkeiten? Das Beispiel der Verantwortlichkeit von Internet-Providern". *In:* M. Eifert; W. Hoffmann- Riem (Coord.). *Innovation, Recht und öffentliche Kommunikation*. Baden-Baden, 2011.

GESSMANN, Martin. *Zur Zukunft der Hermeneutik*. München: Wilhelm Fink, 2012.

GIESEKE, Ludwig. *Vom Privileg zum Urheberrecht. Die Entwicklung des Urheberrechts in Deutsch- land bis 1845*. Göttingen: Schwartz, 1995.

GIEBMANN, Sebastian. *Netze und Netzwerke. Archäologie einer Kulturtechnik, 1740-1840*. Biele- feld: Transcript, 2006.

_____. *Die Verbundenheit der Dinge. Eine Kulturgeschichte der Netze und Netzwerke*. Berlin: Kulturverlag Kadmos, 2014.

GILLESPIE, Tarleton. "The Politics of Platforms". *In: New Media & Society* 12/3, 2010.

_____. "Governance of and by Platforms". *In:* SAGE Handbook of Social Media, (Coord.). Jean Burgess, Thomas Poell, and Alice Marwick Sage, 2017.

_____. *Custodians of the Internet. Platforms, content moderation and the hidden decisions that shape social media*. New Haven/London: Yale University Press, 2018.

GITELMAN, Lisa (Coord.). *Raw Data is an Oxymoron*. Cambridge (Mass.): MIT, 2013.

GOETHE, Johann Wolfgang von. *Goethes sämtliche Werke, Bd. 39*. Stuttgart und Tübingen: Cotta'scher Verlag, 1854.

GOLDMAN, Eric. "Why Section 230 Is Better than the First Amendment". *In: 95 Notre Dame L. Rev. Reflection 33*, 2019.

GORDLEY, James. *The Philosophical Origins of Modern Contract Doctrine*. Oxford: Clarendon Press, 1991.

GRATTON, Peter. *The State of Sovereignty. Lessons from the Political Fictions of Modernity*. Albany: State University of New York Press, 2012.

GREVE, Jens; HEINTZ, Bettina. "Die Entdeckung der Weltgesellschaft. Entstehung und Grenzen der Weltgesellschaftstheorie". *In: Zeitschrift für Soziologie, Sonderheft "Weltgesellschaft"*, 2005.

GREWE, Wilhelm G. *Epochen der Völkerrechtsgeschichte*. Baden-Baden: Nomos, 1984.

_____. "Peaceful Change". *In:* R. Bernhardt (Coord.). *Max Planck Encyclopedia of Public Interna- tional Law 3*. Oxford: Elsevier, 1997.

GRIMM, Dieter. *Die Zukunft der Verfassung II. Auswirkungen von Europäisierung und Globalisie- rung*. Frankfurt am Main/Berlin: Suhrkamp, 2012.

GRIMM, Dieter; STEINER, Udo. *Kulturauftrag im staatlichen Gemeinwesen. Die Steuerung des Ver- waltungshandelns durch Haushaltsrecht und Haushaltskontrolle – Coord. von der Vereini- gung der Dt. Staatsrechtslehrer*. Berlin/New York: De Gruyter, 1984.

GRIMM, Jacob; GRIMM, Wilhelm (Hrsg). Deutsches Wörterbuch. Leipzig 1854-1961. Quellenver- zeichnis Leipzig 1971. Online-Version vom 05.10.2020.

GRIMMELMANN, James. "The Virtues of Moderation". *In: Yale Journal of Law and Technology 17*, 2015.

GROSS, Raphael. *Carl Schmitt und die Juden. Eine deutsche Rechtslehre*. Frankfurt am Main: Suhr- kamp, 2005.

GROSSHEUTSCHI, Felix. *Carl Schmitt und die Lehre vom Katechon*. Berlin: Duncker & Humblot, 1996.

GUGERLI, David. *Wie die Welt in den Computer kam. Zur Entstehung digitaler Wirklichkeit*. Frank- furt am Main: Fischer, 2018.

GUMBRECHT, Hans-Ulrich. "Modern, Modernität, Moderne". *In:* R. Koselleck; W. Conze; O. Brunner. *Geschichtliche Grundbegriffe. Historisches Wörterbuch zur politisch-sozialen Sprache, Bd. 4*. Stuttgart: Klett Cotta, 1978.

_____. "Rhythmus und Sinn". *In:* GUMBRECHT, Hans-Ulrich; K. L. Pfeiffer (Coord.). *Materialität der Kommunikation*. Frankfurt am Main: Suhrkamp, 1995.

GÜNTHER, Klaus. "Vom Zeitkern des Rechts". *In: Rechtshistorisches Journal 14*, 1995.

_____. "Legal Pluralism or Uniform Concept of Law? Globalisation as a Problem of Legal Theory". *In:* NoFo – Journal of Extreme Legal Positivism, N. 5, April 2008.

HÄBERLE, Peter. Zum Staatsdenken Ernst Forsthoffs. *In:* ZSR 95/I, 1976.

HABERMAS, Jürgen. *Theorie des kommunikativen Handelns, Bd. 2*. Frankfurt am Main: Suhrkamp, 1988.

_____. *Strukturwandel der Öffentlichkeit. Untersuchung zu einer Kategorie der bürgerlichen Gesellschaft*. Frankfurt am Main: Verlag, 1990.

_____. "Was heißt Universalpragmatik". *In:* _____. *Vorstudien und Ergänzungen zur Theorie des kommunikativen Handelns*. Frankfurt am Main: Suhrkamp, 1995.

_____. *Der gespaltene Westen. Kleine politische Schriften X*. Frankfurt am Main: Suhrkamp, 2004.

_____. "The Constitutionalization of International Law and the Legitimation Problems of a Con- stitution of the World Society". *In: Constellations 14/4*, 2008.

_____. "Der demokratische Rechtsstaat – eine paradoxe Verbindung widersprüchlicher Prinzi- pien?" *In:* _____. *Philosophische Texte, Studienausgabe in 5 Bänden, Bd. 4: Politische Theorie*. Frankfurt am Main: Suhrkamp, 2009.

_____. "Über den internen Zusammenhang von Rechtsstaat und Demokratie". *In:* _____. *Philoso- phische Texte. Studienausgabe in 5 Bänden, Bd. 4: Politische Theorie*. Frankfurt am Main: Suhrkamp, 2009.

REFERÊNCIAS BIBLIOGRÁFICAS

HAFNER, Gerhard. Risks Ensuing from Fragmentation of International Law. *In:* Int'l L. Comm'n 143 (2000). Fifty-fifth Session, Supplement N. 10 (A/55/10). Official Records of the General Assembly.

_____. "Pros and Cons Ensuing from Fragmentation of International Law". *In: Mich J Int'l L 25* , 2003.

HANSEN, Klaus; LIETZMANN, Klaus (Coord.). *Carl Schmitt und die Liberalismuskritik.* Opladen: Leske + Budrich, 1988.

HART, Herbert L. A. *The Concept of Law.* Oxford/New York: Clarendon Press, 1997.

HARVEY, David. *The Condition of Postmodernity. An Enquiry into the Origins of Cultural Change.* Malden (Mass.): 2004.

HATHAWAY, Oona A. "Between Power and Principle: An Integrated Theory of International Law". *In: University Chicago Law Review* 72, 2005.

HEGEL, Georg W. F. *Vorlesungen über die Aesthetik, Bd. II.* Berlin: Duncker & Humblot, 1843.

_____. *Vorlesung über die Ästhetik I. in: Werke 13.* Frankfurt am Main: Suhrkamp, 1986.

_____. *Grundlinien der Philosophie des Rechts (1821), Werkausgabe Bd. 7.* Frankfurt am Main, 1970.

_____. *Phänomenologie des Geistes (1807).* Theorie-Werkausgabe (Coord. von Eva Moldenhauer und Karl Markus Michel) Bd. 3. Frankfurt am Main: Suhrkamp, 1970.

HELLER, Hermann. "Die Krise der Staatslehre (1926)". *In:* _____. *Gesammelte Schriften 2: Recht, Staat, Macht –* Coord. *von Christoph Müller.* Tübingen: Mohr, 1971.

HERREN, Madeleine. "Governmental Internationalism and the Beginning of a New World Order in the Late Nineteenth Century". *In:* M. H. Geyer; J. Paulmann (Coord.). *The Mechanics of Inter- nationalism. Culture, Society, and Politics from the 1840s to the First World War.* Oxford: de Gruyter, 2001.

HERREN-OESCH, Madeleine. *Hintertüren zur Macht. Internationalismus und modernisierungsorien- tierte Außenpolitik in Belgien, der Schweiz und den USA 1865-1914.* München: Oldenbourg, 2000.

_____. *Internationale Organisationen seit 1865. Eine Globalgeschichte der internationalen Ord- nung.* Darmstadt: Wiss. Buchgesellschaft 2009.

HESSE, Konrad. *Grundzüge des Verfassungsrechts der Bundesrepublik Deutschland (1966)*. Neu- druck 20, 1999.

HILDEBRANDT, Mireille. *Smart Technologies and the End(s) of Law. Novel Enlargements of Law and Technology*. Cheltenham: Edgar Elgar Publishing, 2015.

HILLGRUBER, Christian. *Die Aufnahme neuer Staaten in die Völkerrechtsgemeinschaft. Das völker- rechtliche Institut der Anerkennung von Neustaaten in der Praxis des 19. und 20. Jahr- hunderts*. Frankfurt am Main: Lang, 1998.

HOBBES, Thomas. *Leviathan*. Oxford University Press, New York, 1996.

HOFFMANN-RIEM, Wolfgang. "Digitale Disruption und Transformation. Herausforderung für das Recht und Rechtswissenschaft". *In*: Martin Eifert (Coord.). *Digitale Disruption und Recht. Work- shop zu Ehren des 80. Geburtstags von Wolfgang Hoffmann-Riem*. Baden-Baden: Nomos, 2020.

HOFMANN, Hasso. "Feindschaft – Grundbegriff des Politischen". *In: Zeitschrift für Politik* 12, 1965.

_____. Legitimität gegen Legalität. Der Weg der politischen Philosophie Carl Schmitts. Berlin 2. Ed. 1992.

HOLMOND, Anne. "The Platformization of the Web: Making Web Data Platform Ready". *In*: Social Media + Society July-December 2015.

HÖLSCHER, Lucian. *Die Entdeckung der Zukunft*. Frankfurt am Main: Fischer, 1999.

HOLZER, Boris. Wie »modern« ist die Weltgesellschaft? Funktionale Differenzierung und ihre Alter- nativen. *In*: Soziale Systeme 13, 2007.

HONT, Istvan. *Jealousy of Trade. International Competition and the Nation-State in Historical Per- spective*. Cambridge (Mass.): Harvard University Press, 2010.

_____. *Politics in Commercial Society. Jean-Jacques Rousseau and Adam Smith*. Cambridge: Harvard University Press, 2015.

HOPT, Klaus J.; TEUBNER, Gunther (Coord.). *Corporate Governance and Director's Liabilities. Legal, Economic and Sociological Analyses on Corporate Social Responsibility*. Berlin: De Gruyter, 1985.

HORWITZ, "Robert B. The First Amendment meets some new technologies". *In*: Theory and Society 20/1, 1991.

REFERÊNCIAS BIBLIOGRÁFICAS

HUECK, Ingo. "Die Gründung völkerrechtlicher Zeitschriften in Deutschland im internationalen Ver- gleich". *In*: M. Stolleis (Coord.). *Juristische Zeitschriften. Die neuen Medien des 18. - 20. Jahrhunderts*. Frankfurt am Main: Klostermann, 1999.

_____. "The Disciple of the History of International Law. New Trends and Methods on the His- tory of International Law". *In: Journal of History of International Law 3*, 2001.

HUSSERL, Gerhart. *Recht und Zeit*. Frankfurt am Main: Klostermann, 1955.

IRIYE, Akira. *Global Community. The Role of International Organization in the Making of the Con- temporary World*. Berkeley: University of California Press, 2004.

ISENSEE, Josef. "Diskussionsbeitrag". *In: VVDStRL 63*, 2004.

JAMESON, Frederic. "Notes on the Nomos". *In: South Atlantic Quarterly, vol. 104/2*, 2005.

JAY, Martin. *The Dialectical Imagination. A History of the Frankfurt School and The Institut of So- cial research. 1923-1950*. London: 1996.

JELLINEK, Georg. *Allgemeine Staatslehre*. Berlin: Häring, 1914.

_____. *Die Lehre von den Staatenverbindungen (1882)*. Aalen: Scientia, 1969.

JELLINGHAUS, Lorenz. *Zwischen Daseinsvorsorge und Infrastruktur. Zum Funktionswandel von Ver- waltungswissenschaften und Verwaltungsrecht in der zweiten Hälfte des 19. Jahrhun- derts (Studien zur europäischen Rechtsgeschichte 202; Recht in der Industriellen Revolution 3)*. Frankfurt am Main: Klostermann, 2006.

JESSUP, Philip C. *Transnational Law*. New Haven: Yale University Press, 1959.

JIN, Dal Yong. "The Construction of Platform Imperialism in the Globalization". *In: Journal for a Global Sustainable Information Society 11/1*, 2013.

JOERGES, Christian. "A New Type of Conflict of Laws as the Legal Paradigm of Postnational Con- stellations". *In*: JOERGES, Christian; J. Falke (Coord.). Karl Polanyi. *Globalization and the Potential of Law in Transnational Markets*. Oxford/Portland: Hart Publishing, 2011.

JUNG, Theo. "Das Neue der Neuzeit ist ihre Zeit. Reinhart Kosellecks Theorie der Verzeitlichung und ihre Kritiker". *In: Moderne. Kulturwissenschaftliches Jahrbuch 6*, 2010-2011.

KAHN, Victoria A. *Wayward Contracts. The Crisis of Political Obligation in England, 1640-1674*. Princeton: Princeton University Press, 2004.

_____. *The Future of Illusion. Political Theology and Early Modern Texts*. Chicago: Chicago University Press, 2014.

KAISER, Josef H. "Konkretes Ordnungsdenken". *In:* H. Quaritsch (Coord.). Complexio Oppositorum.

ÜBER, Carl Schmitt. *Vorträge u. Diskussionsbeitrag d. 28. Sonderseminars 1986 d. Hoch- schule für Verwaltungswissenschaften Speyer*. Berlin: Duncker & Humblot, 1988.

KANT, Immanuel. *Werke in zwölf Bänden*. Frankfurt am Main: Suhrkamp, 1977.

KANTOROWICZ, Ernst H. The King's Two Bo_____. A Study in Mediaeval Political Theory. Princeton : Princeton University Press, 1957.

KAPLAN, Morton. *System and Process in International Politics*. New York: Wiley, 1957.

KASCHUBA, Wolfgang. *Die Überwindung der Distanz. Zeit und Raum in der europäischen Moderne*. Frankfurt am Main: Fischer, 2004

KARAVAS, Vaios. *The Force of Code: Law's Transformation under Information-Technological Con- ditions*, 2009.

KEATS CITRON, Danielle. "Cyber Civil Rights". *In: Boston University Law Review 89*, 2009.

KEENE, Edward. "The Treaty-making Revolution of the Nineteenth Century". *In: The International History Review 34*, 2012.

KEHRBERG, Jan. O. *Die Entwicklung des Elektrizitätsrechts in Deutschland. Der Weg zum Energie- wirtschaftsgesetz von 1935 – Rechtshistorische Reihe 157*. Frankfurt am Main: Lang, 1997.

KELSEN, Hans. *Reine Rechtslehre. Das Problem der Gerechtigkeit (1934)*. Berlin/Wien: Deuticke, 1934, und Wien: Deuticke, 2. vollst. neu bearb. u. erw. Ed. 1960.

_____. *Das Problem der Souveränität und die Theorie des Völkerrechts. Beitrag zu einer Reinen Rechtslehre*. Aalen: Scientia, 2. Ed. 1928, Neudruck 1960.

KEMMERER, Alexandra. "Der normative Knoten. Über Recht und Politik im Netz der Netzwerke". *In: Sigrid Boysen, u.a. (Coord.). Netzwerke. 47. Assistententagung Öffentliches Recht.* Ba den-Baden: Nomos.

KENNEDY, David W. "International Law and the Nineteenth Century. History of an Illusion". *In: Nor- dic Journal of International Law 65,* 1996.

_____. The Move to Institutions". *In: Cardozo Law Rev. 8,* 1987.

KENNEY, William Howland. *Recorded Music in American Life. The Phonograph and Popular Memory, 1890-1945.* New York: Oxford University Press, 1999.

KEOHANE, Robert O. *After Hegemony. Cooperation and Discord in the World Political Economy.* Princeton: Princeton University Press, 1984.

KERSTEN, Jens. "Die Entwicklung des Konzepts der Daseinsvorsorge im Werk von Ernst Forsthoff". *In: Der Staat 44,* 2005.

KERR, Ian; EARLE, Jessica. Prediction, Preemption, Presumption: How Big Data Threatens Big Picture Privacy, 66 STAN. L. REV. ONLINE 65, 2013.

KHAN, Lina. Amazon's Antitrust Paradox. *In:* Yale Law Journal, 126, 2017.

KIESERLING, André. "Makropolitik, Mikropolitik. Politik der Protestbewegungen". *In:* A. Nassehi; M. Schroer (Coord.). *Der Begriff des Politischen* (Soziale Welt, Sonderband 14). Baden-Baden: Nomos, 2003.

KING, James E. "The Origin of the Term Political Economy". *In:* Journal of Modern History 20 , 1948.

KITTLER, Friedrich A. *Aufschreibsysteme. 1800-1900.* München: Fink, 2003.

KLEIMANN, Hans-Otto. "Der atlantische Raum als Problem des europäischen Staatensystems". *In: Jahrbuch für Geschichte Lateinamerikas 38,* 2001.

KLONICK, Kate. The New Governors: The People, Rules, and Processes Governing. Online Speech. *In:* Harvard Law Review 131/6, 2018.

KNEISEL, Sebastian. *Schiedsgerichtsbarkeit in Internationalen Verwaltungsunionen (1874-1914).* Baden-Baden: Nomos, 2009.

KOH, Harold Hongju. International Law as Part of Our Law. *In:* American Journal of International Law 98, 2004.

KOHLER, Josef. Die Idee des geistigen Eigenthums. *In:* Archiv für die Civilistische Praxis 82, 1894.

KOHLRAUSCH, Martin. *Der Monarch im Skandal. Die Logik der Massenmedien und die Transforma- tion der wilhelminischen Monarchie.* Berlin: Akad.-Verl, 2005.

_____. Medienskandale und Monarchie. Die Entwicklung der Massenpresse und die ›große Po- litik‹ im Kaiserreich. *In:* Jörg Requate (Coord.). Das 19. Jahrhundert als Mediengesell- schaft, München: 2009.

KÖNIG, Hans-Joachim. ¿Comercio Libre a cambio de Reconocimiento político? El caso especial de las negociaciones entre la Gran Colobia y las Ciudades Hanseática. *In:* R. Piper/P. Schmidt (Coord.). Latin America and the Atlantic Word. El mundo atlantico y America latina (1500-1850). Essays in honor of Horst Pietschmann. Köln: Böhlau, 2005.

KOPP-OBERSTEBRINK, Herbert. "Umbesetzung". *In:* Weidner, Daniel/ Buch, Robert (Coord.). *Blumenberg lesen. Ein Glossar.* Berlin: Suhrkamp, 2014.

KOSCHORKE, Albrecht. "Die Grenzen des Systems und die Rhetorik der Systemtheorie". *In:* KOSCHORKE, Albrecht; C. Vismann (Coord.). *Widerstände der Systemtheorie. Kulturtheoretische Analysen zum Werk von Niklas Luhmann.* Berlin: Akademie-Verlag, 1999.

KOSCHORKE, Albrecht; LÜDEMANN, Susanne; THOMAS, Frank; MATALA DE MAZZA, Ethel. *Der fiktive Staat. Konstruktionen des politischen Körpers in der Geschichte Europas.* Frankfurt am Main: Fischer, 2007.

KOSELLECK, Reinhart. "Art. Bund, Bündnisse, Föderalismus, Bundesstaat". *In:* KOSELLECK, Reinhart; W. Conze; O. Brunner. *Geschichtliche Grundbegriffe. Historisches Wörterbuch zur politisch-sozialen Sprache,* Bd. I. Stuttgart: Klett-Cotta, 1972.

_____. *Vergangene Zukunft. Zur Semantik geschichtlicher Zeiten.* Frankfurt am Main: Suhr- kamp, 1989.

_____. "Wie neu ist die Neuzeit?". *In:* _____. *Zeitgeschichten. Studien zur Historik.* Frankfurt am Main: Suhrkamp, 2000.

KOSKENNIEMI, Martti. *The Gentle Civilizer of Nations. The Rise and Fall of International Law 1870-1960.* Cambridge: Cambridge University Press, 2001.

_____. *From Apology to Utopia. The Structure of International Legal Argument*. Cambridge: Cambridge University Press, 2006.

_____. International Law as Political Theology. How to Read Nomos der Erde?. *In:* Constella- tions 11/4, 2006.

_____. *The Politics of International Law*. Oxford: Hart Publishing, 2011.

_____. "Ius Gentium and the Birth of Modernity". *In:* L. Nuzzo; M. Vec (Coord.). *Constructing In- ternational Law. The Birth of a Discipline*. Frankfurt am Main: Klostermann, 2012.

_____. Carl Schmitt and International Law. *In:* J. Meierhenrich/O. Simons (Coord.). The Oxford Handbook of Carl Schmitt. Oxford Handbooks Online (April 2015).

KOSKENNIEMI, Martti; LEINO, Päivi. Fragmentation of International Law. Postmodern Anxieties?. *In:* Leiden Journal of International Law 15, 2002.

KOSKENNIEMI, Martti; ORFORD, Anne. "We do not need to always look to Westphalia ...". A Conver- sation with Martti Koskenniemi and Anne Orford. *In: Journal of the History of Interna- tional Law 7*, 2015.

KOSSEFF, Jeff. *The Twenty-Six Words That Created the Internet*. London: Cornell University Press, 2019.

KRAJEWSKI, Markus. ZettelWirtschaft. *Die Geburt der Kartei aus dem Geiste der Bibliothek*. Berlin: Kulturverlag Kadmos, 2002.

KRACAUER, Siegfried. "Kult der Zerstreuung". *In:* _____. *Das Ornament der Masse*. Frankfurt am Main: Suhrkamp, 1977.

KRICH, Nico. *Beyond Constitutionalism: The Pluralist Structure of Post-national Law*. Oxford: Oxford University Press, 2010.

KÜPPER, Martin. "Quentin Meillassoux' Denklandschaft des spekulativen Materialismus". *In: Vor- schein* (Jahrbuch der Ernst-Bloch-Assoziation – Coord. von Doris Zeilinger), 34, 2017.

KUCZERAWY, Aleksandra. *Intermediary Liability and Freedom of Expression in the EU: From Con- cepts to Safeguards*. Cambridge: Intersentia, 2018.

LADEUR, Karl-Heinz. "Von der Verwaltungshierarchie zum administra-tiven Netzwerk?" *In: Die Ver- waltung 26*, 1993.

_____. *Postmoderne Rechtstheorie. Selbstreferenz – Selbstorganisation – Prozeduralisierung*. Berlin: Duncker & Humblot, 1995.

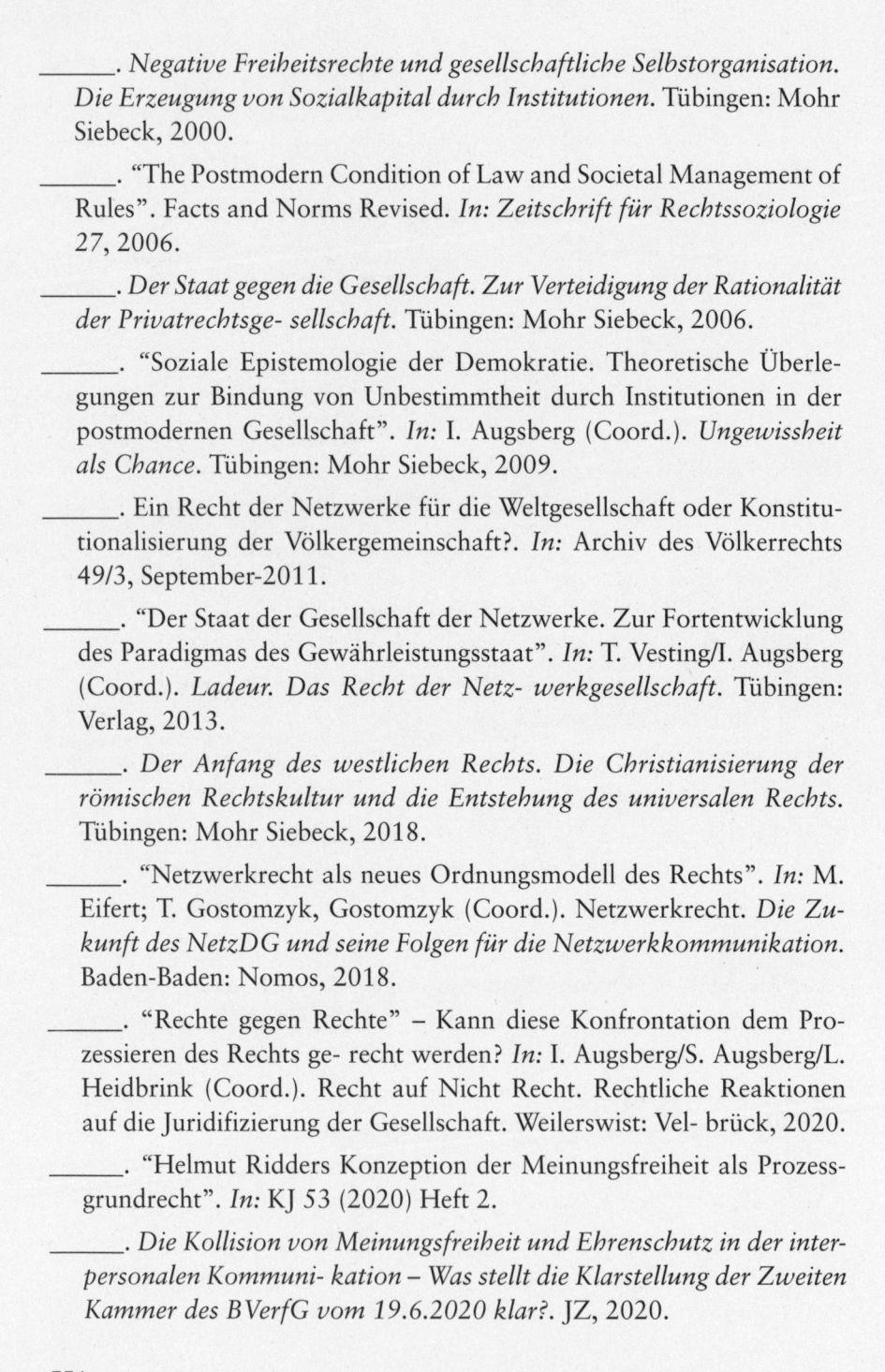

_____. *Negative Freiheitsrechte und gesellschaftliche Selbstorganisation. Die Erzeugung von Sozialkapital durch Institutionen.* Tübingen: Mohr Siebeck, 2000.

_____. "The Postmodern Condition of Law and Societal Management of Rules". Facts and Norms Revised. *In: Zeitschrift für Rechtssoziologie* 27, 2006.

_____. *Der Staat gegen die Gesellschaft. Zur Verteidigung der Rationalität der Privatrechtsge- sellschaft.* Tübingen: Mohr Siebeck, 2006.

_____. "Soziale Epistemologie der Demokratie. Theoretische Überlegungen zur Bindung von Unbestimmtheit durch Institutionen in der postmodernen Gesellschaft". *In:* I. Augsberg (Coord.). *Ungewissheit als Chance.* Tübingen: Mohr Siebeck, 2009.

_____. Ein Recht der Netzwerke für die Weltgesellschaft oder Konstitutionalisierung der Völkergemeinschaft?. *In:* Archiv des Völkerrechts 49/3, September-2011.

_____. "Der Staat der Gesellschaft der Netzwerke. Zur Fortentwicklung des Paradigmas des Gewährleistungsstaat". *In:* T. Vesting/I. Augsberg (Coord.). *Ladeur. Das Recht der Netz- werkgesellschaft.* Tübingen: Verlag, 2013.

_____. *Der Anfang des westlichen Rechts. Die Christianisierung der römischen Rechtskultur und die Entstehung des universalen Rechts.* Tübingen: Mohr Siebeck, 2018.

_____. "Netzwerkrecht als neues Ordnungsmodell des Rechts". *In:* M. Eifert; T. Gostomzyk, Gostomzyk (Coord.). Netzwerkrecht. *Die Zukunft des NetzDG und seine Folgen für die Netzwerkkommunikation.* Baden-Baden: Nomos, 2018.

_____. "Rechte gegen Rechte" – Kann diese Konfrontation dem Prozessieren des Rechts ge- recht werden? *In:* I. Augsberg/S. Augsberg/L. Heidbrink (Coord.). Recht auf Nicht Recht. Rechtliche Reaktionen auf die Juridifizierung der Gesellschaft. Weilerswist: Vel- brück, 2020.

_____. "Helmut Ridders Konzeption der Meinungsfreiheit als Prozessgrundrecht". *In:* KJ 53 (2020) Heft 2.

_____. *Die Kollision von Meinungsfreiheit und Ehrenschutz in der interpersonalen Kommuni- kation – Was stellt die Klarstellung der Zweiten Kammer des BVerfG vom 19.6.2020 klar?.* JZ, 2020.

REFERÊNCIAS BIBLIOGRÁFICAS

LADEUR, Karl-Heinz; AUGSBERG, Ino. *Die Funktion der Menschenwürde im Verfassungsstaat. Human- genetik, Neurowissenschaft, Medien.* Tübingen: Mohr Siebeck, 2008.

LADEUR, Karl-Heinz; GOSTOMZYK, Tobias. "Das Medienrecht und die Herausforderung der technolo- gischen Hybridisierung". *In: Kommunikation und Recht,* 2018.

LADEUR, Karl-Heinz; VESTING, Thomas. "Geistiges Eigentum im Netzwerk – Anforderungen und Ent- wicklungslinien". *In:* M. Eifert/W. Hoffmann-Riem (Coord.). *Geistiges Eigentum und In- novation. Innovation und Recht I.* Berlin: Duncker & Humblot, 2018.

LADEUR, Karl-Heinz; VIELLECHNER, Lars. *Die transnationale Expansion staatlicher Grundrechte.* Zur Konstitutionalisierung globaler Privatrechtsregimes, Archiv des Völkerrechts 46, 2008.

LANDWEHR, Achim. *Geburt der Gegenwart. Eine Geschichte der Zeit im 17. Jahrhundert.* Frankfurt am Main: Fischer, 2014.

LARENZ, Karl. *Das Problem der Rechtsgeltung.* Berlin: Junker & Dünnhaupt, 1929.

LATOUR, Bruno. "From Realpolitik to Dingpolitik or How to Make Things Public". *In:* LATOUR, Bruno; P. Weibel (Coord.). *Making Things Public. Atmospheres of Democracy.* Karlsruhe: Zentrum für Kunst und Medientechnologie, 2005.

_____. *Wir sind nie modern gewesen. Versuch einer symmetrischen Anthropologie.* Frankfurt am Main: Suhrkamp, 2008.

LAWRENCE, Thomas J. *Principles of International Law.* Boston: D.C. Heath, 1900.

LEGG, Stephen. "Interwar Spatial Chaos? Imperialism, Internationalism and the League of Nations". *In:* _____. (Coord.). *Spatiality, Sovereignty, and Carl Schmitt. Geographies of the Nomos.* London/New York: Routledge, 2011.

LE GOFF, Jacques. "Zeit der Kirche und Zeit des Händlers im Mittelalter". *In:* C. Honegger; M. Bloch; F. Braudel; L. Febvre u.a. (Coord.). *Schrift und Materie der Geschichte. Vorschläge zur systematischen Aneignung historischer Prozesse.* Frankfurt am Main: Suhrkamp, 1977.

LE GOFF, Pierrick. "Global Law: A Legal Phenomenon Emerging from the Process of Globalization". *In:* Indiana Journal of Global Legal Studies 14, 2007.

LEIBFRIED, Stephan; ZÜRN, Michael. "Reconfiguring the national constellation". In: _____. (Coord.). *Transformation of the State?* Cambridge: Cambridge University Press, 2005.

LEISTNER, Matthias; HANSEN, Gerd. "Die Begründung des Urheberrechts im digitalen Zeitalter – Ver- such einer Zusammenführung von individualistischen und utilitaristischen Rechtferti- gungsbemühungen". In: *Gewerblicher Rechtsschutz und Urheberrecht*, 2006.

LEMAHIEU, Daniel L. *A Culture for Democracy: Mass Communication and the Cultivated Mind in Britain between the Wars*. Oxford: Clarendon Press, 1988.

LEMKE, Thomas. *Gouvernementalität und Biopolitik*. Wiesbaden: Verl. für Sozialwiss, 2006.

LEPENIES, Wolf. *Das Ende der Naturgeschichte. Wandel kultureller Selbstverständlichkeiten in den Wissenschaften des 18. und 19. Jahrhunderts*. München: Hanser, 1976.

LEPORE, Jill. "We have got the Internet. [. . .] We have got talk radio. We have got social media. We've got the ability to go directly around, and directly to the people". In: The New Yorker, 22. Februar, 2016.

_____. *If Then? How the Simulmatics Corporation Invented the Future*. New York: Norton & Company, 2020.

LESAFFER, Randall. "The Grotian Tradition Revisited: Change and Continuity in the History of Inter- national Law". In: *BYIL 73*, 2002.

LAWRENCE, Lessig. *Code and Other Laws of Cyberspace*. New York; Basic Books, 1999.

_____. *Code: Version 2.0*. New York: Basic Books, 2006.

LEVI, Lili. The Four Eras of FCC Public Interest Regulation, Admin. L. Rev. 60, 2008.

LEVINSON, Brett. "The Coming Nomos; or, the Decline of Other Orders in Schmitt". In: *The South At- lantic Quarterly 104/2*, 2005.

LIEBS, Detlef. *Lateinische Rechtsregeln und Rechtssprichwörter*. 7ª Ed. München: Beck, 2007.

LÖHR, Isabella. *Die Globalisierung geistiger Eigentumsrechte. Neue Strukturen internationaler Zu- sammenarbeit 1886-1952 – Kritische Studien zur Geschichtswissenschaft 195*. Göttin-gen: Vandenhoeck & Ruprecht, 2010.

REFERÊNCIAS BIBLIOGRÁFICAS

LOMFELD, Bertram (Coord.). *Die Fälle der Gesellschaft: eine neue Praxis soziologischer Jurisprudenz*. Tübingen: Mohr Siebeck, 2017.

LOWE, Donald M. *History of Bourgeois Perception*. Chicago: University of Chicago Press, 1982

LÖWITH, Karl. "Der okkasionelle Dezisionismus von C. Schmitt (1935)". *In:* _____. Sämtliche Schrif- ten, Bd. 8: Heidegger – Denker in dürftiger Zeit. Zur Stellung der Philosophie im 20. Jahrhundert. Stuttgart: J.B. Metzler, 1984.

LOWRIE, Michèle. Sovereignty before the Law. Agamben and the Roman Republic. *In:* Law and Hu- manities 1, 2017.

LUHMANN, Niklas. *Vertrauen. Ein Mechanismus der Reduktion sozialer Komplexität*. Stuttgart: Enke, 1968.

_____. "Moderne Systemtheorien als Form gesamtgesellschaftlicher Analyse". *In:* J. Haber- mas; LUHMANN, Niklas. (Coord.). *Theorie der Gesellschaft oder Sozialtechnologie: Was leistet die Sys- temforschung*. Frankfurt am Main: Suhrkamp, 1971.

_____. *Rechtssoziologie, Bd. 2*. Reinbek bei Hamburg: Rowohlt, 1972.

_____. Politische Verfassungen im Kontext des Gesellschaftssystems. Teil 1. *In:* Der Staat 1 (1973); Teil 2. *In:* Der Staat 2 (1973).

_____. Selbst-Thematisierungen des Gesellschaftssystems. Über die Ka- tegorie der Reflexion aus Sicht der Systemtheorie. *In:* Zeitschrift für Soziologie 2/1, 1973.

_____. "Gesellschaftliche Struktur und semantische Tradition". *In:* _____. *Gesellschaftsstruktur und Semantik. Studien zur Wissenssoziologie der modernen Gesellschaft, Band 1*. Frankfurt am Main: Suhrkamp, 1980.

_____. World Society as a Social System. *In:* F. R. Geyer/ J. v. d. Zouwen (Coord.). Dependence and Inequality. A Systems Approach to the Pro- blems of Mexico and Other Developing Countries. Oxford: Pergamon Press, 1982.

_____. *Soziale Systeme*. Frankfurt am Main: Suhrkamp, 1984.

_____. *Rechtssoziologie*. 3ª Ed. Opladen: Westdeutscher Verlag, 1987.

_____. Verfassung als evolutionäre Errungenschaft. *In:* Rechtshistorisches Journal 9, 1990.

_____. *Paradigm lost. Über die ethische Reflexion der Moral – Rede anlässlich der Verleihung des Hegel-Preises 1989*. Frankfurt am Main: Suhrkamp, 1990.

_____. *Das Recht der Gesellschaft*. Frankfurt am Main: Suhrkamp, 1993.

_____. 'Quod omnes tangit...'. Anmerkungen zur Rechtstheorie von Jürgen Habermas. *In:* Rechtshistorisches Journal 12, 1993.

_____. Staat und Staatsräson im Übergang von traditioneller Herrschaft zu moderner Politik. *In:* _____. Gesellschaftsstruktur und Semantik. Frankfurt am Main: Suhrkamp, 1993.

_____. *Die Wirtschaft der Gesellschaft*. Frankfurt am Main: Suhrkamp, 1994.

_____. Inklusion und Exklusion. *In:* H. Berding (Coord.). Nationales Bewusstsein und kollektive Identität. Studien zur Entwicklung des kollektiven Bewußtseins in der Neuzeit 2. Frankfurt am Main: Suhrkamp, 1994.

_____. *Die Realität der Massenmedien*. Wiesbaden: VS Verlag für Sozialwissenschaften, 1996.

_____. *Die Gesellschaft der Gesellschaft*, 2 Bde. Frankfurt am Main: Suhrkamp, 1997.

_____. Globalization or World Society. How to Conceive of Modern Society?. *In:* International Review of Sociology 7/1, 1997.

_____. Positivität des Rechts als Voraussetzung einer modernen Gesellschaft. *In:* _____. Ausdif- ferenzierung des Rechts. Beiträge zur Rechtssoziologie und Rechtstheorie. Frankfurt am Main: Suhrkamp. 1999.

_____. *Grundrechte als Institution: Ein Beitrag zur politischen Soziologie*. Berlin: Duncker & Humblot, 3. Auf, 1999.

_____. Die Rückgabe des zwölften Kamels: Zum Sinn einer soziologischen Analyse des Rechts. *In:* Zeitschrift für Rechtssoziologie 21, 2000.

_____. *Die Politik der Gesellschaft*. Frankfurt am Main: Suhrkamp, 2002.

_____. *Soziologie des Risikos*. Berlin: de Gruyter, 2003.

_____. "Die Weltgesellschaft". *In:* _____. *Soziologische Aufklärung 2: Aufsätze zur Theorie der Gesellschaft*. Wiesbaden: Verlag für Sozialwissenschaften. 5ª Ed, 2005.

_____. Weltzeit und Systemgeschichte, ebd.

_____. *Die Wissenschaft der Gesellschaft*. 7ª Ed. Frankfurt am Main: Suhrkamp, 2015.

_____. *Systemtheorie der Gesellschaft*. Berlin: Suhrkamp, 2017.

MACALISTER-SMITH, Peter; SCHWIETZKE, Joachim. Bibliography of the Textbooks and Comprehensive Treatises on Positive International Law of the 19th Century. *In*: Journal of the History of International Law 3, 2001.

MACHLUP, Fritz. *The Political Economy of Monopoly. Business, Labor and Government Policies*. Baltimore: John Hopkins Press, 1952.

_____. *The Production and Distribution of Knowledge in the United States*. Princeton: Princeton University Press, 1962.

MACKINNON, Rebecca; HICKOK, Elonnai; BAR, Allon; LIM, Hae-in. Fostering Freedom Online: The Roles, challenges and obstacles of internet intermediaries. United Nations Educational 2014.

MAHONEY, Michael. "The Histories of Computing(s)". *In: Interdisciplinary Science Reviews 30*, 2005.

_____. *The Histories of Computing*. Cambridge: Harvard University Press, 2011.

MANGONE, Gerard J. *A Short History of International Organization*. New York: McGraw-Hill, 1954.

MANOW, Philip. Die Menschwerdung des Menschen unter dem Leviathan. *In*: _____. *Politische Ur- sprungsphantasien: der Leviathan und sein Erbe*. Konstanz: Konstanz University Press, 2011.

MARTINEAU, Anne-Charlotte. "The Rhetoric of Fragmentation: Fear and Faith in International Law". *In: Leiden Journal of International Law 22*, 2009.

MARTUS, Steffen. *Aufklärung. Das Deutsche 18. Jahrhundert. Ein Epochenbild*. Berlin: Rowohlt, 2015.

MARX, Karl. *Grundrisse der Kritik der politischen Ökonomie (1857-58)*. Berlin: Dietz, 1953.

MARX, Karl; ENGELS, Friedrich. *Gesamtausgabe (MEGA) – Coord. von der internationalen Marx-En- gels-Stiftung Amsterdam*. Berlin: Akademie Verlag, 2000.

MAYER-SCHÖNBERGER, Viktor. *Big Data: a Revolution that will transform how we live, work and think*. Boston: Houghton Mifflin Harcourt, 2013.

MAYNTZ, Renate. "Die Handlungsfähigkeit des Nationalstaats in Zeiten der Globalisierung". *In*: L. Heidbrink; A. Hirsch (Coord.). *Staat ohne Verantwortung? Zum Wandel der Aufgaben von Staat und Politik*. Frankfurt am Main: Campus, 2007.

MBEMBE, Achille. *Critique de la raison nègre*. Paris: Édition la Découverte, 2013.

MCNEILL, John B.; MCNEILL, William H. *The Human Web. A Birds-Eye View of World History*. New York: Norton, 2003.

MEHRING, Reinhard. "Politische Ethik in Max Webers Politik als Beruf und Carl Schmitts Der Be- griff des Politischen". *In*: Politische Vierteljahreszeitschrift 31/4, 1990.

MEILLASSOUX, Quentin. *After Finitude. An Essay on the Necessity of Contingency*. London: Conti- nuum, 2008.

MEINERS, Johannes. *Rechtsnormen und Rationalität. Zum Problem der Rechtsgeltung bei Hans Kelsen, Jürgen Habermas und Niklas Luhmann*. Berlin: Duncker & Humblot, 2015.

MEUTER, Günter. *Der Katechon. Zu Carl Schmitts fundamentalistischer Kritik der Zeit*. Berlin: Duncker & Humblot, 1994.

MEYER, Stephan. *Juristische Geltung als Verbindlichkeit*. Tübingen: Mohr Siebeck, 2011.

MIGNOLO, Walter D. *The Darker Side of Western Modernity. Global futures, decolonial options*. Durham (N.C.)/London: Duke University Press, 2001.

MITCHELL, Dean M. "A Political Mythology of World Order. Carl Schmitt's Nomos". *In: Theory, Cul- ture & Society* 23, 2006.

MÖLLERS, Christoph. "Der Methodenstreit als politischer Generationenkonflikt. Ein Angebot zur Deu- tung der Weimarer Staatsrechtslehre". *In: Der STAAT 43/3*, 2004.

_____. "Netzwerk als Kategorie des Organisationsrechts. Zur juristischen Beschreibung dezent- raler Steuerung". *In:* Janbernd Oebbecke (Coord.). *Nicht-Normative Steuerung in dezentra- len Systemen*. Stuttgart: 2005.

_____. *Die Möglichkeit der Normen. Über eine Praxis jenseits von Moralität und Kausalität*. Berlin: Suhrkamp, 2015.

MORETTI, Franco. "Balzac's Novels and Urban Personality". *In:* _____. Signs Taken for Won_____. *On the Sociology of Literary Forms*. London/New York: Verso, 1983.

_____. *The Bourgeois. Between History and literature*. London/New York: Verso, 2014.

MOSSNER, Ernest C. "Hume's Early Memoranda, 1729–1740: The Complete Text". *In:* Journal of the History of Ideas 9/4, 1948.

MOTTA, Massimo; PEITZ, Martin. Intervention Triggers and Underlying Theories of Harm. In: *Market Investigations*: A New Competition Tool for Europe?. Cambrigde University Press, 2022.

MOTSCHENBACHER, Alfons. *Katechon oder Großinquisitor? Eine Studie zu Inhalt und Struktur der Po- litischen Theologie Carl Schmitts.* Marburg: Tectum-Verl., 2000.

MOUFFE, Chantal. "Carl Schmitt and the Paradox of Liberal Democracy ". *In:* _____. *The Challenge of Carl Schmitt*. London/New York: Verso, 1999.

_____. "Deliberative Democracy or Agonistic Pluralism?" *In: Social Research* 66/3, 1999.

_____. *The Democratic Paradox*. London/New York: Verso, 2000.

_____. *Über das Politische. Wider die kosmopolitische Illusion.* Frankfurt am Main: Suhrkamp, 2007.

MÜLLER, Jan-Werner. *A Dangerous Mind. Carl Schmitt in Post-war European Thought.* New Ha- ven/London: Yale University Press, 2003.

MURPHY, Craig N. *International Organization and Industrial Change. Global Governance since 1850.* Cambridge: Polity Press, 1994.

MUßGNUG, Dorothee; MUßGUNUG, Reinhard; REINSTAHL, Angela (Coord.). *Briefwechsel Ernst Forsthoff Carl Schmitt (1926-1974)*. Berlin: 2007.

MYERS WEST, Sarah. "Data Capitalism: Redefining the Logics of Surveillance and Privacy". *In: Busi- ness & Society 58/1*, 2019.

NEDERMAN, Cary; BOGIARIS, Guillaume. "Niccolò Machiavelli". *In:* Daniel M. Robinson; Chad Meister; Charles Taliaferro (Coord.). *The History of Evil in the Early Modern Age: 1450-1700 CE.* London, 2018.

NIJAN, Janne E. *The Concept of International Legal Personality. An Inquiry into the History and Theory of International Law.* Den Haag: Asser Press, 2004.

NUSSBAUM, Arthur. "Lorenz von Stein on International Law and International Administration". *In:* GERWIG, Max; SIMONIUS, August

(Coord.). *Festschrift Hans Lewald (S. 555-560)*. Basel: Helbing & Lichtenhahn, 1953.

_____. *Geschichte des Völkerrechts – in gedrängter Darstellung*. München: Beck, 1960.

NUZZO, Luigi. "Un modo senza nemici. La costruzione del diritto internazionale e la negazione delle differenze". *In: Quaderni Fiorentini* 39, 2009.

_____. "Das Nationalitätsprinzip: der italienische Weg zum Völkerrecht". *In*: Dauchy; M. Vec (Coord.). *Les conflits entre peuples. De la résolution libre à la résolution imposée*. Baden- Baden: Nomos, 2011.

NUZZO, Luigi; VEC, Miloš (Coord.). *Constructing International Law – The Birth of a Discipline*. Frankfurt am Main: Klostermann, 2012.

OGLE, Vanessa. *The Global Transformation of Time: 1870-1950*. Cambridge (Mass.): Harvard University Press, 2015.

OSSEMBÜHL, Fritz. *Die Not des Gesetzgebers im naturwissenschaftlich--technischen Zeitalter*. Wies- baden: Westdt. Verlag, 2000.

OSTERHAMMEL, Jürgen. *Die Verwandlung der Welt. Eine Geschichte des 19. Jahrhunderts*. München: Beck, 2009.

_____. "Höherer Wahnsinn. Universalhistorische Denkstile im 20. Jahrhundert". *In*: _____. *Ge- schichtswissenschaft jenseits des Nationalstaats. Studien zu Beziehungsgeschichte und Zivilisationsvergleich*. Göttingen: Vandenhoeck und Ruprecht, 2001.

OSTERHAMMEL, Jürgen; Peterson, Niels P. *Geschichte der Globalisierung. Dimensionen, Prozesse, Epochen*. München: Beck, 2003.

PARKER, Geoffrey; VAN ALSTYNE, Marshall W.; CHOUDARY, Sangeet Paul. *Platform Revolution: How Networked Markets are Transforming the Economy – and How to Make them Work for you*. New York: W.W. Norton & Company, 2016.

PARSONS, Talcott, Societies. Evolutionary and Comparative Perspectives. Englewood-Cliffs (N.J.): Prentice-Hall, 1966.

_____. "Polarization of the World and International Order". *In*: _____. *Sociological Theory and Modern Society*. New York: Free Press, 1967.

_____. "Order and Community in the International Social System".

In: _____. *Politics and Social Structure*. New York: Free Press, 1969.

_____. *The Systems of Modern Societies.* Englewood-Cliffs (N.J.): Prentice Hall, 1971.

PARSONS, Talcott; ACKERMANN, Charles. "The Concept of Social System as a Theoretical Device". *In:* G. J. DiRenzo (Coord.). *Concepts, Theory and Explanation in the Behavioral Sciences.* New York: Random House, 1966.

PASQUINELLI, Matteo. "Was ein Dispositiv nicht ist: Archäologie der Norm bei Foucault, Canguilhem und Goldstein". *In:* L. Aggermann; G. Döcker; G. Siegmund (Coord.). *Theater als Disposi- tiv. Dysfunktion, Fiktion und Wissen in der Ordnung der Aufführung.* Frankfurt am Main: Peter Lang, 2017.

PAULUS, Andreas. "Fragmentierung und Segmentierung der internationalen Ordnung als Herausforde- rung prozeduraler Gemeinwohlorientierung". *In:* H. M. Heinig; J. P. Terhechte (Coord.). *Postnationale Demokratie, Postdemokratie, Neoetatismus. Wandel klassischer Demokra- tievorstellungen in der Rechtswissenschaft.* Tübingen: Mohr Siebeck, 2013.

PAULY, Walter. "Hegel und die Frage nach dem Staat". *In: Der Staat 39*, 2000.

PECZENIK, Aleksander. *The Concept Valid Law.* Stockholm: Almquist & Wiksell, 1972.

PERROW, Charles. "A Society of Organizations". *In:* M. Haller; H.J. Hoffmann-Nowotny; W. Zapf (Coord.). *Kultur und Gesellschaft: Verhandlungen des 24. Deutschen Soziologentags, des 11. Österreichischen Soziologentags und des 8. Kongresses der Schweizerischen Gesell- schaft für Soziologie in Zürich 1988.* Frankfurt am Main: Campus Verlag, 1989.

PETERS, Anne. *Compensatory Constitutionalism. The Function and Potential of Fundamental International Norms and Structures.* LJIL 19, 2006.

_____. *Rechtsordnung und Konstitutionalisierung: Zur Neubestimmung der Verhältnisse.* ZöR 65, 2010.

_____. "Fragmentation and Constitutionalization". *In: The Oxford Handbook of the Theory of In- ternational Law.* Oxford/New York: Oxford University Press, 2016.

_____. *The Refinement of International Law: From Fragmentation to Regime Interaction and Politicization.* I•CON 15/3, 2017.

PETERS, Anne; PETER, Simone. "International Organizations: Between Technocracy and Democracy". *In:* B. Fassbender; A. Peters (Coord.). *The Oxford Handbook of the History of Interna- tional Law.* Oxford: Oxford University Press, 2012.

PETERSON, Niels P. "Das Kaiserreich in Prozessen ökonomischer Globalisierung". *In:* Conrad; J. Os- terhammel. *Das Kaiserreich transnational. Deutschland in der Welt 1871-1914.* Göttin- gen: Vandenhoeck & Rupprecht, 2004.

PETIT, Carlos. *Historia del Derecho Mercantil.* Madrid: Marcial Pons, 2016.

PEUKERT, Alexander. "Immaterialgüterrecht und Entwicklung". *In:* Philipp Dann; Stefan Kadelbach/Markus Kaltenborn (Coord.). *Entwicklung und Recht. Eine systematische Einfüh- rung.* Baden-Baden: Nomos, 2014.

_____. "Die Herausbildung der normativen Ordnung geistiges Eigentum". Diskurstheoretische und andere Erklärungsansätze". *In:* Rainer Forst; Klaus Günther (Coord.). *Theorien norma- tiver Ordnungen.* Berlin: Suhrkamp, i. E.

POCOCK, John G. A. *The Machiavellian Moment. Florentine political thought and the Atlantic re- publican tradition.* Princeton: Princeton University Press, 1975.

POSNER, Richard. *Economic Analysis of Law.* 8ª Ed. Aspen: 2011.

POUNDS, Norman J. *Hearth & Home. A History of Material Culture.* Bloomington: Indiana Univer- sity Press, 1989.

POWELL, Walter. "Neither Market Nor Hierarchy". *In: Research in Organizational Behavior.* vol. 12, 1990.

PRAZNIAK, Roxann. "Is World History Possible? An Inquiry". *In:* V. Bahl (Coord.). *History After the Three Worlds: Post-Eurocentric Historiographies.* Boulder: Rowman & Littlefield, 2000.

RAO, Pemmaraju S. "Multiple International Judicial Forums: A Refection of the Growing Strength of International Law or its Fragmentation". *In: Mich J Int'l L 25,* 2004.

RASCH, William. *Human Rights as Geopolitics. Carl Schmitt and the Legal Form of American Su- premacy. In: Cultural Critique 54,* 2003.

REDEPENNING, Marc; WILHELM, Jan L. "Raumforschung mit luhmannscher Systemtheorie". *In:* J. Oßenbrügge; A. Vogelpohl (Coord.). *Theorien in der Raum- und Stadtforschung.* Müns- ter: Westfälisches Dampfboot, 2014.

REHBINDER, Manfred. *Die Begründung der Rechtssoziologie durch Eugen Ehrlich*. 2ª Ed. Berlin: Duncker & Humblot, 1986.

REUVER, Mark de ; Sørensen, Carsten; Basole, Rahul C. "The Digital Platform: A Research Agenda". *In: Journal of Information Technology 33/2*, 2018.

RHEINBERGER, Hans-Jörg. *Historische Epistemologie zur Einführung*. Hamburg: Junius, 2007.

RICHTER, Bodo. *Völkerrecht, Außenpolitik und internationale Verwaltung bei Lorenz von Stein,*.Hamburg: Heitmann, 1973.

RIDDER, Helmut. "Schmittiana (II)". *In: Neue Politische Literatur 12*, 1967.

RILES, Annelise. "Aspiration and Control. International Legal Rhetoric and the Essentialization of Culture". *In: Harvard Law Review 106*, 1993.

RIKEYi, Patrick *Leibniz' Universal Jurisprudence. Justice as the Charity of the Wise*. Cambridge (Mass.): Harvard University Press, 1996.

_____. Introduction. *In*: _____. *Leibniz: Political Writings*. Cambridge: Cambridge University Press, 2. Ed. 1988.

RIORDAN, Jaani. *The Liability of Internet Intermediaries*. Oxford: Oxford University Press, 2016.

RITTER, Joachim. *Hegel und die Französische Revolution*. Köln/Opladen: Westdeutscher Verlag, 1957.

ROCHET, Jean C.; TIROLE, Jean. "Platform Competition in Two-Sided Markets". *In: Journal of the Euro- pean Economic Association 1/4*, 2003.

_____. "Two-Sided Markets: A Progress Report". *In: RAND Journal of Economics 35*, 2006.

RÖHL, Klaus F. *Allgemeine Rechtslehre*. München/Köln: Heymann, 1995.

RÖHL, Klaus F.; MACHURA, Stefan. "100 Jahre Rechtssoziologie: Eugen Ehrlichs Rechtspluralismus heute". *In: JZ 23*, 2013.

RONCAGLIA, Alessandro. *Petty: The Origins of Political Economy Armonk*. New York: M. E. Sharpe Inc, 1985.

ROSA, Hartmut. *"Beschleunigung". Die Veränderung der Zeitstrukturen der Moderne*. Frankfurt am Main: Suhrkamp, 2005.

ROSEN, Lawrence. *Law as Culture. An Invitation*. New York: Princeton University Press, 2006.

ROSS, Alf. *Theorie der Rechtsquellen. Ein Beitrag zur Theorie des positiven Rechts auf Grundlage dogmenhistorischer Untersuchungen*. Leipzig und Wien: F. Deuticke, 1929.

ROßNAGEL, Alexander; LÖBER, Lena Isabell. "Kennzeichnung von Social Bots – Transparenzpflichten zum Schutz integrer Kommunikation". *In: Multimedia und Recht (MMR) 21/8*, 2019.

ROTTLEUTHNER, Hubert. "Biological Metaphors in Legal Thought". *In:* G. Teubner (Coord.). *Autopoietic Law. A New Approach to Law and Society*. Berlin: de Gruyter, 1987.

ROUSSEAU, Jean-Jacques. "Vom Gesellschaftsvertrag – übersetzt von Ludwig Schmidts". *In: Politische Schriften Bd. 1*. Paderborn: Schöningh, 1977.

_____. *Politische Ökonomie (Text französisch – deutsch)*, Coord. von Hans-Peter Schneider/Bri- gitte Schneider-Pachaly. Frankfurt am Main: Klostermann, 1977.

RUFFERT, Matthias. "Diskussionsbeitrag". *In: VVDStRL 63*, 2004.

RÜTHERS, Bernd. *Rechtstheorie*. 2ª Ed. München: Beck, 2005.

_____. *Carl Schmitt im Dritten Reich. Wissenschaft als Zeitgeist-Verstärkung?* München: 1989.

SABROW, Martin. *Die Zeit der Zeitgeschichte*. Göttingen: Wallstein, 2012.

SASSEN, Saskia. *Territory, Authority, Rights. From Medieval to Global Assemblages*. Princeton: Princeton University Press, 2008.

SAVIGNY, Friedrich Carl von. *System des heutigen Römischen Rechts, Bd. 1*. Berlin: Veit, 1840.

SCHESTAG, Thomas. "Namen nehmen. Zur Theorie des Namens bei Carl Schmitt". *In: MLN 122/3*, 2007.

SCHIAVONE, Aldo, Ius. *L'invenzione del diritto in Occidente*. Turin: Giuli Einaudi, 2005.

SCHIFFMANN, Zachary. *The Birth of the Past*. Baltimore: John Hopkins University Press, 2011.

SCHLUCHTER, Wolfgang. *Die Entstehung des modernen Rationalismus. Eine Analyse von Max We- bers Entwicklungsgeschichte des Okzidents*. Frankfurt am Main: Suhrkamp, 1998.

SCHMIDT, Rebecca. *Regulatory Integration Across Borders: Public–Private Cooperation in Transna- tional Regulation*. Cambridge: Cambridge University Press, 2018.

SCHMITT, Carl. *Die geistesgeschichtliche Lage des heutigen Parlamentarismus*. Berlin: Duncker & Humblot, 1926.

_____. "Das Zeitalter der Neutralisierungen und Entpolitisierungen". In: _____. *Der Begriff des Politischen*. München/Leipzig: Duncker & Humblot, 1932.

_____. "Cambio de estructura del derecho internacional". *In: Revista de Estudios Politicos 5* , 1943.

_____. "Die letzte globale Linie". *In:* Egmont Zechlin (Coord.). *Völker und Meere*. Leipzig: Har- rassowitz, 1944.

_____. *Der Nomos der Erde im Völkerrecht des Jus Publicum Europaeum (1950)*. 2ª Ed. Berlin: Duncker & Humblot, 1974.

_____. *Der Leviathan in der Staatslehre des Thomas Hobbes. Sinn und Fehlschlag eines politi- schen Symbols*. Stuttgart: Klett-Cotta, 1982.

_____. *Verfassungslehre (1928)*. Berlin: 1983.

_____. "Der Völkerbund und Europa". *In:* _____. *Positionen und Begriffe. Im Kampf mit Weimar– Genf – Versailles 1923-1939*. Berlin: Duncker & Humblot, 1988.

_____. "Abwandlung eines schlimmen Wortes von Proudhon, Staatsethik und pluralistischer Staat". *In:* _____. *Positionen und Begriffe im Kampf mit Weimar, Genf, Versailles (1923- 1939)*. Berlin: Duncker & Humblot, Nachdruck, 1988.

_____. "Völkerrechtliche Probleme im Rheingebiet". *In:* _____. *Positionen und Begriffe. Im Kampf mit Weimar – Genf – Versailles 1923-1939*. Berlin: Duncker & Humblot, 1988.

_____. *Politische Romantik*. Berlin: Duncker & Humblot, 1991.

_____. *Völkerrechtliche Großraumordnung: mit Interventionsverbot für raumfremde Mächte. Ein Beitrag zum Reichsbegriff im Völkerrecht (1941)*. Berlin: Duncker & Humblot, 1991.

_____. *Das politische Problem der Friedenssicherung*. Wien: Karolinger, 1993.

_____. "Die Auflösung der europäischen Ordnung im International Law". *In:* _____. *Staat, Groß- raum, Nomos. Arbeiten aus den Jahren*

1916-1960 – Coord. von Günther Maschke. Berlin: Duncker & Humblot, 1995.

_____. "Nomos Nahme Name". *In:* _____. *Staat, Großraum, Nomos. Arbeiten aus den Jahren 1916-1069* – Coord. von Günther Maschke. Berlin: Duncker & Humblot, 1995.

_____. "Raum und Großraum im Völkerrecht". *In:* _____. *Staat, Großraum, Nomos. Arbeiten aus den Jahren 1916-1969* – Coord. von Günther Maschke. Berlin: Duncker & Humblot, 1995.

_____. "Staatliche Souveränität und freies Meer. Über den Gegensatz von Land und See im Völ- kerrecht der Neuzeit". *In:* _____. *Staat, Großraum, Nomos. Arbeiten aus den Jahren 1916- 1969* – Coord. von Günter Maschke. Berlin: Duncker & Humblot, 1995.

_____. *Der Begriff des Politischen*. Berlin: Duncker & Humblot, 2002.

_____. *Über die drei Arten des rechtswissenschaftlichen Denkens – 1934*. Berlin: Duncker & Humblot, 2006.

_____. *Römischer Katholizismus und politische Form*. Stuttgart: Klett--Cotta, 2008.

_____. *Theorie des Partisanen. Zwischenbemerkung zum Begriff des Politischen*. 7ª Ed. Berlin: 2010.

SCHMITTHOFF, Clive M. "International Business Law: A New Law Merchant". *In: Current Law and So- cial Problems 2*, 1961.

SCHMOECKEL, Matthias. *Die Großraumtheorie: ein Beitrag zur Geschichte der Völkerrechtswissen- schaft im Dritten Reich, insbesondere der Kriegszeit*. Berlin: Duncker & Humblot, 1994.

SCHNEEWIND, Jerome B. *The Invention of Autonomy. A History of Modern Moral Philosophy*. Cambridge: Cambridge University Press, 1998.

SCHNEIDER, Hans J. "Gibt es eine 'Transzendental'- bzw. 'Universalpragmatik'?" *In: Zeitschrift für philosophische Forschung 36/2*, 1982.

SCHRÖDER, Peter. *Niccolò Machiavelli*. Frankfurt am Main: Campus, 2004.

SCHRÖDER, Rainer. *Rechtsgeschichte*. 5ª Ed. Münster: Verlag, 2000.

SCHROEDER, Paul W. *The Transformation of European Politics, 1763–1848*. Oxford: Clarendon Press, 1994.

SCHULZ, Matthias. *Normen und Praxis: Das Europäische Konzert der Großmächte als Sicherheitsrat 1815-1860. Studien zur Internationalen Geschichte Bd. 21.* München, 2009.

SCHUMPETER, Josef A.; SCHUMPETER, Elisabeth. *Geschichte der ökonomischen Analyse, Bd. I.* Göttin- gen: 1965.

SCHWARZ, Jonas A. "Platform Logic: An Interdisciplinary Approach to the Platform-Based Economy". *In: POL'Y & INT*, 2017.

SCHWARZENBERGER, Georg. *Power Politics: A Study of International Society.* 2ª Ed. London, 1951.

SCHWEITZER, Heike. The Art to Make Gatekeeper Positions Contestable and the Challenge to Know What is Fair: A Discussion of the Digital Markets Act Proposal. *Zeitschrift für Europäisches Privatrecht*, vol. 3, 2021.

SCHWINN, Thomas. "Weltgesellschaft, multiple moderne und die Herausforderungen für die soziologi- sche Theorie. Plädoyer für eine mittlere Abstraktionshöhe". *In: Zeitschrift für Soziologie, Sonderheft Weltgesellschaft*, 2005.

SEEL, Martin. "Das Naturschöne und das Kunstschöne". *In:* Birgit Sandkaulen (Coord.). G. W. F. Hegel. *Vorlesungen über die Ästhetik.* Berlin: De Gruyter, 2018.

SEIFERT, Arno. "Verzeitlichung'. Zur Kritik einer neueren Frühneuzeitkategorie". *In: Zeitschrift für historische Forschung 10*, 1983.

SEINECKE, Ralf. *Das Recht des Rechtspluralismus.* Tübingen: Mohr Siebeck, 2015.

SHAPIRO, Martin. "Towards a Theory of ‚Stare Decisis". *In: Journal of Legal Studies 1*, 1972.

SHAPIRO, Scott J. *What Is the Internal Point of View?*, 75 Fordham Law Review, 2006.

SHEEHAN, Jonathan; WAHRMAN, Dror. *Invisible Hands. Self-organization in the Eighteenth Century.* Chicago/London: University of Chicago Press, 2015.

SIEGERT, Bernhard. *Passage des Digitalen. Zeichenpraktiken der neuzeitlichen Wissenschaften 1500-1900.* Berlin: Brinkmann u. Bose, 2003.

_____. "Kulturtechnik". *In:* H. Maye; L. Scholz (Coord.). *Einführung in die Kulturwissenschaft.* München: Fink, 2011.

SLAUGHTER BURLEY, Anne-Marie. "International Law and International Relations Theory: A Dual Agenda". *In: American Journal of International Law* 87, 1993.

SLAUGHTER, Anne-Marie. "A Liberal Theory of International Law". *In:* American Society of Interna- tional Law (Coord.). *Proceedings of the Annual Meeting* 94, 2000.

SMEND, Rudolf. "Die Vereinigung der Staatsrechtslehrer und der Richtungsstreit". *In:* H. Ehmke u.a. (Coord.). *Festschrift für Ulrich Scheuner zum 70. Geburtstag*. Berlin: Duncker & Humblot, 1973.

SOHN, Werner. "Bio-Macht und Normalisierungsgesellschaft. Versuch einer Annäherung". *In:* _____.H. Mehrtens (Coord.). *Normalität und Abweichung: Studien zur Theorie und Geschichte der Normalisierungsgesellschaft*. Opladen/Wiesbaden: Westdt. Verlag, 1999.

SPAEMANN, Robert. "Niklas Luhmann als Herausforderung der Philosophie – Laudatio". *In:* N. Luh- mann, Paradigm lost. *Über die ethische Reflexion der Moral – Rede anlässlich der Ver- leihung des Hegel-Preises 1989*. Frankfurt am Main: Suhrkamp, 1990.

SPIEKERMANN, Uwe. *Warenhaussteuer in Deutschland, Mittelstandbewegung, Kapitalismus und Rechtsstaat im späten Kaiserreich*. Frankfurt am Main: Lang, 1994.

_____. *Basis der Konsumgesellschaft. Entstehung und Entwicklung des modernen Kleinhandels in Deutschland 1850 bis 1914*. München: Beck, 1999.

_____. Kommentierung in: _____./Schmitz u.a. (Coord.). *Telemediengesetz mit Netzwerkdurchset- zungsgesetz*. 2ª Ed. München: Beck, 2018.

STÄHELI, Urs. "Der Takt der Börse. Inklusionseffekte von Verbreitungsmedien am Beispiel des Bör- sen-Tickers". *In: Zeitschrift für Soziologie* 33/3, 2004.

STALDER, Felix. *Kultur der Digitalität*. Berlin: Suhrkamp, 2016.

STARCK, Christian. Das ZDF-Gremien-Urteil des Bundesverfassungsgerichts und seine gesetzliche und staatsvertragliche Umsetzung. *In:* JZ, 2014.

STEIGER, Heinhard. "Art. Völkerrecht". *In:* J. Ritter; K. Gründer u.a. (Coord.). *Historisches Wörter- buch der Philosophie, Bd. 11*. Basel: Schwabe, 2003.

STEINHAUER, Fabian. *Vom Scheiden. Geschichte und Theorie einer juristischen Kulturtechnik*. Berlin: Duncker & Humblot, 2015.

_____. *Medienverfassung. Untersuchung zur Verfassungswissenschaft nach 1990, Habilitati- onsmanuskript*. Frankfurt am Main, 2015.

SNYDER, Timothy. *Black Earth. The Holocaust as History and Warning*. New York: Tim Duggan Books, 2015.

STENGEL, Oliver; VAN LOOY, Alexander; WALLASCHKOWKI, Stephan (Coord.). Digitalzeitalter – Digital – gesellschaft. *Das Ende des Industriezeitalters und der Beginn einer neuen Epoche*. Wies- baden: Springer VS, 2017.

STERNE, Jonathan. *The Audible Past. Cultural Origins of Sound Reproduction*. Durham/London: Duke University Press, 2003.

STICHWEH, Rudolf. *Die Weltgesellschaft*. Frankfurt am Main: Suhrkamp, 2000.

_____. "Politik und Weltgesellschaft". *In:* K.-U. Hellmann; R. Schmalz-Bruns (Coord.). *Theorie der Politik. Niklas Luhmanns politische Soziologie*. Frankfurt am Main: Suhrkamp, 2002.

_____. *Der Zusammenhalt der Weltgesellschaft. Nicht-normative Integrationstheorien in der Soziologie*. Unveröffentl. Arbeitspapier, Luzern, 2004.

_____. "Kulturelle Produktion in der Weltgesellschaft". *In:* K. Kruškova; N. Lipp (Coord.). *Tanz anderswo: intra- und unterkulturell, Jahrbuch Tanzforschung, Bd. 14*. Münster: LIT, 2004.

_____. "Kontrolle und Organisation des Raumes durch die Funktionssysteme der Weltgesell- schaft". *In:* J. Döring; T. Thielmann (Coord.). *Spatial Turn. Das Raumparadigma in den Kultur- und Sozialwissenschaften*. Bielefeld: transcript, 2008.

STOLLEIS, Michael. *Der lange Abschied vom 19. Jahrhundert. Die Zäsur von 1914 aus rechtshistori- scher Perspektive; Vortrag gehalten vor der Juristischen Gesellschaft zu Berlin am 22*. Berlin/New York: De Gruyter, 1997.

_____. *Nationalität und Internationalität: Rechtsvergleichung im öffentlichen Recht des 19. Jahrhunderts*. Stuttgart: Steiner, 1998.

_____. *Geschichte des öffentlichen Rechts in Deutschland, Bd. 3 – Staats- und Verwaltungs- rechtswissenschaft in Republik und Diktatur*. München: C.H. Beck, 1999.

_____. "Vormodernes und postmodernes Recht". *In: Merkur 5*, 2008.

_____. "Die Legitimation von Recht und Gesetz durch Gott, Tradition, Wille, Natur, Vernunft und Verfassung". *In:* M. Avenarius; R. Meyer-Pritzl;

C. Möller (Coord.). *Ars Juris. Fest- schrift für Okko Behrends zum 70. Geburtstag*. Göttingen: Wallstein, 2009.

STUDY GROUP OF THE INT'L LAW COMM'N f. b. (Apr. 13, 2006). Rep. on the Fragmentation of International Law: Difficulties Arising from the Diversification and Expansion of International Law. U.N. Doc. A/CN/.4/L.682.

SUNDARARAJAN, Arun. *The Sharing Economy: The End of Employment and the Rise of Crowd-Based Capitalism*. Cambridge: MIT Press, 2016.

SUSTEIN, Cass R. *#Republic. Divided Democracy in the Age of Social Media*. Oxford u. Princeton: Princeton University Press, 2018.

TEUBNER, Gunther. "Unternehmenskorporatismus. New Industrial Policy und das "Wesen" der Juris- tischen Person". *In: KritV* 3, 1987.

_____. "Die zwei Gesichter des Janus. Rechtspluralismus in der Spätmoderne". *In:* E. Schmidt (Coord.). *Liber amicorum Josef Esser zum 85. Geburtstag*. Heidelberg: Müller, 1995.

_____. "Des Königs viele Leiber". *In:* Soziale Systeme 2, 1996.

_____. "Globale Bukowina. Zur Emergenz eines transnationalen Rechtspluralismus". *In: Rechts- historisches Journal* 15, 1996.

_____. "The King's Many Bodies: The Self-Deconstruction of Law's Hierarchy". *In: Law & Soci- ety Review, vol. 31/4*, 1997.

_____. (Coord.). *Die Rückgabe des zwölften Kamels. Niklas Luhmann in der Diskussion über Gerechtigkeit*. Stuttgart: Lucius & Lucius, 2000.

_____. "Privatregimes. Neo-Spontanes Recht und duale Sozialverfassungen in der Weltgesell- schaft?" *In:* D. Simon; M. Weiss. *Zur Autonomie des Individuums. Liber Amicorum Spi- ros Simitis*. Baden-Baden: Nomos, 2000.

_____. "Globale Zivilverfassungen. Alternativen zur staatszentrierten Verfassungstheorie". *In: ZaöRV* 63, 2003.

_____. *Netzwerk als Vertragsverbund: Virtuelle Unternehmen, Franchising, Just-in-time in so- zialwissenschaftlicher und juristischer Sicht*. Baden-Baden: Nomos, 2004.

_____." Der Wahnsinn der Rechtsenzyklopädien". *In: ARSP* 91/4, 2005.

_____. "Dreiers Luhmann". *In:* R. Alexy (Coord.). *Integratives Verstehen. Zur Rechtsphilosophie Ralf Dreiers*. Tübingen: Mohr Siebeck, 2005.

REFERÊNCIAS BIBLIOGRÁFICAS

_____. "Codes of Conduct multinationaler Unternehmen: Unternehmensverfassung jenseits von Corporate Governance und gesetzlicher Mitbestimmung". *In:* HÖLAND, A. (Coord.). *Ar- beitnehmermitwirkung in einer sich globalisierenden Arbeitswelt: Liber Amicorum Manfred Weiss*. Berlin: Berliner Wiss.-Verlag, 2005.

_____. "Fragmented Foundations". *In:* P. Dobner; M. Loughlin (Coord.). *The Twilight of Constitu- tionalism?*. Oxford: Oxford University Press, 2010.

_____. "Das Projekt der Verfassungssoziologie. Irritationen des nationalstaatlichen Konstitutio- nalismus". *In: Zeitschrift für Rechtssoziologie 32*, 2011.

_____. *Verfassungsfragmente. Gesellschaftlicher Konstitutionalismus in der Globalisierung*. Frankfurt am Main: Suhrkamp, 2012.

_____. "Exogene Selbstbindung: Wie gesellschaftliche Teilsysteme ihre Gründungsparadoxien externalisieren". *In: Zeitschrift für Rechtssoziologie 35*, 2015.

_____. "Transnationaler Verfassungspluralismus. Neun Variationen über ein Thema von David Sciulli". *In: ZaöRV 76*, 2016.

_____. *Digitale Rechtssubjekte? Zum privatrechtlichen Status autonomer Softwareagenten*. Ar- chiv für Civilistische Praxis – AcP 2018.

_____. "Zum transsubjektiven Potential subjektiver Rechte. Gegenrechte in ihrer kommunikati- ven, kollektiven und institutionellen Dimension". *In:* H. Franzki; J. Horst/A. Fischer-Le- scano (Coord.). *Gegenrechte: Recht jenseits des Subjekts*. Tübingen: Mohr Siebeck, 2018.

TEUBNER, Gunther; FISCHER-LESCANO, Andreas. "Fragmentierung des Weltrechts: Vernetzung globa- ler Regimes statt statischer Rechtseinheit". *In:* M. Albert; R. Stichweh (Coord.). *Weltstaat und Weltstaatlichkeit: Beobachtungen globaler politischer Strukturbildung*. Wiesbaden: Verlag für Sozialwissenschaft, 2007.

THOLEN, Georg Christoph. *Die Zäsur der Medien. Kulturphilosophische Konturen*. Frankfurt am Main: Suhrkamp, 2002.

THOMAS, Keith. "The Meaning of Literacy in Early Modern England". *In:* G. Baumann (Coord.). *The Written Word. Literacy in Transition*. Oxford: Clarendon, 1986.

THOMAS, Yan. "Droit". *In:* André Burguière (Coord.). *Dictionnaire des sciences historiques*. Paris: Verlag, 1986.

_____. *Les opérations du Droit*. Paris: Le Seuil, 2011.

THOMPSON, Edward. P. *Time, Work-Discipline, and Industrial Capitalism*. Past & Present 38, 1967.

THORNHILL, Chris, State Building. "Constitutional Rights and Social Construction of Norms. Outline for a Sociology of Constitutions". *In:* M. R. Madsen; G. Verschraegen (Coord.). *Making Human Rights Intelligible. Towards a Sociology of Human Rights*. Oxford/Portland Or- egon: Hart Publishing, 2013.

TIETJE, Christian. *Internationalisiertes Verwaltungshandeln*. Berlin: Duncker & Humblot, 2001.

TOURAINE, Alain. *Die postindustrielle Gesellschaft*. Frankfurt am Main: Suhrkamp, 1972.

TRENTMANN, Frank. *Free Trade Nation. Commerce, Consumption and Civil Society in Modern Brit- ain*. Oxford: Oxford University Press, 2018.

_____. *The Empire of Things. How We Became a World of Consumers, from the Fifteenth Century to the Twenty-First*. London: Allen Lane, 2016.

_____. "Materiality in the Future of History: Things, Practices, and Politics". *In: Journal of British Studies* 48/2, 2009.

TUCK, Richard. "The Civil Religion of Thomas Hobbes". *In:* N. Phillipson; Q. Spinner (Coord.). *Politi- cal Discourse in Early Modern Britain*. Cambridge: Cambridge University Press, 1993.

_____. *The Rights of War and Peace. Political Thought and the International Order from Gro- tius to Kant*. Oxford: Oxford University Press, 1999.

TUSHNET, Rebecca. Power without Responsibility: Intermediaries and the First Amendment. George Washington Law Review 76, 2008.

TWINING, William L. *General Jurisprudence. Understanding law from a global perspective*. Cambridge: Cambridge University Press, 2009.

VAN DIJCK, José. *The Culture of Connectivity. A Critical History of Social Media*. Oxford: Oxford University Press, 2013.

VEC, Miloš. "Verrechtlichung internationaler Streitbeilegung im 19. und 20. Jahrhundert? Beobach- tungen und Fragen zu den Strukturen völkerrechtlicher Konfliktaustragung". *In:* Serge Dauchy; _____. (Coord.).

Les conflits entre peuples. De la résolution libre à la résolution imposée. Baden-Baden: Nomos, 2011.

_____. "Kurze Geschichte des Technikrechts". *In:* M. Schulte; R. Schröder (Coord.). *Handbuch des Technikrechts. Allgemeine Grundlagen Umweltrecht – Gentechnikrecht – Energierecht Telekommunikations- und Medienrecht Patentrecht – Computerrecht.* Heidelberg: Sprin- ger, 2. Auflage, 2011.

_____. *Recht und Normierung in der Industriellen Revolution. Neue Strukturen der Normset- zung in Völkerrecht, staatlicher Gesetzgebung und gesellschaftlicher Selbstnormierung (Studien zur europäischen Rechtsgeschichte 200; Recht in der Industriellen Revolution I.* Frankfurt am Main: Klostermann, 2006.

_____. "Weltverträge für Weltliteratur. Das Geistige Eigentum im System der rechtsetzenden Konventionen des 19. Jahrhunderts". *In:* L. Pahlow; J. Eisfeld (Coord.). *Grundlagen und Grundfragen des Geistigen Eigentums.* Tübingen: Mohr Siebeck, 2008.

_____. "Sources in the 19th Century European Tradition: The Myth of Positivism". *In:* pp. Bes- son/J. d'Aspremont (Coord.). *The Sources of International Law.* Oxford: Oxford Univer- sity Press, 2017.

VERDROSS, Alfred. *Die Einheit des rechtlichen Weltbildes auf Grundlage der Völkerrechtsverfassung.* Tübingen: Mohr, 1923.

VERDROSS, Alfred; SIMMA, Bruno. *Universelles Völkerrecht. Theorie und Praxis.* Berlin: Duncker & Humblot, 1984.

VERZIJL, Jan H. "International Persons". *In:* _____. International Law in a Historical Perspective, vol 2. Leyden: A.W. Sijthoff, 1969.

VESTING, Thomas. "Die Staatsrechtslehre und die Veränderung ihres Gegenstandes: Konsequenzen von Europäisierung und Internationalisierung". *In: VVDStRL 63*, 2004.

_____. "Die innere Seite des Gesetzes. Symbolische Ordnung, Rechtssubjektivität und Umgang mit Ungewissheit". *In:* I. Augsberg (Coord.). *Ungewissheit als Chance. Perspektiven eines produktiven Umgangs mit Unsicherheit im Rechtssystem.* Tübingen: Mohr Siebeck, 2009.

_____. *Die Medien des Rechts, Bd. 1: Sprache.* Weilerswist: Velbrück, 2011.

_____. *Die Medien des Rechts. Bd. 3: Buchdruck.* Weilerswist: Velbrück, 2013.

_____. *Die Medien des Rechts. Bd. 4: Computernetzwerke*. Weilerswist: Velbrück, 2015.

_____. "Eine Versetzung des Objektiven in die Subjektivität. Ein Beitrag zu Recht und Literatur". *In:* I. Mülder-Bach; J. Kersten (Coord.). *Prosa Schreiben. Literatur – Geschichte – Recht*. Paderborn: Wilhelm Fink, 2019.

_____. *Rechtstheorie. Ein Studienbuch*. 2ª Ed. München: C.H. Beck, 2015.

_____. *Staatstheorie. Ein Studienbuch*. München: C.H. Beck, 2018.

_____. "Einbau von Zeit. Rechtsnormativität im relationalen Vertrag". *In: KJ Kritische Justiz 52,* , 2019.

_____. "Die Rundfunkfreiheit und die neue Logik der "Content-Curation" in elektronischen Netzwerken". *In:* JZ, 2020.

_____. *Gentleman, Manager, Homo Digitalis. Der Wandel der Rechtssubjektivität in der Mo- derne*. Weilerswist: Velbrück, 2021.

VESTING, T CAMPOS, R. Content Curation Medienregulierung für das 21. Jahrhundert. *KritV*, 2022 (no prelo).

VIELLECHNER, Lars. *Transnationalisierung des Rechts*. Weilerswist: Velbrück, 2013.

VISMANN, Cornelia, Akten. *Medientechnik und Recht*. Frankfurt am Main: Fischer, 2010.

_____. *Das Recht und seine Mittel. Ausgewählte Schriften*. Frankfurt am Main: Fischer, 2012.

VOGEL, Klaus. *Der räumliche Anwendungsbereich der Verwaltungsrechtsnorm. Eine Untersuchung über die Grundfragen des sog. Internationalen Verwaltungs- und Steuerrechts*. Frankfurt am Main: Metzner, 1965.

_____. "Art. Administrative Law, International Aspects". *In:* R. Bernhardt (Coord.). *Encyclope- dia of Public International Law, Bd. 9*. Amsterdam: North Holland, 1992.

VOGL, Joseph (Coord.). *Poetologien des Wissens um 1800*. München: Fink, 1999.

_____. *Der Souveränitätseffekt*. Zürich: Diaphanes, 2015.

VOßKUHLE, Andreas; SCHEMMEL, Jacob. "Der Staatsrechtslehrer Konrad Hesse als Richter des Bun- desverfassungsgerichts". *In: Archiv des öffentlichen Rechts (AöR), 144/3,* 2019.

REFERÊNCIAS BIBLIOGRÁFICAS

VAN DÜLMEN, Richard. *Die Gesellschaft der Aufklärer*. Frankfurt am Main: 1986.

VOM FELD, Ina. *Kontrollierte Staatsentlastung im Technikrecht. Dampfkesselgesetzgebung und Dampfkesselüberwachung in Preußen 1831-1914*. Frankfurt am Main: Klostermann, 2007.

VON BOGDANDY, Armin; VENZKE, Ingo. *In wessen Namen? Internationale Gerichte in Zeiten globalen Regierens*. Berlin: Suhrkamp, 2014.

VON PENTZ. Vera. "Ausgewählte Fragen des Medien- und Persönlichkeitsrechts im Lichte der aktuellen Rechtsprechung des VI. Zivilsenats". *In: AFP*, 2014.

WADLE, Elmar. "Der langsame Abschied vom Privileg: Das Beispiel des Urheberrechts". *In:* B. Dölem- eyer; H. Mohnhaupt (Coord.). *Das Privileg im europäischen Vergleich*. Frankfurt am Main: Klostermann, 1997.

WAHL, Rainer. "Verfassungsdenken jenseits des Staates". *In:* I. Appel/G. Hermes (Coord.). *Mensch – Staat – Umwelt*. Berlin: Duncker & Humblot, 2008.

WAHRMAN, Dror. *The Making of the Modern Self. Identity and Culture in Eighteenth-Century Eng- land*. New Haven (Conn.): Yale University Press, 2006.

WALD, Andreas; DOROTHEA, Jansen. "Netzwerke". *In:* A. Benz u.a. (Coord.). Handbuch Governance. *The- oretische Grundlage und empirische Forschungsfelder*. Wiesbaden: VS Verlag f. Sozial- wissenschaften, 2007.

WALLERSTEIN, Immanuel. "Gesellschaftliche Entwicklung oder Entwicklung des Weltsystems?" *In:* B. Lutz (Coord.). *Soziologie und gesellschaftliche Entwicklung. Verhandlungen des 22. Deutschen Soziologentages in Dortmund*. Frankfurt am Main/New York: Campus, 1984.

WEBER, Albrecht. *Geschichte der internationalen Wirtschaftsorganisationen*. Wiesbaden: Steiner, 1983.

WEBER, Max. *Wirtschaft und Gesellschaft. Grundriß der verstehenden Soziologie (1921)*. 5ª Ed. Tübingen: Mohr,1972.

WEIGEL, Sigrid. Walter Benjamin. *Die Kreatur, das Heilige, die Bilder*. Frankfurt am Main: Fischer, 2008.

WENZLHUEMER, Roland. The History of Standardization in Europe. Europäische Geschichte online.

Von: The History of Standardization in Europe, abgerufen 12.03.2010.

WIEACKER, Franz. *Privatrechtsgeschichte der Neuzeit*. 2ª Ed. Göttingen: Vandenhoeck & Ruprecht, 1996.

WIELSCH, Dan. *Zugangsregeln*. Tübingen: Mohr Siebeck, 2008.

_____. "Verantwortung von digitalen Intermediären für Rechtsverletzungen Dritter". *In: Zeit- schrift für Geistiges Eigentum 10*, 2018.

_____. "Die Ordnung der Netzwerke. AGB - Code - Community Standards". *In:* Martin Eifert; Tobias Gostomzyk (Coord.). *Netzwerkrecht. Die Zukunft des NetzDG und seine Folgen für die Netzwerkkommunikation*. Baden-Baden: Nomos, 2018.

WIETHÖLTER, Rudolf. "Begriffs- oder Interessenjurisprudenz – falsche Fronten im IPR und Wirtschafts- verfassungsrecht". *In:* P. Zumbansen;M. Amstutz (Coord.). *Recht in Recht-Fertigungen. Ausgewählte Schriften Rudolf Wiethölters*. Berlin: Berliner Wissenschaftsverlag, 2013.

WILLKE, Helmut. *Studien zur utopischen Gesellschaft*. Frankfurt am Main: Verlag, 2001.

_____. *Global Governance*. Bielefeld: transcript, 2006.

WOLFRUM, Edgar; ARENDES, Cord. *Globale Geschichte des 20. Jahrhunderts*. Stuttgart: Kohlhammer, 2007.

WU, Tim. " Is the First Amendment Obsolete?" *In: Michigan Law Review 117*, 2018.

YATES, David. *Turing's Legacy: A History of Computing at the National Physical Laboratory 1945- 1995*. London, 1997.

ZIEGLER, Karl-Heinz. "Die Bedeutung des Westfälischen Friedens von 1648 für das europäische Völ- kerrecht". *In: Archiv des Völkerrechts 37/2*, 1999.

ZUBOFF, Shoshana. *The Age of Surveillance Capitalism*. London: Profile Books Ltd., 2019.

ZÜRN, Michael. *Gerechte Internationale Regime: Bedingungen und Restriktionen der Entstehung nicht-hegemonialer internationaler Regime, untersucht am Beispiel der Weltkommuni- kationsordnung*. Frankfurt am Main: Haag und Herchen, 1987.

_____. "Zu den Merkmalen postnationaler Politik". *In:* M. Jachtenfuchs; M. Knodt. *Regieren in internationalen Institutionen*. Opladen: Leske + Budrich, 2002.

REFERÊNCIAS BIBLIOGRÁFICAS

_____. "Global Governance". *In:* Gunnar Schuppert (Coord.). *Governance-Forschung. Vergewisse- rung über den Stand und Entwicklungslinien.* Baden-Baden: Nomos, 2006.

ZÜRN, Michael; LEIBFRIED, Stephan. "Reconfiguring the National Constellation". *In: European Review,* vol. 13, 2005.

A Editora Contracorrente se preocupa com todos os detalhes de suas obras! Aos curiosos, informamos que este livro foi impresso no mês de maio de 2023, em papel Pólen Natural 80g, pela Gráfica Copiart.